覚醒へのレッスン

Awakening Through A Course In Miracles

『奇跡のコース』を
通して目覚める

デイヴィッド・ホフマイスター 著
香咲弥須子 監訳　ティケリー裕子 訳

ナチュラルスピリット

Awakening Through a Course in Miracles
by David Hoffmeister

目次

日本語版にあたって

本書は、デイヴィッド・ホフマイスターが分かち合った『**奇跡のコース**』（原題：A Course in Miracles 以下**コース**）の学習内容を収めたものです。一九九三年から二〇〇八年のブログやスタディ・グループ、クラス、セミナーなどでの教えを集録しています。

デイヴィッド・ホフマイスターは、真に**コース**を理解し受け入れ、実践している教師のひとりです。自分自身の「持ちもの」を文字通り捨て去り、お金も計画も〝自宅〟さえも基本的に持たず、ただ、ホーリースピリットの導きのままに生きること、それも真に喜びの中で生きることをわたしたちに見せてくれています。**コース**は、そのような〝旅の人生〟を送りなさいと言っているわけではありませんが、**コース**を、歪んだ解釈を挟まずに受け取り、まっすぐに実践するなら、デイヴィッドのような旅の日々が始まるのは、ごく自然なことと言えるでしょう。そして、彼の旅の日々にあふれてくる言葉、そのやりとりの完璧さを本書によって目撃するわたしたちは、彼の心が、どれほどの情熱と愛と平安に満たされているかを知ることになるのです。

デイヴィッドは**コース**に出会う前に、多くの心理学や宗教を学び、真実を追求してきました。そして、「**コース**はそれらの何ものとも違っている」と感じて集中して学ぶうち、イエスの声の導きを聴くようになりました。以後、彼の思いと行動はすべて、イエスの導きに従ったものとなっています。イエスはデイヴィッドを通して、**コース**の教えのための完全な参考書や副読書をここに著してくれました。

この本が、**コース**を自習する方、グループで勉強する方、初めて**コース**に接する方にも、どれほどの恩恵を授けるかは、ページを開いていただければわかります。実に完璧な参考書と言えます。ワークブックのレッスンをどのように行ない、テキストをどのように読み込み、さらには学ぶにつれて実生活に生じるさまざまな変化や不意にやってくる啓示をどのように受け止めていくべきか、学習者が必ず出会うことになる疑問や今までにはなかった経験についてのすべてが語られています。実に、〝かゆいところに手の届く〟一冊となっています。

思えば、〝かゆいところに手が届く〟教え、それこそが**コース**の教えの真骨頂ではなかったでしょうか。本書が、皆さんの理解に役立つよう、**コース**そのものと同様、ぼろぼろになるまで活用してくださることを、訳者として心から願わずにいられません。いいえ、わたしなどが願わずとも、きっとそうなることでしょう。

日本の読者の皆さんに本書をお渡しすることのできる幸せをかみしめています。

監訳者　香咲弥須子

デイヴィッド・ホフマイスターについて

デイヴィッド・ホフマイスターは、若い頃、ありとあらゆる既成概念を疑っていました。精神的な悟りの探求の道中、一九八六年に**コース**と出会います。彼の**コース**に対する認識は、自らの心を変換させるための助けであり、そのための道具というものでした。彼は、**コース**を読み進むにつれ、概念や仮説に対する深い分析が**コース**によってサポートされ、イエスの声が自分を支えてくれていることに気づきます。次第に、イエスは彼の内なる教師となり、彼のあらゆる質問に答え、彼の人生と人間関係を導くようになっていきました。

彼は数年間、数々の**コース**のスタディグループに参加し、夢中になって**コース**を学びました。イエスの声は、書くことと教えることについての優れた判断力を彼に与え、後に、イエスの声が、デイヴィッドを通して威厳を持った口調で語り始めるようになりました。人々は彼に霊的な質問を問い合わせるようになりました。彼は、エゴの雑念から心を解放し、深い静寂へ入る経験をいくつも持ちました。そのようにして、彼はついに、究極の悟りの経験をしたのです。

一九九一年、彼は**コース**に対する自らの理解を人々と分かち合うようイエスに導かれ、アメリカとカナダのあちこちを旅する生活を始めます。交通、資金、宿泊施設、食料、スピーチの内容に至るまで、完全にイエスを頼るようになりました。彼は、**コース**の集まり、教会、霊的なグループや聖なる出会いを通して、平和と愛と喜びからなる心の深部の感覚を伝えていきます。イエスの声が彼にこう伝えました。「惜しみなく受け取りなさい。つまり、惜しみなく与えなさい」。それで、彼は費やした時間や教えのために、お金を請求をしたことはありません。彼は、教えの教材を譲り与え、愛が提供するものによってのみ支えられています。彼はまさに、**コース**の本質を実践している存在となりました。

神は、わたしに完璧な幸せを意志しています。
わたしは、神の愛によって支えられています。
わたしは、身を引き、神に先導していただきます。
わたしは、世界の光です。

一九九六年、デイヴィッドはオハイオ州シンシナティにてピースハウスを設立するよう導かれました。そこは、人々の瞑想の場となり、また彼が、キリストを発見するために内なる旅を望む多くの人々を迎える場所となりました。

さらに、彼はコンピューターを入手しインターネットテクノロジーを学ぶように導かれました。そうして www.awakening-mind.org というウェブサイトが発足し、**コース**や形而上学に関する多くの情報を提供しています。上級の勉強会やデイヴィッドによる**コース**のお申し込みもできるようになっています。

また、彼は音楽をこよなく愛していて、神へたどる別の道としてとらえています。ウェブサイト上でミュージックパビリオンというセクションを設け、音楽を通してスピリチュアルなアイディアを分かち合うアーティストたちを紹介しています。**その他**、自身のインタビューの様子を紹介するビデオや、集まりやセッションの様子を伝えるオーディオ、書物など、検索可能なアーカイブも提供されています。

本書の内容は、デイヴィッドのEメールやウェブサイトに掲載されたもの、彼の集まりやワークショップで使用された筆記物などをまとめたものです。**コース**の教えにあるように、本書では、ゆるしを通して、天国、つまり本質へ向かうためのロードマップが提供されています。

天国という王国は、わたしたちの中にあります。ハートが純粋な人は祝福されます。彼らは神を見るからです。尋ねる者には答えが与えられます。探し求める者は見つけます。扉を叩く者には、扉が開かれます。

コースの目的

コースでは、その目的について、たびたび述べています。光や神、真実を探し求める代わりに、本当のゆるし、エゴとエゴの思考体系を取り消すという目的です。**コース**の主な焦点は、神というよりむしろ、完全なゆるしであるアトーンメント（和解）です。わたしたちの愛に対する気づきを妨げているものを取り除かなければ、「神、在り」という現実は受け入れられるはずがないからです。

コースではまず、学習者が幻想と真実を区別できるよう、神についての理論的考察が示されています。ある言葉を特別なもの、宗教的なもの、神聖なものにすることが**コース**の目的ではありません。**コース**のただひとつの目的は、何が過ちなのかをはっきり見分けて、分裂していた心がホーリースピリットを選び、その結果、分裂が癒される、そのための学びの道具を提供することなのです。

わたしたちは、真の自己を生きるために、今までの時間と空間のとらえ方を捨て、時間と空間を違う方法で使っていくことを学びます。

本書では、**コース**の第二版（Foundation for Inner Peace 出版、Mill Valley, CA 1996）からの引用は、下記の通り示されています。

テキスト………「テキスト編」
ワークブック……「生徒のためのワークブック編」
マニュアル………「教師のためのマニュアル編」

用語……………………「用語の解説」
祈り…………………「祈りの歌」

〈例〉
「あらゆる真の喜びは、神の意志を実践することから生まれます」（テキスト1・Ⅶ・1：4）
テキスト編、第一章、七節、一段落目、四番目の文章

第1部

総合的な教え

基本的なこと

01 ようこそ！　ここに真実があります

愛する人へ

あなたが求めているものが、他人と交換できるものならば、それに探求する意味などありません。つまり、利益と損失、勝利と敗北、成功と失敗といった考えに基づく努力は、あなたに幸せをもたらさないのです。

ファンタジーは現実ではないし、あなたが夢見ていることと、ワンネス（一体感）にはなんら関係がありません。あなたはワンネスに目覚める準備ができているのです。あなたが目覚めるとき、全世界も目覚めます。世界は間違った知覚以上の何ものでもなかったからです。

知覚がひとつの完全なものになるとき、ひとりひとりの心も、完全な、ひとつのものだけを見るようになります。そしてついに、あなたは内なるヴィジョンと共に見る準備ができ、肉眼で目にするものは、暗闇の中にある幻想にすぎず、何も意味がないということに気づきます。光がやって来ます。今、喜んでください。今が、まさにそのときなのですから。

真のゆるしとは、自分自身の間違った考えだけが自分の気分を害する、ということに気づくことです。そして、その間違った考えは、解放できるものなのだと知ることです。真のゆるしとは、あらゆる痛み、苛立ち、恨みを手放すことなのです。あらゆるもの、あらゆる人の中に、神に与えられた神聖な愛が在ると気づくことを、それらが妨げているからです。そしてまた、真のゆるしとは、すべての怒り、憎しみ、罪悪感を手放すことです。神の愛を忘れると間違った信念が生まれます。その信念こそが、そのような感情を生み出すのだということを思い出すことによって、手放すのです。

真のゆるしに到達すると、その自然な結果として、内なる平和と共に生き、それを広げていくようになります。過ちを脇に置いて、癒しの〈訂正〉を受け入れるなら、そこに平和が広がるからです。平和が放射されるためには、その人が平和に満ちていなければなりません。平和を教えるためには、その人は自らのためにそれを学んでいなければいけません。持っていないものを人に差し出すことはできないし、また、心の平和を心の外側で見つけることもできないのです。平和は、この世が差し出すものではありません。平和は神から生まれ、神から自然に放射されるものです。だから、平和と調和へ至る手段として、祈りや瞑想があるのです。真の宗教とは、心の平和を経験すること、そして学習とは、そこへ向かうため、つまり偽りの知識を捨て去るための手段なのです。

わたしたちは誰もが、神聖な愛に目覚め、お互いに対して威厳と敬意、そして優しさと神聖さをお互いに持ち寄るために神によってもたらされた存在です。それが、わたしたちの命の中核なのです。わたしたちは皆、あらゆるもの、あらゆる人と関係を持っています。神が、特別性などまったく持たず、無条件にすべてを愛する命の存在であるのと同様、わたしたちも、あらゆるものを愛する命の存在なのです。

愛には、嫉妬も排除もありません。わたしたちは共にいて、神の家族全員と、あらゆるものの包括を経験するのです。完全な神から分離している兄弟などいません。わたしたちのハートは、神のうちに在ることの愛と感謝で満ちています。その喜びは、身体がどこにあって、身体同士がどれだけ離れているように見えるか、ということに左右されません。なんて嬉しいことでしょうか。わたしたちは、神のたったひとつの思いによって創造されました。わたしたちは、その源と同じ存在です。

神が姿形を持たない完全なスピリットであるように、わたしたちもスピリットです。その真実は、わたしたちがそれを分かち合うたびに、姿を見せてくれます。聖なる源を受け入れ、これまですべての源としてとらえていた世界に対する、あらゆる思考を脇に置くことを目的として、わたしたちは、共に歩むのです。

あなたの目覚めへの情熱に対し、感謝します。

デイヴィッド

02 ひとつにつながるための祈り

愛する神の子へ

神の平和の中では、特定の人物や場所、書物、国、主義、教養、儀式、概念、組織、団体といったものに誰かが属する、ということはありません。わたしたちが共にいるのは、その目的、その心のためであって、形式には意味はありません。真のヴィジョンに、「社会的ヴィジョン」というものはないのです。キリストのヴィジョンには、意味ある目的だけがあるからです。

わたしたちは、内なる平和、自由、神の愛に揺るぎない情熱を持っています。完全なるゆるしとは、救い、もしくは悟り(幻想からの解放)のこと、不変のワンネス、神の愛から分離できるという過った信念を超えることです。

アトーンメントとは、分離は起きていなかったという気づきです。平和が自然な状態です。不可能なことに対する質問はやめにして、ワンネスを受け入れて祝いましょう。アーメン。

愛する人へ、神の祝福がありますように。

デイヴィッド

03 今この瞬間を明らかにして、王国をあなたの手中に

愛するあなたへ

真実は心にあります。でも、その真実を覆い隠して気づかない状態にさせている思考体系があります。つまり、真実に気づいている状態を見えなくしている体系です。わたしたちには、とても有意義な方法で、協力し合い、愛の障害物となっているものを落ち着いて見つめる機会が与えられています。そして、スピリットに光をもたらすようお願いすることができます。二元性の世界に存在していると知覚している心は、常に二元論的な信念体系によって機能しています。絶えずこの二元論的な信念体系について疑問を持つと、落ち着かない気分になり、打ちのめされたかのように思うかもしれません。しかし、もし常に平和な状態でいたいのならば、そのように疑問を持ち続けることは必要不可欠です。

ひとつのスピリットだけが存在していますが、そこにはたくさんの思考や感情があり、また、スピリットに対する認識を隠している知覚もあります。すべて自己と神を忘れるための誘惑です。そのような幻想を信じるのならば、あらゆる誤解の原因となっている根本的に間違った信念に対して、疑問を持つ意志がないということになります。心を開き、スピリットの助けで、この過った思考体系を明らかにしてもらうことを受け入れる、それが重要です。

わたしがここで分かち合っているメッセージとは、真実はあなたの中にあるということです。また、あなたにとって到達可能で必然的に到達しなければいけないゴールというのは、一貫した心の平和です。

なぜなら、それだけが現実だからです。平和によって、小さく静かな内なる声が察知され、気づきの状態がもたらされます。そして、それが、葛藤や恐れや死の声といった心を欺くエゴの声を手放してくれます。そんなわけで、わたしたちの課題はこのように言い表すことができます。欺かれた心にはふたつの声がある、と。そしてここで語っているのは、互いが学び、神のための声だけを聞く手段、つまり自己欺瞞を終わらせる手段です。

神や平和のための声は、直観や内なる導きとも言えます。あなたは、そのような声を内なる知識や高次の力としてとらえるかもしれません。わたしたちが目指しているのは、言葉という形式を超えて、もっと深いところへ進むことです。わたしたちは、心の明瞭さと平和を経験するという目的に向かって進みたいのです。今この瞬間に存在し、誰もがまさにこの瞬間、完璧な存在であるという気づきに到達したいのです。これは、自己を作り上げたり、改善したりするような問題ではありません。

限られた自己に見えるものをどんなに高めたり誇張しても、神の創造された不変で永遠な自己にはなり得ません。人の幸せや心の平和や救いというものを、遠い将来のこととして押しやってしまう考えの罠に気づかなくてはいけません。直線上にある過去と未来という時間軸の概念は、二元論的な信念体系の一部であり、それは疑問視されなければいけません。今を経験することには、素晴らしい喜びと充実感があります。

神はわたしたちに隠し事をしたり、目の前に永遠の平和をちらつかせ「ほら、ここに悟りがあるから、到達しなさい。おっと、あなたはまた見逃したね！」などと言ったりしません。今ここに悟りがあります。

心の準備ができているなら、心を開き、それが何であるか認識しようとする意思をもってください。「天国の王国は手中にある」というのは、「すべては今である」という意味です。今この瞬間が永遠性への入り口です。時間と永遠性は共存できないからです。あらゆるものは、神と共にあります。わたしは、実在する真実という、この愛する永遠なる存在に感謝します。今が救いのときです！

愛をこめて

デイヴィッド

04 神の愛

神の愛を経験するということは、あらゆる不確実性と疑問に終わりをもたらす経験をするということであり、それは神によって触発された、不変で永遠な出来事です。

神の愛は、訪れたり去ったりせず、太陽のように昇ったり沈んだりもしません。また、明るく輝いたかと思うと、しばらくの間、消えたりすることもありません。神の愛は、個人的なものでも特殊なものでもないので、特定の何かを愛することができません。なぜなら、神の愛は、欠けた部分のない全体であり、部分的なものが存在していないことを知っているからです。神の愛には、対極するものがありません。そして、愛は、神が創造した永遠なるすべてです。神聖な心とは、神であり、愛であり、あなたであり、すべてです。

あなたは愛から去ることも離れることもできません。幻想は必ずはがれ落ちますが、神の愛は永遠に残り、広がります。それはあらゆるものを包括し、制限されることはあり得ません。神の愛が、一時的に忘れられたように見えがちなのは、直線的な時間軸の信念によって、気づかぬよう覆い隠されているからです。でも神の愛の聖なる瞬間は、常に今であり、いつにおいても現在です。

神は愛です。愛である神は、あなたでもあり、抽象的な存在です。愛である神は、ほかの異なる形をとったり段階を踏んだりしません。この世界では、数多くの思考と感情と愛の気づきを覆い隠す知覚であふれているように見えます。でも、それらは、神の愛のみが存在していることを忘れさせるための誘惑にすぎません。誘惑によって神の愛が蘇るのを妨げられるときは、いつでもあなたが愛であること、神が愛であることを思い出してください。そして、神の愛のワンネスから離れられるものは存在していないことを自分自身に言い聞かせてください。

愛である神に対極するものはありません。神は、全知全能、力そのもの、愛のみです。愛に持ち込まれた幻想は消えなければなりません。暗闇が光の存在を見えなくしてしまうからです。愛がすべてなのは、神がすべてだからです。愛である神は、病気や気分の落ち込みや痛みや悲しみといった、恐れが形を成したと思われるあらゆるものとは、何の関係もありません。時間という幻想は、愛の顔を覆いますが、愛はまったく手付かずの状態で存在しています。神の愛は、それ以外のものとして存在することはできず、神の愛のみを知っています。

愛と恐れ、また、神と世界には、合流点はありません。神と自己を認識するということは、その他のものが存在していないことを暗示しています。身体の五感に一時惑わされますが、神の愛は、世界が知らない内なるヴィジョンを通して、神と自己というひとつの存在として明らかにされます。心をこめて祈ってください。あなたの祈りが、愛と神を望む統合されたものでありますように。内なるヴィジョンが、自分自身と神の存在をあらわす愛、つまり対極するもののない神の愛を思い出せるように導きます。

エゴは見せかけです。神の愛だけが実在しているならば、見せかけのものが実在し得るでしょうか。エゴは意見です。永遠で無条件な神の愛が、意見について知ることができるでしょうか。エゴは偽りです。真実である神の愛が、偽りを認識することができるでしょうか。神の愛は、真実であり実在しています。神の愛だけが、真実で実在しているのです。神の愛こそがあなた自身であり、ゆえに、比較や妥協の可能性を超えて存在しているのです。過去や未来という二元論的な信念が、永遠な神の愛とどのような関係を持ち得るのでしょうか。永遠に存在する神の愛が、何によって壊せるというのでしょうか。

愛はそれ自体を放射して、愛そのものにとどまります。放射によって、神の愛は愛であり続けるので、愛し続けます。神の愛には損益がありません。なぜなら神の愛には、不足や制限というものがまったくないからです。神の愛を知るということは、完了と充足感を知るということです。何も欠けていない全体性が、どのようにそれ以外のものを理解できるのでしょうか。すでに永遠にすべてである神の愛が、何を必要とするのでしょうか。

神の永遠の愛を、今、受け入れてください。それ以外の何が受け入れるに値するというのでしょう。探し求めたり、発見するものは何ひとつなく、たった今受け入れるためにすべてがあるだけです。わたしは神の愛です。それが神の真実です。神在り、というシンプルさに感謝します！

神様、愛でいてくださり、永遠にその愛を広げてくださり、ありがとうございます。

05 分離の形而上学―序論―

聖書では、神がアダムとイブにこう言いました。「善悪の知の木になるものを食べてはいけません」。しかし、イブはへびの誘惑によって、りんごをとり、アダムに渡しました。聖書の神話にある通り、彼らはエデンの園を追い出されました。それが、分離もしくは堕落です。

コースは、それとは異なる話を伝えています。神は誰も追い出しはしませんでした。むしろ、人が堕落したと見るのは、歪んだ知覚であり、大きな幻想であると伝えています。そして、その幻想の中で、自分の心が、何かを成し遂げられると信じているのです。つまり、創造主からの分離という不可能なことを信じているのです。

すべてのものがひとつである永遠の中に、ひとつの小さな狂った考えが忍び込み、その時、神の子は笑うことを忘れました。そしてその考えは深刻なものとなり、達成したり実在的な結果をもたらしたりできるものとなりました。わたしたちは、共にいるなら、そんな考えを笑って退けることができるのです。そして、時間が永遠の中に忍び込むことなどできないと理解します。時間が永遠を妨げることができるなどと考えるのは戯れ言です。永遠とは、時間は存在しないという意味なのですから。

（テキスト27・Ⅷ・6：2～5）

父のイメージで創造されたとても力強い心を想像してみてください。父があなたのほうに頭を向け、こう尋ねています。「天国以上のものがあるのかな？　あらゆるもの以上の存在があるのかな？」

このような考えは、一瞬の狂気です。まさに滑稽な考えですが、神の子はそれを笑い飛ばす代わりに、真剣に受け取り、眠りにつきました。**コース**は、このような、笑える考えに心を与えていることこそが、この世界が生じている所以だと言っています。わたしたちが生きているように見えるこの世界は、その眠りの中の夢の一部です。また、**コース**では、神が、直ちに静かな小さな声、もしくは、直観とも呼べるホーリースピリットという答えを与えてくださったと言っています。

心は、分離を信じると、光を恐れるようになります。その狂気が心にこう言うからです。「とうとう本当にやってしまったね！　天国と決別して、創造主に背を向けたね」。その狂気はこうも言います。「早く！　走って隠れなさい。わたしたちで世界を形成するのだ。神はスピリットだから、わたしたちを追ってこられない。だから、そこならわたしたちは安全だ」

言い換えると、この世界はほんの小さな分離という考えが投影されてできた世界と言えます。それは、神が入れない隠れ場所として作られました。神は無限で抽象的です。天国は不変で永遠です。しかし、この世界は有限で分裂しています。この宇宙にあるあらゆるものは、常に変動しています。星でさえも燃えてしまうのです。始まりがあり、終わりに向かっているかのようです。

心は、通称、堕落と言われる眠りにつくとき、そこにはふたつの思考体系があります。ひとつは、恐れに基づいたエゴの思考体系です。瞬時に吹き上がる狂気です。もうひとつは、神の思考であり、それは、神からの答えであり、愛にあふれています。すなわちそれはホーリースピリットから生じています。エゴの思考は、恐れが実在しているという不可能なことが起きているのを前提にして、こう言うのです。「心や白い光や神に戻ると、神があなたを捕まえて破壊してしまうぞ」。一方、愛ある回答は、ただ、心にこう呼びかけます。「あなたにはそのようなことは決してできない。神はあなたを怒ってはいない。あなたの父は、あなたを愛している。これからも常にあなたを愛し続ける」

少しの間、天国の一体感と調和に慣れた心の前に、突然ふたつの相容れない思考体系があらわれたところを想像してみてください。この分裂をひとつにまとめようとする葛藤は、耐え難いことだと**コース**は述べています。エゴはこう言います。「あなたがその極度な緊張をどうやって和らげられるか、知ってるぞ。その分裂を世界に投影しなさい。そうすれば、あなたの苦痛や罪悪感はなくなるから」。このように、わたしたちには、上下、男女、善悪、正否という二元性の世界があるのです。それが、この世界のトリックです。わたしたちが判断を下し非難するときは、常に、心が投影してこう言っています。「そこにいるあいつのせいだ！」

投影の別名は、非難です。あなたは、上司や政府や自分自身を責めたり、過去のせいにしたり、飼っている犬に責任を押し付けたりすることができます。この世界では、至るところに非難があります。この世界が作られたのは、心が世界というスクリーン上にあるあらゆるものを責め、分裂の責任を自ら取ることなく、またホーリースピリットがそれを癒すことさえも受け入れずにいるためだと**コース**は述べています。こうした基本的な形而上学は、**コース**が伝えるメッセージの観点を示しています。すると、このような質問が出てきます。「では、それを日常生活でどう応用したらいいのですか」。もし、あなたがある人にまつわる特定の問題を抱えていたり、経済的な問題や、うつ病などの問題を経験しているならば、わたしたちは、それらの問題がどのように見えるかを互いに話すことで、応用実践しようと努めます。そうすることで、心をたどり、分離まで突き止めることができるのです。

06 分離はどのようにして起こったのでしょうか

愛するあなたへ

エゴは、人は創造主から分離した存在でいられるのだろうかという、たったひとつの問いだけを発しています。この疑いの思考が、神のひとつの心が、ばらばらの破片に分離されてしまったかのように見せています。そのことをこそ、わたしたちは、最初の過ち、分離、決して存在していない罪の夢として、話さなければなりません。実在していないもののために与えられる言い訳はありません。過ちには源が存在していないので、ただそれはそのままの姿で受け取られるだけです。そして、それによって、すべての問いかけが終わるのです。

神聖でない瞬間に起きたように見える物事は、それが起きたと同時に訂正されています。もし訂正されていないならば、分離が現実となり、神の力は本当に制限されることになります。神聖でない瞬間に起きたように見えることは、実際には起きていません。直線的に感じる時間軸は、眠っている神の子の心で何度も再生されている瞬間的な狂気にほかなりません。何が非実在なのかを認識することによって、直線的な時間軸の概念と幻想に終わりが訪れ、神の心に戻って、最初の状態である聖なる瞬間へ回帰できるのです。

神からの分離の感覚というのは、単に不足の感覚にすぎません。そしてそれは訂正されなければなりません。その分離の感覚は、神の実在に対するゆがめられた知覚のみから生じています。そのため、あなたは自分自身を欠けたものとして知覚し、そんな自分にとって必要だと思われる数々のものが出現してくるのです。

わたしたちの義務は、必要だと思っているあらゆるものを放棄し、神のために必要なたったひとつのことを果たすことです。知覚的な宇宙が、分離の思考よりも前に存在したことは、今もかつてもありません。わたしたちは、一見多くのイメージに見えるものは、実はただひとつの過ちにほかならないと悟らなければいけません。

あなたと兄弟たちの間にはギャップがあるように見えます。肉眼がそれぞれの違いをとらえ、あなたはそれらの相違を信じています。あなたは内省して自分の中に答えを求め、ホーリースピリットにその狂った考えを正してもらわなければなりません。神はただひとつのものしか創造していません。神の愛が、神の愛を創造しました。一時的なものは神の愛ではありません。永遠に与え続けることが愛です。その内なる輝きは、父の子供たちが父から受け継いだ永遠のものです。身体で送る人生は一時的なものであって、神の命ではありません。本当の命とは、身体にあるのではなく、心にあります。それに気づくことは、神の救いに気づくということです。あなたは神の愛に値する存在です。あなたには、完璧な真実からもたらされる完璧な癒しを受け取る権利があります。

幻想の中で自分を癒そうとして、自らが必要としているもののために、幻想の配置換えをするなどという無益な試みによって時間を無駄にしないでください。奇跡こそが、あなたにある手段です。奇跡が、神のためのあなたの心を整え、アトーンメントを受け入れるための心を準備します。アトーンメントの状態では、神の創造物は完全に互いに依存しています。神はあなたを完璧に創造されたので、あなたに頼っています。あなたは、一見あるように見える分離を癒していく手段として、世界を見ることを学ばなくてはいけません。アトーンメントこそが、あなたが最終的に成功することを証明するものです。「何よりもまず、神の国と神の義を求めなさい。そうすれば、これらのものはみな加えて与えられる」(マタイによる福音書6：33)という言葉を覚えておいてください。すべては、キリストの中にあります。わたしはあなたを永遠に愛します。

デイヴィッド

07 神秘主義

ただ、次のことをしなさい。心を鎮めて、自分とは何なのか、神とは何なのか、という思いをすべて捨て去りなさい。この世界について学んできたすべての概念、自分自身について抱いているすべてのイメージを捨て去りなさい。自分の心が、真実なのか間違いなのか、良いのか悪いのかと考えていることを何もかもみな取り除きなさい。価値があると判断している思い、そして恥ずかしいと思っている考えをことごとく、取り除きなさい。何にもしがみつかないようにしなさい。過去が教えてくれた思いや、以前何かから学んだ信念はひとつも持ってこないようにしなさい。この世界を忘れ、この**コース**を忘れ、両手をまったく空にしてあなたの神のもとへ行きなさい。

(ワークブック・レッスン189・7)

究極の教えは、心の中にある意識を空にしなさいということです。すべての恐れや、時空間に関するあらゆる思いは、最終的に手放されなければなりません。**コース**という本に対する思いでさえもです。世界に対する思いの放棄の究極的な形は、過去を解き放つことにより、永遠なる現在の経験が訪れることです。わたしはそれを神秘主義と呼んでいます。現時点では、その手順について懸念する必要はありません。真剣に**コース**に取り組むことが最も役立ちます。そうすれば、ほかのことは後からついてきます。完全なるゆるしという神の目的と共に、わたしがあなたと一緒に歩んでいきます。神の計画が失敗に終わることはあり得ません。

08 不可能なことがどのようにして起こったのでしょう

ビル・テッドフォードとヘレン・シャックマンは、**コース**を書き留めていた初期のあるとき、「どうやってこれらのことが起こり得たのだろうか。神が完璧なら、神の子も完璧なはずなのに、どうやってあり得ないはずの分離が起こったのか」と質問しました。

イエスはテキストの中で、このように答えています。わたしたちはまるで過去に何かが起きたかのように、歴史的な回答を探し求めている、と。

心はどのようにエゴというものを作り出したのか、という問いかけが起こるのは、もっともです。事実、それこそ、あなたの問いの中では最良のものです。でも、過去の観点から答えようとすることには意味がありません。過去は問題にならないし、もし、同じ過ちが今も繰り返されているのでなかったら、歴史は存在していないはずだからです。

（テキスト4・Ⅱ・1：1〜3）

不可能なことがどのようにして起こったのかを問うためには、まずその質問をする前に、前提となっているものがあるはずです。その前提とは何でしょうか。不可能なことが起こったということです！　あなたにもわかるでしょう。イエスがこの質問に答えるなら、その過ちが実在したことになります。特に「不可能なことがどのように起こったのか」と「誰に対して、その不可能なことが起こったのか」という問いは、あなたの歩みを遅らせようとするエゴの新たな戦略です。

このように、エゴは答えの存在しない問いかけをすると、イエスは言っています。実際は、答えではなく、経験があるのです。これらの問いかけが解決される経験を求めてください。

エゴは、このコースが与えないたくさんの答えを要求するでしょう。問いの形をしているだけで答えることが不可能なものを、このコースは問いとして認識しません。エゴは「どのようにして不可能なことが起こったのか」「不可能なことが、何に対して起こったのか」と尋ね、しかも、さまざまな形で尋ねるかもしれません。でもそれには答えがないのです。ただ経験があるだけです。それだけを求めなさい。神を学問で把握しようとする試みで、あなたの歩みを遅らせてはなりません。

（用語・序・4）

だからこそ、わたしたちが共にするあらゆることは、わたしたちが抱いているすべての前提を疑っていくことなのです。そうし続けるとき、否が応でも経験せざるを得なくなります。「そうだ、わたしはここに存在しているのだ！」それだけです。疑問は解決されます。その後に必要なものは何もありません。神が創造されたように、わたしは存在しています……。

コースに書かれていることは非常に明解です。あなたがそう思えないなら、その理由は、あなたがその内容に逆らって解釈していて、そのために、**コース**を信じていないからです。そして信念が知覚を決めるので、あなたは**コース**の意味するところを知覚せず、したがって、受け入れません。でも、異なった経験は異なった信念を呼び寄せ、それに伴い、異なった知覚に至ります。知覚は、信念と一緒に学ばれるものであり、経験は教えるものだからです。わたしはあなたをひとつの新しい種類の経験へ導いています。あなたがそれを否定することを徐々に望まなくなっていくような経験です。キリストの学びに難しさはありません。キリストと共に知覚するには、何の苦労も伴わないからです。

（テキスト11・Ⅵ・3：1〜7）

09 ゆるしに心を開く

過った攻撃の思いを手放すことで、突然幸せが見えて笑いが起きます。スピリットである神の明るさ、愛、そして笑いの経験こそが、真実の経験です。でも、まず最初にわたしたちが学ぶのは、過った攻撃の思いを抱えているがゆえに、気分が害されたように感じるのだということです。笑いはエゴの考え方と知覚の習慣を取り除いた結果なのです。

古い記憶や信念や判断を表面化させ、それらを手放すことで、不平不満から解放されることが奇跡です。それがゆるしです。自分自身を不平等に扱われている者としてとらえる誘惑にかられるとき、その思いと知覚を手放しましょう。また、置かれた状況や一見そう見える状況について、〝正しく〟ありたいという思いを手放して、奇跡へ向かいましょう。それらが習慣になるとき、幸いなことに、あらゆる状況において、ミラクルワーカーという機能を発揮する存在として自身を見出すことになります。

わたしたちは、ゆるしという神の目的と共に歩みます。わたしはそのことに感謝しています。わたしたちは共に昇り解放されます。それが神の計画であり、神の計画は失敗しないからです。神の計画だけが上手くいきます。アーメン。

数々の幸運をお祈りします。

デイヴィッド

10 エゴとは何でしょう

【友人との会話】

友人1　わたしは問題を抱えています。**コース**は、エゴの概念を悪いこととして伝えているようですが、わたしが読んだ心理学と相反しています。わたしが読んだものには、強いエゴを持たなければいけないと書かれてありました。したがって、**コース**を理解しようとする中で、わたしの中に矛盾が生じてしまうのです。あなたには、この矛盾について説明する準備がじゅうぶんにできているようなのですが(笑)。

デイヴィッド　まずエゴについて話をして、明らかにしていきましょう。エゴに関して言えることは、わたしたちが闘いを挑む相手ではないということです。エゴは闘うのが大好きだからです。**コース**では、ただエゴを見つめなさいと言っています。わたしたちがエゴを見ようとしないのが、恐れが消えない唯一の原因です。

何かに追われる夢を見たことがありますか。その夢の中では、あなたは振り向いて後ろを見るのが嫌なんです。イエスは「何も怖いものはありません。あなたはまっすぐそれを見つめることができます。すると、それは煙のように消えていきます」と言っています。

わたしは、心理学と精神分析学を学びました。フロイト派心理学では、基本的に「id」(訳者注：ラテン語)という無意識と、「スーパーエゴ」と呼ばれる倫理観の間にあるのが、「エゴ」であり、それらの力を合わせて、内なる心霊力と言い表しています。エゴはその体系の中で、仲介者のように振る舞います。もし、エゴが心の中にあるそれらの相反するふたつの力の仲介者であるならば、そのときにこそ、エゴを強化させたいという考えが生じるのです。しかし、イド（id）、エゴ、スーパーエゴのそれぞれは、わたしたちがエゴと呼ぶものの一部にすぎません。

心の中には、フロイト派心理学がきちんと追及しなかった別の部分があります。それが、スピリットです。わたしは、心理学を学んでいたときに、スピリットを探し続けました。そして「どのようにして宗教やスピリチュアリティを、その対極にある心理学と統合させることができるのだろう」という疑問をもちました。

後に、わたしは量子物理学について読むようになりました。知覚について述べられている箇所に、世界には、わたしたちがどのように考えようと、実在しているものなどないということが述べられていました。粒子を用いて二重盲検法（医師にも患者にもその薬効を知らせないことによって、思い込みによるプラシーボ効果を防ぐ実験）を行なったのですが、その実験を行なう者の思いが影響を与えぬよう、その実験から遠ざけたところ、その人の心の中にある思いが、変わらずに粒子を動かし続けているのを発見しました。実験から実験者の心を取り除くことはできなかったのです。このことは、世界は主観的で、心は世界に関与しているという考えを示しています。

わたしは心理学が全然役に立っていないと考え始めました。心理学はとても悲観的でした。心の中には別の部分があるはずなのです。そして、わたしはハイヤーセルフに関する東洋哲学について読むようになりました。そのとき「そうだ、これなら共鳴できる。このちっぽけな自己の向こうにはハイヤーセルフがあるはずだ」という感覚を得ました。

友人1　あなたはユングのアプローチも勉強されたのですよね。エゴに対するあなた自身とユングのアプローチをどのように比較されたのでしょうか。

デイヴィッド　ユングはフロイトの無意識の考えを考慮して、「集合的無意識」と呼びました。彼は、その無意識の向こうにハイヤーセルフというものがあると考え始めました。ユングは、ハイヤーセルフは、夢、または愛の原型像といったシンボルを通して、コミュニケーションをすることができ、ハイヤーセルフに気づくための目覚め方があると述べました。

ユング心理学が、表面下にはあらゆる信念と無意識があること、そして、その信念に触れなければならないことを述べている点で、**コース**はユング心理学と上手く合致してると言えます。まさに**コース**が伝えていることです。イエスは、たくさんの無意識の信念があり、あなたがそれらを見つめられるようになって、それらの存在に気づけるまで、無意識の信念があなたを動かすと言っています。あなたはエゴの定義について質問されました。**コース**のテキストの後半に、存在していないものを定義づけることはできないとイエスが言っている箇所があります。面白いですね。もし、わたしがあなたのためにエゴの定義づけをするなら、エゴに実在性を与えたことになります。しかし、イエスは、相対するものを指し示すことができると言っています。唯一エゴに相対するもの、それは奇跡です。そして、イエスはエゴの非実在性について語った後、正しい心と神聖さについて示しています。

先日、「エゴは最終的に死ななくてはいけないんですよね」と聞かれました。「そういうふうにエゴを見ることはできますが、エゴが死ねると信じるなら、まずエゴの存在を信じなくてはならないことになりますね」と答えました。わたしは、**コース**に取り組んでいる人々がよくこう言うのを聞きます。「あなたのエゴ（個性）が大好き」とか「あなたのエゴ（個性）が大嫌い」というものです。彼らは**コース**を読んで、エゴが悪事を企んでいるのかと思ってしまっているのです。しかし、イエスは、あなたがエゴを信じることによりエゴを作り上げたわけなので、あなたがその信念を取り下げればエゴを打ち消すことができると言っているのです。

友人2　わたしはそれに困惑しています。ときどき、まるでエゴを悪魔のように見て、それを破壊するためにたくさんの感情を使っているように思えることがあるのです。

デイヴィッド　エゴは、エゴをそう簡単に追放できないように、悪魔という概念を作りました。あなたはエゴを信じることでエゴを作ったので、あなたはエゴを打ち消すことができるのです。でも、エゴを悪魔と見なすなら、簡単には払いのけられないでしょう。なぜなら悪魔は、エゴの防御システムの中に組み込まれているものですから。恐れの感情をただ抑え込んで、それを否定しても、あるとき突然恐れに襲われたりするのです。だから、この**コース**は、エゴを殺そうとするのではなく、エゴを消し去るためのコースと言えますね。

友人2　そうでした。闘いというところが納得いかなかったのです。闘うよりも、その思考体系から自分のエネルギーを断つほうがよほど簡単ですね。

デイヴィッド　最後には、結局エゴを打ち消すことになります。エゴを笑い飛ばすことを思い出してください。今、心は眠っています。でも心の一部はホーリースピリットと共にあり、**コース**ではそれを正気、つまり正しい心と言っています。その正しい心が、あなたをキリストと父へつなげてくれます。

心の暗い部分には、エゴが住み着いています。したがって、「エゴが大好き」と言うことは、「存在していないものが大好き」と言っていることになります。何かを真に愛するためには、その対象が存在していなければなりません。ですから**コース**では当然、「エゴを愛しなさい」とか「エゴを憎みなさい」とは言っていません。なぜなら、あなたが先ほどおっしゃったように、エゴと闘えば、ただわめいているだけになるからです。

エゴの目的が病気や崩壊、罪悪感と死という点では、エゴは悪事を企んでいると言えます。ホーリースピリットの目的は、癒して目覚めさせることです。エゴとホーリースピリットの違いをきちんと語り学び始めることが大切です。というのも、その違いをきちんと言えるまで、わたしたちはエゴが何かを提供してくれると信じてしまうからです。そう信じている限り、わたしたちはエゴの考え方に加担して、罪悪感や痛みや分離を感じるのです。

友人3　**コース**の大半はエゴについて述べています。エゴが実在しているからではなく、眠っている心がエゴの実在を信じているからですね。エゴを信じているので、それを保っているのです。そしてそれこそが、目を向けるべきものであり、エゴを信じている心に何が起きているのかをとらえて、それをはっきり認識できるようになることが、エゴからの脱出法です。

友人1　ええ。でも、エゴはわたしたちの個性なのではないですか。

友人4　いいえ。それぞれの人格が、それぞれの個性ですよね。

デイヴィッド　わたしたちの個性は皆、異なっています。ある人は積極的で社交的に見えますが、ある人は照れ屋で控えめです。知的な人もいれば、感受性が豊かで繊細な人もいます。個性について語るとき、そこには膨大な差異があります。ある個性を、時に有り難いと思い、時に確執を感じる、ということがあるものです。多くの場合、夫婦、恋人同士、もしくは家族内において、個性の激しい相違が見られます。対立があるとき、そこに関与しているのは、常にエゴの原理であって、ホーリースピリットではありません。

基本的に「個性的な自己(personality self)」とは、**コース**では基本的に小文字のsで始まる「自己概念(self-concept)」にあたります。大文字のSで始まる「キリストの自己概念(Self-concept)」ではありません。自己概念は、分離が起きたかに見えるときに形成されたものの一部です。

自分が創造主から分離できたと考えるのは恐ろしいことです。分離は本当に起きていなかったのに、心がある瞬間、それを信じたのです。それを「神聖ではない瞬間」と言います。あまりにも恐ろしい考えなので、心は、神から逃げて、可能な限り遠くの暗闇へ逃亡しようとしました。それが数々の信念が積み重なっていく始まりです。

神は、ホーリースピリットという答えを、問題を抱えた心に瞬時に用意してくださいました。しかし、心にとって同時にふたつの思考体系にしがみついているのは耐え難いことでした。ゆえに心は、映画のスクリーンのような投影できる世界を作り上げたのです。エゴはこう言いました。「このスクリーンにあなたの分裂した様を投影しなさい」。そして、あなたは世界に繰り広げられる二元性を見ることで、自らの心の中にある分裂を忘れることができたのです。だから、眠っている心は、男と女、善と悪、正と否、暑い寒い、早い遅いといった二元性の世界を見るのです。

友人3　犠牲者と加害者もそうですね。

デイヴィッド　犠牲者と加害者、それはまさに肉眼による巨大な幻想の一部ですね。自らの心を見つめて、癒されるべき分裂がそこにあるのを見る代わりに、世界という外的なところで分裂が繰り広げられているというトリックを見るのです。古いカウボーイの映画のように、わたしたちの世界には善人と悪人がいます。わたしたちは兄弟たちをふたつのグループに分けることで、加害者を責めて彼らに怒りをぶつけ、被害者に同情できるわけです。**コース**は、それがトリックであり欺きだと言っています。あなたが国税庁のせいにしたり、両親や配偶者や兄弟や上司を責めたり、天気のせいにしているときは、常に、自らの罪悪感や自分には価値がないという思いを、それらに投げつけています。でも、それでは何も解決されませんし、問題はなくなりません。というのも、そうしているとき、心はどういうわけか、自分が放った投影が自分のほうへ戻ってくると信じているからです。そうして、防御の体制に入り始めます。誰かに対して怒ったり攻撃したことがあるならば、その相手があなたの友人に何か言ったりしないか心配したことがあるでしょう。攻撃が言動に出てしまった途端、「まったく！　何てことをしてしまったんだ」と思い、自己防衛が始まるのです。

友人2　プライドはエゴに属しますか。

デイヴィッド　それは良い質問ですね。というのも、わたしは物事に誇りを持つように言われて育ちましたので。

プライドは良いものでしょうか。それとも悪いものでしょうか。イエスは、身体におけるエゴの用途について話していて、プライドもそのうちのひとつに含まれています。プライドというのは、常に形に基づいています。身体には、「わたしは、自らの民族的伝統を誇りに思っています。わたしはアメリカ人であることに誇りを感じています。わたしは、自分の富を誇りに思います」といった識別があります。これらはすべて、外的なものに根ざしているため、形や世界に基づいていると言えます。イエスはこのように述べています。

> あなたの価値は神によって確立されます。……（中略）……あなたの価値を高めるために、何をする必要も、何を考える必要も、何を望む必要も、何を作る必要もありません。
>
> （テキスト4・I・7：2、6）

わたしたちの天の父こそが、わたしたちの価値の唯一の基盤ですが、エゴはプライドを基盤にしようとします。「あなたはもっと大きく、より優れた自己になれる」という罠です。

幸せになるために願い続けてきたものや人間関係をやっと手に入れても、まだ「～すれば、～になれば、わたしは幸せになれる」と求めています。そしてエゴはこう言うのです。「ゲームをし続けなさい。求めなさい。でも探し物を見つけてはいけません。ただ追い求め続けなさい」。エゴは、猫が自分の尻尾を追い掛け回すかのように、あなたを堂々巡りの罠に陥れるとてもずる賢いものです。

イエスはこう述べています。

わたしたちは、エゴとは何かを定義することはできません。しかし、エゴではないものとは何かを言うことはできます。そしてそれによってこそ、わたしたちは完璧な明晰さを得られるのです。わたしたちが、エゴのすべてを取り除くことができるのは、ここからなのです。エゴの反対を見てごらんなさい、意味のある、ただひとつの答えがそこにありますから。

（用語2・4）

また、エゴは、正しい心の中で溶けて消えるのだとも言っています。

神から離れて生き、孤立し、何にも属することなく生の営みをし、身体の中に住む分離した存在だと自分のことを思っていたのは間違いでした。今では、わたしの生命は神の生命であり、わたしにほかの住処はなく、わたしが神から離れて存在することはないとわかっています。神の思いでわたしの一部ではないものなどなく、わたしにも神の思い以外の思いはありません。

（ワークブック223・1）

11 知覚とは何でしょうか

デイヴィッド　これは知覚を変えるための**コース**です。さあ始めましょう。知覚について考えるとき、何が心に浮かびますか。

【友人との会話】

友人1　**コース**では、個々の観点としてとらえられていますよね。エゴからくるものとか、身体の感情的な部分を通して見たものとか。一般的に、知覚って、個々の身体がどんな態度をあらわすかによって間違って伝わっていると……。日々の課題ばかりを考えているような人にとっては、〝かなり曖昧〟ですよね(笑)。

デイヴィッド　〝かなり歪められている〟とおっしゃったのですね(笑)。知覚は「意味の読み取り」を伴います。レッスン2は、「**わたしは、見るものすべてに、自分にとっての意味を与えています**」となっています。あなたが言うように、たとえば二、三人の人が同じ事故を目撃しても、それぞれ事故の描写が違うというように、知覚は個人的なものです。

コースでは、何らかの形であなたが動揺しているとき、たとえば、恐れや怒りや気分の落ち込み、倦怠感など何でもいいですが、そういうふうに感じるとき、あなたはいつでもその瞬間ある決断を下していると言っています。あなたは、起きたことに対する自らの解釈、もしくは知覚に基づいて、その感情を選んだのです。人にはそれぞれ異なるフィルターと個人的な見方がありますから、人々の反応がそれぞれ違うのは、とても納得できますね。知覚とは、どう見るかの決断にほかならないのです。
このことを受け入れ、日常生活でこのように自分の心を観察してみるなら、それが、職場でのストレスであっても、義理の両親との関係であっても、洪水による被害であっても、自分の知覚がいかに後ろ向き、つまり過去を向いているかがわかります。わたしたちは、真の姿を何も見ていません。

友人2 ということは、わたしはその出来事の事実に反応しているのではなく、出来事に対する自分の解釈に反応しているんですね。

友人1 出来事は重要でないという、新たな理由が登場しました……。

デイヴィッド （笑）それは、このグループのスローガンになりますね。大勢の人が「ちょっと待って、起こっていることは見逃せない」と言っているところが目に浮かぶようです。でも、起こったことは、本当に重要ではないんですね。それらは全部、罪悪感に基づいていますから。たとえば、スラム街に行って、そこで見るホームレスの人たちに対して罪悪感を抱いて、このように思います。「ここにいる人たちは、わたしなんかよりもよっぽど困っている。ポケットにあるお金を全部彼らにあげよう（そうすればわたしの心苦しさは少し軽くなるだろう）」

コースでは、お金をあげる行為によって、あなたが罪悪感から解放されることはないと言っています。唯一、知覚を明確にすることだけが、あなたを罪悪感から解放します。あなたの知覚が癒されるとき、いわば、あなたが正しい心の中にいるときには、助けの手を差し伸べる行為でも、どんな行為でも、純粋な気持ちで成されています。そのとき、あなたは真の意志を認識しているからです。

では、知覚はどこから生じるのでしょうか。思考ですね！　レッスン5でこのように述べています。**「わたしは、わたしが思っているような理由で動揺しているのではありません」**。これは本当に良いレッスンです。なぜなら大抵何かが起こったとき、わたしたちの最初の反応は「何で動揺しているか、それはもちろん、〜だから」というものだからです。

友人2　皆、同じ理由で動揺するんですね。

デイヴィッド　そのとおり。「だって彼らがわたしに〜したから。あなただって誰かがあなたにそうしたら、わたしのようになるでしょう」ってね。レッスン6ではこう書かれています。**「わたしは、そこにはないものを見ているので動揺しています」**。まるで蜃気楼を見ているみたいなもの。砂漠で暑くて喉が渇いて仕方ないとき、遠くにオアシスが見えますね。でも、近づくと何もありません。

レッスン7では、**「わたしは過去だけを見ています」**と言っています。わたしは常に過去を見て、心が乱されています。なぜなら、過去は罪悪感が生じるところだからです。過去はエゴの領域で、ホーリースピリットがいるところは現在です。心は過去を訪れるのをやめず、その実在性を信じています。

友人2　過去の再生か。

デイヴィッド　そう。過去との関係性とも言えますね。

依存症のカウンセラーは、クライアントにはパターンがあると言っています。たとえばあるクライアントは、こんなことを言ったそうです。「五回結婚したけど、毎回同じことが起こる。五人とも、アルコール中毒者だった……」。仕事を得るたびにこう思う人もいます。「こんな仕事嫌い。辞めてやる！」そして新しい職につけば、また「こんな仕事嫌だ！」。過去の繰り返しです。

コースが言っているのは、あなたが過去や未来について考えているとき、あなたの心は空っぽだということです。心が過去の思いに縛られて、それを投影しているからです。まさにそれが世界です。世界は文字通り、わたしたちの心にある過去の思考が形ある世界へと投影されたものです。ですから、肉眼で見えるものに動揺するのは当然なのです。過去の不平不満が形になったスクリーンを見ているのですから。わたしたちの心にある怒りの思いが、映画の中にあるのです。ふたつの思考体系だけがあると言いました。恐れに基づいたエゴの思考体系と、ホーリースピリットの思考体系です。識別の対象はこのふたつだけです。このふたつの違いを言えるようになる必要があります。

まず、エゴの思考に投資するのをやめることから始めなくてはなりません。もしエゴがわたしに何か良いこと、役立つこと、助けになることを提供すると考えるなら、わたしはエゴに自分の周りにいて欲しくなり、エゴを捕まえておきたくなります。**コース**はあなたにこう問いかけてもらいたいのです。「わたしはなぜこの罠にはまっているのだろう、どうやってこれに投資しているのだろう、しかも自分でそれを知らないなんて」

友人2　「自分にとって価値があるものとは何だろう」という問いに似てますね。自分に何かを提供してくれて価値があると思えるものを手放しはしないでしょう。でもそこに疑いを抱いて、心を本当に変えるとき、新しい思考体系が証明するものをスクリーン上で見るのですね。そして、新しい考え方を目撃するという経験を得るわけですね。

デイヴィッド　つまり、その問いは「わたしは何が欲しいのか」ということです。「自分が本当に欲しいものは何なのか」。こういうことに取り組み始めた当初、こう思ったりしませんでしたか。「まったく！わたしは本当に罪悪感と恐れを求めているに違いない。だってそれらを目にする出来事ばかり知覚してるんだから」。**コース**では、とにかく自分が真に欲しいものは何かというのを問い続けて深く掘り下げるように言っています。

わたしがまだ若い頃、**コース**を知る前ですが、人生で手に入れたいものがふたつありました。それは自由と親密さです。「ああ、親密につながっている感覚が欲しい。とにかくそれが欲しい」と思いました。自由については、「飛び回りたい！　自分の上にのしかかっているものなど何もない感覚を経験したい」と思っていました。わたしの目標は間違ってはいませんでした。**コース**では自由と親密さは良い目標とされています。でも、わたしがそれらを探し求めていた場所が、間違っていたのです。

友人1　自由と親密さというそのふたつが、隣り合わせにあるとは思わなかったのですか。

デイヴィッド　その頃のわたしの知覚は、親密な関係を追い求めれば自由が制限される、というものでした。親密な関係が、束縛に思えていました。

友人1　相互に排他的な目標というわけですね。

デイヴィッド　わたしは**コース**を通して、それらがお互いに矛盾していないことを知りました。実際、どちらも同じところで見つかったのです。自由と親密な関係とは、同じものだったのです。わたしの自由の定義は、「行きたいところへ行けるようになりたい。やりたいことを、やりたいときに、やりたいように、やりたい」、でした。まったく制限のない感覚ですね。

友人2　それは、自分がやりたいこととまったく同じことを、自分がやりたいときに、一緒にやりたいと思ってくれる相手を求めていたということですか(笑)、夢のようですね！

デイヴィッド　親密さに関しては、「つながった感覚が欲しい。お互いの思いを知っている感覚というか、相手と近くにいる感覚が欲しい。離れた感覚がしない親近感のようなものが欲しい」という感じでしたね。それに、わたしの考えていた親密さというのは、多くのロマンチックな考えとも関連していました。わたしは、誰かが自分と一緒にいてくれる関係を求めていました。彼女がカリフォルニアに住んでいて、わたしがニューヨークに住んでいたら、親密な関係になるのは、そう簡単ではないですよ。わたしの考えは、身体が一緒にいなくてはいけない、というものでしたから。もっと言えば、同じ屋根の下にいて、可能な限り長く近く一緒にいたい、というものでした。それがわたしの親密さの定義でした。

今は、それらについてより深く掘り下げて、数々の人間関係を経験して、**コース**に取り組み変化をとげ、親密さや自由に対するその頃のわたしの考えは、身体に大きく関係していたと気づきました。自由の定義も「どこにでも行って、何でもやりたい」と言っていた頃は、身体の移動がすべてでした。心の自由についてはそれほど考えていませんでした。親密さも、「まず身体で一緒になろう。そして、彼女と何か共通点があれば、それはラッキー」というものでした。

わたしが気づいたのは、人間関係や真の親密さというのは、ホーリースピリットに従うことから生じるということです。そして、それが真の自由をもあらわしています。それは、当時わたしが考えていたこととは反対です。身体中心の目標を追いかけて、充実した人間になろうとしていたのですから。でも、それらのことを本当に疑問視しなくてはいけないと気づきました。

今、こうしてホーリースピリットにわたしを使ってもらい、全国を旅して大勢の人々といろいろなことに取り組んで、ずっと求めていた人々との本当の親密さ、真のつながりを感じています。そしてそれは、想像していたような形とはまるで違ったもの、はるかに良いものでした。

12 真の知覚とは何でしょう

親愛なるデイヴィッドへ

わたしの職場での責任は、たいしたことのない法律と道徳を執行することです。**コース**では、永遠でないものは、単に実在していないと言っているように聞こえます。また、奇跡の一部は、知覚されたあらゆる過ちを見渡して、ホーリースピリットに真の知覚で心を埋めてもらうことだそうです。**コース**は、他人について思うことは、自分自身について思っていることだとも言っています。正しい知覚の仕方を教えてください。

愛するあなたへ

お手紙ありがとう。真の自己にとって、ゆるしは常に贈り物です。なぜならそれは、見せかけの自分や世界やエゴの体系を手放して、真の自己と神を思い出す方法へと心開かせてくれるからです。兄弟たちの真の姿を身体を越えたところで本当に見出したとき、神聖な創造物として彼らの真の潔白さが見出されます。あなたは「奇跡があらゆる過ちを見渡す」と書かれていました。確かにそうです。ホーリースピリットの助けで、過ちを超えて、永遠に潔白で無罪であるアトーンメントの光まで見ることができます。ゆるしは常に正当です。エゴの過った知覚は実在していないからです。聖書での行動規範は、あなたが他人にしてもらいたいように、他人に接することを求めていますね。

罪のある人はどこにもいないし、責める相手もいないととらえてください。攻撃が不可能と気づくとき、スピリットの潔白さが姿をあらわします。ひとつにまとまった心は攻撃することも攻撃されることもできません。攻撃を信じなければ、罪は根拠を失います。ホーリースピリットがひとつにまとまった心と知覚へ優しく導いてくれます。そこには、ゆるされた世界があります。ゆるしが受け入れられたとき、罪の幻想は認識から消えます。たとえどのような状況でも、それを神の愛の放射として、もしくは、神の愛を求める叫びとして知覚することができます。あなたの心を神の導きと調和させることによって、真のあなたをホーリースピリットの前にあらわしましょう。癒しとは、エゴの知識を捨て去ることです。エゴの信念のすべての破片と思考と感情と知覚を手放すことです。

あなたにそうする意志があるのなら、道は開けます。ホーリースピリットがあなたに見てもらいたがっている神の純潔さを覆い隠せるものは、存在しないからです。世界中のミラクルワーカーに祝福を！神に栄光を！

愛をこめて

デイヴィッド

13 共通したエゴの防御の向こうにあるものは何でしょうか

神がひとつのものとして創造されたものを、エゴが分離させることはできません。調和のとれていない思考で、神の真実の光に抵抗できるものはありません。あらゆることは良きことのために共に成されます。すべての物事や出来事を錯覚として見る共通の知覚があるからです。静寂の中で、あらゆる懸念事項に対する回答がすでに出され、問題に見えるあらゆることがすでに解決されています。

正直な疑問について何も恐れることはありません。あなたは逃げること、避けること、投影すること、正当化することをやめなければいけません。知っていると思っていることについて、倫理的な説明をすることをやめなければいけません。騙されていたことを認めて、知っていると思っているあらゆることを疑問視するために心を開いてください。

そうする以外に、どうやって自分自身に対するあなたの心を完全に変えられるでしょうか。どのように神が創造した真の自己としてのあなたの実在性を受け入れられるというのでしょうか。神の神聖な心を知っている、自立した人間でいる振りをするのはやめてください。神の心と身体には合流点はないので、それらを調和させる場所はありません。あなたは心を持った人間ではないのです。あなたは完全に純粋な神の心です。真の自立とは、自主性としての自立ではなくて、完全に神に頼ることです。あなたが思っている自分自身に対する考えをすべてホーリースピリットへ明け渡してください。そして神にゆるしを教えてもらってください。そうすれば、神の神聖な心を思い出すでしょう。

エゴは断固として「教師なんていらない！」と言います。癒された心は、そんなことをわざわざ言う必要はありません。イエスがそのようなことを言ったことがあるでしょうか。身体や人や、自主的で私的な心が、実在していると信じている限り、あなたは教師という〝個人〟に惹かれたり怒りを覚えたりします。なぜならエゴは、あなたが内省したり、あなたの純潔さを知っている神という教師にあなたが従うのを邪魔するために、世界やありとあらゆる偶像を作り出したからです。エゴは、あなたが責任転嫁できるものを見つけることを望み、偶像を育てて執着してもらいたいのです。そうすれば、あなたは、分離した意思を持つ人として、自主性と自立を保ち、見せ掛けの「スピリチュアリティ」の先導者もしくは追随者となるからです。

神という内なる教師に心を解放してください。あなたが信じているいろいろなシンボルを通して、神があなたに話しかける声に耳を傾けてください。世界は個人の思考を映し出した以外の何ものでもありません。ホーリースピリットは憎悪で作られたものを使って、真のゆるしの意味を教えてくれます。真の意味はあなたの内側にあります。外側にあるものは意味のないものです。

エゴはこうも言います。「エゴを見つめる必要はないから、ただエゴを愛しなさい」。神にとって代わるために作られた世界像を愛せるでしょうか。世界は神ではなく信念によって作られました。気づかれぬよう信念によって隠されてきた愛を思い出せますか。そのような信念とは何なのだろうと考えずに思い出せるでしょうか。

このコースを学ぶには、あなたが抱いているあらゆる価値観を疑ってみようとする意欲が要ります。ひとつでも隠されて曖昧にされたままにしておくなら、あなたの学びは危うくなるでしょう。
（テキスト24・序・2：1〜2）

幻想を直視しないかぎり、誰も幻想から逃れることはできません。見ないことによって、幻想が守られるからです。幻想は危険なものになるはずがないのだから、ためらう理由はありません。わたしたちは、エゴの思考体系をもっと詳細に見る準備ができています。わたしたちが共にいるなら、それを一掃するための光のランプがあるからです。そして、あなた自身も、エゴを望んでいないと気づいているので、準備ができているはずです。
（テキスト11・V・1：1〜3）

この世界を作った信念体系を認識もせずに世界をゆるせるなどと思わないでください。心は否定して認識できないようにしたものを解放することはできません。エゴが選ぼうとする愛へのあらゆる近道は、歩みを遅らせるものか、注意をそらす以外の何ものでもありません。

真の静寂は、神が思い出されている状態です。啓示はあらゆる言葉を超えています。その深い神の静寂はいつも手の届くところにあります。エゴで葛藤している心にとっては、それはとても恐ろしいことです。過去や未来についての雑念は、あなたに知られぬよう神の静寂を否定するためのエゴの試みです。言葉はシンボルを象徴したものにすぎません。そして、思考をあらわしたものにほかなりません。

神の教師は、教える際に言葉を使わないようにするべきなのでしょうか。とんでもありません！　静寂の中では聴くことのできない人たちが大勢います。彼らに言葉を通して伝えてください。けれども神の教師は、新しい方法で言葉を使うことを学ばなければなりません。何を言うかを自分で決めるのをやめることによって、言葉を選んでもらう方法をゆっくり学んでいきます。このプロセスは、ワークブックの中の「わたしは、一歩退いて、神に導いてもらいます」というレッスンのひとつの形にすぎません。神の教師は、差し出された言葉を受け入れ、受け取ったとおりにそれを与えるのです。自分が語ることの方向をコントロールしません。耳を傾け、聴き、そして話すのです。

（マニュアル21・4）

次は言葉のある用途についての例です。

今日は、ホーリースピリットがわたしを通して語ります。

今日、ホーリースピリットは、わたしの声を必要としています。全世界がわたしを通して、あなたの声に耳を傾け、あなたの言葉を聞くことができるようにするためです。

わたしは、あなたにわたしを通して語ってもらおうと決めています。あなたの言葉以外の言葉を使うつもりがないからです。あなたの思いから離れた思いは何ひとつもたないと決めています。あなたの思いだけが真実だからです。わたしは、自分で作り出した世界を救う者になるつもりです。

わたしがこの世界を地獄に落としたのだから、わたしがそれを解放します。そうすれば、わたしは逃げ道を見つけ出し、あなたの聖なる声が、今日、わたしに語る言葉を聞くでしょう。（ワークブック296・1）

ホーリースピリットと調和した心は静かです。奇跡を引き起こす静寂にとっては、身体が話をしていようが動いていようが関係ありません。心が選ぶ目的や動機が、その人が経験する心の状態を決めます。静寂は自然にあるものですが、エゴに心を合わせる選択をしたことによって、それは遮られ、あなたはその静寂さに気づかなくなります。問題は、それについて語るか語らないかではなく、あなたが真の目的のために心を綺麗にしておくことです。なぜなら、それが下されるべき決断だからです。そうすれば、後のことは必然的についてきます。

エゴは自由をこのように要求します。「他人や施設や教師やグループや規則によって縛られてたまるか。わたしは自由な人間なんだから」。エゴは、エゴが見られていないときに自由を感じます。エゴは、「考えは、その考えの源から決して離れることはない」という法則を認識することはありませんし、心から離れたところに世界が存在していないことを自覚することもありません。

個人としての人々は決して自由にはなれません。なぜなら、自分が人だと信じている心は、偽りの奴隷になっているからです。ひとつの心が、個々の心や身体になったり、その時々でスピリットから物質へ、永遠なものから一時的なものになるなどということはあり得ません。心から離れた世界はないので、人も団体も規則もそこにはないのです。支配とは幻想です。「事実、支配はあるじゃないか」という人がいますが、それは、幻想が作り出す象徴を見ているだけです。神は、支配という幻想をただ象徴しているだけです。神は支配を創造されませんでした。したがって、支配からの自由という考えは、自分が外側に広がっている世界に存在している人間だと信じている心にはやって来ません。

自由は、全世界という夢を見ていたことに気づいた心、つまり、世界はただ考えでできているだけだと知っている心にしか訪れません。世界は、ゆるされればあっという間に忘れ去られます。天国の王国と永遠の命が真の自由です。たとえば、誰かがあなたやあなたのスピリチュアルな旅路をコントロールしているなどと言って、その人を避けることを正当化したことが、あなたにもあるのではないでしょうか。そのときあなたは、彼らが自分から離れていることに、ほっとして、幸せさえ感じませんでしたか。あなたの心は強力です。時間と空間の中で、世界や身体を作ったり、施設を建設してしまうほど強力です。他人、団体、グループなどさまざまな外的なものが存在している世界に、自分も、身体つまり人として存在していると信じる心だけが、支配されたり組織化され得る存在だと、自らを知覚し、ある人の身体が周りにないからといって、幸せに感じたりするのです。人には平和を選ぶ責任があります。心が望むこととは関係なく、何かが人に起こることはありません。完全な自己が神の平和のみを望み、その他のものを望まなければ、それこそがその自己の真の経験に違いありません。

エゴはいつも特定のものや人や過去や未来に焦点を当てています。というのも、ホーリースピリットの持つ現在の目的に気づいていないからです。心がそのような意味のない物思いに気をとられているのに気づいたら、現在を選び直してください。奇跡が、過ちは過ちであることをあなたに思い出させてくれます。戦場を上から見渡せる位置に到達すると、心が和らぎます。人や特定のものに対する思考であふれた戦場では、平和も安全も安心もありません。真に欲しいものは何かということをはっきりさせてください。そうすれば、世界で目にするものに注意を向ける必要はないと感じるでしょう。真実は、内なる光の中にあります。

14 わたしは、自分にとっていちばん益になることを見ていません

【友人との会話】

デイヴィッド　欺かれている心がこの**コース**に対して抱く問題は、神があなたの作者だと言っていると

ころです。神があなたを神ご自身のように創造されました。神はスピリットです。神はあなたというスピリットを創られました。あなたとは、神の心の中にいるアイディアにすぎません。

わたしたちの中で自分がアイディアだと思っている人がどれだけいるでしょう。普通は人ですよね。過去から未来という直線状の時間軸にいる人、それに、関連付けられたさまざまな特質、特徴など。実はそれが、自分は父のイメージの中に在る純粋なアイディアだと言える人がどれだけいるでしょう。

コースは神があなたの作者で、あなたは神によって作られたと言っています。欺かれた心にとってはそれが問題です。欺かれた心は自らを身体そのものだと信じており、もう少し洗練された心なら、自分は身体の中に存在していると信じているでしょう。つまり、時間と形に密着していると信じています。

欺かれた心は形に執着します。ですから、家の販売や、家族のことや、物事の結果に心奪われたりします。いわば、脚本に夢中になっています。そしてその心は自分が神のスピリットであることを否定してきました。それを恐れているからです。心は手放すことを恐れます。

あなたは自分自身に頼ることに慣れきっています。自分の履歴や過去の経験を頼ります。そして、利益をもたらす技能を得ようと努力します。**コース**はそれを逆転させて、こう言います。「わたしはあなたのために目的と使命を用意しました。あなたは兄弟たちが目覚める手助けをしなければなりません。あなたもその過程で目覚めます」。それでも、「どうだかね。本当かな」という疑いの念が不意に訪れます。そのときこそ、信じなければいけません。

まるでイエスが弟子を二人送り込んできて、こう言っているみたいですね。「余分な靴を取らないように」。しかしあなたはこう思います。「今は二十世紀だし、弱肉強食の時代なんだ！」

友人　ぼろぼろにやられて吐き出されてしまいますよね。

デイヴィッド　それだけでなく、きっとこう言う人もいますね。「もしあなたが言うように、判断するのをやめて素晴らしい時を諦めるのなら、人生は本当につまらないものになってしまう」

この年を、すべて同じにすることによって、今までとは違った一年にしてください。

（テキスト15・XI・10：11）

人々はこの箇所を読んでこう言います。「ああ、馬鹿馬鹿しい。全部同じだなんて。どうしてわたしが、すべてが同じであるのを望むというの」

コースを見ていきましょう。

今日のエクササイズについて理解できるようになるために、もうひとつ考えなければならないことがあります。あなたは、表面的には目的というものを認識しています。しかし、目的というのは、このような表層的なレベルでは理解することができないものです。たとえば、電話は、今、物理的に近くにいない相手と会話をするための道具だとあなたは理解しています。ここであなたが理解していないのは、何のために自分は相手に連絡をとりたいのかということです。これこそが、その相手への連絡が意味のあるものになるかどうかを決めます。

（ワークブック25・4）

これは素晴らしい対比を示してくれているレッスンです。あなたはこのように言うことができます。「もちろん、電話が何のためのものか知っていますよ」。わたしたちは物が何のためのものか学んできたわけです。イエスはそのレベルの心に伝えようとしています。そして、その心に、こう言っています。「しかし、そのようなレベルでは目的を理解することはできません」と。ということは、あらゆるものを超えられるようにわたしたちを導いてくれる目的が別にあるはずなのです。レッスン28には、具体的な例が挙げられています。

そのテーブルについて、自分のあらゆる概念を取り去り、完全に開かれた心でそれを見るなら、あなたは実際、そのテーブルからだけでも、本当のものを見ることができるでしょう。そこからビジョンを会得できるでしょう。そのテーブルは、あなたに見せるべき何ものかを持っています。美しく、澄んだ、無限の価値があり、幸福と希望に満ちたものをもっているのです。そのテーブルについてあなたが抱いているあらゆる考えの下に、そのテーブルの本当の目的、宇宙のあらゆるものと分かち合われている目的が隠されています。

（ワークブック28・5）

驚くべき考えですね。コーヒーテーブルからでさえも神の救いを受け取れるなんて。ではテーブルは何のためにあるのでしょうか。物を置くためですね。そして、その周りに身体が座れるようにするためですね。これは、身体のレベルの話です。こうしてすぐに身体に戻ってきてしまうのがよくわかるでしょう。

友人　身体にとってそのほうが便利です。

デイヴィッド　そうです。そこに戻りますよね。さまざまな欲望、野心についてよく見ると、全部、身体の快適さにたどり着くことがわかります。身体にとって便利なことですね。権威についてと身体の識別という考えに戻るわけです。すべてのことが身体というアイデンティティに戻っていきます。これはとても根深い基本的な考えです。**コース**は、それらをゆっくり手放していくためのものです。身体以外に防御するものがあるでしょうか。イエスは常に無防備でした。そして彼は捕まえられても、自らの使命の間、ずっと無防備でいました。自分の存在が肉の塊ではないことを彼が確信していなければ、そんなことはできなかったのではないでしょうか。

あなたが学んでいくためには、あらゆるものに対してあなたが作りあげたゴールを、自ら進んで手放すことが不可欠です。それらのゴールを〝良い〟〝悪い〟と認識するのではなく、それらのゴールには意味がないと認めることが、それらを手放す唯一の道です。今日のアイディアは、その方向へと踏み出すひとつのステップです。

（ワークブック25・5）

ここでもカバーされていますね。エゴは、ホーリースピリットが強制して何かをやらせようとしているとわたしたちに信じさせたいのです。物事を善悪で見なくなると、つまり、そこには何もないととらえるようになったとき初めて、あなたは強制されていると感じなくなります。あるいは、諦めることを犠牲だとは思わなくなります。

わたしたちが唯一しなければいけないことは、あらゆることに対して設定した目標を取り下げることです。真の意味は、それらに覆い隠されているところにあります。

友人 ということは、すべての物事のゴールは、ゆるされるため、ということになるのでしょうか。物事につけたあらゆる意味を放棄するというゴールをどう経験したらいいのですか。

デイヴィッド 物には価値がないと認識することを通して、放棄していきます。放棄あるいは断念という言葉には、「責任」などさまざまな隠れた意味が入っています。そこには犠牲を信じている心がありませす。欺かれた心は、何かを諦めなければいけないと信じます。存在していないものを存在していると信じている限り、諦めることは犠牲に思えます。諦めるものは何もないととらえ始めるには、形而上のたくさんのつながりを発見する必要があります。

わたしは、**コース**の後ろのほうで、判断の放棄に関して話している箇所がとても好きです。イエスは、判断するべきではないのではなく、わたしたちは判断できないのだと言っています。わたしたちには、判断する能力などないのです。

神の教師は、自分は判断すべきではないと気づくのではなく、自分には判断ができないということに気づかなければなりません。価値判断を放棄するとき、彼は、自分にもともとなかったものを放棄しているにすぎません。放棄できるのは幻想だけです。

（マニュアル10・2）

この世界は幻想です。あなたが、「本当だ、何もない！」という気づきに到達したとき、あなたは決して何も諦める必要はなかったと悟ります。大切なのは、信頼して意志を持ち続けて、そこへ連れて行ってもらうという考えでいることです。どうやって到達するかという質問に対して、それがわたしの伝えられる唯一の答えです。

自分に幸せをもたらす結果となる状況を、あなたはひとつも認識していません。あなたは適切な行動のための指針をもっていないし、その結果を判断するすべも知りません。あなたの行ないは、ある状況を自分がどう見るかによって決まりますが、そのものの見方は間違っています。ですから、あなたは必然的に、自分にとっていちばん益になる行動をしていないことになります。どんな状況においても、正しくその状況が把握された場合には、あなたの益になることが唯一のゴールです。状況が正しく解釈されなければ、あなたはそれが何なのかに気づくことはないでしょう。

（ワークブック24・1）

友人　さまざまな方法で切り離して、ホーリースピリットに捧げるということですか。

デイヴィッド　そうです。これは投影についての話です。「わたしは目にするものすべてに意味を与えている」ということですね。それが投影です。つまり、自分で見るものに自分で意味をつけています。ですから「ここでわたしがするべきことは何だろう」と考えるよりも、どちらかといえば、「わたしはどのレンズを使って見ているのだろう」という感じですね。

こう言う人もよくいます。「自分がこれを創ったのはわかっているし、もしこれでなければほかのものを創っているはず」。でも、**コース**では「創る」という言葉は注意して使われなければいけません。イエスは、「わたしがわたしの見ている世界を生み出した」というように、世界に関しては「作る」や「生み出す」という言葉を使っています。イエスは、常に「創る」や「創造」という言葉を、天国や完全に抽象的なワンネスのために取っておいています。

友人　自分が自分のためにこれを創ったと思うだけでも、罪悪感を引き起こしますね。

デイヴィッド　はい。**コース**では、実在の世界に関することでさえも、創造という言葉は使われていません。なぜなら、実在の世界でさえも「作られたもの」だからです。そこは知覚の領域を超えた天国ではないからです。

エゴの思考体系には、時間の感覚というものがあります。人生は直線的に感じられます。自分の後ろに過去があり、今ここに自分がいて、将来のために今これだけのことを抱えているわけです。しかし、**コース**は、脚本はすでに書かれていると伝えています。すべての知覚が引っくり返るほんの一瞬の狂気があったように見えるときにも、それはホーリースピリットによる実在の世界のうちにあります。罪悪感、裁き、怖れから、あらゆる意味が取り除かれ、新たな知覚がある世界の内にです。ではなぜ、実在の世界がそこにあるのに、わたしはさまざまな結果を心配しているのでしょうか。
イエスは、わたしたちの知覚は間違っていると言っています。わたしたちは「自分の知覚がなぜ間違っているのだろう」と掘り下げていかなければいけません。なぜなら、世界の進む方向が引っくり返ったからです。脚本はすでに書かれています。ですからここでの質問は、どちらかというと「わたしがコントロールするものはあるのだろうか」ですね。人々はここでも大きな反応をします。彼らはこう言うのです。「物事はなるがままでなければいけないと考えるように縛りつけられているように感じます。わたしの自由が侵害されていませんか」

「決断のためのルール」（テキスト30・I）で、起こらなければならないことを避ける方法はないと言っています。そうならば、明らかにわたしたちに残された選択は、その状況をどのように見るかです。つまり、それは知覚の問題です。このように続けていくと、わたしたちの知覚にはいったい何が起こっているのかという大きな洞察にぶつかります。

友人　ということは、脚本はすでに書かれていて変更できないということですか。

デイヴィッド　わたしは神の決定論は信じません。**コース**は、わたしたちには選択が残されていると言っています。その唯一の選択とは、脚本に書かれていることが眼の前で演じられている、そのことに意味を与えることです。それぞれ異なった解釈をする選択の自由があります。
イエスはわたしたちの意志の中でこの世界と関係しているものはないと言いました。わたしたちの意志は天国にあるからです。父の意志の中の完璧な幸せが、わたしたちの意志です。このことをわたしたちに意味が成すように伝えることはできません。この世界にいる間は、わたしたちの意志は監禁されているかのようです。ですから、意志について語ったり、意志と選択を同等に考えることに意味はありません。ただ、わたしたちには脚本をどう見るかという選択があります。

脚本を別のやり方で見ることができます。ホーリースピリットと共に見るということです。そこには平和をもたらす奇跡があります。エゴのレンズを通して見ると、あなたは激怒したり、恐れに満ちたり、何らかのことで落ち込んだりするわけです。

あなたは、どちらの方法で見るかという選択について明確にする必要があります。つまりこれらのふたつのレンズのどちらで見るかを明確にしなければいけません。正しい心の中にいる者がエゴのレンズを通して見るなどということがあるでしょうが。そんなことはあり得ません。正しい心の中にいるとき、その人はスピリットと共に見ています。「わたしがこの狂気について明確にして正気になれますように助けてください。正気になりたいです。平穏な心でいたいです」

自分にとって何がいちばん益になるかが自分にはわかっていない、と気づくなら、あなたはそれが何であるかを教えてもらうことができるでしょう。しかし、そんなことはわかっていると信じ切っているとしたら、学ぶことはできません。今日のアイディアは、あなたの心を開き、学びを始められるようにするためのひとつのステップです。

（ワークブック24・2）

わたしは、自分が何が好きで何が嫌いかわかっています。これらがわたしの好きなもので、これらがわたしの嫌いなもの、というふうに。エゴは、何を好きで何を嫌いかわかっているつもりです。エゴはまた、何が最善の利益かも理解しているつもりです。エゴが好きなものや必要なものをわかっているなら、心が閉ざされて、こう言うからです。「イエス様、わたしはすでに知っています。あなたの手を取る必要はありません。わたしは人です。わたしは身体です。わたしには嫌いなものがありますし、好きなものもあります。わたしにはそれらを得る権利があります」。これらは、「特別」な人間のあり方の一部をあらわしています。さてここでレッスンがあります。「あなたは、自らの最善の利益が何であるかを知るまでは、それを知覚することさえできません」というものです。これはわたしたちの心を少し広げて、心を開かせますね。「わたしは何が自分にとって最善なのかわかっていません」という簡単な形でさえも、少し心を開かせてくれますね。

まず、今日のアイディアを繰り返すところから始めましょう。眼を閉じて、たった今あなたの中で気にかかっている未解決の状況を探してください。それについてどういう結果になってほしいのか、それを明確にすることに重点を置きます。自分が望む結果として、たくさんのゴールを心に思い描いていることにすぐに気づくでしょう。そして、それらのゴールはさまざまなレベルにわたっていて、しばしばお互いに矛盾していることにも気づくでしょう。

（ワークブック24・4）

あなたがこうしたレッスンをして、自らの心の中の探索を始めるならば、家族や人間関係に関連した何かにたどり着くかもしれません。もしくは、仕事や経済状態に関することかもしれません。更に、世界平和を望んだり、イルカを助けるなど、特定の個人的な興味に関することかもしれません。政治問題について強い感情を抱いていて、それに関連した必然的な結果に行き着くかもしれません。

友人 その行き着く先の何かというのは予想できるものでしょうか。

デイヴィッド はい。レッスンの最後の文にありましたね。「そして、それらのゴールはさまざまなレベルにわたっていて、しばしばお互いに矛盾していることにも気づくでしょう」。たとえば、わたしたちはこんな話をしたりしますよね。今日はどうしても家にいたかった。でも仕事に行き、営業の仕事をした。そしてそこで自分の求めていた別のものに出会った。そんなことがありますね。

分離が起こったとき、そこには、信念のレベルの中でいちばん最初に来る信念、必要性に関する信念がありました。わたしたちはこんなことを耳にするわけです。「身体を大切にしなければいけない、スピリットを大切にしなければいけない、感情や心を大切にしなければいけない」。精神的な面でいえば、「バランスを取る必要がある」など、異なるレベルについて聞いたりすることがあります。分離の前にレベルは存在していません。レベルとは、作り上げられたもの、エゴの思考体系の一部なのです。

イエスは、あなたが心の中に、さまざまな結果に対する期待やさまざまな目標を持っていることが問題なのだと言っています。なぜなら、そのとき、あなたは自分自身をそれらのさまざまな異なるレベルにいる人として知覚しているからです。あなたは困難に立ち向かっているのです。わたしたちは学んでいくうちに、すべての問題がさまざまな異なったレベルで解決されることはあり得ないと理解するようになります。解決するのはまったく無理です。不可能なのですから、解決しようとするのは狂気と不満を生むだけです。もし神の真実というものがあるならば、そちらのほうが簡単に見えませんか。

コースを学んでいくと、たったひとつの問題とたったひとつの解決法しかないことがわかります。「出来すぎの話ですよね！」

今日のアイディアを当てはめる際には、あなたに起こっている状況を言葉であらわし、その解決策として自分が望んでいるゴールを、できるだけたくさん、注意深く列挙していきます。おおよそ次のような形式で行なってください。

（　　　）の状況において、わたしは、（　　　）が起こって欲しい。

そして、（　　　）が起こってほしい……。

たとえあるゴールが、その状況に直接関係ないように見えても、あるいは、その状況にまったくかかわりがないものに見えても、自分の心に正直に、浮かんでくるいろいろな種類の結果を、できるだけたくさん取り上げるようにしてください。

（ワークブック24・5）

デイヴィッド　たとえば、「わたしの販売にかかわる状況で、わたしは販売成績一位に躍り出たい」、というようにあてはめていくわけですね。

友人　全部が自分の望むようになって欲しいです！

デイヴィッド　「脚本は書かれている」というところに戻ると、そう期待することがどれだけ奇妙かわかりますね。脚本がすでに書かれていて、結果が常にその結果になるのなら、この世界にはその結果を変えるために成せることは何もなくて、心が選ばなければいけないのは、それを見るためのレンズだけ、ということになります。

友人　結果を選択できないと言っていますよね。それは、形である世界が実在していることを暗示していませんか。

デイヴィッド　形ある世界は実在していません。その唯一の理由は、神聖でない瞬間に起きたからです。ほんの小さな考えが真剣に受け止められたとき、すべてがひっくり返ったという話を思い出してください。それらは全部、過去に起きました。イエスは何度も**コース**の中で過去について話しています。過去はすでにここにはありません。過去は、古代の時間の中へ去っていき、終わって過ぎたことです。

イエスはさらにこう言っています。「わたしたちは皆、現在にいます。すべては今ここにあります。すべてがです！」文字通り、脚本には実在性がないという意味です。神はこの世界を創造していません。ですから、神は知覚的な世界とは何の関係もありません。もしはじめに、あなたが**コース**の基本的な考えである「実在するものが脅かされることはありません。実在しないものは存在しません」（テキスト序・2：2〜3）を受け入れるなら、どこにこの世界の入り込む場所があるのでしょうか。

天国だけが実在しており、**その他**のものは皆、幻想です。イエスが言っているのは、わたしたちが世界を信じているのはわかっているので、ここから下へ向かうことは不適切であり、少なくとも役には立たないということです。わたしたちは理解できないので、例えを用いて学び始める必要があります。**コース**は、エゴのレベルで書かれています。イエスが、わたしたちが世界を信じている前提で始めてくださっているからです。わたしたちは自分が世界にいる人間だと思っています。ですから、学んでいくために、わたしたちが本当に存在していると信じてしまっている問題や状況を語り合うことにより、始めていかなければいけません。

友人　では、輪廻転生はどうなるのですか。脚本はすでに書かれているということですよね。そして、今生はわたしの十回目の生まれ変わりかもしれないし、本当にすべてを手放してゆるせるまでに、あと五回ほど生まれ変わるかもしれません。あなたが言っているのはそういうことですか。わたしは十回も夢を見ているということでしょうか。

デイヴィッド　イエスは輪廻転生について、それが永遠性に対するあなたの信念を強化するのであれば、役に立つ信念かもしれないと言っています。しかし、それはまだ場所という認識で定義されています。魂の不死身と永遠性を信じながら、限界ある場所の一員として存在するというのは、疑問視されなければいけません。わたしが役に立つと思った例えがあります。それは、まるでリクライニングチェアに座ってテレビのチャンネルを変えているかのように、心が後ずさりをして画面に物事が起こるのを見ているというものです。これは、輪廻転生の例えと言えます。どのチャンネルかにかかわらず、どんどんイメージが画面上にやって来ます。この世界で死に思えるものが本当の終わりではありません。まさに「次は何？」という感じです。心に罪悪感がある限り、また、この世界の偶像を追い求めて、そこでより価値あるものを見つけられると信じている限り、そこは天国ではありません。それはただ別のたくさんの脚本を求めて、チャンネルを変えているだけです。

これらのことすべてが、イエスが言っていることが本当であるという見方を示してくれています。イエスがいつもわたしに「外へ出て光のもとへ来なさい」と言っているように。

友人　それは瞬時に起こり得るのですね。それでもわたしは、あと何回、輪廻転生するのか考えて、矛盾を感じてしまいます。自分でコントロールできるけれど、できないと言われているような気がします。

デイヴィッド　わたしたちが選択できるのは「いつ」に関してです。イエスはこう言っています。

> 自由意志とは、あなたがカリキュラムを編めるということではありません。いつ何を学ぶかを選択できるということにすぎません。
>
> （テキスト序・1：4〜5）

確かにわたしは、表面的には、**コース**を学ぶ選択をしているように見えますが、究極的には、それさえもが選択ではありません。わたしたちには、どのように目覚めるか、どの道を通って目覚めるかという選択さえもありません。それでもわたしたちには、「いつ」という選択があります。イエスが経験したように、心が過ちをはっきり見るときは、一瞬にして訪れます。それが心に残されている選択で、そこで意志と選択の役割が果たされます。形という感覚にとどまってこれを理解しようとせずにいると、これは正しい本なのか、正しい人なのか、正しい人間関係なのかというふうに分析しようとするあまり、気がおかしくなってしまいます。

友人　そうすると次に、「でもそれは、はたして役に立つのだろうか」という疑問が出てきます。

デイヴィッド　それは神への信頼を育てて行く旅路での二番目の時期に起こる、誰もが通り抜ける疑問です。

> 人生における変化は常に役に立つということをすでに学んでいるので、すべての事柄を、それが有効性を増やしていくものかどうかという点に基づいて決断しなければなりません。
>
> （マニュアル4・I・A・4）

それは、あなたが選択できるということをあらわしています。あなたはこの世界で、有効性を増す何かを行なう決断を下せるのです。「脚本は書かれている」というとても奥深い考えとは対照的に、そのことについては、ワークブックのかなり後ろのほうまで触れていません。

心が一旦、あらゆる過った信念を抜けると、「ああ、本当だ。なんて単純なんだ」と思うところへ行き着きます。この世界が示すメニューにある実に大量の、無数のものの中から選択していく代わりに、ホーリースピリットとエゴのどちらかを選ぶということは、本当に単純な選択です。

もし、このエクササイズが正しく行なわれれば、自分がある状況に対して、それとは関係のないたくさんの要求をしていることを認識するでしょう。また、それぞれのゴールは互いに矛盾しており、自分は統一された結果というものを心にもっておらず、それゆえ、その状況がどのような結果になろうと、どこかの部分で失望することになるという点に関しても気づきがあるでしょう。

自分が望むゴールをできるだけたくさん取り上げたあとは、自分の心をよぎる、ある未解決の状況に対して次のように言います。

わたしはこの状況において、何が自分の益なのか、わかっていません。

それから、次の状況に取り組んでください。

（ワークブック24・6〜7）

状況はなるようになっていきます。状況が同時にふたつの異なる方向へ進むことはありません。ですから、迷いがあるとき、あなたの心にある目標が矛盾していることになります。相反する期待が心の中にあるということです。土曜の夜は家で楽しみたいのに、一方で、出社して販売もしたいと思うように、対立した目標を持っています。両方やりたいと思うとき、そこで本当にやろうとしているのは、何でしょうか。

この問いは、次のレッスンのための準備です。なぜなら、わたしが対立した目標と期待を抱いているなら、統一された目標がないこと自体が問題だと認められるようになるからです。わたしの心の中ではたくさんのことが行き交っています。それらはどこから生じたのでしょうか。必ず何かから発しているはずです。それらの思いの源を見つけられるなら、問題は解決です。

レッスン25では、見直しのレッスンを加えて、さらにもう少し詳しく説明しています。

わたしは、それが何のためにあるのか、わかっていません。

目的とは、意味のことです。今日のアイディアは、あなたが見ているすべてのものが、なぜ意味のないものかを説明しています。あなたは、それが何のためにあるのかわかっていません。ですから、それは、あなたにとって意味がないのです。あらゆるものは、あなたにとって最も益になるために存在しています。それが、あるものが存在するゆえんであり、その目的であり、意味です。あなたの目的がひとつに統合されるには、そのことを認識しなければなりません。あなたが見るものに意味が与えられるためにも、そのことを認識しなければなりません。

（ワークブック25・1）

かなり厳しいですね。すべてのことはあなたの最善の利益のためにあります。なぜこのことが「脚本は書かれている」というところへ戻るかわかる気がしませんか。脚本は書かれています、そしてすべてのことは自分にとって最善のことなのです。なぜ自分はそのように見ないのか、ということですね。たとえば、営業成績が悪いとか、恋人が去っていくとかいうことで心の平和が乱されているならば、何かが自分の心にあるに違いありません。

このようなことは、すべて、神の指示なのです。しかし、あなたが自分を、別のレベルで知覚しているなら、たとえば、葛藤あるレベルで見るなら葛藤というゴールしか見ないことになり、神の指示は見えないでしょう。真実はここにあるのに、あなたには見えないのです。あらゆることは完璧です。針の頭くらいの小さなものでさえも完璧でないものはありません。わたしたちは「わたしは完璧さを見ることができないので、助けてください。わたしはすべてがわたしの最善の利益のためにあることを経験していません」と、言わなければいけません。

友人　だからわたしたちは平和のために目標を掲げるんですね。

デイヴィッド　イエスは、平和という目標と共に進むなら、あなたはあらゆるものをその目標を達成させるためのものと知覚するようになると言っています。もしあなたがある状況に直面し、想像できる範囲の最も心穏やかで、喜ばしい状態というひとつの心でいるならば、たとえ人々がどのように反応しても、あなたは否定的なものや、目標から自分を引き離すようなことを目にすることはありません。なぜなら、あなたは目標にのみ焦点を当てているからです。

友人　知覚は投影ですからね。もし目標に沿っていないなら、それは役に立たないということですね。

デイヴィッド　**コース**の面白いところは、投影と否定について語っていることです。エゴはたくさんのトリックを持っていて、否定したり混乱させるためにそれらを使います。あなたが本当に**コース**の考えに従うと、防御の対象が神の愛であることを発見することになります。

神の愛が防御の対象とは、面白いですね！　心は、ホーリースピリットがやって来て、「あなたはあなたのままで完璧」とつぶやくのを防御します。欺かれた心は光を怖がります。それでもそのことにプラスの面があることはあるのです。それによって、あなたが自らの欺かれた心が神の愛やホーリースピリットに対して防御を用いているとわかるなら、です。その防御が防御しているのは何だと思いますか。それは作られた自己概念です。永遠ではない過った偶像です。あらゆる防御は、あなたの信じているちっぽけな自分という小さな概念を守るために用いられています。

それでは、あらゆる期待や目標や異なるレベルについて、核心に迫っていきしょう。

あなたは、世の中と、そこに存在するすべてのものを、自我の目的にとって意味のあるものとしてとらえています。自我の目的と、あなたにとって最も益になることとは、何の関係もありません。というのは、自我はあなた自身ではないからです。自我を自分だと思い込むと、あるものが何のために存在するかが理解できなくなります。その結果として、あなたはそれを過って用いることになります。このことがわかるなら、あなたは世の中に掲げたゴールを強化しようとする代わりに、それを取り下げようとするでしょう。

（ワークブック25・2）

あなたの目標は、将来の仕事や人間関係や、恋愛、自分で考えている自分のイメージを持つことなどですよね。これらのイメージはさまざまなレベルに散らばっています。注意して見ると「わあ、何て散らかっているんだ」と思うでしょう。そして、「どれを最初に選ぼうかな」と自分に問います。そして将来に心を切り替えて、「家計問題が解決されたら、娘が結婚したら、もう少し自分のための自由が手に入る」と考えます。もしくは肯定的にとらえようと「最近ずっと雨だから、太陽が出てくれないかなあ」などと思ったりします。**コース**では、自分の持つ目標を全部見直して、それらがすべてエゴの目標であるのを認識するように言っています。見直し始めていくと、圧倒されるかもしれません。

映画「ガンジー」を観ていたら、レポーターが彼にこんなことを言いました。「あなたは野心的に見えます」。ガンジーはこう返事をしました。「そうでなければいいですね」。それを聞いたとき、わたしの中の何かがはじけました。というのも、これまでの人生で、野心が自己を形成して、何かを得るために努力をするという話ばかり聞いてきたからです。

イエスは聖なる瞬間について話しています。追い求めているもの、投影しているすべてのこと、追いすがっているもの、苦闘していることなどでいっぱいになっている心を完全に鎮めて、本当に今ここにいることに気づけるほどの静寂に達すれば、あなたは完全で完了しているのがわかります。あなたがすべてなのです。追い求めているもの、追いすがっているもの、行き来しているものはすべて、エゴなのです。おそらくあなたは、このエゴの野心に振り回され、奮闘しています。ですから、わたしたち全員がするべきことは、ホーリースピリットにこのように言うことです。「わたしはあなたの助けが必要です。野心から抜けられるように、一歩一歩手を取って助けてください。ありのままの自分とは違う存在になろうとして、いろいろなものを欲しがってしまいます。そこから脱け出せるように導いてください。追い求めて奮闘するのをやめられるように助けてください」何かを追い求めるのはすべて、自己概念のため、つまり、名声や快楽やお金や性的な征服などのためです。中には、みじめさに野心を燃やす人もいますね。

あなたが今見ているゴールについて別な表現をするなら、それらはすべて、「個人的な」利益にかかわるものだということです。あなたには個人として益のあるものなどはありませんから、あなたのゴールは、何ものにも一切かかわりがないことになります。ですから、個人の益を大事にすることは、まったくゴールをもっていないことになります。すなわち、あなたは、あらゆるものが何のために存在しているかをわかっていないことになります。

（ワークブック25・3）

それについて考えましょう。もし個人的な利益がなければ、どうやって争いになるでしょうか。何を争うというのでしょう。家族や職場でいつ対立が起きるでしょう。そこには必ず利益の対立が絡んでいます。つまりそこにあるのは、たくさんの自己概念の幻想同士のぶつかり合いです。

戦場の上方には平和と静けさがあります。幻想の衝突があるのは、そこが戦場だからです。しかし、自分がそれらの自己概念のひとつであると信じていると、そういうわけにはいきません。なぜかと言えば、防御が始まるからです。男女の問題ならば、もしわたしが自分を男としてとらえているならば、わたしは男性側の味方をする、といった具合です。特別な恋愛関係はこんな感じですね。「わたしは自分に同意してくれてわたしの個人的な興味を分かち合ってくれる人を見つけたい」。そして、ついにそういう人を見つけるとこう思います。「どうやら天国の神レベルの抽象的なものから上手く身を引けたようだ。形あるものをきちんと見つけたから、これでやっと上手くいく。酷い無価値感や罪悪感や恐れといった感情をやっと追い払える」そこで実際にやっていることは、他人の自己概念を取り入れて、神の代用にしていることです。だからこの世界にある、あらゆる特別な関係が、こう言って憎しみに終わります。「あなたがわたしの期待を裏切った。わたしはあなたにすべてをかけたのに。だから、あなたはわたしの無価値感や罪悪感を克服する手助けをしなければならないのに」自分にとって大事な人間関係の中で、たくさんの拒絶が行なわれています。聖なる出会いとは、こう言うためのものです。「わたしのエゴや個人的な目標や利益は、本当のわたしではありません。わたしは自分で考えている自分を手放す必要があります。これらの個人的な目標を解放する必要があります」

友人　本当の自分を認識できるようになる唯一の方法は、真の自分以外のものを取り除くことだからですね。

15 共通のエゴの過ちを手放して、目覚めのときへ

愛する人へ

エゴの信念体系を逃れて、神の啓示を認識するには、無意識のエゴの信念を掘り起こし、それらの非実在性を見ることが不可欠です。神の真実へ近づくことは、実在していると信じてきたすべてのことを無効にする作業です。つまり真実への認識を覆い隠していたものを打ち消すことです。その作業が完

了すると、神の真実だけが本当であることが明らかになります。それは神の啓示であり純粋で単純です。わたしたちが分かち合っている目的は、愛の存在を見えなくしているものを掘り起こし、取り除くことなのです。

エゴの過ちには主にふたつのカテゴリーがあります。

ひとつは、形而上学の過ちです。それは常に、レベルの混乱と関連しています。あるいは、原因を形あるものの中に見出すことを伴っています。原因は単に心です。正しい心は原因があるところを見極め、ホーリースピリットの導きを歓迎します。

ふたつめのカテゴリーは、訓練の結果にまつわるもので、常に、奇跡を例外のものとしようとすることです。アトーンメント、つまり完全なゆるしは、例外を作らないことでエゴを一掃します。

エゴの複雑さは**コース**を難解なものにしますが、神の英知は、逆に単純さを明らかにしています。エゴが死で、エゴの同義語が交換だと理解できれば、交換と死が同じであることを把握できるようになります。交換とは、見返りを得るために何かを与えるという意味です。神が与えるごとく真に与えるということは、何も求めないことです。なぜなら、完全な全体性は何かを必要としたり望んだりすることはないからです。ただ単に、放射され、拡張されていきます。人間はこの全体性を理解できません。

個人というものは、命の全体性を覆い隠すために作られた仮面です。個性という自己は、自立した在り方を持ち、より良い環境でより良い自己になるために努力をしていて、宇宙を覆い隠しているものを仮面としてとらえることをしません。個人は決して神の聖なる静寂には到達しません。静寂は神の神聖な心の自然な状態であり、そのありのままの状態でのみ受け入れられます。

コースについて書かれている本がたくさんあります。それぞれの書き手の個人的な解釈がそこには反映されています。あなたが読んだり見聞きすることはすべて、優れた識別力を発揮するための機会です。平和を経験することによってホーリースピリットの平和に満ちた解釈を理解するようになります。

心の平和が習慣になるまでは、先に挙げたふたつめのカテゴリーのエゴに価値が与えられ、それが選ばれていることを肝に銘じてください。というのもそうしている間は、世界にある何かがまだ、価値と魅力を有していることを意味しているからです。**コース**は、罪と痛みと死に呼びかけています。それらは常に過った心による決断ですから、正しい心でそれらを選ぶ人は誰もいません。わたしたちがやろうとしているのは、それらの欠陥のある決断を掘り起こして、過った心があなたの望むことを何ももたらさないことを明らかにすることです。

まず、形而上学の観点から話をしましょう。メタフィジカル(形而上)の「メタ」は「〜を超えて」という意味で、ここでは、常にフィジカルなもの(物質)を超えているものということになります。時間は、わたしたちの意識からいずれ姿を消すというよりも、いかなる意味でも形でももともと存在していませんから、方向転換をして、癒された〝神の視点〟からを見なくてはいけません。時間は直線的に考えられるので、幾何学の直線の例を挙げてみます。たとえばある線を線の外側から見るとき、線が見えます。同様に、エゴの視点から時間を見ると、時間は何十億年にも延びる長い線に見えます。

でも、もしその線を、線上のある地点から見ようとすると、線はありません。見えるのは点だけです。

同様に、ホーリースピリットの視点から見える時間は、たったひとつの地点だけです。ですから、ホーリースピリットにとって、時間は終了しています。ホーリースピリットは、宇宙全体を、恐怖や小さな一点の狂った考えが、修正されて、消え去ったものとして、とらえています。そこには、その瞬間の神の愛だけが残っています。それだけが実在している真実です。

時間や空間という歪んだ宇宙を夢見ることは、時間が終わっていないという信念の定義をあらわしています。それは、神からの分離が今、進行中であり、奇妙な考え方ですが、それに価値を見出しているということです。もし過去に価値を見出さなければ、過去に起きたことを今になって思い出したり、意識の中に蘇らせたりはしません。直線的な時間軸の幻想は、実在していない太古の瞬間を呼び起こします。もうひとつ役に立つ別の例を挙げましょう。夜、星を見るときに、その星は燃え尽きて以来ずっと光り続けているわけですが、まるで現在燃えているかのように見えるガスを、あなたは知覚していますね。あなたが宇宙で見るあらゆるものについても同じことが言えます。

コースのワークブックのはじめの十五のレッスンは、今わたしが話している時間の新しい知覚の導入部分です。それらのレッスンは、時間と、時間にまつわるエゴの直線的な視覚を手放す意志があるときのみ、意味があります。天のあらゆる光の中で、レッスン51から53までを見ていきましょう。レッスン51から53は、最初の十五のレッスンの復習にあたります。

わたしが見ているものには、何ひとつ意味はありません。

なぜこうなのかというと、わたしはないものを見ていて、ないものには意味などないからです。見ることを学ぼうとするなら、このことを認める必要があります。見ている、と、今わたしが思っているものが、ビジョンの代わりになっています。ビジョンがもとのところにおさまるには、そんなものには何の意味もないことに気がついて、手放さなければなりません。

(1)（ワークブック51・1）

わたしは、見るものすべてに、自分にとっての意味を与えています。

わたしは見ているすべてのものを判断していて、見ているものはその判断そのものであり、わたしは自分の判断だけを見ています。こんなものはビジョンではありません。ただの現実についての幻想です。というのも、わたしの判断は現実からかけ離れたところでなされているのですから。わたしは見たいので、自分の判断には確かさが欠けていることを喜んで認めます。わたしの判断は自分を傷つけてきたので、そのようなものに従って見たいとは思いません。

(2)（ワークブック51・2）

見えるものを、わたしは理解していません。

わたしが過って判断しているとき、見ているものの本当の姿をどうやって理解できるでしょうか。わたしが見ているものは、わたし自身の過った思いの投影です。わたしは見ているものを理解できません。なぜならそれはわかり得ないものだからです。そんなものを理解しようとするのは無駄です。でも、それを手放して、見られ、理解され、愛されるもののために場所をあける理由はいくらでもあります。喜んでそうするだけで、わたしが今見ているものをこのようなものと取り替えることができるのです。これは以前にした選択よりもずっといい選択ではないでしょうか。
(3)（ワークブック51・3）

これらの思いは、何の意味ももっていません。

わたしは神抜きに考えようとしているので、わたしが気づいている思いというものには、何の意味もありません。〝わたしの思い〟とわたしが呼んでいるものは、わたしの本当の思いではありません。わたしの本当の思いとは、わたしが神と共に思う思いのことです。わたしの思いをその代わりとしているので、わたしは自分の本当の思いに気づいていません。わたしは喜んで、わたしの思いには何の意味もないことを認め、それらを手放します。それらを、もとに戻されるべきわたしの本当の思いと取り替えてもらうことを選びます。わたしの思いには意味などありませんが、神と共に思う思いには創造のすべてが存在しています。
(4)（ワークブック51・4）

わたしは自分が考えているような理由で動揺しているのではありません。

わたしは、絶えず自分の思いを正当化しようとしているので、けっして自分が思っているような理由で動揺しているわけではありません。わたしは常にそれらを真実にしようとしています。わたしの怒りを正当化し、わたしの攻撃を当然なことにするために、わたしはあらゆるものを自分の敵にします。見ているあらゆることにこのような役割を当てはめることによって、それらをどれだけ過って使ってきたかに気づいていませんでした。わたしがこのようにしてきたのは、自分を傷つけてきた、今はもう望んではいない思考体系を守るためでした。わたしは進んでそのようなものを手放します。

(5)（ワークブック51・5）

わたしが動揺しているのは、そこに存在しないものを見ているからです。

現実とはけっして恐ろしいものではありません。それがわたしを動揺させることはあり得ません。現実は、完璧な平和をもたらすだけのものです。動揺しているときというのは、自分で作り出した幻想を現実と置き換えているときです。わたしが幻想を現実とし、現実を幻想とみなしているので、現実だと思っているその幻想は、どこをとっても混乱しているものなのです。神の創造物が、このようなわたしの混乱によって、いかなるかたちででも影響を受けることなどありません。わたしはいつでも存在していないものに対して動揺しています。

(6)（ワークブック52・1）

わたしは、過去だけを見ています。

わたしは周りを見回しては、自分の見ている世界を非難しています。これを、わたしは見ることと呼んでいるのです。わたしが過去を持ち出して、あらゆる人を、あらゆることを非難し、彼らを敵に回しています。自分自身をゆるし、本当の自分を思い出したとき、自分が見るあらゆる人とあらゆるものを、わたしは祝福するでしょう。そのとき過去は存在していないので、敵もまたいません。そしてわたしは、以前は見ることのできなかったすべてのものを、愛と共に見つめます。

(7)（ワークブック52・2）

わたしの心は、過去の思考で埋め尽くされています。

わたしは自分自身の思いだけを見ているので、わたしの心は過去の思いにとらわれています。それなら、何をありのままに見ることができるというのでしょう。自分の心に夜明けが訪れるのを避けるために、過去のことを見ているのだということを、わたしに忘れさせないでください。時間を使って神に逆らおうとしていることを、わたしにわからせてください。過去を手放すこと、それで失うものなど何もないことを、学ばせてください。

(8)（ワークブック52・3）

わたしは、今のありのままの姿を見ていません。

わたしが今、何ひとつありのままに見ていないのだとしたら、それはじつに、何も見ていないということになります。わたしは今あるものだけを見ることができます。選択とは、過去を見るか、現在を見るかではなく、単に見るか見ないかということです。見ようとして選んだことが、わたしのビジョンを失わせました。今、わたしは再び選びます。そうすれば見ることができるかもしれないから。

(9)（ワークブック52・4）

わたしの思いには、何の意味もありません。

わたしには、わたしだけの思いなどありません。でも、わたしが気づいているのはただ、わたしだけの思いです。こうした思いは何を意味するのでしょう。それらは存在していないので、何の意味もありません。でも、わたしの心は創造物の一部であり、その創造主の一部でもあります。自分の哀れで意味のない〝わたしだけ〟の思いで、本当に自分のものであるすべてを覆い隠すよりも、むしろ宇宙の思考につながったほうがいいとは思いませんか。(10)(ワークブック52・5)

わたしの意味のない思いが、わたしに意味のない世界を見せています。

わたしが気づいている思いには何の意味もありません。だから、それらを描き出している世界に意味があるはずがありません。この世界を作り出しているものは正気を失っているので、それによって作り出されるものもまた、正気を失っています。現実とは正気を失ったものではないし、わたしには、正気を失った思いだけでなく、正気の、本当の思いもあります。だから、自分の中の本当の思いはホーリースピリットの思いだと思い出し、その思いに従って見ようとするならば、わたしは本当の世界を見ることができるのです。(11)(ワークブック53・1)

わたしが動揺しているのは、意味のない世界を見ているからです。

正気を失った思いは、混乱しているものです。そのような思いは、秩序のない世界を作り出します。無秩序だけが、ごちゃごちゃと秩序のない思考を見せる世界を支配していて、そして無秩序には法というものがありません。このような世界では、平和に生きることはできません。わたしは、この世界が現実ではないこと、そして、それに価値を与えることを選ばなければ、それを見る必要はまったくないことに感謝します。わたしは、正気を失った、何の意味もないものを大切にすることなど選びません。

(12)（ワークブック53・2）

意味のない世界が、怖れを引き起こしています。

完全に正気を失ったものは、まったくあてにならないし、信頼する根拠がないので、怖れを作り出します。正気の中では、あてになるものなど何もありません。それは安全も希望も約束してくれません。でも、そんな世界は現実ではないのです。わたしはそこに現実という幻想を与え、それを信じることで苦しんでいただけです。今、わたしはこの信念を取り下げて、現実を信頼することを選びます。これを選ぶことによって、恐れの世界が引き起こすあらゆる影響から逃れます。なぜなら、そんなものは存在していないとわたしは認めているのですから。

(13)（ワークブック53・3）

神は、意味のない世界を創造していません。

神が意味のない世界など創造していないなら、どうしてそんな世界が存在し得るでしょう。神はすべての意味の源で、本当に存在しているものは何もかも、神の心のうちにあります。それはまた、わたしの心のうちにあります。なぜなら神はそれをわたしと共に創造したのですから。完璧な創造が、わたしの住み処だというのに、どうしてわたし自身の正気を失った思いがもたらす影響で、わたしは苦しみ続けなければならないのでしょう。わたしの決意がもつパワーをわたしに思い出させてください。そうすれば、わたしが本当はどこにいるかがはっきりとわかります。(14)(ワークブック53・4)

わたしの思いは、わたしが作り出したイメージです。

わたしが見ているものは何であれ、わたしの思いを映し出しています。わたしの思いがわたしに、自分はどこにいるのか、自分とは何なのかを教えています。苦しみ、喪失、死のある世界を見ているという事実が、わたしはただ自分の正気を失った思いが描き出したものを見ているにすぎず、わたしが、自分の本当の思いに、その情け深い光を自分の見ているものに放射させていないことを示しています。でも、神のなさることは確実です。わたしが作り出したイメージが、神にまさることなどあり得ません。なぜなら、そうなることはわたしの意志ではないのですから。わたしの意志とは神の意志です。神よりも偶像を優先させるつもりはありません。(15)(ワークブック53・5)

偉大なる神への目覚めの過程で取り消されるのは、直線の時間軸を知覚することと、エゴが作り出す直線上にあるアイデンティティの認識です。自分自身を直線の時間軸の一部として見ている限り、罪悪感は幻想にすぎないのに実在しているように感じます。ホーリースピリットは、眠っている心が宇宙を見渡して、今この瞬間に存在する全体性の視点で見分けることができるように呼び覚ましてくれます。

永遠性への優しい目覚めです。ゆるしという幸せな夢が、神との純粋な一体感へ導いてくれます。

ホーリースピリットは、心の力と、あらゆるものを包括した感覚の両方を取り戻させてくれます。力そのものと、すべてを包括した感覚は一緒にやって来ます。判断をしたり比較をしたり、広大ですべてを包括した認識を妨げてしまう投影をするのは、エゴの狂気だけだからです。包括する代わりに拒絶することと、裁くことは同じです。どちらも、意識の視覚的な妄想を生み出します。それが歪んだ知覚です。ゆるされた世界では、すべてが包括されます。宇宙のあらゆるものは、ホーリースピリットの、癒された今ここにある視点から知覚されます。過去をゆるして解放しましょう。それはもうなくなって、祝福だけが残っています。神の全体像は、いつでも手が届くところにあります。

平和な恵みを

デイヴィッド

16 目覚ましの音が鳴っています

デイヴィッドへ

わたしは**コース**をとても真剣に学んでいます。勉強し始めて二年半になりますが、旅に出て教えられるように、**コース**に集中しなさいと呼びかけられたように感じています。その呼びかけに駆り立てられて、**コース**のウェブサイトを夢中になって探しました。数週間前に、あなたのウェブサイトを見つけました。なんと素晴らしいウェブサイトをお持ちなのでしょう！　大変参考になりました！　地上を歩むよう導かれた**コース**の学習者として、わたしはあなたの経験についてもっと知りたいです。ありがとうございます。

愛するあなたへ

とてもオープンにあなたのハートを分かち合ってくださり、ありがとうございます。

あなたは、呼びかけられています。誰もが呼びかけられています。この世界では、エゴの声と目標がホーリースピリットの声を押しのけてしまうようです。全員が呼びかけられているのに、少数の人しかそれを耳にせず、応じていません。呼びかけに応じるとは、単純に幸せでいるということです。神の意志は、完璧な幸せですから。時空間という宇宙は、天国の王国の完璧な幸せを回避するための装置として作られました。呼びかけに応えることでもたらされるのは、幸せだけです。わたしがカリフォルニアに滞在する際には、ぜひお会いしましょう。そして神の呼びかけに応えるということを一緒に確認しましょう。

ホーリースピリットへの信頼が、神への目覚めの鍵です。ホーリースピリットを信頼している限り、あなたは、問題が存在していないことをますます気づいていくようになるでしょう。エゴはコミュニケーションに制限をもたらします。本当に心を通わす意志があれば、その機会をあなたは惹きつけるでしょう。聴いて、信頼して、従うというシンプルな生活が、あなたのすべての知覚を包み込むよう、ゆるしのレッスンを導いてくれるでしょう。癒された知覚とは、統合された知覚のことです。その中では、奇跡がもたらす祝福から引き離されている人や場所やものはありません。信頼することが、あらゆる問題をただちに解決します。シンプルに信頼している生活は、心の平和という観点において、素早い結果を生み出します。

救いは売られていません。啓示も買えません。真に与える人は、ホーリースピリットから受け取ったものを惜しみなく提供します。神聖で自然な行為にあふれた心には、儀式は要りません。そしてその心は、真の寛大さに〝溶け込む〟ことを願います。旅に出て与えることは、期待せずに受け入れるのを分かち合う意志と、自由に神のうちを流れる意志をあらわすシンボルになり得ます。目の前にあらわれるものはすべて完璧なのです。あらゆる状況で、あなたの最善の益を真に知っているホーリースピリットによって、上手に調整されたものがあらわれます。癒された知覚の中では、すべてが最善の益のためにあります。手放すとは、個人的な知覚を神の流れに沿って変えることです。

もし本当に信頼するならば、過去の出来事を蘇らせたり、現在のことを整理して、将来の計画を立てるのはやめてください。作られるべき計画があるとすれば、それはあなたの内なる英知によって教えられたもので、人々の利益になるものでなければなりません。奇跡は、ひとつの優しい視点から、知覚されるべきものすべてを見せてくれます。そしてあらゆるものに祝福を残します。

わたしはあなたとずっと一緒にいます。皆をワンネスと愛に目覚めさせるための神の計画の中で、わたしたちが失敗することはあり得ません。共に手を取り合って、歌を歌い、喜びに満ちて、軽やかに進んでいきましょう。わたしたちは幸せなゆるしの夢の中で旅をしているので、その道中、すべてが神のもとで安全です。神の子であるわたしと一緒に、エゴの世界が作り出したものから去りましょう。そして、心穏やかな幸せの世界へ行きましょう。その交換で失うものはありません。痛みの夢は、たった今、終わったからです。得るために与え、食べるために払い、過去の過ちを繰り返すための世界から抜け出しましょう。

実在の世界の中で、一緒に歩んでいきましょう。そこは、結果を恐れることを知らない喜びによって、ひらめきを与えられた世界です。あなたは分かち合うための偉大な贈り物を持っています。あなたが神聖な愛そのものだからです。あなたが任命された役割から、あなたを引き止めるものは何もありません。神がわたしたち全員と、今共に歩んでくださっているからです。一瞬の信頼がすべての見方を変えます。さあ一緒に見に行きましょう。永遠の愛に恵みを

デイヴィッド

17 アイディアはその源から離れません

親愛なるデイヴィッドへ

ワークブックのレッスン167でこのように述べています。「アイディアはその源から離れません」。この短い文はよく引用されていますね。でも、このステートメントの意味をよく理解できません。敬意を込

めて、あなたに明確にしていただければと思っております。優しさと愛をこめて。

愛するあなたへ

お手紙をありがとう。そのステートメントは、天国においては、キリストが神の心のうちにあり、本当にそこから離れることができないことを意味しています。この世界においては、心から切り離されている問題は存在しないことを意味しています。なぜなら、どんなアイディアでも、アイディアを生み出している（つもりの）心から去っていないからです。

この世界に姿をあらわしているように見えるあらゆるものは、実は、考えと概念です。考えと概念はそれらを生んだ心を決して離れません。エゴが、一見存在しているように見える外側の宇宙に向かって考えを投影しようとするのは、妄想にすぎません。なぜなら、あらゆるものは心であり、したがって、それ以外のものはまったく存在していないからです。一見、身体の病気に見えるものは、すべて精神の病であり、身体の症状は、実は病の源とは関係がないのです。

神の救いや啓示は、実在していない過った概念からの脱出以外の何ものでもありません。それが、内側や外側といった幻想のアイディアに終わりをもたらします。なぜなら、ゆるしの中で、心はひとつであり、神の心はひとつしか実在していないからです。

愛をこめて

デイヴィッド

ゆるしとは

18 神に裏切られたという思いをゆるす方法

親愛なるデイヴィッドへ

わたしは神に裏切られた気がしています。変に聞こえるかもしれませんが、正直なところ、それがわたしの感じていることです。わたしは三十二歳です。バプテストの家庭で育ち、神とキリストについての教えを受け入れました。わたしは、イエスが死から蘇ったことも、自分のあらゆる罪がゆるされていることも信じてきました。わたしは神に、わたしの人生に訪れて、これから行く先を導いてくださるようお願いしたので、心の平和と幸せを得ることを期待していました。

年齢を重ねるごとに、自分の人生にどんどん幻滅するようになりました。幸せと心の平和を見つける可能性や希望が打ち砕かれました。酷い契約をしてしまった気分で、裏切られたように感じています。キリスト教信者として可能な限り最善を尽くしたにもかかわらず、神は報いてくれませんでした。さらに悪いことに、神が存在しているとは思えなくなっています。それがどんなに孤独か言い尽くせません。定期的に会っているカウンセラーがいます。このことについて彼とかなり深いところまで話し合いました。彼は、わたしが持っている神の概念が、自分に対して怒りと不満を生む原因になっているので、神を含めた、自分の概念や信念の枠組みを変える必要があると言いました。わたしも完全に同感です。しかし、問題は、わたし自身がこれ以上神を信頼できると感じていないことです。

もし、このことを解決できれば、わたしの空虚感や孤独感や怒りや不満も解決できると信じています。あなたのブログを読み、神に裏切られたと感じるだなんて、いったいどんな権利が自分にあるのだろうと考えています。自分が神に祝福されていることはわかっています。わたしよりも恵まれていない人たちがいるのもわかっています。頭ではわかっていますが、ハートはとても傷つき、どうしたら良いのか、どこへ行けば良いのかわかりません。あなたのお考えをお聞きできるなら、心から感謝致します。お時間をどうもありがとうございました。

愛する人へ

あなたのハートにあるものを分かち合ってくださり、ありがとうございます。あなたは、ご自分がとても尊いこと、傷の下に神の愛が埋もれていることを見つけられるはずです。愛は、わたしたちが神から受け継いだものであり、生まれながらにして持つ権利です。

エゴ(キリスト教で言えば悪魔)は、偽りの自己、間違った自己認識です。ホーリースピリットと共に行なうわたしたちのワークの究極の目的は、真の自己がエゴではないことに気づき、永遠にスピリットとして、完璧で罪のない神の子として存在することです。裏切られたというエゴの感情は非常に深いものです。見捨てられた感じ、孤独感、傷ついた感情、怒り、空虚感、喪失感などと同様に根深いものです。世界は過ちによって作られたので、そこで神を発見することはできません。先行く道を導いてもらうために神に来てもらえるようお願いすることは、大変大きな一歩です。そして、それは大きな一歩ではありますが、始まりにすぎません。宇宙全体は、神からの分離や神の愛から外れることが可能であるという信念によって作られました。ゆるしは、その最初の過ちを取り消して解放することです。すると、ほかのあらゆる過ちがそれに追随します。イエスは、罪や過ちには何の力もないことを示すために、死から蘇りました。あなたは、わたしたちにはまったく罪がないことを思い出させてくれる存在、ホーリースピリットを授かりました。あなたは今、あらゆる過ちを、あなた自身のハートに存在しているホーリースピリットの光の中へ、手放すよう呼びかけられています。

神を去ることが可能だとするのが、エゴの過ちです。裏切られた感情や不満や怒りは、その無意識の過ちから生じています。あなたのカウンセラーは、あなたが神と信念に対する見方の枠組みを変える必要があるという、大変役立つ助言をされています。つまり、それはゆるしです。神は完璧な愛であり、キリストは完璧な創造物です。ですから、神が、二元性という宇宙の時空間や多様性、病気、痛み、苦しみ、死というものに関係しているという信念は、ゆるされなければなりません。神が永遠のスピリットとして創造されたものは、永遠のスピリットのまま存在し、一時的な意志といった儚いものは消え去ってなくなります。

あなたの感じている失望感について、ふたつの見方ができます。エゴは、エゴが作り出した神へのさまざまな感情を責めたてます。エゴは、裏切ったり見捨てたりすることが可能な、擬人化された神を作ったのです。しかしホーリースピリットは、神がスピリットであることと、神の中にいるわたしたちの存在もまたスピリットであることを、優しく思い出させてくれます。

ホーリースピリットは、怒りや痛みという夢の訂正、もしくはそれらの代わりになるものとして、優しくゆるしを提供してくれます。心にはとても力がありますが、決断するときに重要なことは、あなたが何に信頼を置くかということであって、信念そのものや信念の不足が問題なのではありません。あなたの下すあらゆる決断は、あなたが信じているものに基づいた結論です。そしてそれは、自分が何を信じているかについて、あなたが完全に把握していてもいなくても関係ありません。

エゴは、実在していない想念です。心がその想念に加担するとき、罪や過ちが実在しているように見えてきます。神の真実の中にいる本当のあなたは、ゆるしの必要性をはるかに超えているわけですが、真の自己認識を思い出すためには、過った自己認識の幻想をゆるして解放しなければなりません。

幸せでいてください。この世界で見えるもの、形を成しているものには、平和と幸せを希めないことに、あなたが気づき始めていることを嬉しく思います。幸せと心の平和は実在しています。キリストが「天国の王国はあなたのうちにある」と教えているように、それらはあなたの内側にあります。

わたしたちは一緒に内なる旅に出発しています。幸せと心の平和は、起こるべくして起こる、回避できない確かなものであることをわたしが保証します。わたしは、神の知覚と神の真実が今ここにあるという自らの経験をもとに話をしています。ひとりの神の子にとって真実であるものは、例外なくすべてにとって真実です。神が創造したスピリットがあらゆるものを取り込むからです。したがって、スピリットから離れられるものは何もありません。

ゆるしは間違っているものに適用されます。ですから永遠に真実であるスピリットは、ゆるしの必要性をはるかに超えた存在です。神にゆるしはありません。神は決して非難しないからです。けれども、ゆるしが必要となる前には、必ず非難の幻想があるに違いありません。あなたが世界の実在性を信じている限り、世界はゆるしを必要とします。神から離れた世界はあり得ないからです。真実への目覚めは、神の心を去ることは不可能だと気づかせてくれます。それが救い、もしくは啓示です。

わたしもあなたと共に、偉大なる目覚めに参加します。わたしたちは、神のうちに存在しているというアイデンティティを忘れることはできません。幻想は、神の真実を覆い隠せません。いつでもお電話やお手紙をください。またはぜひご訪問ください。神の愛を共に喜びましょう。この完了した歓喜の経験の中では、喜びしかありません！　神は、スピリットはただひとつと知っていらっしゃるので、ホーリースピリットの視点で見るなら、観点からは、より幸運な、もしくはより不運な「身体」というのはあり得ません。スピリットを永遠な神の子として創造してくださった神に、一緒にお礼を述べましょう。

わたしはあなたを永遠に愛しています。

デイヴィッド

19 概念から、応用して経験へ

親愛なるデイヴィッドへ

わたしは**コース**を読破しました。そして少なくとも二度読んだと言えるように、あちこちで少しずつ勉強しています。でも、わたしはまだ心の平和を避けています。たまに心が穏やかで澄み切っているように感じることがありますが、それがかえって残酷に思えてしまいます。その後で長い鬱の期間に突入してしまうからです。十五歳の頃から瞑想をやっていて、今わたしは四十二歳です。

わたしの問題は、人間関係に集中しているようです。今まですべての恋愛関係で傷ついてきました。自分は決して愛されることがないように感じています。わたしは太りすぎで、どうしても体重を落とせません。しかし、体重を落とせば全部の問題が解決すると考えるほど、愚かではありません。単に平和がわたしを避けているのです。

そして、わたしは今、神に対してとても怒りを感じています。**コース**の「本当に真実を見たいのなら、あなたは真実を見ます」や、「あらゆるものは神のための声のこだまです」といったフレーズについて考えてばかりいます。わたしは本当に真実を見たいと思っていますが見られません。それで、ひそかに神は酷いと思っています。とにかく全然納得できません。

最後に付き合った人は、**コース**のクラスを通じて出会った人でした。わたしが彼との関係を終わりにさせました。彼がわたしに興味を失っているのははっきりしていました。彼は正直に、問題はわたしの体重だと言いました。それ以来わたしはずっと自分自身にこう言い聞かせてきました。「わたしは身体ではありません。わたしは自由です。なぜなら、わたしは今も神がわたしを創造されたままで存在しているからです」。しかし、最近行なったレッスンの「神はわたしに学んで欲しいのです」というのは、まるで反対のことを言っているように思えます。

教えてください。神、あるいは真実は、なぜわたしを避けるのですか。わたしはそれらを探すことにうんざりしています。わたしはただ真実を手にしたいのです。でもそれを神にお願いし続けるのにもう嫌気がさしています。なぜこんな思いをしなくてはいけないのでしょうか。わたしは自分の内側をどんどん深く掘り下げていますが、嫌な経験は終わりません。もう「お手上げだ！」と言いたいのですが、その方法もわかりません。どうしたらわたしは諦めてゆだねて降伏できるのでしょう。どうして人々は、そんなことは簡単だと口をそろえて言うのでしょう。どうしてわたしは心の平和を感じられないのでしょう。助けてください！

愛する人へ

わたしは、あなたが心を開いてそのうちを分かち合ってくださったことに、とても感謝しています。それは、ゆるしと内なる癒しに向かうための本当に大きな最初の一歩です。心を開いて兄弟と分かち合うことは、ホーリースピリットに対して、何も隠しませんという、あなたの意志表示なのです。

瞑想しながら、心の平和がやってくるのが遅く感じたり苛立ったりするときというのは、常に、より深く内へ向かうための呼びかけがあるときなのです。内側を見ることには、とてつもない大きな恐れがあります。エゴが、天国を去った者には神が罰を与えると、眠っている心に信じさせたからです。エゴの世界は、〝非常に恐ろしい〟内側を見なくてすむように、たくさんの代用品を提供します。障害物と闘ったり、ファンタジーにひたったり、目指すべきゴールの数々を追いかけるよう、仕向けるのです。

このコースを学ぶには、あなたが抱いているあらゆる価値観を疑ってみようとする意欲が要ります。ひとつでも隠して曖昧にしておくなら、あなたの学びは危険にさらされることになります。ニュートラルな信念などというものはありません。それぞれの信念に、あなたが下す決断のひとつひとつを左右する力があります。決断とは、あなたが信じていることすべてに基づいた、ひとつの結論だからです。

（テキスト24・序・2：1〜5）

このコースは、完全に信じられるか、まったく信じられないかのいずれかです。このコースは、完全に真実であるか、完全に誤りであるかのいずれかであり、部分的に信じられるものではないからです。そして、あなたは、悲惨さから完全に脱出するか、まったくしないかのいずれかなのです。

（テキスト22・Ⅱ・7：4〜6）

並べて挙げたこれらのふたつのアイディアは、持続する平和を見つけたいならば、深い切望とコミットメントが要ることを示しています。心の無意識の底に向かって掘り下げて行くために不可欠なものなのです。アトーンメント、あるいは訂正は、罪悪感と無価値感の雲の下で深く埋もれていますが、あなたが決してひとりではないことと、神の助けが必ず与えられているというのは良い知らせです。信頼を築くためには段階があり、そこではいつも強力な仲間があらわれてくれます。それは、共通の神の目的に参加したいという切なる願いに道を譲る段階です。

あなたは、ホーリースピリットの導きに従うための、ほんの少しの意志によって、内へ向かう入口がたやすく開くことを発見するでしょう。エゴは神を恐れて憤慨しています。しかし、神の静かな答えは、内なる助けを得ようとするたゆまぬ心を癒し、なだめるために、常に手の届くところにあります。怒りや落ち込んだ気分に屈したくなるときは、神の真実がたった今あらゆる問題を解決するということを思い出してください。わたしはあなたが神に愛されていることを確信しています。いつでもご連絡ください。わたしが常にあなたの平和と幸せのためにお祈りしていることを忘れないでください。あなたは決して孤立していませんし、ひとりではありません。

わたしはあなたを愛しています！

デイヴィッド

20 目覚めた心とは、どういう意味ですか

親愛なるデイヴィッドへ

目覚めた心という言葉が意味することはなんでしょうか。あなたは本当にわたしたちが夢の中で眠っていると信じていますか。目覚めるというのは、実在と幻想の違いを認識することと意味づけられている場合があります。マジックショーや奇術師を見るとき、彼らのしていることは本当に見えますが、わたしたちはそれがトリックや幻想にすぎないという真実に目覚めています。わたしは、偉大な奇術師、悪魔という詐欺師によるトリックに自分自身をだまさせている、そんな幻想から、わたしたちが目覚めていることを信じています。わたしたちは、神の創造物以外に存在している何かがあると信じることによって、神という愛のスピリットよりも偉大な悪魔の幻想を受け入れました。〝自分〟やエゴというものです。したがって、わたしたちは、何が真実で何が幻想かを忘れて、エゴという自己の幻想を追いかけています。しかし、わたしたちには幻想を信じる選択肢が与えられているので、同時に、目覚める選択肢、もしくは肉眼で見ているものは実在せずただの幻想だと思い出す選択肢もあるわけです。

わたしは、わたしたちが神の一部だという真実だけを信じています。幻想の世界で、わたしたちがたった今見ているものが、神に創造されたものであると幻想が述べているのかどうかわかりませんが、あらゆる謎を解決するひとつの愛のスピリットの中で、幻想を通して真実を見ている限り、たぶんそんなことは問題ではないのでしょう。

愛するあなたへ

宇宙の時空間は、夢とたいへん似ているように感じられます。それが分離の信念の投影だからです。完璧な愛である神は、完璧な永遠の愛を創造されました。それが、永遠の創造物です。キリストは神の心の中の完璧な創造物です。そういう意味では、「あらゆるものはキリストで、またはキリストからの贈り物です」。真実と過ちは両立しません。神の真実が真実であり、神の真実だけが真実なのです。神、キリスト、創造物が真実です。過ちは偽りであって、存在していません。

欺かれた、あるいは眠っている心は、神やキリストや創造物について忘れてしまっているように見えます。そのような心は、時間と空間によって分離しているさまざまな部分を夢見ます。それは、神の中で目覚めた心である永遠の天国と同様に、ゆるされた世界の完全な全体性をホーリースピリットが提供してくださっていることを忘れてしまったからです。

ゆるしに対するホーリースピリットの見方は、あなたがお手紙の中で示されていた通りです。「マジックショーや奇術師を見るとき、彼らのしていることはとても本当に見えますが、わたしたちはそれがトリックや幻想にすぎないという真実に目覚めています」。ホーリースピリットは、分離という過ちを見ますが、そこには焦点を当てず、アトーンメントもしくは訂正のためのものとして見ています。ホーリースピリットは、あらゆる過ちの向こうにある現在を思い出させてくれます。それは、ホーリースピリットが神とキリストの記憶だからです。

欺かれた心は永遠の実在性に目覚めることができますが、その前に、ホーリースピリットが提供してくださる判断のない優しい夢を受け入れなければなりません。このゆるされた夢の中では、宇宙はひとつの大きなタペストリーとしてとらえられています。区別、カテゴリー、増大、レベル、度合い、部分といったものは、永遠に消滅しています。たったひとつの全体性だけが残っているからです。このような全体性への知覚自体が幻想であり、それも長くは続きません。その幻想は最後の幻想で、永遠性への出入口だからです。

神が実在しているので、宇宙は実在していません。キリストが実在しているので、悪魔は実在していません。永遠性が実在しているので、時間は実在していません。「神の完璧な愛は、恐れを追放します」というのは、「愛が実在しているので、恐れは実在していません」の別の言い方です。ゆえに、愛と恐れは共存できません。恐れを予期するとき、愛は遮断されているかのように気づかれません。神の愛はただ存在しているだけではなく、常に現在に存在しています。「恐れの経験」は、手放されるべき幻想にすぎません。暗い部屋で灯りをつけると、明かりは暗闇と闘いなどせず、そこは単純に明るくなります。同様に、愛の光が照らすとき、暗闇は光の中で存在することができません。暗闇という過ちをホーリースピリットの光に捧げてください。そして光だけが残されているのを目撃してください。神の子よ、神の愛だけがあなたの胸にとどまるために存在しています。

目覚めた心とは、過ちの発見と解放をあらわしています。解放こそ、ホーリースピリットの目的であり、それは、時空間でできた世界が実在していると信じる欺かれた心のためにあります。まさにあなたが書かれた「目覚める選択肢、あるいは肉眼で見ているものは実在せずただの幻想だと思い出す選択肢」です。

ゆるしは、過ちを偽りとして見る奇跡です。

奇跡とは訂正です。それは創造することをせず、まったく何の変化をもたらすこともありません。ただ荒廃状態を眺め、見ていることは虚偽であると心に思い出させるだけです。誤りを取り消しますが、知覚を超えたところへ行こうとすることも、ゆるしの役割を超えようとすることもありません。したがって、時間枠の中にとどまっています。それでも、奇跡は、時間を超越した状態が戻って愛が目覚めるための道を敷きます。奇跡のもたらす易しい療法のものでは、恐れは必ず消え去るからです。

（ワークブック・PⅡ・13・1）

変わらない愛と祝福を

デイヴィッド

21 手放すことと神を信頼すること

愛する皆さんへ

発見の旅の途上では、あなたのハートに従ってください。内なる声を聞き、それが伝えることを行なってください。たとえあなたが、自分の信じていることこそが、「あなた個人の」最善の益だと信じているがゆえに、それが理にかなっていないと思えていてもです。真実を発見したいというあなたの情熱があなたを導き、共に歩むためにほかの人たちを引き込みます。その旅のテーマは、過去をゆるし、常に現在にある神の愛を思い出すことです。愛は歓迎されることと、受け入れられることだけを待ち望んでいます。ハートの準備ができたとき、それを目撃する人たちがあらわれます。心の祭壇の準備を整えたとき、神があなたの意識のもとへ訪れます。神は、常に現在に存在しています。

罪のなさは、法則や方法や世界に対する思考によって縛られていません。自由です。信頼と共に次の一歩を踏み出すなら、命が命を支えてくれます。充実感と幸福感は、判断を下さないシンプルな姿勢と、愛の放射から生じます。また、この世界が何のためにあるかについて、知っているつもりのアイディアを手放すことによって生まれます。その旅は、単に、真に存在しているものに道を譲る降伏です。あなたが風向きを支配しようとするのをやめるとき、神の静寂の羽根が、あなたのもとへ優しく訪れます。あなたとは、神聖な心がじゅうぶんにくつろいでいる状態です。自らの深い内側にある、あなたという存在にひたってください。

親愛なる兄弟たちへたくさんの祝福を

デイヴィッド

22 罪悪感とはどういう意味ですか

親愛なるデイヴィッドへ

わたしは**コース**が大好きです。**コース**のお陰で、わたしは自分の人生を著しく変えることができました。でも、完全に理解できていないことについて、質問があります。**コース**における罪悪感が何を意味しているのか、詳しく教えていただけますか。罪悪感について書かれてある箇所を読むたびに、目は文面を追っていても、わたしの心はそれらをきちんと理解していません。どのようなことでも構いませんので、教えていただけましたら幸甚です。あなたがいつも尽くされているご尽力に感謝いたします。

愛するあなたへ

コースは、愛と恐れというふたつの感情しか存在していないと教えています。したがって、罪悪感は恐れの一種です。神からの分離が可能と信じることに対する罪悪感は深く、それは、眠っている心にある無意識の過った感情です。罪悪感は、罪や過ちを無意識に信じていることから生じます。

一見すると病気の症状に見えるあらゆるものは、この無意識の罪悪感を身体に投影した結果です。過ちが解放されるとき、罪悪感は意識の中で、わたしたちの生命の中心でより深い静けさを宿している愛に、とって代わられます。心理学用語としての罪悪感は、間違っていると判断される行為に伴う感情を指します。しかし、罪悪感は過った信念の結果であり、**コース**が教えているようにゆるしの中で癒されます。行動は結果です。過った「原因（エゴ）」が洗いざらいに掘り出され完全に解放されると、罪悪感を経験することは不可能になります。

平和と祝福を

デイヴィッド

23 意味のある質問

【友人との対話】

デイヴィッド　自分自身について判断しないことが大切です。イエスと一緒の十二使徒は、質問に次ぐ質問をし続けました。ですからイエスはずっと話し続けていたわけですが、何かをはっきりさせるには、その方法に限るようです。

わたしは以前、迷ったり方向性を見失っていたとき、答えを求めて、自らの人生におけるたくさんの質問をしました。迷いから抜け出すには疑問を提示するしかないからです。

友人1　質問はエゴから生じて、答えはホーリースピリットから来るというのは本当でしょうか。

あなたの中に問いと答えの両方があります。つまり、犠牲の要求と、神の平和です。

（テキスト15・X・9：8）

ということは、質問は犠牲を要求しているわけで、神の平和が答えですよね。

デイヴィッド　えーと、わたしは全部の質問をすぐにエゴのカテゴリーには入れません。イエスが、あなたは本当の質問をしていますか、それとも偽りの質問をしていますか、と問うことで、この問題を簡素化しています。偽りの質問は、質問と回答の両方を行なうのです。しかもその回答は、幻想の世界の中の回答にしかなりません。わたしがこれを言い換えると、「どちらの幻想をわたしは欲しいだろうか」になります。その質問の後ろには何があるかということです。「朝食は何にしようかな」「次は何をしようかな」というような、ほぼ無意識ともいえる小さな問いも含まれます。

本当の問いは、「それは何のためだろう」というところへ戻ります。それが、あなたがあらゆる状況で始める質問です。「それは何のためにあるのだろう」、これは、とても奥深い質問です。画面上に何があるのかということではなく、「その目的は何なのだろうか」という問いです。そして、これはとても役立つ質問です。閉じた心は質問をしません。その心は横柄です。そのような心は、分離が実在していることを知っていると思っています。閉ざされた心は、自らをだまそうとさえします。そして偽りの質問をします。ですが、その回答はすでに自分で作成済みです。ですから、それは本当に質問をしているのではありません。「その目的は？」と本当の質問をするとき、心の扉が開き始めます。

質問をすればするほど、その扉は光に向かって開きます。そしてまるで花のように完全に開いたとき、質問はなくなります。なぜなら、答えが、光が、そこに見えるからです。わたしたちはすべての質問をエゴのカテゴリーに入れる必要はありません。「もう何も言いたくない。だってわたしのする質問は全部エゴのものだから」と言う人がいますが、わたしたちは、誠実な意志を持ち、質問することが、とても役立つと知っています。

友人2　では、本当の質問は、心に対応するということですね。

デイヴィッド　はい。

友人2　形ではなく、その内容にですね。

デイヴィッド　それは分析するわけでも、バラバラに分けて考えることでもありません。あなたが抱えているさまざまなもののひとつに、「知りたがり屋」の質問というのがありましたね。

友人2　（笑）

デイヴィッド　あなたの質問は、形について、それから、どのように物事が無意識に動いているか、というものでしたが、たとえそれがコンピューターでも、自然でも同じことでした。

友人2　それから、動機についての質問もあります。「あなたは、なぜあの人がこれをしたと思う？」みたいな。

デイヴィッド　つまり、他人の動機ですね。もう「好奇心の塊」という域まで達していますね。あなたは、どういう種類の質問かということを理解し始めてから、それが形についての質問だと気づくと、自分の言葉が出始めたときに口を止め、こう言うようになりました。「また好奇心系の質問だったわ。忘れよう」。毎回疑問に思うとき、誰かに教えてもらわなくても大丈夫になったのは、質問が口をついて出てくる前に、その思いをとらえられるようになったからですね。

友人2　質問するとき、実は二種類の聞き方があります。ひとつは弱さを示すための聞き方と、もうひとつは心に関して問うための聞き方です。わたしは、問うということをしない限り、心に完全な明晰さと確信が訪れるとはとても思えません。

デイヴィッド　はい。ひとつ質問をすると、それが別の質問になって、また別の質問になるというふうに進んできましたね。そして「すべての問題は、神からの分離を信じているから起こる問題じゃないですか」という問いに至るまで、そう長くかかりませんでした。あなたの質問は、あらゆる種類の問題についいて、別々の角度から生じていましたが、必ずいつも「実在していない結果に関する、実在していない原因」というところへ戻ります。ついには「それらは全部、神からの分離を信じる信念ですか」という質問になりました。このように物事をはっきり見られることが、神の救いのシンプルさなのですね。

友人2　一般化できるようになるまで、何度も経験しないといけないみたいですね。心が一般化できる地点に達すると、ひとつひとつの小さな概念や信念を掘り起こす必要がなくなっているのを感じます。それらには何の違いもないですから。結局は全部ひとつで同じですね。

デイヴィッド　それが時間の崩壊なんです。やっと安心がもたらされます。それまでは、すべてを吐き出さなくてはいけないと思い込んでいましたが、もう全部をひとつひとつ丹念に見ていかなくていいのです。

友人3　わたしが今ここに座って考えていたのは、「では、ゆるしとは何か」ということです。自分の固い頭にもわかる簡潔な答えを求めていましたが、ホーリースピリットが二、三分前に教えてくれた気がします。わたしは単に画面上で起こる何かに心を乱していたかったわけで、ゆるしは、「わたしの心を映してくれて、どうもありがとう。わたしの心のその部分を教えてくれて、どうもありがとう」というものですよね。その感謝の状態でいることを忘れてはいけませんね。

デイヴィッド　それは、あなたが夢を見ているからですよね。夢見ている者の立場では、画面上のあらゆることがただの投影で偽りだったので、感謝の気持ちでいっぱいになります。それを変える必要もなければ、直す必要も、何かに奮闘する必要もありません。それこそが、本当の喜びです。

夢見る人というのは、夢を見ている側にすべての原因があるとわかっています。言い換えれば、世界ではなく、心に原因があるということです。わたしがそれを夢見ていたのだから、画面上の人やものがわたしに何かをしたのではなく、わたしがそれらを作り上げたのです。「夢を見た」という過去形であるところが常に重要なのは、それが過去なので、責任転嫁や罪悪感へと足を踏み入れずに済むからです。「わたしが自分にそうしている」という進行形ではなく、「わたしが自分にそうしました」という過去形ですね。そのように見晴らせる視点からなら、物事を落ち着いて見ることができます。

24 性的関心 ― 焦点を忘れずに

精神的な旅は、探求者が内なる心という焦点を見失っているとき、張り詰めて難解に感じられることがあります。目覚めに向かう旅は、神の愛に対する認識を遮っているものを取り除き、内なる神聖な現在を思い出すことです。道中、さまざまな段階があります。世界に姿をあらわすシンボルの数々が、憎しみから愛を思い出させてくれるものへと翻訳し直される段階です。そして次第に、永遠にひとつの神聖なスピリットが現在を経験することによって、あらゆるシンボルが影を潜めていきます。身体は、神性さを忘れて眠っている心が知覚する一部分です。目覚めの過程で身体を否定することは、不適切な否定をしていることになります。

焦点は常に、光を覆い隠している思いや、制限を持つあらゆる信念を明らかにして、手放していくことです。何を諦めなければいけないのかが焦点ではありません。それはエゴの解釈であり、常に犠牲の概念が絡んでいます。探求者がセックスを含めたあらゆる行為で問うべき質問はたったひとつ、「それは何のためのものか」という目的です。

エゴは、〝好み〟という世界を作りました。性的関心は、その体系の一部です。好みは信念です。その信念は、階層という幻想を作ります。その幻想の中で、エゴは嫉妬して、警戒したり防御したりしています。これらの信念から生まれた無意識の罪悪感によって、歪んだ知覚の世界が維持されます。一方で、スピリットのゆるしの知覚は、自然な状態の自由と、無実の状態に再び浸れるように、その心を手放します。心の訓練を通して、本当の望みを曇らせ歪めてしまう不足の信念を一掃することで、スピリットの見方が、意識の中でどんどん強化されていきます。心の訓練がなければ、歪んだ奇跡の衝動的行動、つまりさまざまな形と渇望と欲求が、意識の表面で弾けているばかりとなります。

そのような衝動的行動は、実は、神を思い出すための呼びかけなのです。でも、不足というエゴのレンズを通して見ると、衝動的行動は、満たされるための方法として知覚されます。思考との偽ったつながり方から生じる満足感らしきものは、快楽と信念と一時的なファンタジーにすぎず、決して真に長続きするものではありません。すべての欲求は仕組まれた作用であり、すべての歪みは、直線的な時間軸への信念に基づいています。欲求は常に思い出され、楽しみに待たれますが、神聖な現在とは何の関係もありません。

〝神聖な〟性的行為は、直線的な時間軸への信念を取り消すという神のたったひとつの目的と共に、スピリットによって導かれた自然発生的な愛情表現と言えます。「わたしは一歩下がって、スピリットに導いてもらいます」というレッスンの反映として、スピリットと共に聴き、軽やかに従うという意志に駆り立てられています。スピリットの導きに従うという分かち合われた思いがあるなら、「神聖な」性的関心は、あらゆる期待と必要性と欲求を手放すための足掛かりとなります。つまり、イエスが山上の垂訓で話したハートの純粋性へ近づいていきます。エゴの偽りの衝動的行為ではなく、神の導きに従うことに基づいた自発的な行為は、心をスピリットの指示のもとに据えます。その心は奇跡のために使われます。それが愛の自然な表現です。奇跡は、選択の余地のない付随物で、ゆえに常にキリストの制御のもとにあります。それは幸福をもたらし、その喜びは、紛れもない自発的な心の経験です。性的関心において、エゴが提供する唯一の選択は、抑圧と無節制です。代わりに奇跡は本物を提供します。それは、不足や喪失の念に伴う緊張を解放してくれます。奇跡は、それが、欠けるところのない全体性で完了していることを心に伝えます。ですから、最終的なゆるしの目的は、あらゆる不足の感覚から心を解放することです。不足の信念が全体性の経験によって取って代わられるとき、エゴは、駆け引きや防御を使って心を惑わすことはできません。心は、神の心を永遠に照らした最初の抽象的な光に目覚めます。ワンネスは何も必要とせず、単純に永遠にそれを放射します。

直観を聞いて、それに従ってください。それこそがあらゆる問題や困難と、すべての分野の質問に役立つ神からの一貫した回答です。問題が身体に関することでも、世界に関することでも、世界で起きている個々の事柄であっても、同じです。神の声をひとつ聞くと、何の問題もなくなるからです。性的関心がなくなったように感じる前に、まず直観によって身体を使うこと、この世界を使うことが、エゴによる使い方に取って代わるようになるので安心してください。直観で身体を使うとは、単にコミュニケーションの媒体として身体を使ってもらう決心をすることです。あらゆる真の喜びは、神の意志を行なうことから生じます。神の意志とは、永遠なる完璧な幸せです。

25 どうやってここから脱け出せますか?

デイヴィッドへ

わたしはずっと何かを探しています。もしあなたの言っていることが本当に生家へ戻る方法だとしたら、わたしは今まで教えられたすべての信念を、事実上、捨て去らなくてはなりません。まさに百八十度、方向転換しなくてはなりません。わたしの経験は、まるで映画「マトリックス」のようだと認めざるを得ません。それはそれで素晴らしいことですが、どうやってここから脱け出せるか教えていただけますか。

愛するあなたへ

目覚めの経験は、本当に奥深いものです。真の自己を知ることは、スピリットとして生きることです。過った信念を手放す取り消し作業をしている間に五感を通じて知覚する経験は、まだ実在しているように感じられるかもしれません。それでも、今現在の瞬間を経験することは回避できません。映画「マトリックス」の中でネオが着実に動かされていくように、目覚めも、プロセスのように見えるかもしれません。世界が、過ぎ去った過去に見える瞬間がやって来ます。その瞬間が、真の自由の瞬間です。神と現在には、プロセスはありません。信念の飛躍が求められているように思われるかもしれませんが、それは、幻想の中にある信念の過ちから身を引かなければならないからです。反対側を知覚する世界では、実在のワンネスの否定が行なわれています。平和を求める気持ちは、平和の経験を意識の中に呼び戻してくれます。

すると、平和の逆はないことが明らかになります。ここに秘訣があります。それは、自分の内側を聴くことです。意志を持った心にとって、どんなステップを踏むことになるかは明らかです。

はじめに、二元性の世界が、キリストというわたしたちの真の自己の家ではないことをわかるようにならなければいけません。二元性の中では、満足して幸せでいることはできません。わたしたちが情緒不安定になるとき、それは単純に神と歩むことへの恐れを表しています。夢を見ている人が夢から目覚めるには、まず夢を見ていることに気づく必要があります。

神との歩みへと続く目覚めは、幻想をゆるすことを意味しています。ゆるすとは、単に過ちを過ちとして見ることです。その心の状態では、何も期待しませんし、部分的なゆるしの達成は不可能です。ゆるしは完全に経験されなければいけません。さもなければ、経験していないのと一緒です。

キリストは、「この世界から歩み出なさい」（テキスト13・VI・11：3、18・I・12・4）と、あなたに呼びかけています。この意味がわかった時、この世界の思いに参加しながら、同時に「汝自身を知れ」というのは文字通り無理だというのが明らかになるはずです。真実と幻想には、合流点がないからです。完璧な神の愛は恐れを追放し、光は暗闇を滅ぼします。

内なるホーリースピリットの導きは、経験や冒険、そして夢見ていたことの発見に向かって、まず内側へ向かいます。この目覚めた状態では、世界で起きていることが実在していないのは常に明らかです。形は移ろい、変化し、夢はやって来ては消え、それらには本質がなく、夢が織りなされていて……、そんなものは、もはや、夢見る者をだませません。コントロールの幻想のマトリックスは、神と一緒の思いから生まれる知覚にとって、魅力的でも何でもありません。裁きも罪もない世界をそっと夢見てください。神は裁きません。文字通り、裁く対象がないからです。ゆるしは、区別も部分もない全体性を受け入れること、とも呼べるかもしれません。

精神的な目覚めは、しばしば、何かを諦めることと関連づけられています。その過った関連づけは、不足の信念から生まれました。足りないという思いを信じることは、全体性を否定する不可能な試みです。何も諦める必要はありません。それらは存在していないからです。分離を望む思いから解放されると、夢である幻想の本質が明らかになります。全体性がどこへも去っていないことが、瞬時に明白になります。なぜなら、今までもずっとそうだったからです。目覚めようとする意志には、この現状から脱け出したいという欲求の解放も含まれています。全体性を発見することで、こちら側もあちら側も存在していないのがわかるからです。全体性以外のものへの信念を強化していることがわからないように、何かを追い求めたり闘ったりすることはできません。全体性は、目に見えるあらゆるものを超越しています。

キリストが実在しているのなら、世界は実在していません。スピリットは、時空間の世界には姿をあらわしません。目覚めとは、スピリットの実在性と、神のうちにある自己の不変性を認めることです。身体には意味がありません。心もスピリットもひとつであり、永遠のものには違いがないからです。時間と身体と世界へ投影された幻想の中での意味づけを信じることをやめるなら、神のこの瞬間の意味に目覚めます。それがすべてであることがはっきりわかるようになります。わたしはスピリットです。その事実に喜んでください！　神よ、あらゆるものをただひとつのスピリットとして創造してくださってありがとうございます！　ホーリースピリットの思いに従うことは簡単です。そこには、ほかのものへの欲求がないからです。目覚めは自然発生的なものです。目にするものに価値が与えられているときだけ、目覚めが困難に見えるでしょう。目に見えないものに価値を見出してください。すると、真実は瞬時に意識の中へ飛び込んできます。真実とは、何て簡単で明白なものでしょう。

聖なるあなたへ、わたしはあなたを永遠に愛しています！

デイヴィッド

26 ゆるしと罪のなさは同じです

愛するあなたへ

わたしたちは、ハートを開いて信頼を学ぶことによって、過去を手放すこと、つまりあらゆる苦痛や怒りや責任転嫁の源を解放することを学びます。ゆるしと罪のなさは同じことです。わたしたちは、ついに心を開いて、優しい神の声が何度もこのように言うのを聞きます。「それはあなたの過ちではありません。あなたが信じている自分の間違った行ないは、実在していません。過ちは土台がないため、真実にはなり得ません。というのも、神の真実だけが真実だからです」

今この瞬間が、輝き、汚れなく、澄み渡り、新鮮で、再生し、わたしたちの永遠の無実性を思い出させてくれます。恐れへ転落しているように見えるのは夢にすぎず、不可能なことを信じているのと同じです。エゴという無意識の間違った信念は、輝きを増そうとしている美しく貴い内なる存在に、制限をもたらそうとします。心に準備ができて意欲が湧くとき、心は、神聖な心の内側の美しさを見ます。神の愛への覚醒は、時間ではなく、歓迎されることを待っています。心の祭壇が偶像を払いのけると、望みは神と同じひとつになり、そこにあるすべては、放射されている神の、何ひとつ要求しない愛です。

今、幸せになりましょう！　今、目覚めましょう！　あなたは、愛されていて、自由で純真です。あなたは永遠に創造されて、創造し続け、永遠に続く愛という心の中で生きています！　神よ、感謝します。

永遠に祝福を

デイヴィッド

27 スピリットとこの世界との関係

【友人との対話】

友人　わたしは直観的に、形とスピリットには実は関係があると感じています。それはあらゆるものに当てはまると思っています。クリスチャン・サイエンスで「物質的な世界には、命も知性も実体もありません」というように、形而上学の考えの中には、形や問題を無視する傾向があると思います。まるで物質が悪いものであるかのように、そしてもし、あなたがスピリットの領域の中で機能していないのなら、あなたはやるべきことをしていないと考えられているかのようです。わたしはそうは信じません。形という美しさの中でさまざまなことが表現されているのを見るのは、神の喜びなのではないでしょうか。夕陽を見るとき、雪が降りだすのを見るとき、それは形であって考えではありません。それを考えだというのもわかりますが、それは形でもあります。

わたしたちが理解しようとしているのは、より大切なのはどちらかということです。考えが形よりも重要でしょうか。わたしは、その答えよりも、あらゆるものの中で神の存在との関係を理解することのほうが大事だと思っています。わたしはただ、直観的に、従来の形而上学の信念には課題があると感じています。形が本当ではないのと同じように、あなたは本当は病気ではなく、だから戦争も本当にはないというのでしょうか。実際に、思考が美しくないときは、形も美しくありません。ゆくゆくは、スピリットとの関係が適用されて、思いと形は癒され、浄化され、祝福が起こるのではないでしょうか。それらとの関係を否定することではなくて。わたしは、あらゆるものに神が存在していると思っています。そしてわたしたちは、どうにかして形を取り除こうとするのではなく、どのようにスピリットと思考、形を統合するのか、その方法を学ぶ必要があると思います。

デイヴィッド　今あながたおっしゃったことには、たくさんのことが含まれています。イエスが指摘した点に関係しています。あなたは、クリスチャン・サイエンスが物質は「悪」だと信じていると結論されましたが、それは間違いだとイエスは言っています。

自分で実在すると思い込んだものをどうやって見過ごすことができるでしょう。それをはっきり見ることによって、あなたがそれを実在としたので、それを見過ごすことはあなたにはできないのです。

（テキスト9・Ⅳ・4：5～6）

物質を悪とするのは、物質に実在性を与えることになります。物質は、一時的で、絶えず変化する流動的なものだという意味において、実在していません。

スピリットと形の関係は、常に議論の温床となってきました。イエスはスピリットを、時間／空間／物質の連なりといった、有限で絶え間なく変化するものと、無限で不変のスピリットをはっきり区別しました。それが根本的な識別です。

人々が夕陽などを持ち出すとき、「夕陽には本質的な美しさがありますか」「夕陽は美しいものだと本能に組み込まれているのでしょうか」といった質問が出ます。それこそが大きな区別です。ワークブックに、イエスがこのことについてはっきりと述べているレッスンがふたつあります。

神は、わたしが見るあらゆるものの中に在ります。

（ワークブック29）

神は、わたしが見るあらゆるものの中に在ります。なぜなら神はわたしの心の中にあるから。

（ワークブック30）

形あるすべてに神が内在しているという信念は、過ちです。それは、いくつかの東洋の形而上学体系にある信念です。それが過ちでないのなら、神は文字通り、どうにかして形を通して神自身を表そうとしていることになってしまいます。「神は、わたしが見るあらゆるものの中に在ります。なぜなら神はわたしの心の中に在るから」と言うとき、イエスは、神は宇宙にあるそれぞれの形状物に内在しているという前提の汎神論から遠ざかろうとしています。レッスン29は、神がゴミ箱に居ます、椅子に居ますなどというように、ほとんど汎神論に聞こえますが、レッスン30に書かれてあることを読むと、「あなたが肉眼で物質を見るとき、神はその物質に内在していません」とイエスがはっきりと言っています。イエスのそのステートメントの意味は、ホーリースピリットの目的が、ひとつひとつの投影された物質に与えられ得るということです。

わたしたちは、その目的を経験するために心の訓練をしなければなりません。神が物に内在しているという汎神論的な見方では、心から神を引き離してしまっています。

イエスは**コース**のほかの部分で、神は形を知らないと言っています。しかし、ホーリースピリットの目的や神の記憶に心を合わせるとき、そのときこそ、先ほどあなたがおっしゃった、目的を持っているときに感じる美しさというものを感じられます。嬉しいことに、画面上で何が起きているかに関係なく、あなたはそれを感じることができます。暴動の真っ只中にいても、イエスがしたようにホーリースピリットと心を合わせていれば、その状況のあなたの投影は完全に変換されます。

友人1　わたしはスピリットと思考と形を同等のものとして知覚していると言ったつもりではなかったのですが。実際に、偉大さという観点から考えても、上からスピリット、思考、形という順番ですよね。この世界では、わたしたちは、物を相対するものとして知覚しがちです。その形が現実で、しかもスピリットであるなんて、誰にわかるというのでしょう。

デイヴィッド　もし真実が主観的なものならば、「真実がそれぞれにとって違うなら、真実の価値とは何だろう」という問いに立ち返ることになります。ある人は、その人なりの美に対する考えを持ち、あなたはあなたなりの美の認識を持っている、それで真実は、双方の異なる意味を全部含むのだろうかという考えに戻ります。最終的に**コース**は、この世界でほとんど否定されているスピリットと、形は共存できないと言っています。このふたつを共存させようとするとき、苦痛が生じます。ホーリースピリットは、それらが共存できないことを思い出させてくれる存在です。より深く心を掘り下げて、象徴的な光へ向かうにつれ、わたしたちは自らの実在性をさらにとらえられるようになります。真の世界へ達するとき、あなたは鏡全体を綺麗に磨き上げて、そこではただ光が反射しています。そして神が最後の一歩を踏み出し、わたしたちを純粋な抽象へ引き上げてくださいます。その地点で、知覚はなくなります。ですから、形や思考やスピリットについての議論の中で、形は実在しないという**コース**の主張が行き着く先は、神がそれらを創造しなかったという点です。

そこが東洋の形而上学体系と異なるところなのです。彼らは、神は孤独で仲間との親交を経験したがっているとか、神は物質的な宇宙に自らを拡張しようとしていると言っています。**コース**の観点からは、まったく理にかなっていません。無限のものが、どうして有限の世界へ来るというのでしょう。

それは、無限で不死の魂が、生まれてくるときに赤ん坊の身体に入るという信念に似ています。この肉の塊に、病気をするために入ってくるなどということがあるでしょうか(笑)。さらにまだ続き、その人生を生きたら、魂は去って、また別の身体に入り込んで、新たにすべてが始まる……。そんなことがあり得るでしょうか。確かにしばらくの間は、そのように考えることが役に立ちます。魂という考えが、今生以外のものがあるという観念をもたらすからです。でも、それは例えにすぎません。あなたは画面上のイメージに投影された心です。あなたはそれらのひとつとして認識されます。イエスは、その過った自己認識から脱け出して夢を眺められる、夢見る者になるよう呼びかけています。

28 思い込みに疑問を持ちましょう

親愛なるデイヴィッドへ

あなたは、わたしたちにはあらゆる思い込みを疑問視する必要があるとおっしゃっていますが、何を使って疑問視するのでしょう。自分の思い込みを何と比較するのでしょうか。

まず、わたしがどう考えているか例を挙げさせてください。そして、わたしが取り組むべきところを教えてください。わたしは、「自分で自分の思い込みを疑問視できる」という思い込みに疑問を感じています。わたしは、自分の思い込みを疑問視するというのは、ある前提について自分が正しいか間違っているかを決めないべきであるという意味だと考えています。ですから、ただ、そのままにしておくべきだと思っています。でも、わたしは自分の思い込みが正しいと見なせないわけですから、その思い込みを疑問視することに、それほど意味があると思えません。その上、自分が正否の違いをわかっていると見なすことができず、その相違があることすらわからないので、自分の思い込みが正しいのか、どうしても判断できません。

わたしはどうしたらいいのでしょう。さすらい人にでもなればいいのでしょうか。それともすべての思い込みから自分を解放すればいいのでしょうか。わたしにとってそれは、あらゆる意見とのかかわりを絶つことを意味します。つまりそれが**コース**に従うことだというのはわかります。ですが、それでは、社会というわたしにとって快適な場所では、実りある生活を送れない気がします。このようなわたしの独自の論法と、エゴの愛の論理のせいで、わたしは何についても誰のためにも答えを出せません。金銭的にも、自分や周りの人たちを困らせてしまうでしょう。たとえば、「クレジットカードのお支払いはどのようになさいますか」と聞かれて「え？　返済しなければならないんですか」と答えてしまいそうです。

わたしは快適な場所から追い出されて、世捨て人みたいになってしまいそうです。そうすることが、最終的にわたしの心を解放する振る舞いなのでしょうか。それとも、わたしはあなたのおっしゃっていることをきちんと受け取っていなくて、自分のエゴの解釈を利用しているだけでしょうか。

助けてくださって、ありがとうございます。わたしのエゴが悟りを開きたがってるようです。これはわたしの論理ですが、悟りを開くことはエゴの自殺行為に思えます。でも悟りは、この惑星で悟っていなさそうな人よりも達成したことをあらわすわけですから、続いていきます。

愛するあなたへ

知的探究心でいっぱいの問いかけをありがとうございました。覆い隠しているものを外し、さらけ出して、思い込みを手放すようホーリースピリットに願うことだけが、助けになります。ホーリースピリットが比較や判断が完全に不可能であることを見せてくれます。そしてそれがアトーンメントです。

時間というプロセスの中でホーリースピリットと共にあり、心の訓練をしようとしていると、まるでホーリースピリットが判断を下しているように感じるでしょう。さらに、細かいことや状況などの実在を信じていると、ホーリースピリットがとても直接的に指示をして、背中を押しているように感じます。目覚めのプロセスにおいて、自分の感情に注意を払うのは非常に大事なことです。平和な気持ちや喜びや幸福感があるなら、それがバロメーターです。あなたが神聖な導きに従っている証拠です。

エゴが、心の中であれこれ疑問をささやいています。しかし、最初は、投影された世界によってではなく、思い込みや信念によって、これらの疑問の方に的を向けるのは、疑問が解消されるための役立つ方法です。ホーリースピリットにあなたの疑問に対してひらめきを与えてもらいましょう。エゴの思い込みがすべて解消されるとき、心の中は滑らかに動き出し、心から離れて実在する世界がないことが見え始めます。

エゴの世界は主観的で、心にある思い込みに基づいています。あらゆる意見や結論や思い込みや信念の下には、命の神聖な静寂という真に実りある心の状態があります。その実りある状態が創造であり、スピリットが永遠に放射されている状態です。それはエゴが構築している社会とは何の関係もありません。

聖なる創造を思い出すためのアプローチは、神聖な神の導きに降伏して道を譲ることも含まれます。たとえば、あらゆるシンボルが、ホーリースピリットを惜しみなく提供してくれているというふうに見ることです。そのような見方をすると、自分や周りの人を金銭的に困らせるのではといった心配は生じません。その代わり、あらゆるものに対して、ホーリースピリットへの信頼を見出します。たとえば、空気や食料、水、住居、交通、言葉、コミュニケーションの道具など、必要に思えるすべてが提供されていることに、ホーリースピリットへの信頼を見出します。それは必ずしもあなたが「世捨て人」としてご自分を認識するという意味ではなく、あらゆる状況であらゆるものが神聖に提供されているご自分を認識することを意味します。このようにホーリースピリットと共に考えることによって、心が作り上げた拘束が解かれます。

行動は思考から生まれます。思考は信念から生まれます。あなたは思考の副産物として行動をとらえているからこそ、訂正は形のレベルでは決して行なわれないのです。ホーリースピリットと行なうあなたのワークが目指すのは、神と共に考え、幸せでいることです。キリストは、神の心の中にあるアイディアです。

ホーリースピリットに従い、ホーリースピリットの目的に心を合わせ、例外や思い込みを作らないことにより、あなたの中に神の確かさが増すでしょう。悟りとは、神の愛だけが実在していることに気づくことです。キリストは、神の中にいる存在の確かさをあらわしています。なぜなら、キリストは神という存在の子だからです。すべてのスピリットにあらゆる栄光を！

愛と喜びを

デイヴィッド

29 時間のサイクルからの解放

愛するあなたへ

時間の世界は、何度もそのサイクルを繰り返し、出口はどこにもないように思えます。日々の日課や活動、決まりごとは、予想通りのパターンに従い、それは終わりのないサイクルでもとに戻ります。わたしたちは、他人から何かを得ようとする欲求によって、無益な探索へ連れ去られています。自らの空虚感を克服しようと求めるからです。でもその試みは、すべてむなしく終わります。

一方、真に役立つ欲求に目覚めるとき、新しい目的が世界に与えられます。単にそこから抜け出すことに焦点を当てるのではなく、シンプルに自分を放射して、出会う人皆に愛を与えることを望むようになります。その目的の変化は、世界に対してまったく別な見方をもたらします。わたしたちが最終的に「あなたを愛しています」と誰にでも心から言えるようになるまでにです。わたしたちが制限や期待を伴わず心の底から無条件に愛するとき、真の無垢の愛が見え始めます。その光が世界を覆うとき、わたしたちは突然時間に縛られていないことに気づきます。神の愛の中で、わたしたちは自由です！

祝福を

デイヴィッド

30 ゆるされた世界

愛するあなたへ

エゴが忘れられ、取り消され、消滅していくにつれて、わたしたちはゆるされた世界を知るようになります。判断や汚れが浄化された世界です。その世界について学ぶための美しく驚くべきレッスンは、あらゆるものと人のありのままの姿に対する感謝の念で完了します。

それはまさに、「何々できたら～」や「もし事情が違っていたら、今よりも良い状態だっただろうに」などという仮説的な考えの信念を手放すということです。本当にあらゆることが良きことのために結びつき、スピリットの視覚から経験されるなら、それはすべての個人的な判断や分類や期待をはるかに超えるものになります。状況に関するお願いは、たびたび聞き入れられます。しかし、あらゆるものの中で最も聞き入れられるお願いは、愛が包括しているすべてを反映して、幻想をゆるすことです。大いなる愛、感謝、完全な理解、つまりゆるされた世界と、神の永遠の愛への目覚めほどの贈り物がほかにあるでしょうか。

終わりのない喜びの人生を祝して乾杯！

愛を送ります

デイヴィッド

31 不足の信念を手放す

愛するあなたへ

神とのつながりを示す最も良い合図は、あなたが感じている思いです。それが一番なのは、特定の形ある成果に頼っていないからです。形のある成果を見る心は、欺かれ、持続的な平和を経験しません。どのように感じるかという心の状態は、神かエゴのどちらかにつながった思考体系の結果です。エゴの心は、欠如やお金や交換し合う関係を信じ、それらに過った価値を与えます。欠如や交換関係を信じることは、つまり代用品への信念をあらわしています。エゴ自体が、神の代わりに選ばれた代用品だからです。

お金に価値があるように見えるのは、単に錯覚で、必需品と感じているものが感情的、物質的、精神的なものかにかかわらず、たくさんのものを得るために最も交換可能なものに思えるからです。薬と同様、お金は世界の魔法の呪文です。あたかもお金で、錯覚で見えている問題が、しばらくの間、消えてくれるかのように見えるのです。エゴが完全に解放されるまで、心は必需品を感知してそれらを満たす外的な偽りの源を知覚します。

最終的には、わたしたちは不変で神聖な心としての真の自己を受け入れなければなりません。そこへ達するのに必要な一歩は、世界が変わらないことに気づくことだけです。世界は非実在の原因と結果だからです。世界は変われません。物事のそのままの姿と違うものを求めることは、実現不可能な願いです。

お金は、力の源にはなり得ません。単なるエゴのイメージの結果です。意味のある願いはただひとつ、世界を違う見方で見られますようにということです。そして、真の源はひとつだけだという事実を受け入れることです。神だけが、たったひとつの源です。

不足の信念を手放す上で唯一問題なのは、アイデンティティにかかわることです。それはお金とはまったく何の関係もありません。

信頼が、あらゆる問題を、たった今、解決します。

（テキスト26・Ⅷ・2：3）

信じることとは、神に頼ることです。神に頼るために必要不可欠な思考は、百八十度逆転させた思考です。それは、この世界には因果関係はないという真実に気づくことを意味します。もしお金を含めたあらゆるイメージが結果ならば、原因や源をこの世界で見つけることはできません。神が真の源であり、キリストが真の結果です。よって、本当の祈りの秘訣は、あなたが必要で仕方ないと思っているものを忘れることです。そのような一時的ではかないものを信じるのをやめることです。永遠のものに価値があります。当然ながら、時間に属するものには価値がありません。神の目的だけに、信じるに足る価値があるのです。

与えることと受け取ることは、ひとつです。わたしたちは、常に、求めていた通りのものを受け取ります。その人が経験しているように見える問題や混乱は、形に対する信念、つまり時間という信念から来ています。永遠なものが、形に変わることはありません。ただ永遠に存在しています。永遠性が形を成し、無限のものが限界を持ち、スピリットが物質の中に入ることができるという信念をゆるすこと、それが目覚めです。神とはスピリットです。キリストは形の中には入りません。代わりに、世界を抜け出し、永遠のスピリットとして真の自己を認識するように呼びかけています。

形作るというアイディアを永遠に手放して、神の平和を経験する意志がありますか。これは「あなた自身であなたを作り上げる代わりに、神に創造されたままの自己を受け入れる意志がありますか」と同じ質問です。形作る信念は、真実ではないので、手放すことができます。スピリットがそれを行ないます。そして、それは必然的に受け入れられなければなりません。なぜならそれが真実だからです。直線的な時間軸への信念は、聖なる瞬間に対する防御です。時間は永遠性に対する否定にほかならないからです。

神の愛する子の皆さん、あなたは時間の中の悲嘆から解放されました。あなたの思いは、一瞬もずれることなく、瞬時に永遠に創造します。時間と形への信念は、瞬時の答えを、今、受け入れる意志がないということです。わたしたちは、見聞きしたいと思うものだけを受け取ります。たとえば、結果や寄付されたお金の責任のために、何か合図を求めるのは、間違ったお願いです。それが不足の念から生じたお願いだからです。時間や形の信念を自ら解放するとき、正直にこう言うことができます。「神よ、あなたの、わたしのための意志は何でしょうか」。祈りは、心が何を受け取る意志があるかに準じて、必ず答えられます。奥深いハートの祈りによって、あなたはこの「わたしの思いが永遠に創造する」というステートメントが意味することを知るようになります。

「創る」と「作る」には違いがあります。放射と投影にも違いがあります。愛は創造します。エゴは作ります。愛は放射し、エゴは投影します。愛として存在することと、愛を持つことは同じです。エゴにとって、所有していることと、持っていることは同じです。不足の念の世界では、手に入れたものが所有物です。でも、形ある何かを得ることは、本当はまったく不可能なものなのです。そして今日創造し与えることは、何と絶対的に真実なのでしょう。交換関係はアイデンティティへの疑いをあらわしています。世俗的なアイデンティティに対する過った信念から抜け出すには、真のアイデンティティを信頼するしかありません。時間の概念や永遠性をあらわすことを忘れるほど心を完全に変えるには、真実を信じることが要求されます。そして幸運なことに、それは意志だけを必要とし、時間は関係ありません。

思考のプロセスを完全に投げうつなら、あなたはキリストのヴィジョンに道を譲ることになります。それがあなたの望みなら、非実在の結果である世界で原因が見つからないため、お金やイメージが実在の源だと考えていた自分や、神聖な神の子が何かを必要としていると考えていたことに、思わず笑ってしまうでしょう。真実の思考が永遠に創造します。過去や未来についてのいかなる思考も、実在する思いではありません。今この瞬間の静寂が、神の答えです。

ホーリースピリットが、とても具体的にあなたの思考と行動を導きます。もしあなたがそれをゆるすなら、です。神の目的のために使ってもらえるように、お金や現象や時間に関するあなたの概念を、すべて神に差し出してください。すると、あなたの神聖な心からそれらが取り除かれます。あなたは欠けたところのない全体の心だからです。この世界のいかなるものも、そこでは理解されません。真のあなたの姿がすべてです。

愛と祝福を

デイヴィッド

32 放棄

親愛なるデイヴィッドへ

わたしは、まるで世界を捨てるように言われた気がして、とても戸惑っています。ある人々と出会って、彼らが完全に世を捨てて、あるがままのわたしたちの真実の中で生きているのを目にしました。わたしも心の一部では、心から信じて、身を任せて、そんなふうに保護されて生きたいと思っています。神のための仕事だけをして、それこそが神のために生きることだと学ぶ考えに、とても惹かれています。

あるとき自分がひとりではなく、愛の存在がわたしを気遣って支えてくれている感覚がありました。そうかと思えば、籠の中のねずみのような気分でこの世界でちっとも上手くやれていない自分に鞭を打っている感じがするときもあります。わたしは気分がコロコロ変わります。どちらの知覚のほうが良いかわかっているのに、まだ世界の出来事にとらわれています。わたしは十八か月前に**コース**の本を買いましたが、何だか諦めなさいと言われているように思えてなりません。こんな気分になるとは予想もしていませんでした！

このことについてどのようなアドバイスでも指導でも感謝します。この世界を完全に捨てなければいけないのでしょうか。神の平和を本当に知るには、すべてを投げ打たなくてはならないのでしょうか。

愛するあなたへ

感謝をあらわしてくださり、また、心に取り組むという意志をあらわしてくださり、ありがとうございます。あなたのご質問に対する短い回答は、「Ｙｅｓ（はい）」です。しかし、ホーリースピリットに一歩ずつ導いてもらうことが、とても大切です。エゴは、エゴの思い描く放棄のイメージを持っているからです。注意深い心の訓練をせずに進むなら、あなたは、あなたの内なる光を恐れるようになってしまいます。奇跡は時間を崩壊することで時間を節約し、恐れを取り除きます。

コースからの引用で、エゴのイメージを放棄することに光を当てるものがあります。本物の目覚めを経験するには、それらの過ちは存在していないものとして表面化させなければなりません。

多くの人たちが、まだこの世界は現実だと信じつつ、この世界を捨てることを選んでいます。だから、喪失感に苦しんでいて、解放されていないのです。ほかの人たちはこの世界だけを選び、もっと深い喪失感に苦しんでいますが、そのことを理解していません。

これらの道の間にはもうひとつ道があり、その道はあらゆる喪失から連れ出してくれます。犠牲と欠乏はすみやかに置き去られますから、これが今、あなたに定められた道です。あなたは、ほかの人たちが歩くようにこの道を歩くし、その人たちと同じように見えますが、実際は非常に異なっています。だから、あなたが自分自身に役立つことをしている間、あなたはほかの人たちのために役立つこともでき、彼らの歩みを、神があなたのために、そしてあなたを通して彼らのために開かれた道へと定めることができます。

その人たちには、幻想がまだあなたにしがみついているように見えているので、あなたは彼らに手を差し伸べることができます。でも幻想はしりぞいています。だからその人たちは、あなたが幻想のことを話すのを耳にしてはいないし、その人たちの目に幻想を見せたり、その心に幻想を抱かせたりはしていません。それに、あなたの前を歩く真実が、その人たちに幻想を通して語りかけることなどあり得ません。というのも、その道はもう幻想を通り越しているし、その道すがら、あなたはその人たちに声をかけて自分のあとについてこられるようにしているのですから。

すべての道は、最終的にこの道につながっています。犠牲や欠乏を見る道は、どこへもたどり着きません。その選択が結果を出すことはなく、その目標はけっして実現しません。真実があなたの中であらわれると、こうしたことは引き下がり、兄弟たちを死への道から導き出し、幸福への道へと差し向かわせてくれます。その人たちの苦しみは幻想です。それでも、その人たちはそこから導き出してくれる案内人を必要としています。幻想を真実と勘違いしているのですから。

（ワークブック155・4〜7）

悟りを主張する人の中には、本の所有権や言葉の用途に関して法廷闘争を行なう人もいます。愛を通して悟りを得ること、つまり本物のゆるしは、相反するもの、違うもの、心から離れているものを見ません。目覚めた心は、あらゆるものと共に神を信頼します。そこに影を落とすための時間の概念などありません。

世界を放棄することとは、あらゆるエゴの考えを解放することです。真実には例外はないということが理解できると、明らかになる結論です。放棄とは、神から離れたところから、神と心を合わせようと試みるときに起こる思いの変化のことなのです。この変化は、何かのグループに参加したり、社会を去ったりすることは伴いません。でも、すべての時間の概念を手放すことを伴います。知覚された世界は、神が創造しなかった概念でできています。したがって、すべての時間の概念を空にした心が、アトーンメントというすべてを包括した最終的な概念を取り入れることができるのです。アトーンメントは、執着を手放すということと同じだと言えます。訂正の最終段階では、神の創造物ではない、自己概念に結びつけられている二元的な時間に投資することはないからです。

実在しているもので諦めなければならないものは何もないことを、ホーリースピリットに確信させてもらいましょう。奇跡が、進むべき道を照らします。神がスピリットを創造します。真に自己認識するなら、あなたは永遠のスピリットです。世界の考え方を諦めるという幻想を恐れることはありません。世界の現実を信じるのは、本当に恐ろしいことです。スピリットから離れた自己を作ろうとする試みだからです。それは真実の中では不可能です。スピリットと離れているものなどないからです。スピリットは反対のものを持ちません。ですから、スピリットが意識の中で蘇るのは、単に避けられないことです。ホーリースピリットは、心が具体的なものを信じている間、とても具体的に導いてくれます。嬉しい知らせではないですか。というのも、時間という迷路の中の曲がり角で、導いて答えて、祝福して慰めてくれる存在がいつもいてくれるということなのですから。奇跡の喜びを信頼してください。周りの人やグループや場所や物事を比べて、惑わされないでください。わたしたちという存在の真実は、内なる自己の中で見え始めます。神は、概念やイメージを超えた、聖なる静寂の中で思い出されます。あなたは、そのままのあなたで完璧です。

世界を放棄することが、スピリットを受け入れ始めるための〝もうひとつの方法〟なのです。ひとつのものとしてスピリットを創造された神に、すべての栄光を！

愛を送ります

デイヴィッド

33 どこへも進まない行き詰まり

親愛なるデイヴィッドへ

コースはこのように言っています。

神ご自身が、我が家へ戻るように呼びかける神の声を与えてくださっているというのに、どうして自分の属さないところに一瞬でも長くとどまる選択をしようとするのでしょう。（ワークブック202・1）(182)

わたしは神の子であり、時間の奴隷ではなく、この病んだ幻想の世界を支配する法則に縛られてはいません。（ワークブック204・1）(184)

あなたは、神の救いを望むだけでじゅうぶんだと書かれています。すべてはわたしたちのためにホーリースピリットによってなされているので、わたしたちはそれに何も加えることはできず、何もする必要はないとおっしゃいました。そして、わたしたちを癒すための聖なる瞬間が、すでにわたしたちの恐れを癒しているので、そこへ向かう必要もないとも言われました。もしこれらのステートメントが本当ならば、長年練習をして、これまでにないほど強く願っているのに、なぜわたしはまだこのような状況にあるのでしょうか。アトーンメントへ達することが、なぜこれほどわたしには大変なのでしょうか。わたしは何か間違ったことをしているのでしょうか。あなたの助けにお礼を申し上げます!

心をこめて

愛するあなたへ

誠実なご質問と、目覚めに対する献身的なお姿に感謝します。ハートの純粋さへ向かう偉大な目覚めの中で、わたしたちは何も間違ったことはしていません。あらゆる行ない、知覚は、神と偶像の両方を望んだハートから生じているように見えます。ただひとつを望むこととは、何も望まないことを望むことだと言えるかもしれません。それが創造の状態です。それがまさに「目が澄んでいれば」(マタイによる福音書6:22)という意味でもあり、スピリチュアル・ヴィジョン、もしくは光のことを指しています。ヴィジョンは、身体や知覚を伴いません。ただ、望みが分裂しているうちは、そのヴィジョンは意識から覆い隠されています。

時空間の宇宙全体には何もなく、そこはただ分裂された望みの反映にほかなりません。瞑想をして、完璧な静寂へ入ろうとするとき、エゴの抵抗が湧いてくるのに気づくでしょう。それは、「心を鎮め、自己が神たることを知りなさい」（テキスト4・序・2：2）という経験とはかけ離れています。エゴや個性や直線状の時空間を信じている間は、何もしないというのは難しく感じるでしょう。

エゴは、創造物が壊れてバラバラに分裂し、意味のないものになり得るという過った信念でした。〝長年の練習経験〟の後、まだ〝この状況〟にいるみたいな〝わたし〟は、ホーリースピリットによって取り消された実在していない自己概念です。過去は去っています。でもその自己概念は、個性という自己の周りにあるように見える宇宙全体を含んでいました。さあ、心は開かれています。解決法を受け入れ、交わり、現在の瞬間または神聖な瞬間の中で取り消すために、開かれています。

ホーリースピリットと共に落ち着いて、あらゆるものをまっすぐ見てください。真のあなたが、手つかずのまま、永遠に幸福に、依然として存在しています。過去や未来というはかない考えをすべて手放してください。本当に存在しているのは、神が永遠に完璧に創造された現在を生きる自己です。アトーンメントを受け入れることに抵抗するのは難しいのです。それは、ゆるしとは、この世界の中で、誰にとっても最も自然な経験だからです。神が創造された真の自己として存在することは、真実の中でそのままでいるという意味です。神が創造されたスピリットは、永遠にそのままです。そのありのままの姿を覆い隠すように見えるものは、自然な状態ではないので、簡単にゆるされ解放されることができます。

あなたが信じているものの向こう側を、変わらぬ決意で、キリストのスピリチュアル・ヴィジョンと共に見てください。神だけを望むことにより、神の記憶が意識の中に完全に蘇ります。過った望みは、実在していないし、源もないので、なくなります。真実だけを求めてください。あらゆるうわべの決断は、すでに終わったものと見てください。夢を見ていることに目覚めている者は、努力なく目撃するのです。宇宙が夢にすぎないと気づいている夢見る者には、何ものも触れることはできません。

スピリットを完璧に創造されているすべての人へ、すべての栄光を。そして、幸福と平和の観点から、夢を過ちとして見てくれているホーリースピリットへ、心からの感謝を。

わたしたちは、その聖なる知覚に参加しています！　愛と祝福が、生きている者へ降り注ぎます。

変わらぬ愛を送ります

デイヴィッド

34 内側を見る恐怖

【友人との対話】

抵抗というテーマがよく登場します。それは、倦怠感といった疲労の形態であろうと、本を読む抵抗であろうと、会合に参加することへの抵抗であろうと、際限なく上がってくるテーマです。抵抗は、単に恐れの表現です。ですから、**「内側を見る恐怖」**というこのセクションは役立つかと思います。

エゴは単独で存在しているのではないことを覚えておきなさい。

（テキスト21・Ⅳ・2：1）

エゴにとって光を見つめるのは耐え難いことです。エゴは、自分よりも偉大なものがあると感知しますが、それを直視するのが耐えられないのです。

もしあなたが内側に眼を向け、そこに罪が見えなかったとしたら、どうでしょうか。この〝恐ろしい〟問いを、エゴは決して尋ねません。そして、今それを尋ねているあなたは、エゴの防御体系全体をあまりに深く脅かしているので、もはやエゴはあなたの友を装うこともしていません。

（テキスト21・Ⅳ・3：1〜3）

心は質問をし始めます。「わたしが純真ならどうだというのだ。わたしに罪がなく潔白ならどうなるのか」。エゴは、ただ問われるのが怖いのです。世界の取るに足らないことを問う側へ戻りたいのです。「もしわたしが今より上手くやれたら、どうだろう、もっと良い幻想を得られるかな」。エゴが耐えられるのは、その類の質問です。

あなたの解放はまだ部分的にすぎません。依然として限定され、不完全ではあるけれども、それでもそれは、あなたのうちに生まれています。完全に気が狂っているわけではないあなたは、狂気を通り過ぎて、真の分別に向かっています。そして今、分別があなたに告げることを、エゴは聴きたがらないでいます。ホーリースピリットの目的は、あなたの心の中でエゴが知らない部分によって受け入れられました。あなたもその部分を知りませんでした。そうでなかったら、どうしてそれが、ホーリースピリットの目的を、進んで自らのものとしようという気持ちになれたでしょう。（テキスト21・Ⅳ・4）

これらの段落は、「あなたはまだ戻れるところまでじゅうぶんに戻っていません」（テキスト3・Ⅶ・5：9）という文を思い出させてくれます。あらゆることに疑問を持ち始めるのは大きな一歩ですが、痛みや抵抗は「あなたはまだ戻れるところまでじゅうぶんに戻っていません」という理由で生じています。あなたがついに戻ったとき、唯一の真の解放が訪れます。物事を問うと、歩みはさらに遅れます。抵抗がさまざまな時間を繰り返し作るかのようです。というのも、心がまだエゴを信じていて、エゴによる投資を受け入れてしまっているからです。エゴの思考体系にはまれば、死が待ち構え、神が襲ってくると、心は信じてしまうのです。そこに抵抗が生まれるのです。つまり恐れの下に何があるのか見つめるのを恐れるわけです。

友人1　多分わたしは、その恐れについて例を挙げられると思います。たとえば、わたしが心の中で「わたしはその苦痛がどんな感じか知っている」と言うのと、「その痛みが耐えられないなら、神に対する本当の恐れを感じるときの痛みの凄さを見てご覧なさい」と言うのには、何かつながりがあるはずです。
わたしは、恐れは神に関するところにあると感じます。そして、そこが抵抗の生じるところのようです。わたしたちがこうしてそれについて話しているときでさえ、わたしの心の中には、こんな質問が湧いてきます。「どうやってそこに近づけるのか、どうやって心の中にある恐れに近づくのか、しかも神に対する恐れというやつに」。ほとんどの場合、曖昧でよくわかりません。

デイヴィッド　では、恐れについて見ていきましょう。わたしが、恐れは本当の感情ではありませんとグループで言うとき、クラスの皆が、色めき立つことがたびたびあります。口をそろえて言うのです。「いったいどういう意味なんです?!」

友人1　では、それは、明らかに問われなければなりませんね。わたしは、それを問うために、恐れが実在していないことの根底へどうたどり着けばいいのかがわかりません。

デイヴィッド　**コース**でそれについて具体的に述べているのは、**「平和への障害」**（テキスト19・Ⅳ）というセクションです。心が解釈をするという観点から、痛み、罪悪感、恐れに惹かれることについて書かれています。痛みのケースで言えば、痛みは単に目撃者で、エゴがそれを罪の証拠だと解釈しているのです。だから、それはとてもひどく痛みます。エゴはそこで「ほら！　罪は実在しているに違いない」と言っているわけです。エゴは、痛みを言い訳として使ったり、罪が実在しているという解釈で用います。でも、どちらも間違った知覚です。痛みは、間違った知覚にほかなりません。痛みは、あなたが望まない限り、何も証明しません。

友人2　痛みは何も証明しないのに、わたしたちがあるものの意味を決めて、それに痛みという言葉を貼りつけて、定義をしているわけですね。まるで、心が何かに痛みという定義を貼りつけたら、それはもう解決済みの出来事のように聞こえますね……。

友人1　じゃあ、わたしが証明しようとしているのは、自分が罪深いということですね。

デイヴィッド　エゴのレンズを通して見れば、そうですね。詳しくそのセクションを見ていくと、エゴはいくつかの痛みを快楽だと定義しています。痛みの塊を持っていると想像してみてください。その塊からひとかけらの痛みを取ると、違うものを手にしているように感じられます。痛みや快楽は、同じものにつけられた異なる名前にすぎません。

友人2　それはどれも、自分がこの小さな身体にいる存在だというのを証明していますね。

デイヴィッド　身体はただ指示に従います。明らかに心が、痛みを感じることに対して意味をつけて、「あなたはこれを感じています」と言うのです。

でもまた、「その目的は何か」というところへ戻ります。痛みそのものに取り組む限り、そして、エゴの目的に心を合わせている限り、あなたは実在していないはずの感覚を感じます。そのうちのひとつが痛みです。プライドや快楽や攻撃といったエゴの目的を明らかにしていくことが、極めて重要なことがわかりますね。痛みから脱け出す唯一の方法、つまり、それが実在していない経験だととらえるには、エゴの目的を見極めて、その目的を分かち合いたくないとはっきりと知ることです。

エゴと目的を分かち合っているうちは、あなたはエゴに心を合わせているので、痛みや恐れ、罪悪感や落ち込み、その他のあらゆる種類の動揺を経験しているかのように感じます。あなたがそれを選んでいるのですから、「この痛みを取ってください」とお願いするのは、意味がないですね。エゴの目的を見なければいけません。そして、その目的を分かち合うのをやめなければいけません。それこそが痛みからの脱出です。あなたは、恐れから逃れる方法を聞かれていましたが、それはエゴがあらゆるものに見出している目的を分かち合わないことで達成します。

友人1　それはとても過激に聞こえます。わたしは、あなたが話しているときでさえも、「もうわかったから、攻撃も手放すし、痛みも手放そう。でも快楽は最後に手放そう」と考えていました。

デイヴィッド　おそらく、そういう方向でいきますよね。でも、あなたがそれを喜んで手放すことをわたしが保証します。あなたが自らの光を照らす目的にいるとき、そこで経験する喜びは、どんどん大きくなります。多分、今は、快楽は最後に手放すものと感じているでしょうが、快楽など、あなたがこれから感じるはずの喜びとは比べものになりません。

友人1　ええ、それなら大丈夫そうですね。ただ快楽を「最初に手放しなさい！」と言われたら、そうはしたくないですね。

友人2　じゃあ、もっともっと喜べる経験を望めばいいんじゃないですか。

友人1　了解(笑)。

デイヴィッド　(笑)それなら、何とかなりそうですね！

今や完全に気が狂っているわけではないあなたは、狂気を通り過ぎて、真の分別に向かっています。そして今、分別があなたに告げることを、エゴは聴きたがらないでいます。ホーリースピリットの目的は、あなたの心の中でエゴが知らない部分によって受け入れられました。あなたもその部分を知りませんでした。そうでなかったら、どうしてそれが、ホーリースピリットの目的を、進んで自らのものとしようという気持ちになれたでしょう。

（テキスト21・Ⅳ・4：3〜9）

あなたが自分をエゴで認識している限り、自分自身を見つめるのが怖く感じでしょう。それは、心には直視できないほど、腹黒い汚れたものがあるという信念のせいです。イエスが**コース**のはじめの部分で、イエスと心を合わせるにはかなりの意識的な努力を要するだろうと述べています。まさに奇跡を必要とします。

友人1　まだ疑わしいですね。

友人2　あなたにとってはね。確かに思考はすぐに「自分にできるだろうか」というところへ行きますよね。

デイヴィッド　でも、心を訓練し、あなたにじゅうぶんな勢いがあるなら、努力を要しないというのは、納得できませんか。

友人1　もちろん、それはとても納得できます。努力は、ホーリースピリットにはふさわしくないみたいですから。どうもそのふたつの言葉は両立しないみたいですね。

デイヴィッド　明晰さを得ると、心をエゴの誘惑から守れます。過去の幻想が見えても、その誘惑にのらなくなります。喜びを差し出し、放射するようになります。それが明晰でいるということなのです。

35 目覚めに対する恐れ

親愛なるデイヴィッドへ

わたしはやっと**コース**という本に出会いました。今テキストを読んでいるところです。読み始めて二日目から、深い恐怖を感じるようになりました。特に夜が酷いです。その恐怖を見つめ、どこから生じているのか分析しようとしますが、「どこかへ消えて」と頼んでも何も変わりません。このことについて何か教えてくださいませんか。どうして、こうなったのでしょう。**コース**と何か関係がありますか。とにかくこの恐怖を抱えながら、読み進めます。なぜかそうしなければいけないと感じています。わたしの人生の中核には、真実へたどり着きたいという意志があります。そして、今、この恐怖を感じているわけですが、どのようにそれと取り組めばいいでしょうか。あなたがいてくださることに、愛と感謝をお送ります。

愛するあなたへ

お手紙をありがとうございます。あなたの感じている恐怖は、慣れ親しんだものを失うことへの恐怖です。つまり、目覚めがエゴの中で生じることへの恐怖です。慣れ親しんでいたものとは、過去のことです。恐怖は、未知への恐怖であるときもありますが、もっと正確に表現するならば、既知への恐怖です。

心は、眠っている間、すでに知っているはずの天国を忘れています。そして、知ることができないはずの時空間が習慣になっています。ですから、時空間が既知のものになってしまい、慣れ親しむものになっています。そして、天国の光が未知のものになってしまい、完全に意識から押しやられています。

眠っている心は、世界が実在していると信じているので、目覚めれば実在しているものを失うと考えます。それは、目覚めて天国へ戻るには何かが犠牲にならなければならないというエゴの根深い信念です。つまり目覚める上で、何が取り消されるのか、ということです。あなたが**コース**を読む時間や、レッスンをする時間は、真実へたどり着きたいというあなたの意志の象徴です。あなたは、真実への旅が、恐れ(無意識または無視された心)の暗闇を通って、そのもっと奥深くに埋もれている愛へ向かっているのが見えてくるでしょう。どんなに動揺していても、実践と規律と共に進む意志だけが要求されています。

ワークブックのはじめの三十のレッスンは、間違った信念を取り消して、浄化して、エゴの思いの破片を一掃することを目指しています。それは、原因と結果を完全に逆転させるための最初のステップです。世界は心の中の非実在の思考なだけなので、心が世界に翻弄されているのではないことを理解します。そのときこそ、時空間の世界のあらゆる側面を作り出しているエゴの思いから離脱するときです。エゴが取り消されようとしているときに、あなたが恐怖を感じるのは当然です。エゴはあなたの真実へ目覚める強い思いに脅かされているのですから、無理はありません。エゴにとっては存在の危機に感じられるわけですが、あなたは違います。あなたはエゴではないからです。

湧き起こってくる感情は、否定したり押しのけたりしないことがいちばんです。感情を取り消して手放すには、それらを意識へ浮上させるのが大事だからです(レッスン333参照)。感情が意識に上ると、その感情が動揺や不快感であっても、贈り物のように感じられるでしょう。心の変化、つまり奇跡を求める働きとして見られるようになるからです。感情は、いかなるときも、その人がどちらの声を聞いているかを示します。したがって、それらは、心に耳を傾けるための規律の中で重要な機能を果たしています。

心とは、決断そのものです。決断は、あなたが信じているあらゆることに基づいた結論であるということを覚えておいてください。無意識の心は間違った信念です。それが完全に取り消されるまで、心の平和と苛立ちの狭間で、動揺を感じるでしょう。ですから、信じているすべてを疑問視することが、**コース**やあらゆる真の精神修養の主旨です。過ちを理解し分析しようとすることより、疑問視することがより重要なのは確かです。エゴはただゆるされて変容するだけなので、決して本当に理解されることはないからです。

まずはじめに問われる質問の多くは、「わたしは誰」というものですが、キリストは、確実に、神のうちのアイデンティティを理解しています。ですから、キリストには何も疑問がありません。形に関するすべての疑問は、間違った自己認識をあらわすステートメントで、不可能なものを押し進めようとするエゴの試みです。でも、信念そのものに疑問を持つことは、その信念を取り消すための術です。

ホーリースピリットとは、神の心から発した答えのことです。心が具体的なものを信じているうちは、その答えの中に具体的な導きがあり、役立ちます。光という完璧な抽象を思い出すまで、その導きは続きます。この段階では、信じられていることを疑うことが最も役立ちます。意識という玉ねぎの皮を、真実という芯へたどり着くまで、どんどん剥いていくようなものです。そのようにエゴの源を探さないでください。エゴには何もなく、エゴを完全に理解するのは不可能だからです。エゴは間違った信念なので、その信念を取り下げればなくなります。あなたは、自分で気づいていないものを手放すことはできません。取り消し作業を開始する方法は、まずエゴを掘り起こすことです。ですから、感情を押しのけたり投影したり、沸いてくる思いを邪魔しないことが大切です。

エゴを投影しないことによって、自動的に、光、もしくは真実へと引き上げられます。暗闇は、光へ引き上げられたときに消えます。その過程が不快である必要はありません。時々不快な経験をされることがあるようですが、そうである必要はないのです。

わたしたちは共に歩んでいます。行き先は確かです。わたしはあらゆる面であなたと共にいます。目覚めに対する変わらない献身的なお姿に、感謝します。わたしたちはひとつの自己として、共に目覚めます。

愛と祝福を

デイヴィッド

36 なぜわたしの人生は恐れに支配されているのでしょうか

親愛なるデイヴィッドへ

わたしは恐れている自分を取り除こうと懸命に努力しているのに、なぜわたしの人生は恐れに支配されているのでしょうか。

お手紙をありがとうございます。この世界は、愛と恐れの両方を信じようとしています。でも、それらは両立しませんし、両方が真実であることはあり得ません。まず、恐れをなくそうとするには、イメージや外見、状況や事情を、支配したり操ったりすることが伴ってきます。仕事や技術、保険や防御は、恐れを取り除かずに、恐れを減らすためのものです。恐れはそれらを作り出し、恐れを維持しておくために何が作られるかを管理し、支配せざるを得ません。

愛するあなたへ

愛を通して目覚めるためには、ゆるす意志と恐れが作るものを手放す意志、そしてホーリースピリットの目的と知覚に道を譲ることが求められます。ホーリースピリットの目的と知覚において、恐れるものは何もないのが明らかです。エゴは愛を恐れます。あなたがエゴとして自分を認識している間は、あなたも愛を恐れます。エゴが作った自己概念のイメージを守ろうとしないでください。スピリットとしてのアイデンティティは傷つかず、防御を必要としないことがわかってきます。防御しないことによって、安全でいられます。ですから、従順で、七回どころかその七十倍もゆるし、悪に抵抗せず、敵を愛し、あなたを罵る者を祝福するには、侮辱を甘んじて受けることが常に賢いのです。身体による自己認識にしがみつくことは、恐れを意識の中で実在させることです。

ゆるしは、あなたが身体ではないこと、あなたが身体にいないことを実証することで、幻想の恐れを取り消します。あなたは心です。全体で、何とも混じっていない心です。ひとつにまとまった心は、傷つきません。キリストは神の心の中の考えとして存在しています。神と共にいる者として自己を認識してください。そうすれば、あなたは安全で、癒され、生家にいられます。

あなたの〝懸命な〟努力が、あらゆる間違った自己概念でいっぱいの心を、空にすることへ向かいますように。間違った自己概念を信じるなら、それは本当に恐ろしいものです。でもそれは、決して真実ではないのです。神が創造した自己だけが、真実です。その自己こそがスピリットです。スピリットは防御を必要としません。あなたは間違ったイメージを作りました。それを守るためのたくさんの意味のない追求から解放されるよう、あなたは自らの心に許可を与えることができます。

わたしは神の目的の中であなたと共にいます。真実を知ることを失敗するなどということはできないのです。あなたは、自分が恐れているものは、神の愛以外の何かだと思いながら、実は神の愛を怖がっていました。今が、自己の幻想を手放して、世界が何も解放しないことを目撃するときです。幸福と平和は、受け入れられることだけを待ち望んでいます。それらは、今この瞬間、いつでも手が届くところにあります。そこへ加わりましょう！

愛と平和を

デイヴィッド

37 恐れを解放する

親愛なるデイヴィッドへ

わたしはある問題に気づきました。夫もわたしの変化に気づいています。わたしが以前のように大きな買い物に心を躍らせていないことも知っています。たとえば、先日彼が買ったトラックや、昨年の秋に買った家でさえも、以前のようにはワクワクしません。そういうものが、もう輝いて見えないのです。わたしが彼との関係に必死にしがみついていないことも、彼は知っています。わたしは彼を愛していますし、彼と一緒にいるのを楽しんでいますし、彼から去ろうとは思っていません。でも、もう彼を失うことを怖がってはいません。彼がそばにいないとき、以前ほど寂しく思わなくなりました。その瞬間に生きることを学んでいるからだと思います。彼はわたしの変化を怖がっています。彼の目に恐れがあるのがわかります。

コースを学ぶにつれ、周りの人が自分のところへ来るようになったのを感じます。以前はそんなことは決してなかったのですが、彼らが自分に手を差し伸べているように感じます。男性の中には、わたしへの関心を、スピリットではなく、身体だと誤解している人もいると思います。わたしは、彼らが誤解しているものではなく、本当に届かせたい、つながりたいと願っているものを提供したいと思っているのです。夫はもともと嫉妬するタイプではないですが、彼の目に恐れが見えるので、皆に愛をもって接しようとするとき、どうしても抑えてしまいます。彼に説明していますが、言葉が足りていません。わたしが夫の恐れを和らげてあげられるように、助言をいただけますでしょうか。

愛するあなたへ

お手紙をありがとうございます。目覚めの経験についてお聞きするのはいつでも喜ばしいことです。わたしも、自由へ向かうあなたの歩みを喜んでいます！　あなたの祈りは、ご主人の恐れを和らげる手助けをするためのものです。でもそれは、内側にある恐れなので、掘り起こして手放さなければなりません。世界で知覚するあらゆることは、心の中で信じていることの反映です。知覚が続いている限り、あなたの兄弟は、あなたの自分自身に対する知覚を映し出す鏡でいてくれているのです。恐れは、真の自分という存在を思い出すことを阻止しようとするエゴの試みです。エゴは、愛を恐れているからです。「完全な愛は怖れを取り除きます」（テキスト1・VI・5：4）というのは、完璧な愛は恐れを知らないという意味です。光は暗闇を払いのけます。光と暗闇は共存しないからです。光が実在しています。

あなたにお答えするにあたり、エゴとホーリースピリットの目的の違いについて、それから「恐れを和らげるのを助ける」という見方についてお話しするのが役立つかと思います。エゴは、存続するために、あなたの心に信じて没頭してもらうことを必要としています。エゴは恐れを手放すことなく、恐れを小さくしたいのです。エゴ自体が恐れだからです。それでいながら、エゴは、自らの存在を維持するには、あなたの心の力が必要なのです。従って、あらゆるエゴの防御の働きは、恐れを維持しながら、恐れを小さくする目的から発しています。それが投影です。投影とは、信じていることが世界で見えることです。その作用は認識されないため、意識ではわかりません。もし兄弟の目に恐れが見えるとしたら、あなたはエゴのレンズを通して見ているということを心に留めておいてください。そして、自分の信じていることが可能だと知覚していることに気づいてください。

ホーリースピリットの目的は恐れの解放です。恐れは、愛の存在を自覚することを妨げる障害です。ホーリースピリットは、エゴが内なる光の中に引き上げられるとき、恐れを払いのけます。心が愛という真実へ目覚めていくとき、時間に関連するあらゆる信念、つまり、自分で作った数々の役割や自己概念、そして望んでいる結末をホーリースピリットの光に委ねて、明け渡す意志を持つことを忘れないでください。

あなたは、真の自己を知るために、目を覚まして内なる天国の王国へ向かうことをホーリースピリットに誓いました。あなたにたったひとつ課されているのは、アトーンメント、自己の訂正を受け入れることです。地上で専念するべきその他のことは、すべて、そこへ向かうためのステップです。最終的なアトーンメントへの誓いだけが、完了をもたらします。それがゆるしを完了させる最後のレッスンだからです。あなたは、わたしたちの存在そのものである無条件の宇宙の愛を経験するために心を開いています。神聖な愛とはスピリットです。それはすべてを包括している神の愛です。神の愛しかありません。それは度合いや相違のない状態です。愛はひとつだからです。

エゴの世界は、さまざまな種類の愛の信念でできています。エゴの愛には、時間、身体、役割、性的な好み、野心、目標など、あらゆる〝違い〟に対する信念が反映されています。ホーリースピリットの目的に心を合わせて、その瞬間に生きると、エゴが見ていた違いが素早く消えるのを感じます。それが奇跡の自然な表現です。あらゆる人や物は、ホーリースピリットの優しい知覚の中に包括されているからです。

神に愛されているあなたは、こう書かれました。「その瞬間に生きることを学んでいるからだと思います。彼はわたしの変化を怖がっています」。あなたはその瞬間に生きることを学んでいますが、あなたには、誰も怖がらせる力はないことに気づかなくてはなりません。あなたは、恐れをゆるすための内なる呼びかけに答えるために、心を開きました。エゴは神の愛を恐れています。エゴの幻想から完全に自由になるためには、エゴを完全に手放さなければならないことを、あなたは気づき始めています。神は、愛の中で、わたしたちの真の自己を創造されました。わたしたちのキリストという自己の中では、恐れは存在していません。愛がわたしたちの生家であり、わたしたちの自然な状態です。恐れは実在しておらず、従って、愛とは何の縁もありません。愛は自らを知り、それだけが存在しているのを見つめます。

わたしたちの父や母、夫や妻、兄弟、姉妹、子供、隣人、友人、同胞たちは誰なのでしょう。そのようなイメージのベールの向こうに存在しているのは、キリストというわたしたちの真の自己です。ホーリースピリットの知覚はすべてを包括し、何も排除しません。あらゆる人も、あらゆる物も、ホーリースピリットの優しいまなざしの中で歓迎されます！　ホーリースピリットの知覚を得るために、犠牲があるでしょうか。ありません。神が与えるすべてのものは、永遠に惜しみなく与えられるからです。

イメージは、はかなく一時的なものです。それはやって来ては消えるように感じられます。神の愛には始まりも終わりもありません。永遠に同じく存在しています。そして、常に絶対的で無限です。目覚めとは、存在していないものを手放して、すべてを思い出すことと言えるかもしれません！　ゆるしは難しくありません。簡単です。神と共に在るお陰で、幻想を経験する必要はまったくありません！

ホーリースピリットが安全に、確実に、具体的に、わたしたちを導いてくださいます。必要なのは、ホーリースピリットに求められた内なる歩みを進む意志です。わたしは、あらゆるステップであなたと共にいます。失敗は不可能です。神からの分離の信念の訂正は、避けられないものだと受け入れてください。運命がそう呼びかけています。神が意志されているのは、完璧な幸せです。

神の優しい確かな声を聞き、それに従う神の子よりも勝るものは何もありません。遠慮やためらいは抜きにして、ホーリースピリットがあなたのもとへ送ったすべての人に向けて、ハートで愛を表現しましょう。神聖な愛を分かち合う上で、何も出し惜しみしないでください。誰かを、スピリットから分離している違う存在として見ることはなくなるでしょう。あらゆる出会いにおいて、わたしたちはその瞬間に存在しています。

神聖な愛は、身体的な知覚と相違を超えます。愛は万能です。愛は神の優しさです。愛には過程がありません。愛は今、存在しています。アーメン

わたしはあなたを永遠に愛しています

デイヴィッド

38 断絶とは何ですか

親愛なるデイヴィッドへ

テキストで「断絶」という言葉が使われていますが、どういう意味ですか。

愛するあなたへ

断絶とは、愛を忘れようとする試みです。愛と恐れを引き離しておこうとすることです。それらが一緒になるとき、愛だけが存在することがわかるからです。この世界は、愛と恐れを断絶して、両方を維持しようとすることによって、愛と恐れの両方を信じようとしています。断絶されている時だけ共存しているように見えるからです。ですから癒しとは、暗闇を光へ、恐れを愛へ、引き上げることです。

次に、断絶についてはっきりと述べているテキストの箇所から引用しておきます。

何かを断ち切るには、まずあなたはそれを知っていなければなりません。英知が断絶より先にあったのだから、断絶とは、忘れるという決意にほかなりません。忘れ去ったものは、恐ろしいものに思えますが、そのただひとつの理由は、そのような断絶は真実への攻撃だからです。あなたは、忘れたからこそ、恐れているのです。そうして、あなたはさまざまな夢の自覚を英知の代用とすることになったのです。でもそれは実は、あなたが断絶させたものを恐れているからではなく、自分がそれを断絶させたということ自体を恐れているからです。あなたが断絶させたものが受け入れられるとき、それは恐ろしいものではなくなります。

でも、実在を断絶するのをやめることでもたらされるのは、怖れが消えるということだけではありません。その決意のうちに、喜びと平和、創造の栄光があります。思い出そうとするあなたの意欲だけを、ホーリースピリットに差し出してください。ホーリースピリットは、神とあなたの両方についての英知をあなたのために保っていて、それをあなたが受け入れるのを待っているからです。思い出すことを阻むすべてのものを、喜んで手放してください。神はあなたの記憶の中に保たれています。あなたが神を思い出し再び自己を知ろうとする意欲をもつとき、神の声は、あなたが神の一部であることを告げるでしょう。この世界の何ものによっても、神を思い出すことを遅らせないようにしてください。そこにこそ、あなたについての英知があるのですから。

思い出すということは、単に、すでにあなたの心のうちにあるものを、そこに回復させるということにすぎません。

（テキスト10・II・1〜3：1）

わたしたちが強調してきたのは、望ましくないものを望ましいもののもとへ、つまりあなたが望んでいないものを望んでいるもののところへと運ぶことでした。断絶とは何であるかを考えるなら、救いはこのような形で訪れるはずだということが、あなたにもわかるでしょう。断絶とは、ふたつの共存不能な信念体系を共に維持するための、歪められた思考のプロセスです。このふたつの信念体系がひとつの場所に運ばれるなら、両方を受け入れるのは不可能になります。しかし、一方が他方から隠されて闇の中に保たれるなら、その分離が両方を生かし続け、どちらも等しく実在するように見せかけます。こうして、両者を一緒にすることが怖れの源となったのです。両者が出会えば、一方を受け入れるのをやめなくてはならなくなるからです。一方が他方を否定するので、両方を持つことはできません。別々にしておけば、この事実は視界から消えます。別の場所に置かれたそれぞれに、確かな信念を与えられるのです。それらをひとつの場所に運んでください。そのふたつが決して両立しないという事実が瞬時に明らかになるでしょう。一方は消滅します。なぜなら、他方が同じ場所に見えているからです。（テキスト14・Ⅶ・4）

愛をこめて

デイヴィッド

39 ホーリースピリットと共に心を見つめる

親愛なるデイヴィッドへ

これは、わたしにとって、いちばん重要だと知覚しているものについてのまとめです。その最初であり最も大きいものは、神の本質に反しているもの、調和していないものとして意識に上がってくるものを、非個人化し、一般化するというアイディアです。それは、神から分離することが可能とする最初の過ちを踏まえ、物事をその過ちのあらわれとして見ることです。ホーリースピリットに助けてもらって、それを行ないます。「ホーリースピリット、この幻想世界で見えるものが偽っている真実を見られるように助けてください」と、助けを求めます。このアイディアに関連しているのが、「例外を作らない」というアイディアです。例外なくすべてを真実の光へ引き上げられるよう助けてくださいとホーリースピリットにお願いすることに努めて、あらゆる状況で例外なくホーリースピリットの導きを求めることとも言えます。

そして最終的には、間違っているものを隠すエゴの傾向がなくなります。今という瞬間、細心の注意を払って、そのときもたらされたどのような経験でも受け入れることで、その傾向がなくなります。

デイヴィッド、たくさんの愛と共に、お礼を申し上げます。

愛するあなたへ

ホーリースピリットの癒しの光から何も隠さないというあなたの心開かれた意志に感謝します。暗闇が光へ引き上げられると、幻想は真実へ向かい、暗闇と幻想が混ざり合ったものは消えます。エゴの「存在」は、偽ることと隠すことを通して〝維持〟されます。まるで鏡でできた複合施設のように、宇宙はわたしたちの気を散らす工夫であふれています。それは、掘り起こされたり、最初の偽りを取り消されることを防いで、神からの分離が可能とする信念を守り、アトーンメントまたは訂正の受け入れを阻止するためのものです。

分離の信念は、個人の心と思考を信じるところから生じています。その信念は、罪の幻想を誘い出します。ですからそれは、過ちとして明らかにされなければなりません。啓示や救いは、単に、過ちを過ちとして見ることです。その区別は、ホーリースピリットの優れた判断力と知覚で行なわれます。

自らの心をホーリースピリットと見るというあなたの意志は、愛に道を譲り、すべての判断と比較を転換させ、現在の瞬間へ心を開かせます。

心の利益のために、心を見つめる実践に携わり、今に存在することを訓練されているあなたの経験を分かち合ってくださり、ありがとうございます。

最も高次に存在される神に栄光を！

愛をこめて

デイヴィッド

40 心を見つめる

今まで、英知に対立するものはすべて手放そうという思いは、一度もあなたの心に浮かんだことはないでしょう。あなたは、数多くの恐れの断片を持ち続けていて、それが、聖なる存在が入ってくるのを妨げています。光を遮るためにあなたが作り出す壁を、光は通過できず、また、光はあなたが作り出したものを決して破壊しようとはしません。誰も壁を通してみることはできませんが、わたしは、壁を避けて通れます。あなたの心を見つめて、怖れの断片に注意していなさい。（テキスト4・Ⅲ・7：1〜5）

注意深く、あなたが本当に求めているものは何かを見てください。わたしたちはお互いから何も隠してはならないのですから、あなたはこのことに、自分に非常に正直であってください。あなたが本当にこれをしようとするなら、聖なる存在が入ってこられるよう自分の心を準備する最初のステップを踏み出したことになります。わたしたちは、一緒に、この準備をします。ひとたび神が訪れたら、ほかの人たちの心に神に向かう準備をさせるよう、わたしを手伝う用意があなたに整うからです。あなたはいつまで神聖な存在に対して、神の国を、拒み続けるのでしょうか。（テキスト4・Ⅲ・8）

自分の心をよく見つめ、エゴの誘惑に気をつけてください。騙されないでください。エゴはあなたに何も与えてくれません。自発的にスピリットの放棄をやめるなら、自分の心がいかに集中力を発揮し、疲労を超越し、癒す力を持っているかわかるでしょう。でも、あなたは自分をエゴから引き離せるほどに、エゴの要求に対してじゅうぶんな警戒をしていません。こうである必要はないのです。

（テキスト4・Ⅳ・6）

あなたの心の中に、これを達成するのを阻む信念がないか、注意深くみつめて、それらの信念から離れてください。どれだけ上手く行なえたか、あなた自身の気持ちによって判断できます。これが、判断というものの唯一の正しい使い方です。判断は、ほかの防御と同様、攻撃すること、守ること、傷つけること、癒すこと、そのどれにも使うことができます。エゴは確かに審判にかけられるべきで、そこで、不適格と判断されなければなりません。あなたの忠誠と保護と愛がなければ、エゴは存在できないのです。エゴに、この真の審判を受けさせてください。そうすれば、あなたは忠誠と保護と愛を、エゴから撤回することになります。

（テキスト4・Ⅳ・8：5〜10）

内側の世界にあてはめるとき、心を横切るどんな思いも取り上げて、ほんのしばらくひとつの思いを見つめ、それから次の思いと入れ替えるようにします。それらの思いの中に序列を作らないようにしてください。思いが行ったり来たりするのをできるだけ冷静に観察します。何かひとつの思いを長々と考えたり、執着したりせずに、すべての思いが一様に、そして穏やかに流れるよう試みてください。座って静かに自分の思いを見つめながら、今日のレッスンを急がず、好きなだけ繰り返します。

恐怖にかられる思い、不安を駆り立てられる状況、〝厄介な〟人物や出来事など、心に抱いている愛のない思考についてじっくり見つめます。それらのすべてを楽に受け止め、よく見ながら、今日のアイディアをゆっくり繰り返します。そしてひとつずつ手放しては次のものに置き換えていきます。

（ワークブック31・3）

心をよぎるどんな思いも見逃さないように注意深く見つめなさい。ひとつずつ浮かんでくる思いを心にとめ、できるだけ巻き込まれることなく、重要視することなく、そのひとつひとつを、自分にこのように言うことで捨て去ります。「この思いは、わたしのただひとつの役割を受け入れることを妨げるという目標を映し出しています」

（ワークブック34・3）

七～八分ほど自分の心を見守り、目を閉じたままで、あなたが本当だと思っている分別のない世界を見てみなさい。そんな世界と一致している、あなたが本当だと思っている思いも見直しなさい。そのあとはそれらを手放して、そんな思いよりも深い、そんな思いが入ってこられない聖なる場所に入り込みなさい。あなたの心の中のそのような思いの下には扉があり、あなたは、その向こうにあるものを隠すために、その扉に鍵をかけることはできませんでした。

（ワークブック65・5）

その扉を探して見つけ出しなさい。でも、それを開けようとする前に、真実に達しようとする者は誰ひとりとして失敗しないことを思い出しなさい。

（ワークブック131・11〜12）

自分の思いを見つめ、そうした思いの中にある真実の要素を見分けてくれるホーリースピリットに心の中で判断を求めます。心に浮かんでくるひとつひとつの思いをホーリースピリットに評価してもらい、夢の要素は取り除いてもらい、神の意志と矛盾することのない清らかなアイディアとして再び戻してもらいなさい。

あなたの思いをホーリースピリットに差し出しなさい。そうすれば、それらを神の永遠に変わることのない愛の証として、神が我が子に意図されている完全さや幸せを喜んで明らかに示す奇跡として戻してくれます。こうしてひとつひとつの思いが一変されると、その思いは、その中に真実を見る御心から、癒しのパワーを受け取るので、誤って付け足されたものにはだまされなくなります。とりとめもない想像をつなぎとめていたものはすべて去りました。そして残ったものは、完璧なホーリースピリットの思いとひとつになるので、あらゆるところにその完璧さを差し出します。

（ワークブック151・13〜14）

あなたのゆるしがあなたにビジョンを持つ権利を与えることを、じゅうぶん理解しなさい。ホーリースピリットが、ゆるす者に、見るという贈り物を与えそこなうことはないと理解しなさい。ホーリースピリットがあなたを見捨てることはないと今こそ信じなさい。あなたは世界をゆるしています。あなたが目を覚まして待つとき、ホーリースピリットはあなたと一緒にいてくれます。真のビジョンが見るものを、あなたに見せてくれるのです。それがホーリースピリットの意志であり、あなたは彼と結ばれています。根気よく待ちなさい。ホーリースピリットは来てくださいます。

（ワークブック75・7）

あなたが見ている世界に目を閉じて、静かな闇の中で、この世界のものではない光がひとつずつ灯っていくのを見つめていなさい。それらの光がひとつに溶け合って、ひとつが始まるともうひとつが終わるという世界がすべての意味を失うまで、その光をじっと見つめていなさい。

（ワークブック129・7）

天使たちよ、今日はわたしと共に見ていてください。天の子が誕生するこのとき、神の聖なる思いのすべてがわたしを取り囲み、静かに共にいてくれますように。地上の物音が鎮まり、見慣れた光景が消え去りますように。キリストがくつろげる場所に、喜んで迎えられますように。キリストに理解できる音を聞いてもらい、父の愛を示す光景だけを見てもらえますように。キリストが今日わたしの中で再び生まれたのだから、もはやキリストを、ここで見知らぬ人にすることがありませんように。

（ワークブック303・1）

今日、天国の光があなたに注がれ、あなたが暗闇の世界を超えて安らいでいるときに、あなたのまぶたの上に輝き続けます。ここに、あなたの目には見えない光があります。それでも、あなたの心はそれをはっきりと見ることができ、理解することもできます。神の恵みの日が、今日あなたに与えられたことに、わたしたちは感謝を捧げます。

（ワークブック129・8）

夢を自覚することは、ゆるしにおけるわたしたちの本当の役割です。夢の形は、やって来ては消え、移り変わり、苦しみ死にます。夢が見せるものに騙されないでください。病気のような夢の形に目を向けて、それを健康で美しいものから切り離して見ないでください。調和は、夢の中の出来事にはありません。わたしはそれを、夢の向こう側にあるもの、あらゆる目に見えるものの向こう側にあるもの、そして、父の中のわたしたちという確かなものとして認識します。

この世界が信じていることは、何ひとつ真実ではありません。ここの目的とは、自分自身を知らないと主張する者たちが、自分たちとは何だろうと尋ねに来ることができる住み処となることです。そしてその人たちは、アトーンメントを受け入れ、自分自身について疑うことや、自分の本来の姿に気づかないでいることなど不可能だ、ということを学ぶまで繰り返し戻ってくるでしょう。

（ワークブック139・7）

わたしはあなたに世界から抜け出すことを呼びかけています。わたしたちの王国は、この世界にはありません。わたしに着いて来てください。わたしたちは、偉大な目覚めにハートを開くとき、個人として別の道を選ぶことができないこと、判断できないことに気づきます。わたしたちにとって、自分の思いを見つめることは、〝終日の〟課題です。心の平和に役立たないそれらの思いを手放すことも、〝終日の〟課題です。世界は、わたしたちの思いを目撃する人たちをもたらしてくれます。それは、思いの方向を変えるわたしたちの力の中に存在しています。全員がそこに含まれていることを心の底で望んでいます。

すべての判断を手放すことによって、わたしたちは、神の愛があらゆるものを包括する感覚を経験します。美しさと愛と喜びこそが、わたしたちの真の存在だと見せてもらえるということを、誠意を持って信じてください。真の自己は、〝外的な〟検証や確認の必要性を超えた存在です。あなたは祝福されたスピリットです。わたしたちは、同じ道を共に幸せに歩みます。あなたの光を分かち合ってくださり、世界の外観を超えた神聖な愛に心を開いてくださり、ありがとうございます。

愛をこめて

デイヴィッド

41 ホーリースピリットへ心を向ける

親愛なるデイヴィッドへ

今この瞬間に注意を向け、ホーリースピリットのたったひとつの目的を心に留めておくことが、なぜこんなに難しいのでしょうか。

愛するあなたへ

欺かれた心は訓練されておらず、現在に心を向ける意志がありません。現在を恐れているからです。心にあるすべての雑念、ドラマ、注意を妨げる数々の障害やはけ口は、今この瞬間に対する防御です。神への静かな声が、今という瞬間に、天国の生家を思い出させてくれます。欺かれた心は、ホーリースピリットを恐れています。その理由は、すぐにはわからないかもしれません。欺かれた心は、エゴ(つまり、神からの分離)が実在していると信じ、神が創造しなかった自分という、小さな偽者の自己概念に貼りついています。静寂の中で、ホーリースピリットが神のために話すことが、脅威に感じられますというのも、心の起源と存在の真実が暴かれてしまうからです。自己概念に関するあらゆる目標や目的は、エゴのものです。そしてそれは、ホーリースピリットのたったひとつの目的を隠します。そうして偽った見せかけの自己概念に貼りついた心から、恐れが生まれるのです。一方、平和と喜びは、エゴが疑問を持って、偽りの自己概念に投資するのをやめたとき、生まれます。断絶(脱離)によって解決する、ということがよく言われますが、たいていの場合、断絶は平和をもたらす可能性があると認識されているようです。でも、断絶しようとすることは、すでに抵抗していることになります。心が、何から離れようとしているのか、混乱しているからです。心は、形(外観)と中身(目的)について混乱しています。わたしたちは共に心を開いて、過った思いや視覚が癒されて訂正されるよう協力し合います。

つまり、知覚している問題を解決するために、抽象物（神の愛、知識、天国）をはじめに用いないということです。そのプロセスは、とてもオープンな語り合いで、そこで話してはいけない疑問や心配ごとやトピックはありません。ある種のスピリチュアル・サイコセラピー（精神心理療法）なのです。そこでは、毎日見る問題が、過った信念へとたどられ、心に間違った視覚を起こしていることを学びます。それでも、このように述べることですら解釈にすぎません。起こったことに対する知覚が変化します。

ひとつ確かなのは、平和と喜びの感覚が、ホーリースピリットのたったひとつの目的を選んでいるかどうかを示すということです。エゴの思いの本質を見極める誠実な意志を養い、その意志を意識に上らせ、恐れの代わりに平和を選ぶというより大きな意志へ導きます。恐れがきちんと認識されておらず、それが何か価値あるものを提供しているように見えない限り、誰がどうして恐れを選ぶのでしょうか。

永続する解決法は、可能であるどころか避けられないものです。でもまず、その解決とは、知覚の訂正であって、世俗的な状況を変化させることではないことを理解しなくてはいけません。言い換えると、問題は、形の問題から思いの問題へと再定義される必要があります。つまり、世界で起きている問題ではなく、心で起きている問題として見直されなければなりません。しかも、訂正が受け入れられる前にです。わたしたちが、すべてにおいて犯したと信じている過ちの有無を心を開いて誠実に見つめるとき、驚くべき意識の変化が始まります。

移り変わる見かけや、情緒不安定な声や、分裂した知覚の向こうにある、真の意味・真実を熱心に求めるときに必要なのは意志だけです。あなたが、ただ意識を内側に向かわせ、心を観察し、信念や思いを見つめようとするなら、まず最初に世俗的な計画や活動へのしつこい執着を手放す意志が求められます。スピリットを生活に取り入れようと自分で計画するのをやめて、代わりに、それまで考えていた人生を違う見方で見られるように、内なる声に導いてもらうというのは、勇気ある決断と言えますね。

あなたには、悟りという意識の完全な変化に向かって、この聖なる指針をご自分の思考、言葉、行動のすべてに当てはめ、目覚めに対する熱意を分かち合ってくださいました。そんなあなたに、この招待状をお送りします。わたしも、あなたと一緒に神の目的に参加します。わたしたちが失敗することは不可能です。真実だけが本当だからです。神聖な愛は、スピリットです。あらゆるものの中には、それしかありません。

愛と幸福を

デイヴィッド

ワークブック・レッスンの仕方

42 ワークブックのレッスンをどのようにやるべきですか

親愛なるデイヴィッドへ
わたしは、レッスン170以降、どのようにレッスンを実践するべきかよくわからないでいます。いくつかのレッスンでは、わたしたちがこの世界のものではない何かを経験すると書いてあります。たとえば、レッスン129では、こう述べられています。

あなたが見ている世界に目を閉じて、この世界のものではない光がひとつずつ灯っていくのを見つめていなさい。それらの光がひとつに溶け合って、ひとつが始まるともうひとつが終わるという世界がすべての意味を失うまで、その光をじっと見つめていなさい。

今日、天国の光があなたに注がれ、あなたが暗闇の世界を超えて安らいでいるときに、あなたのまぶたの上に輝き続けます。ここに、あなたの目には見えない光があります。それでも、あなたの心はそれをはっきりと見ることができ、理解することもできます。
（ワークブック129・7〜8）

わたしは、この意味がよくわかりません。そのような経験をしたことがありません。その他のレッスンでも、わたしたちが経験するべきさまざまなことが述べられています。わたしは熱心にレッスンをやっていますが、そのような経験をしたことがありません。あなたはレッスンを行なったその日に、そこに書かれていることを経験されていますか。わたしは何か違う方法でやるべきでしょうか。

コースでは、脚本はすでに書かれてあると言われています。経験が生じる時間も決められているとあります。これは、起きるべきことは何でも起こるという意味だと思います。では、選択はどうなるのでしょうか。すべてが完璧に動いているという意味で、わたしたちが犯す間違えさえも起こるようになっているという意味かと思います。でも同時に**コース**では、レッスンを実践することで、わたしたちは何千年という時間を節約できると言っています。

もし脚本が書かれているのなら、そして時間がすでに設定されているのなら、どうやってわたしたちは時間を節約できるのでしょうか。このことにかなり悩まされています。そのときが来るのを待つ以外に、わたしたちにできることがあるのでしょうか。レッスン169ではこのように述べられています。

……だからあなたには、あなたの役割を果たすためにすべきことがあります。
（ワークブック169・11）

テキストでは「あなたは何もする必要はない」と言っていますね。矛盾していませんか。わたしには、これらのステートメントの意味がさっぱりわかりません。わたしたちを導いてください。ありがとうございます。

愛する人へ

誠実なご質問をどうもありがとうございます。

ワークブックのレッスンは、イメージのエクササイズや瞑想、視覚化、そしてとても密着した具体的な指示で導かれます。ある人は、言葉によって、ある人は、視覚的なイメージによって経験します。静けさ、または激しい感情と共に経験する人もいます。それらのどれかというのは問題ではありません。ホーリースピリットがそのときその場面で心に合わせてくれるからです。

レッスンで理解されるべき課題は、常に「わたしは知りません」という判断のない状態でいることです。判断や比較の思いが生じてくるときは、その日のレッスンを思い出して、手放し、神の目的に再び集中するための良い機会です。使われる視覚のイメージは、常に象徴的で、超越した経験へ心を導くためのものです。できるだけ、何事も判断しないようにしてください。テキストとワークブックとマニュアルは、あらゆる判断を放棄するためのカリキュラムだからです。

「脚本は書かれています」というのは、宇宙は過去だという意味です。選択が奇跡です。その選択とは、未来が過去とは違うと信じる代わりに、過去を、文字通り終わったもの、すなわち今の自分に影響を与えることが不可能なものとしてとらえるということです。イメージは過去です。その経験によって、レッスン7で指摘されているように、新しい時間のアイディアが取り入れられるようになります。欺かれた心や眠りや夢は、過去に生きていると信じています。しかし、命は永遠で、永遠性に最も近づけるのは今現在のこの瞬間です。

ワークブックのレッスンは、あなたが思って考えて見ていることのすべてを手放す手助けをするために作られました。それは、キリストのビジョンで、現在を覆っているものの向こうにある光を見るためのものです。奇跡は、啓示と神の純粋な光と神聖な瞬間のための道を準備してくれます。そこで、偉大な光線が直接経験されます。

あふれる情熱でそれぞれのレッスンを当てはめてください。まるで、この瞬間を経験するための悟り以外には何もないかのように行なってください。情熱が鍵です。それが**「わたしは何もする必要がありません」**（テキスト18・Ⅶ）の意味です。何かをすることは、常に身体の思考です。あなたはレッスンを進めるにつれ、レッスンが言葉を超えた神聖な静寂の経験へ向かうための出発地点にすぎないと気づくでしょう。

神として純粋な光と愛で生きる人々へあらゆる栄光を

デイヴィッド

43 わたしはレッスンを適切にやっているのでしょうか

デイヴィッドへ

レッスン157では、すべての学びが終わる扉へわたしたちを連れて行ってくれると書いてあります。そして、過去を偽っていたものが何かを垣間見て、最も実りある学びが達成できるとあります。新しい経験、まったく違った感情、そして意識へと先導され、今日、命の喜びの感覚を学ぶと述べられています。

でも、わたしはそのような経験をしたことがありません。これはわたしがレッスンを適切にやっていないということでしょうか。わたしは、熱心に指示された通りにやっていますが、今はがっかりして望みを失ったように感じ始めています。わたしたちに何が起こったのでしょうか。テキストもワークブックもレッスンもやり終えても、救いへ到達しないのでしょうか。この旅を続けるには、一度死んで、また別の人生で戻って来るしかないのでしょうか。

あなたの助言に感謝します。

愛するあなたへ

お手紙と目覚めへのあなたの献身的なお姿に感謝します。ワークブックのレッスンは、アイディアを当てはめて、それを実践に変えるための実験室なのだと考えてください。あなたがレッスンをする意志があるのは素晴らしいことです。その意志を育んで高めていってください。動揺したり、落胆したり、絶望したように感じる場合にも、ただその日のレッスンを感じていることに当てはめてください。

心安らかでないと気づいたとき、またはレッスンが示している意味を経験していないと判断しているのに気づいたとき、ただその日のアイディアに戻ってください。レッスンは、あらゆるものと人に対する新しい知覚へ向かうよう心を訓練するための役立つ言葉が詰まっています。www.awakening-mind.org のウェブサイトをご覧ください。あなたを心の奥深くへ向かわせるさまざまな参考書があります。目覚めのアイディアを献身的に練習していくと、それらがより一層自然なものに感じられます。目覚めの中で、ホーリースピリットと天使が、いつもあなたを支えてくれます。出会う人々や、意識に上るシンボルは、神の愛に目覚めようとする、あなたのハートの最も深い情熱を反映しています。

身体の死を心配しないでください。身体は単に道具にすぎません。数あるシンボルの中のひとつのシンボルにすぎないのです。それは、眠っている心を目覚めさせるためにホーリースピリットによって使われるものです。**コース**のワークが、エゴによる身体と世界の使い方を手放すのを手助けします。エゴの目的が、死の願望へ向けられているからです。そのことが明らかになると、もうその願望には魅力がなくなり、永遠に脇に置かれます。したがって、心のために情熱と誓いをもってレッスンをすることは、完全なるゆるしと、命の真実の経験を受け入れる準備をさせてくれます。

わたしはそのホーリースピリットの目的に、あなたと共に参加します。この参加に勝るものは何もありません。わたしは、愛された神の子であるあなたとずっと共にいます。

栄光が溢れています！　神にすべての栄光を！

変わらぬ愛を

デイヴィッド

44 攻撃することは不可能です

イエスは、明確で輝いた無条件の愛の証明です。彼は、あらゆる人に、あらゆるものに、キリストだけを見出しました。誰も神の愛から離れていませんでした。しかし、当時の多くの人々、少なくともほとんどの人々は、彼に腹を立てていました。彼を十字架にかけるほど怒っていました。でも、彼から学ぶレッスンは、キリストはスピリットなので、十字架にはりつけにするのは不可能だということです。罪のない者は、攻撃を見ることができません。攻撃が実在していたら、どうして無実でいられるでしょうか。これが、なぜ罪が実在していないかの理由です。攻撃することは不可能です。それを垣間見るのは難しく感じるかもしれませんが、それがイエスの教えた唯一のレッスンです。

すべては、攻撃することはできないという、このひとつの同じレッスンを学ぶためにあります。動揺していると感じることは、何であれ、あなたがまだ信じている罪を鏡に映し出したものにすぎません。あなた自身に、そしてほかの人に動揺を見るということは、罪悪感に基づいた過った知覚です。どうして愛と罪が共存できるというのでしょうか。神が実在しています。スピリットが実在しています。神は愛であり、愛には反対のものはありません。それが無条件の愛という意味です。それを除いて何のレッスンを教えて学びたいというのでしょうか。その唯一のレッスンこそが、あなたをこの上なく素晴らしく幸せにします！

あなたが最高の幸せ以外のものを経験するなら、あなたは自分の真の目的について明確にわかっていないということです。何をしたいのかはっきりさせてください。そうすれば、あなたは罪のない幸せを感じ、罪に混乱することはありません。あなたは無罪ですか。それとも有罪ですか。神はあなたを永遠に無条件で愛しています。神の心を変えられるものは何もありません。素晴らしい知らせではありませんか?!

45 兄弟と神について信じていること

【友人との対話】

あなたの夢の代わりに、神が与えてくれた夢を受け入れてください。夢を見ている者が、これは夢を見ているのだと気づいたなら、夢を変えるのはむずかしくありません。ホーリースピリットのもとで休息し、死に怯えながら、恐怖心を抱えてみていた夢を、ホーリースピリットのやさしい夢と取り替えてもらってください。ホーリースピリットは、ゆるしの夢を運んできます。その夢の中では、誰が殺人者で誰が犠牲者かといった選択はありません。その夢の中には、殺人者も死も存在しないのです。あなたの目はまだ閉じられたままですが、罪悪の夢は視界から次第に消えていきます。微笑みが訪れて、あなたの眠っている顔を明るく照らします。それらは幸せな夢なので、眠りは、安らかなものとなります。

（テキスト27・Ⅶ・14）

わたしたちは、モットーとして、この次の部分を印刷して壁に貼るといいです。お金に関して問題が起きそうなときや、問題に取り組むのがとても大変なときは、いつでも壁を見てこれを読みましょう。

聖なる罪のなさと共に、あなたとひとつになる罪なき兄弟の夢を見てください。すると、天の主が、自ら愛する我が子を、その夢から目覚めさせてくれるでしょう。夢の中で、兄弟の過ちにいつまでもこだわることをやめ、代わりに兄弟から与えられる親切の数々についての夢を見なさい。その人があなたに与えた痛みを数え上げる代わりに、その人の思いやりについての夢を見ることを選択しなさい。その人の幻想について彼をゆるし、彼から与えられたすべての助力に感謝してください。そして、あなたの夢の中でその人が完璧でないからといって、彼からの多くの贈り物を払いのけてはなりません。彼は、彼の父をあらわしていて、あなたは、父が自分に命と死の両方を差し出していると見ているのです。

（テキスト27・Ⅶ・15）

これは先ほどとはまったく違った観点で考える箇所です。

もし自分の兄弟が何か自分を苛々させることをしていると思うときは、それらは天国の父が与えている贈り物です。兄弟が信用できないと思うなら、天国の父が信用できないと思っていることになります。兄弟が貪欲で、無礼で、コントロールしていると思うなら、兄弟に対して心を行き交う思いはどんなものであれすべて、父がわたしのためにくださる贈り物です。でも、エゴの見方で世界を見ると、自分はここにいると思い、この世界で足止めにされていて、貪欲な人々が毎日自分の目の前にいることになるのです。もし誰それが違う方法でこれをしてくれたら、何ていいのだろう、と思うわけです。あなたが肉眼を通して見るとき、イメージの作り手の目を通して見ていることを思い出してください。つまり、あなたはエゴの目を通して見て、そのイメージの世界を見ているのです。

ホーリースピリットは、そしてイエスは、あなたのやり方で世界を知覚しないようにと言っています。つまり、何がが起こるとき、クローゼットの中に逃げ込んで、祈りながらこんなことを言えないのです。「あのホーリースピリットを見た？　ホーリースピリットたちがこんなことをわたしにしたなんて想像できる?!」。これはエゴの祈りです。

友人　ホーリースピリットは見なかったからですよね。

デイヴィッド　ホーリースピリットは見ませんでした（笑）。ホーリースピリットは、あなたが暗くなったガラスを通して見ていること、あなたに見えていることは本当は起きていないことを優しく心に教えてくれます。

あなたは分離を信じて、自分が人だと信じています。あなたは、自ら疑問に思わないそれらのすべてを信じています。ホーリースピリットは、こう言っています。どうかそれらをわたしのところへ持ってきてください！　わたしがそれらの信念を光で照らします。結果について、くよくよ悩まないでください。兄弟の罪について、延々と話さないでください。兄弟の優しさを夢見て、兄弟の思いやりを選んでください。

「幻想にひたっている彼をゆるしてください」と祈ることさえ、笑ってしまいますね。本当は、自分の心以外にゆるすものはないことが、よく見えてくるようになるでしょう。あなたが見渡すことができるのは、心だけです。心以外のどこで、身体と人とあらゆるものの世界が作られたというのでしょう。あなたが見渡すことができるのは、心だけです。

コースの「**静かな答え**」というセクションで、このように言っているのを思い出しました。

静けさの中で、すべてのものが答えられ、どの問題も静かに解決されます。

（テキスト27・Ⅳ・1：1）

何かが煮えたぎっているときのための、何と美しいアイディアなのでしょう。静寂の中で、あらゆることが答えられます。

46 過った信念を手放し、形の向こう側を見る

親愛なるデイヴィッドへ

わたしは今、自分の身体を生んだ母の身体を世話をしています。そうすることで、わたしは病気という幻想に対する信念を推進していることになるのでしょうか。

母の身体はそこに横たわり、話さず、動きません。一見したところ健康で、時々わたしを見つめ、母らしい顔をします。スピリットにそうするよう突き動かされるとき、わたしは彼女に話しかけます。時々、兄にも話しかけて、本当の彼は誰なのか思い出してもらいます。そんなことをしていると、母の目がわたしを見つめます。わたしは、母とつながったかのように、共鳴して同化したように感じます。でも、わたしが、別のある前提で話をし出すと、その目は固く閉じ、わたしを見ようとしません。

わたしはホーリースピリットから助言を聞いたことがありません。いえ、おそらく、母を施設に入れるよう導かれたのかどうか、それに耳を傾ける意志がわたしにはなかったのです。もしホーリースピリットの導きならば、神は心の平和を与えてくださったはずです。兄弟が教師としてそこにいてくれているのがわかります。わたしはまだ、彼との経験を通して学んでいるようです。多分、彼は、わたしたちがひとつであることをわたしが気づくのを待っているのでしょう。時々、彼が何かを期待してわたしを見ます。まるで何かを探すかのように、です。おそらく、わたしが理解することで、彼の認識をも助けるのでしょう。何か助言をくださいますか。

愛する人へ

あなたが思うこと、話すこと、行なうことのすべては、宇宙全体に、あなたの望むこと、信じること、考えること、感じること、そして自分自身についての知覚を伝えています。キリストは聖なる出会いについて、このように分かち合ってくださいました。

あなたは、その人を見るとおりに自分自身を見ます。その人を扱うように自分自身を扱います。その人について考えるとおりに自分自身について考えます。

（テキスト8・Ⅲ・4：2〜4）

誰もがキリストの中ではあなたの兄弟です。そして計り知れない感謝の対象です。なぜなら、彼らはあなたの心に残っているもの、本当であると信じているもの、手放さなければならないものを映し出してくれる鏡だからです。あなたの心の状態と知覚は、常にあなたが選んだものです。あなただけが、あなたの望むもの、信じるもの、考えるもの、感じるもの、見るものを決められます。心が決断することに、外的な要因はありません。なぜなら、心の外側には何もないからです。問題は、あなたが何をするかではなく、あなたが何を見たいかです。というのも、あなたが見たいことは、あなたが自分自身についてそう信じていることだからです。

あらゆる問いは、自己認識に関するものです。神が創造しなかった見せかけの自己概念を信じている間、あなたの選択肢は限られています。あなたの選択肢は、エゴに心を合わせてエゴの個人的な知覚を選ぶのか、それともホーリースピリットに心を合わせてホーリースピリットの知覚を選ぶかのどちらかです。奇跡のために決断してください。そうすれば、あなたは全体性を垣間見て、分裂していない心の平和を感じるでしょう。エゴのために決断すれば、不満で動きがとれず、自分でないものになろうとするための葛藤を感じるでしょう。

あなたは、機能していないけれども世話が必要な身体を見ていると書かれました。それは、エゴの心が信じているものが真実だという知覚を鏡に映し出したものです。ホーリースピリットに自分を通してアイディアを分かち合ってもらおうとすると、相手と目を合わせたとき、「つながったかのように、共鳴して同化したように」感じます。これは何を言っているのでしょう。それは、あなたには、ホーリースピリットがあなたに果たしてもらいたい役目があるということです。それは、自分を通してホーリースピリットが話し、微笑むのをゆるすことによって起きます。あなたは、真のアイディアを分かち合い、それらをあなたの意識の中で強化するという目的を持っています。あなたが伝えることは、あなたが学ぶことです。考えることは、伝えることです。あなたは、あなたが望むもの、信じるもの、考えるもの、感じるもの、自分自身について見ているものに基づいて、常に伝えています。

あなたの役割が、病室のベッドや時空間の宇宙を越えたところへ、あなたを連れて行ってくれるでしょう。なぜなら、あなたの役割が、あなたをアトーンメントという天国の門へ連れて行ってくれるからです。あなたは照らすべき光を持っています。その光をテーブルの下に隠さないでください。

あなたは聖書に対する愛を持っています。そして、ひらめきを与える言葉を使って神のために話すことができます。その機会はたくさんあります。神が呼びかける声にあなたが答えることだけを、たくさんの機会が待ってくれています。あなたは神の教師になります。そして、今後何年も多くの人々に話すことでしょう。その役割を通して、あなたは、お願いした答えを経験していきます。それは、真の自分でいるということが、この世界を歩む誰もが求めている答えだからです。キリストが答えです！　愛が答えです！　あなたがホーリースピリットの声を聞く意志を持ったとき、ホーリースピリットから具体的な指示が与えられます。

あなたはたくさんの答えを受け取っています。ただ、それをまだ聞いていないだけです。ホーリースピリットは、あなたが求めている答えを、あなたに聞く準備ができるまで待っていてくださいます。答えはすべて、あなたのハートの中にあり、心が聞く準備を整えるのを待っています。

聖書からの引用で閉めたいと思います。「肉から生まれたものは肉である。霊から生まれたものは霊である」（ヨハネによる福音書3：6）。あなたの兄弟や母は、身体でしょうか。それともスピリットでしょうか。あなたが彼らを見るとき、あなたは自分自身を見ているのだということを覚えていてください。そして、神が創造されたままのあなたが実在していることを忘れないでください。それは、完璧で、永遠で、潔白で、愛に満ちた、反対のものを持っていないスピリットです。

変わらぬ愛を

デイヴィッド

47 兄弟の痛みは存在していますか

親愛なるデイヴィッドへ

わたしは問題を抱えています。そのために、神へ戻る道で歩みを止めてしまっています。わたしはこの問題を前にも経験していますが、現在の状況として説明いたします。

昨夜、四年間付き合っていた彼と別れました。彼は、酷く暴力に苦しんだ子供時代を送りました。彼の母親は彼を虐待し、彼が十代の時に自殺しました。そのせいで、彼は、強そうな外見の内側では非常に愛情に飢えています。付き合っている間、わたしは、奇跡を通して、彼が信じているほど人生はそんなに悲しいものでも怖いものでもないことを、彼に示してあげられると信じていました。時々上手くいっているように感じたこともあれば、本当に恐ろしい瞬間も何度かありました。でも最後には、エゴが主導権を握り、醜さや暗闇以外のものを見ることができないと感じました。特に、彼の人生でわたしが唯一の明るい存在だと彼が考えているのを見たときや、彼が必死にわたしにしがみつこうとしているのが見えたときです。

わたしの友人や家族は、わたしが、そんなひねくれた子供っぽい彼から離れて良かったと思っていると思います。でも、今わたしが考えられるのは、最後にうんざりしたことについてばかりです。汚い家、強い依存心を見せる彼の態度、無責任な行動、それらは本当は、愛の不足を信じる彼の心だったのではと思います。悲しいことに、それがわたしを遠ざけ、彼の恐れを証明してしまいました。わたしは失敗しました。何か月か前に、わたしはあなたにお手紙を書いて、人を見捨てることについての不安をお話ししました。あなたは、わたしが人を見捨てることができると信じていることが、過ちだとおっしゃいました。そのことについて何度も考えました。わたしは、自分自身も含めて、人が常に神の中で存在しているのを理解しています。でも同時に、彼から離れたことで、彼が経験している痛みが見えてしまうのを否定できません。

なぜ**コース**では、見えるものをいつも拒絶するのでしょうか。彼が痛みを経験しているのなら、それが実在しているかどうかなんてどうでもいいです。それがまだわたしの不安の種になっているのですから！　もし**コース**の指針に従うなら、ただレッスンをやって、彼が自分で作った地獄で堕落していても、わたしは幸せで愛に満ちていられる気がします。それか、彼の痛みは本当にどんなレベルでも存在していないから、わたしは他人の苦痛なんかただ無視するべきなのかもしれません。

わたしが伝えようとしていることを、あなたが理解してくださることを願っています。それとも、これは全部エゴの話で、わたしは自分が何を言っているのかさえ理解していないのでしょうか。もう何もわからなくなっています。たぶんあなたのほうが、この件についてわたしよりもよくわかるでしょう。

あなたの愛と忍耐に深謝いたします。

愛するあなたへ

ハートのうちを分かち合ってくださり、ありがとうございます。痛みという知覚についてのあなたのご質問は、心の鏡を綺麗にするための良い出発点です。もしあなたが永遠に現在という光を放射しようとするのなら、その鏡に映っている過った信念や概念や思いは、一掃されなければなりません。

痛みは常に過った知覚です。神と痛みは何の関係もないからです。神が実在しているのなら、痛みは存在しません。痛みが実在しているのなら、神は存在しません。痛みの幻想は、常に間違った心の考えから生じています。それは永続する平和と幸せを経験するために、掘り起こされて手放されなければなりません。

不安というのは、別の言い方をすれば心配のことです。その感情は、思いやりや真の共感とは何の関係もありません。不安は苦痛の感情で、特定の人や状況や出来事について正しくありたいという欲望から生じています。その側面には、間違っていることがすでに起きているという信念があります。それと、過去の出来事こそが、恐れや痛みの原因だと信じているからです。そのような過った知覚が過去に実在性を与え、ホーリースピットが提供している現在の解決法を否定してしまっています。

あなたが奇跡を求めて祈るとき、あなたはご自分の知覚の変化を求めて祈っています。何かほかのことについて祈っているときも同じです。奇跡をお願いした後でも、兄弟について不安が続くようなら、あなたは奇跡が奇跡としてあらわれるのをゆるしていないのです。奇跡は、何かを創造したり変化させたりしません。ただ単純に間違いを落ち着いて見つめ、因果関係がないことを見ます。奇跡は喜びだけをもたらします。喜びが訪れたとき、すべての痛みが終わります。

誰かを去るという概念は、おかしな信念です。神の愛の中ではそのようなものは存在していません。

エゴは所有することを信じています。所有できるように見えるものは、失うことも可能に見えます。失うというのはエゴの物語で、神の永遠の愛から分離して脱落できるという信念から発しています。その過ちは、まるで過去を繰り返すかのように、人間関係の中で表現されて繰り返されます。奇跡は心を目覚めさせ、過去は終わり、祝福だけが残っていることを意識させてくれます。

痛みを正しく見ると、それは愛を求める呼びかけです。それはどんなときでも、痛みという間違った知覚を手放したいという呼びかけです。おぼろげにガラス越しに見ても、平和や幸せ、愛や喜びは、決してもたらされません。ですから、不満は、心から過った概念を取り払って、鏡を綺麗にしたいという呼びかけです。これは心の訓練なので、アトーンメントを受け入れて、神を思い出すことが必須です。アトーンメントとは、分離は起きていなかったと自覚することです。その訂正が受け入れられるまでは、世界は実在して、世界にあるエゴの非実在の感情が、意識の中にとどまります。

感情を意識に浮上させましょう。そして、正直で誠実な姿勢で、判断や解釈や思いをスピリットへ明け渡しましょう。暗闇が光に引き上げられるとき、暗闇は消えます。暗闇を守ろうとしないでください。スピリットは、手放そうと意志されていないものを消し去ることはできません。あなたは内なる答えを持っていますが、問題に対するエゴの定義を手放す意志がまだ持てていません。ホーリースピリットは、あなたが自らの問題を、エゴに対する信念に基づいた知覚の問題だととらえるまで、待たなければなりません。そこへ到達するまでは、問題は、心から離れた状態にいるように見える兄弟へと投影されます。でも、それは違います。心から離れている問題はありません。癒された知覚は、間違った知覚をそのままとらえ、何か別のものとして投影したり隠したりはしません。

あらゆる病気は精神の病です。知覚される痛みはすべて、実在性が不完全に形成されたものです。実在しているものは愛だけです。愛が、永遠に完璧に創造されています。愛は反対のものを持ちません。愛をひとつのものとして、永遠に創造された神に栄光を！

愛と祝福を

デイヴィッド

48 映写機の隠喩

デイヴィッドへ

あなたはこのように書いてくださいました。「映写機の例えが役立つかもしれません。映写機の中は光り輝いているというのは、ホーリースピリットの素晴らしい例えです。輝く光は、暗いイメージでいっぱいの映像を突き抜けていきます」

その映像を綺麗に掃除したとき、映写機は光だけを投影するのでしょうか。その筋書きでは、形は存在していないように思えます。わたしが読んだものによると、あらゆる面において形の投影は幻想で、実在していない夢のような状態だと言っています。映像を綺麗に掃除している間、形はどうなるのでしょうか。世界はより美しくなるのでしょうか。それとも肯定的にとらえられることは少なくなって、非難されるのでしょうか。話を聞くときに、攻撃として受け止めることから、愛を求める叫びとして受け止める移行については理解しています。だんだんと愛を求める叫びが楽に聞けるようになってきました。この癒しのプロセスは、純粋なエネルギーとして存在することへ向かっているのでしょうか。

ありがとうございます

愛する人へ

あなたの直観的な優れた判断力は、素晴らしいですね。あなたの真実に対する情熱が、真実を意識へと誘い出しています。神に栄光あれ！

「教師のマニュアル」の**「信頼を育てる」**（マニュアル4・I・A）では、心の掃除のプロセス中に経験される六段階についてよく述べられています。形に対する知覚は、幻想の一連の過程が自覚されたときに、変化を遂げるようです。そのプロセスは、判断の放棄と言えるかもしれません。世界を判断なしで眺めると、本当により美しく見えますね。

ご自分の質問をよく見極めてみてください。判断の放棄とは全部の判断を手放すことで、そこには否定的なものも肯定的なものも含まれるということがわかると思います。完全なるゆるし、すなわちアトーンメントは、抽象的な聖なる心を反射している心の状態です。聖なる心である目覚めた心は、実在しているひとつの純粋なエネルギーの状態です。ゆるされた世界は、一瞬の永遠性を反映して、消えます。それが「神ご自身がこの最後の一歩をとられます」（ワークブック193・13）という意味です。

永遠の神が、永遠なものを創造しています。神の創造物には始まりも終わりもなく、段階もレベルもありません。それは純粋なワンネスです。ゆるしは最後の幻想であって、一切の判断のない、聖なる愛の真実を見る準備ができた意識をあらわしています。判断することは、神が創造した能力ではありません。キリストが、神の中の純粋なワンネスとして、依然と存在しているからです。ゆるしとは、判断することをやめるというよりも、本当は判断など下されていなかったにもかかわらず、たった今それが止んだように感じることです。ゆるしは、幻想をひとつのものとして見ることです。したがって、判断する対象物はありません。ゆるしは、判断を下すのは永遠に不可能であることを示します。

ゆるしは、ホーリースピリットに属するあらゆるものの真の意味を知覚することです。あなたがその知覚を分かち合うとき、あなたはホーリースピリットの真の意味を分かち合うことになります。**「わたしは、神が創造されたままのわたしです」**（ワークブック94）を思い出してください。その知覚で見る世界は、本当に美しいものです。なぜなら、神の平和の中で、「すべてのものは、共に働き合って、良きものとなります」（テキスト4・V・1：1）というのがあらわれているからです。そのホーリースピリットの知覚の中では、すべてのものは同時に一瞬にして起こり、分裂したイメージや出来事は存在しません。ひとつのものに順番をつけたり、並べたり、配列したり、判断したりできないというのは幸せなことです。その、垣間見るホーリースピリットの知覚は、世界の人知では計り知れない安らぎです。

あらゆる概念を空にした心に、栄光と喜びを送ります。愛を言葉で説明することはできません。経験するしかありません。経験に道を譲る以外、何もないのです。

愛をこめて

デイヴィッド

49 決めることと信じること、見ることと経験すること

【友人との対談】

「愛の代用としての特別性」（テキスト24・Ⅰ）では、決断と信念について深く知ることができます。

お互いに矛盾する結果は実在不能なので、信念と信念は、あからさまに攻撃し合うことはありません。

（テキスト24・Ⅰ・2：1）

知覚するものはすべて、信じていることの結果です。心が知覚するとき、一見、ひとつにまとまっているかのように見えるものがあります。それが結果です。たとえば、高速道路を走りながら自動車レー

スの話をするなら、ついその感情でアクセルを踏み、ほかの車を追い越し、また追い越され、ということが起こるような感じです(笑)。あなたは誰かに追い越されて、同時にその人を追い越すことはできません。必ずいつもそのどちらかです。

あなたがこの世界で見ることは結果です。でも、その一見安定したひとつの結果は、いくつもの矛盾した信念が潜む無意識の信念体系によって作り出されています。それらの信念は、意識外に追いやられてそこでとどまっています。ですから、信念同士が公にぶつかり合うことは決してありません。相反する結果を生み出せないからです。

けれど、認識されていない信念というのは、秘密裏に闘うという決断であって、そこでは、葛藤の結果は知られないままにされ、それが分別に運ばれて、道理にかなうかどうか検討されるということがありません。そして多数のわけのわからない結果がもたらされ、いくつもの無意味な決断がくだされることで隠され、今度は、その決断がその後に続くすべての決断を指図する力を与えられた信念となるのです。

(テキスト24・I・2：2〜3)

決断はなされたのであり、それらは隠され、秘密にされているのです。無意識の信念は隠しておく、と決意したということです。

神からの分離という決断について、その例を見てみましょう。その決断は、意識から追いやられて隠された信念になっています。心が見たくないという一連の決断を下した結果、意識の外へ追いやられているのと同じです。それで、分離という無意識の信念を持ったあなたは、それに続くすべての決断へと促されているのです。表面上では、わたしたちは毎日大量の決断を下すロボットですが、それも投影かイメージにすぎません。本当の決断は、まったくなされていません。それらはただ信じたことの結果にすぎません。

友人　わたしは、底辺から、この全体的なコミュニケーションというものをとらえています。わたしは、神とのコミュニケーションが途絶えて、それがとても恐ろしいという信念を持っています。もちろんわたしはそんな恐れは持っていたくないので、どこか外側に投影します。投影できるものなら何にでも投影します。何が起きているのか、とてもシンプルに見えます。でも、個性といういちばん底にある核となっている信念の上に、何層もの信念が重なっています。その核となる信念に直接働きかける方法はあるのでしょうか。それとも、それを覆い隠しているほかのさまざまな信念を通して、間接的に働きかけなくてはいけないのでしょうか。核の信念がまだ明らかにならないように……。

デイヴィッド　直接働きかけるには、あらゆる信念は、本当は同じものだというアイディアを見つめることです。それらは膨大な量の変形物となって、それぞれが特定の信念のように見えますが、全部同じです。

友人　ひとつの信念から生じているのに、わたしがバラバラに分けたのですね。ひとつの信念ですか。それでは、それらが同じだと意識できるかどうかが問題ということですか。

デイヴィッド　そうです。そう認識できると、手放すことができます。

このコースを学ぶには、あなたが抱いているあらゆる価値観を疑ってみようとする意欲が要ります。

（テキスト24・序・2：1）

あなたはすべての信念に対して疑問を抱かなければなりません。わあ、面倒なことだ、自分の全心の大掛かりな修理に着手するのか、と思われるかもしれません。すべての信念が、エゴの遺伝子コード、または、ＤＮＡのように、ひとつなのだとはっきり見えるようになると、喜びが訪れます。そのとき手放せます。

友人　でも、すべてがひとつで同じだとわかるためには、結局、毎回、中心となる分離の信念に戻るしかないんですよね。それに抵抗している自分がいるような気がします。いつも同じ場所に戻るなんて、という。

デイヴィッド　別の言い方をすれば、「何でそんなことをしなくてはならないのか」、ですね。

友人　ずっとそう思ってました（笑）。

デイヴィッド　あなたはその中心へ戻るプロセスと上手く付き合い、生かし、続けていくでしょう。わたしもかつて**コース**と出会う前に精神的な探索をしていた頃、そうしていました。わたしは人生には目的がなくてはいけないと信じていて、ただそのようにしろと言われたからとか、本でそう習ったからそれをやる、ということはしたくありませんでした。とにかく「なぜやるのか、なぜ腰を上げるのか」と、そんなことばかり考えていました。もし人生に目的がないのなら、なぜ何かを推し進めるのか、そんなことを考えて、あらゆる概念を見直すことになり、あることにたどり着きました。それは、自分がさまざまなことをしていたのは、他人を喜ばせるためであったことと、自分で果たさなければいけないと思い込んでいた責任を信じていたことです。それについて何度も問い続けて、掘り下げていきました。世界で自分自身を知覚するとき、世界の中に巻き込まれて、そこから脱け出さなくてはいけないように感じます。それがあらゆる信念を問うプロセスです。また、わたしは本当に恋愛関係を求めていて、確かな関係を証明する婚約者以外の、ただの恋人との付き合いというものが想像できませんでした。だから、それについても問わなければなりませんでした。

この世界がただの想念でできた世界だということがあり得る、ということに近づいていく間、問いはなされなければなりません。それらは実在しておらず、具体的な目的を持っていません。ゲームをする必要はないのです。**コース**はある箇所で、あなたはたったひとつの間違いを犯しただけなのに、それが増えてバラバラの破片になり、さらにどんどん細かく分かれたと言っています。

ある一点に力が加わって、何百、何兆もの破片に砕け散る鏡を思い浮かべてみてください。心はその破片を見ます。心は肉眼と耳を通して知覚します。たくさんの異なったイメージを見て、さまざまな異なった音を聞くのです。すると、多くのイメージに増えたかのように見えます。

肝心なのは、それらのイメージから、心の誠実さを引き離すことです。心が、あるものを数あるイメージの中のひとつだと考えている限り、つまり、分裂が起きている限り、それらは世界にあるように見えます。主体と対象物の狭間で、平和も調和もないところにです。あらゆる矛盾はあなたが自分自身を異なるベレルに分裂させてしまったという信念から生じています。心と身体について話すことでさえも、ふたつのレベルについて話しているわけです。

イエスは、肉眼を通して見る世界のすぐ下には、あなたが見ることのできない恐れの渦があると言っています。山脈、海、木などのあらゆるもののイメージを作り出す裏方のプログラムのようなものです。あなたは、肉眼で恐れの渦を見ることができません。自己概念もそれと似ています。自己概念は、無意識で問われることのなかったあらゆる信念から作り出されました。無意識で問われることのなかった信念とは、心が感じる罪悪感や恐れのことです。表面上、公平に親切に見えますが、それらは闇の上に置かれた善意の蓋のようなものです。自分はそこそこ上手くやっているし、学歴もあるし、わたしよりも困っている人はたくさんいる、と考えるようなものです。こうした肉眼による見せかけの外観は、表面的なものです。ですから、土台になっているものが問われるべきものです。そうするには、あなたが持つさまざまな信念を調べることが役に立ちます。

友人　わたしはそうするときはいつも書き出すのですが、そんなものがあったとは全然知らなかったものが出てきます。そして、自分の信じているものがまったく理にかなっていないのがわかり、それらを基に物事を決めていたことも見えてきます。根本的な信念が理にかなっていないとき、そこから発するものは、もっと理にかなっていないということです。

デイヴィッド　では、信じていることや、自分の存在を知覚している場所について、問い始めなくてはならないのがわかりますね。たとえば、仕事や、ローンの支払いや、家族への責任などといったものについてのあれこれです。自分を知覚しているところから始めます。わたしの場合、やらなければならないことがたくさんありました。自分がそこから逃げないように、やるべきことを果たすための必要な段階を踏んでいきました。不足や義務や責任などに出くわすたびに、問い続けたのです。

50 ハートに従ってください

命の子へ

神を信じていようがいまいが、ハートに従って世界のあり方を問うことに心を開いていてください。神を信じているか、信じていないかは、重要ではありません。神は純粋なワンネスとしてだけ、知られ、経験されることができるからです。それはあらゆる種類の信念を超えています。内なる平和への旅で必要なものは、すべてあらわれます。真の信仰とは、現在の内なる平和、愛、自由を経験することです。儀式や教義や伝統などではありません。言葉と行動が偽善的で一貫していないとき、それらを超えて、あなたのハートにある愛の経験へ向かってください。

わたしは永遠にあなたを愛しています

デイヴィッド

51 心の修正

【友人との対話】

心はすべてを網羅し、制限がありません。心は眠り、夢を見ることができます。でも、本来の姿を失うことはありません。眠っている間、心にできることは、自らに対する心の持ち方を変えて目覚めることだけです。以下、デイヴィッドと何人かの友人の間で行なわれたディスカッションは、悟りを認識する上で必要な、心の変化について主に話し合われたものです。これは、愛の存在を自覚するためには、あらゆる障害について綿密に問うこと、つまり、心の修正を要することを裏付けるものです。

真実は、心の内側に存在します。でも、無意識の状態という偽りを作り出す信念体系があるため、真実は意識から隠れています。わたしたちには、より深い有意義な方法で協力し合い、愛への障害を見つめ直し、ホーリースピリットに明かりをもたらしてもらえるようお願いするチャンスがあります。二元性の世界の中で存在していると いうふうに自らを見ている心は、常に、二元的な信念体系で機能していまその二元的な信念体系について絶えず問うことは、たびたび不安で圧倒されるように感じられますが、持続した安らぎの状態を得るには不可欠です。

たったひとつのスピリットしか存在していませんが、スピリットを自覚させないようにするたくさんの想念、感情、知覚があります。それらはすべて、真の自己と神を忘れるための誘惑です。そういった幻想を信じると、すべての過った知覚の上に君臨する、根本的に間違った信念を問い正す意志がなくなります。その間違った信念を明らかにするには、心を開いてスピリットに助けてもらう意思を持つことがとても重要です。

今日は、**コース**に反映されたアイディアについて話したいと思います。実践的に心を明晰な状態に移行させるための非常に役立つツールだからです。それは、持続する内なる安らぎを経験できるように手助けしてくれます。真実はあなたの中にある、というのが**コース**のメッセージです。一貫した心の安らぎは可能で、またそれは、必然的にあなたが到達しなくてはならないゴールです。小さな、静かな、内なる声に耳を傾け、欺かれた心にあるエゴの声、つまり、葛藤や恐れや死の声を手放すことから生まれるのが安らぎです。この点について、**コース**ではこのように要約しています。「欺かれた心にはふたつの声があります。これは、神への声のみを聞いて、偽りを終わらせることを学ぶための**コース**です」

神の声は、直観、または、内なる導きと呼ばれることもあります。**コース**では、ホーリースピリットと呼んでいます。あなたは、その声を、〝内なる知〟とか〝ハイヤーパワー〟と呼んでいたかもしれません。言葉は形なので、わたしたちはそれを超越した深いところへ進もうとしています。心の明晰さと安らぎを経験する意志を持って一緒に進んでいきましょう。

イエスが「悔い改めよ。天の国は近づいた」（マタイによる福音書3：2）と言うとき、イエスは本当に人々を現在の瞬間へ導いてくれます。そして、その瞬間、人は完璧な存在だと気づかせてくれます。自らを高めよう磨こうとすることなど、どうでもよいのです。限られた自己をいかに磨いたところで、神が創造された不変で永遠の自己にはなりません。幸せや心の平和や救いは未来のどこかにある、という考えの罠に気づくことが必要です。直線上にある過去や未来という時間の概念は、二元的な信念体系の一部であり、それは問われなければなりません。今という聖なる瞬間の経験には、大きな喜びと充実感がありま す。神は、わたしたちの前で餌をちらつかせて、「天国はこっちだよ、さあおいで、おっとまた見逃したね」などと言いません。悟りはたった今ここにあります。準備のできた心は、心を開いてそれを認識する意志があるからです。

友人　悟りがそんなに近くにあるなら、それを認識するのがなぜこんなに大変なのですか。なぜわたしは罪悪感を抱えて心配して落ち込み続けているのでしょうか。なぜわたしは同じ行動パターンを何度も繰り返しているのでしょうか。

デイヴィッド　真実はあなたの手中に、すぐそこにあります。ですから、わたしたちは、真実を自覚することを妨げているものを見る必要があります。自らの完璧さと幸福を受け入れようとする中で、何が立ちはだかっているのでしょう。何が安らぎと喜びと愛の感覚を妨げて、安定した意識の中でそれを経験できないのか、考えていきたいですね。

コースは、愛がすべてで、それ以外のものは存在していないということを教えています。神は恐れとは何の関係もありません。神は病気や苦しみや心配や落ち込みや**その他**の恐れによって生じたあらゆるものとは何の関係もありません。神はスピリットです。人の本質です。人の真のアイデンティティも、スピリットです。イエスは、あなたは神の生きた子だと伝えています。本当はスピリット、つまりキリストなのに、アイデンティティを忘れてしまっているとも言っています。あなたは眠りに就いて夢を見ていますが、自分がそうしているとは思っていません。その代わりに、あなたは小さな身体の中にいて、広大な世界に囲まれて、外部の力に翻弄されていると思っています。まるで絶えず身体を守らなければいけないかのようにです。それは、生きるために、溺れぬよう奮闘しているかのようです。そのような間違った知覚は、神からの分離を信じていることから生じています。

しかし、欺かれた心にはふたつの思考体系があります。ひとつは、愛というホーリースピリットの思考体系です。もうひとつは、恐れというエゴの思考体系です。完全に矛盾したふたつの思考体系を心に留めようとするのは、耐えられないものです。欺かれた心は、世界という画面に向かってその分裂した様を投影しようとします。二元的な世界が存在しているように見えるのは、そのためです。ですから、眠っている心は、自らの心にある分裂を見る代わりに、世界の二元性を見ます。早い遅い、暑い寒い、男女、善悪などです。この世界は、自らの心にある分裂を見るのを避けようとする試みそのものです。心から離れた問題などありません。問題の解決法は、自らの心の中にあり、今この瞬間手が届くところにあります。

友人　実在していないものが存在していないなら、そこには何があるのでしょう。

デイヴィッド　神と、神からもたらされたすべてが存在しています。ですから、神が創造した息子であるキリストが存在しています。キリストは神の思いです。神は、「神ご自身の思いの中で、神ご自身と同じものとして」（テキスト3・V・7：1）神のもとから子を放射させました。思いにおいて、そして質において神と似ている、ということです。さらに、**コース**でイエスは、神の子は創造物であり創造の力そのものだと言っています。なぜなら神はその子に創造の力を与えたからです。ですから、その子の創造物もまた存在しています。

しかし、わたしたちは、世界における創造の定義とイエスが呼ぶ創造を区別してしまいます。時空間の宇宙である世界、そしてその世界に住む身体は、一時的で絶え間なく変わる思考が投影された形です。神はそれらを創造されなかったので、それらは過った創造物と呼ばれます。心に過った創造物を手放させるには、真に意味のある創造の力を適用する以外にありません。エゴの思考形態が始まったように見えるときや、終わるように見えるときがあります。あなたが選ぶなら、今がそのときです。もうすでにホーリースピリットを通して、終わっているのです。直線状の時空間という幻想は訂正されました。すべての過った思いに対してアトーンメントまたは訂正を受け入れるのは時間の問題です。現在を選ぶことが、**その他**のすべての選択肢に終わりをもたらします。

宇宙と身体の世界は見せかけの夢です。錯覚です。対して、スピリットは永遠で不変です。スピリットは、絶え間なく続く創造の流れの中でスピリットから生まれます。神はスピリットです。神の子もスピリットです。神の子の創造物もスピリットです。しかし、スピリットは、身体の五感と身体自体を通して知覚される世界とは何の関係もありません。**コース**が実在していないものは存在していないと言うとき、実在していない投影された時空間の身体の世界や惑星や銀河のことを指しています。イエスは神に属する永遠のスピリットと、エゴに属する時空間の宇宙を対比させています。

友人　わあ！　わたしは星を眺めて、この物質的な宇宙の広大さを見るとき、海や山や大陸を想像します。物質的な宇宙は、存在していないものにしては、かなり巨大です。

デイヴィッド　それらはすべて、実在していない信念に与えられた心の力を証明しています。聖書では、神は天と地を創造されたと言っています。**コース**では、創造という言葉は、完璧さと永遠と不変なもののためのものだと言っています。

人類の崩壊というのは、人類が今生き残ろうと戦っている二元性の世界のことを指しているのです。世界はエゴという実在していない信念を投影した非実在のものにすぎません。ひと吹きのアイディアや神からの分離への信念は、信じられないほど馬鹿げたアイディアだと言えます。宇宙という世界は、分離を信じて笑わないでいる心の神からの隠れ家として生じているようです。

繰り返しますが、存在しているものと、していないものの区別は、永遠か一時的なものかの違いです。狂ったちっぽけなアイディアや、そこから生じているように見えるすべてを含め、一時的なものは皆、存在していません。永遠で神に属するものが、存在し、実在しています。

友人　創造についてまだ考えてしまいます。いったい創造って何ですか。わたしたちが創造するものとは、ズバリ何ですか。

デイヴィッド　イエスは、テキストの中で、子の〝創造〟に何度も触れています。イエスは、神の子として真の自己を本当に思い出すまでは、創造について自覚できないと暗示している以外、創造について具体的な詳細を述べていません。創造が何なのか想像しようとするのは無理です。なぜなら、想像は、創造が存在していないエゴの領域だからです。

想像はイメージを伴いますが、創造はイメージを伴いません。創造は、実体があるものでも具体的なものでもなく、ただ抽象的なスピリットなので、創造が何であるかについては明確な言及はありません。創造は、夢の世界から目覚めるときに理解するものです。心の中の静かな声に耳を傾けて心を合わせるとき、つまり、心を正しているとき、それが命の反映です。エゴを聞いているときは、心が間違ったあり方をしているときで、それは死をあらわしています。

コースが〝実在の世界〟と呼ぶ世界は、ホーリースピリットを通して、知覚が正しく整うときに経験するものです。実在の世界とは、世界を、あるいはゆるされた世界をホーリースピリットによって知覚したものです。これは、神、英知、創造へ回帰するための隠喩的な足掛かりです。真の知覚、または実在の世界は、神、そして真実へと導いてくれるものです。神の子が眠りに就いて分離の夢を見ているときに神が与える答え、それがホーリースピリットです。ホーリースピリットには、世界を夢見ることについての目的があります。その目的が、夢と共にキリストのビジョンをもたらします。聖書には、「人は、自分の蒔いたものを、また刈り取ることになるのです」（ガラテヤの信徒への手紙６：７）と書かれてあります。この世界のあり方の中では、このように言い換えることができます。「心が自らについて考え、感じ、信じることは何であれ、世界が証明し、その目撃者を連れてきてくれます」。エゴに加担した心は罪悪感を感じ、神から分離したことを本当に信じています。ですから、その罪を目撃する世界のほうから、脚本と場面を呼び起こします。虐待、無視、迫害、病気、痛み、苦しみは、全部、神から分離したという信念に基づいた世界を解釈したものです。

映画館にある映写機の例えが、ここで役立つかもしれません。映写室にある映写機の中は、さんさんと輝く光が放たれています。これは、ホーリースピリットをあらわす素晴らしい例えです。その輝く光は、たくさんの暗いイメージでいっぱいの画面を突き抜けます。わたしたちは、その暗いイメージを〝攻撃の思い〟や〝エゴの思考〟と呼んでいます。それらの思いが投影されるとき、画面上で作り出されるのは影です。映画を観ている心にとっては、それらの影には意味があるように見えます。でも、映画に意味があるように見えるその意味とは、心によって与えられた意味にすぎません。観ているものが、ただの映画だということが忘れられています。それは、画面上のものとして認識され、また、大勢の中のひとりの思いとして認識されています。

肉眼を通して知覚され、耳を通して聞かれる世界は、イメージをあらわす画面です。世界はただ、欺かれた心の攻撃の思いの、影の部分の反映です。もし攻撃の思いに気づき、澄んだ本当の思いでそれらを取り替えようとするなら、映画を綺麗にする意志があるということであり、さらなる光が差し込むことになります。それが起こるとき、画面はどんどん照らされます。そして、世界がその心の光を映し出すようになります。
心が、分離というエゴの信念体系を手放し始めると、ホーリースピリットの思考体系に心が開きます。それは、欺かれた心にあった神の記憶と言えます。その思考体系が愛を反映し、世界に対する完全に異なった解釈をもたらします。心がホーリースピリットの思考を受け入れると、世界はその愛を目撃する人たちを連れてきます。一旦ホーリースピリットを受け入れると、かつては殺人、暴力、競争、不平等の場としてとらえていた世界が、奇跡で満ち溢れたものになります。そこが、全体性と完全性を証明します。そこでは、イエスが「実在の世界」と呼ぶ、安らぎとゆるしの喜びだけを経験することができます。

友人　ホーリースピリットが見る、ゆるされた世界を見るために、わたしは何をしなければいけないのでしょうか。

デイヴィッド　判断を手放す意志を持たなくてはなりません。もっと正確に言えば、判断は不可能なのだととらえなくてはいけません。痛みや快楽、病気や健康、生と死などのあらゆるものを経験する理由は、判断をするからです。判断は、物事を分裂してバラバラにします。それとは対照的に、統一した思いを使いましょう。世界を〝統一されたもの〟と考えてください。世界はひとつ、ワンネスであり、調和しています。それは終わることなく続きます。

丸い形は、統一をあらわす素晴らしいシンボルです。始まりも終わりもなく、二元性でもありません。それはただひとつです。欺かれた心は、肉眼を通して見て、バラバラになった断片と二元性を経験します。二元性と統一をどのように和解させるのでしょう。それらは和解不可能なので、誰もそのふたつをひとつにすることはできません。

二元性や過った知覚を、癒された本当の知覚に置き換えるのが、ホーリースピリットの役目です。ホーリースピリットこそが、ワンネスへの架け橋です。永遠の創造であるホーリースピリットは、眠っている心の中で神の記憶として働き、二元性の思いを間違ったものとしてとらえます。ですから、ホーリースピリットが、真実、実在、神へと引き戻してくれます。

知覚をじっくりと見つめ直していくと、わたしたちは、二人の人間がまったく同じ世界を見ていることはないことに気づきます。二元性の世界では、つまり、実在していない世界では、全員が意見を一致させることはありません。共通の要素を含む知覚はあります。たとえば、草や空の色など、人々は同意しているように見えるかもしれません。けれども、そのような一致でさえも、例外がないわけではないのです。知覚について本当に掘り起こしていくと、皆が主観的な解釈に基づいた、異なる世界を見ていることが浮き彫りになります。そこで、あらゆる衝突が生まれます。主観性の世界と、相対的な知覚が、完全に分かち合われることはありません。この世界に属していない神のアイディアである真のアイディアのみが、分かち合われます。

肉眼で見るものは意味をなしません。なぜなら真の意味と幸福は、身体を超越した心の中にあるからです。知覚が歪められるとき、痛みや苦悩など、恐れに基づいた多くの動揺を経験するように感じます。ですから、身体の感覚を通して知覚するものを、安らぎや幸せや喜びと調和させようとするのは、不可能です！　安らぎ、幸せ、喜びは、静寂の中にある内なる神のスピリットの特性をあらわしています。

心の平和へ到達する最初の一歩は、この世界に見える多くの問題を自らの心に戻して、それは知覚の問題だったと認め、世界で起きているように見えるあらゆる競争や衝突が、葛藤した自らの心を映し出しているのだというアイディアに心を開くことです。その問題が心の中にのみあるものとしてとらえられれば、解決法を受け入れることができます。その解決法もやはり、あなたの心の中にあるからです。抱えているいくつかの信念と知覚を見つめてみましょう。それは大きな一歩です。手放す道を行く上で、なくてはならない一歩です。すべての信念をくまなく問うことは、突き詰めれば、基となっている分離の信念を問うことですが、そうすることこそが、持続する心の平和の状態へとたどる方法です。

友人　あなたのおっしゃることは感覚としてはわかります。でも、批判や判断のやめ方についてのアイディアが自分にあるとは思えません。習慣というか、自動的な感じになっていて、批判や判断をしない方法がわかりません。どうしたら手放していけるか、何か助言はありますか。

デイヴィッド　はい。**コース**は、判断を放棄するための骨組みを示してくれています。ワークブックは、個人的な判断を取り消すために作られたツールです。それは、ホーリースピリットのたったひとつの判断のために道を譲るためのものです。その判断とは、神の子は、潔白で罪を持たず、永遠に全体で、純粋無垢な存在だというものです。イエスは、判断すべきでないと言っているのではない、その判断そのものが、人が完全に成せるものではないのだと言っています。

判断するのは、小さな子供が世界を動かそうとしているようなものです。イエスは、何かを正確に判断するには、想像以上に幅広いさまざまなことや、過去、現在、未来について知っておかなければならないと言っています。公平に正しく判断するためには、自らの判断から必然的に導かれる、あらゆるものや人に対してもたらされる結果を知っておかなくてはなりません。わたしたちが通常、個人的な判断について考えるとき、そのようには考えていません。大抵、個人や家族や友人へ及ぼす影響という意味で考えています。

イエスが言っていることは、眠っている心は、全体像を見ることができないため、正確に判断する能力がないということです。眠っている心は、幻覚を起こしているので、文字通り盲目です。でも、ホーリースピリットがわたしたちの心にいて、全体像を見せてくれるというのは嬉しいですね。ホーリースピリットの判断は正確です。考え得るどのような状況でも、ホーリースピリットは、完全なサンシップのために、何が最も役立つのかを知っています。どのような問いにおいても、ホーリースピリットがいつも答えです。

わたしが差し上げられる最も助けとなる答えは、イエスが指示するようにワークブックを使いなさい、というものです。ワークブックの基となっている形而上学に触れておきましょう。レッスンをあなたにとってより意味のあるものにするでしょうから。

分離に関するすべての思考体系は、神からの分離の信念から生じているように見えます。その思考体系の底へ降りていくことは、人が実際に神から分離できるという潜在した信念が、エゴそのものだと気づくことです。論理的に言うなら、どんなステートメントも、根拠が正しければ、正しいのです。エゴは間違った根拠、思い込みです。心が分離してバラバラになっているとき、心は抽象的な実在性を忘れて、物質的な時空間の世界で自己を認識しています。それは、実在性とはあまりにも対照的で、天国の王国の調和が当然である心にとっては、混乱極まりない状態です。

天国では、心は生家にあり、ワンネスで完了した自然な状態の中にいます。いわゆる〝堕落〟の後では、心は混沌として、その無秩序な状態に何とか安定感をもたらそうと、幻想をこしらえて並べようとします。そこが、判断が最初に生じるところです。幻想を並べるために、幻想に序列を設けることこそが、判断です。例を挙げれば、手に負えない状況に陥ってしまった人が、恐れに満ち、何とかその状況を整えさえすれば、すべては上手くいくと信じるようなものです。判断は、混乱の中に秩序をもたらして、恐れを最小限にしようとする試みです。でも、そのように自分の思考を整えられると信じることによって、つまり、神から離れられると信じることによって、エゴの心は、神と共にのみ思考するキリストへの自覚を妨げます。神こそが、実在の思いを整えます。

あなたが、この世界での生存のために、あなた個人の判断が不可欠だと信じるならば、わたしが分かち合っている教えは、過激な信頼を要求しているように感じるでしょう。なぜなら、この世界では、判断は実は良いもので、役立つものだと教えているからです。教育システムも、あなたが良い判断を学び、成長し、大人の市民として機能するという信念に基づいています。けれども、それは、世俗的な教育が何たるものかという点においてです。

ある人は優れた判断をします。それは、物事の善悪を知っているがゆえに善を追い、悪を避けるということと同じ意味です。でも、英知は判断しません。英知は、個人的な判断は不可能ととらえ、判断を続けるいかなる試みも放棄します。人は、価値がないと気づいたときだけ、それを手放すことを望みます。

一旦、判断の不可能性が把握されると、それには何の魅力も価値もなくなるので、放棄されます。

自分で自分の管理の仕方をわかっていると信じることは、取り消されなくてはなりません。なぜなら、欺かれた心は何も知らないからです。何が自分にとって最善かをわかっているという考えを手放し始めるとき、それはエゴにとってはとても恐ろしいことです。エゴは取り消されようとすると、恐れて「わたしが自分の管理をしなければ、誰がするの」と異議を申し立てます。けれども、エゴの声に頼らず、その代わりに小さく静かな内なる声を信頼すると、その声を直感的に聴き取って諸々の決断が滑らかに動き出し、すべてが順調に上手くいきます。

この世界で生き残るために、ちっぽけな自己の個性を維持しようと行なったあらゆる努力や判断は、価値を失います。それでも人は、本当はいつもホーリースピリットに委ねているのです。ホーリースピリットは、わたしたちの信頼にふさわしい存在です。この世界では、いつでもどこでも必死に闘わなくてはいけません。さまざまな防御と安全対策をしていかなければならない場所、それがこの世界です。世界が伝えることといえば、車の鍵を閉めなさい、薬を飲むのを忘れないように、といったことです。防御のくもの巣をはりめぐらせています。それらはすべて、身体の保護と個人的な判断を伴います。

世界の教えは、身体を生かしておくには、あなたがすべてをしなくてはいけないということです。身体に関連した人生の意味とは何でしょう。**コース**では、あなたは、これが自分の人生だと思っていますが、それはまったくあなたの人生ではありません、と言っています。あなたの人生はスピリットです。スピリットは不死身で、防御を必要としていません。

友人　先日も言ったことですが、「もし朝目覚めたとき、自分が男か女か、共和党支持か民主党支持か、その他、自分で思っている自分というものを忘れていたら、そして、そのような心のお荷物なしに一日を過ごせたら、判断は激減して、ほとんど判断することすら忘れられるでしょう」

デイヴィッド　判断を終えるというのは、まさに二元性のすべての概念を忘れることです。明らかに、天国には、民主党も共和党も、男も女もありません。何かに対して防御したくなるときは、騒ぎ立てず、ただホーリースピリットに助けを求めることです。すると、何に対して防御していたのかが、心で明らかになります。常に間違った自己認識を守ろうとしていたのがわかります。たとえば、わたしが自分を民主党支持者だと思っていて、民主党をこき下ろす人を見たら、防御の反応は避けられません。自分を認識するために利用している概念やイメージなら、どんなものでも防御します。

唯一そうせずに、まったく無防備でいられるのは、キリストというアイデンティティに対してだけです。キリストは、概念やイメージではありません。しかし、実在しています。スピリットは、守られる必要のない存在です。ただそこに存在しているだけです。この世界の何かを利用して自己認識をするとき、スピリットに代わるものと意図した自己概念を取り繕わなくてはなりません。それは真実ではないので、防御しなければなりません。真実は、防御を必要としません。分離の信念が、防御へと導いています。分離の信念とは、神に創造された真の自己を受け入れる代わりに、自ら自分のイメージを作り上げられると信じることです。

今話していたそれらの概念から完全に切り離して自己認識するには、たくさんの心の訓練を要するように感じられますが、それは避けられないことです。心が本来向かう方向というのは、そのような概念から切り離した自己を認め、真のゆるしを学び、最終的に神を思い出すことです。

友人　わたしは、本当にあなたの人生の生き方を把握したくて仕方ありません。判断と優先順位の違いはいったい何なのでしょうか。判断なしに、あなたはどうやってここまでやって来られたのですか。どうやってそれが起こったのですか。

デイヴィッド　毎回、人生の分岐点に来ると、世俗的な感覚で言えば、それはまるでどちらかの道を選んで進まなければいけないように感じます。判断が必ず伴うかのようです。どちらへ進むべきか、と考えるわけですね。ホーリースピリットは、時空間の視覚から、分岐路をあらゆる角度から見て、どちらへ進むべきか知っています。ですから、わたしたちは聴くことだけをすれば良いのです。心が時空間の迷路にいると信じている限り、ホーリースピリットは評価をつけているように見えます。しかし、わたしたちが最後にするべき判断は、何かを判断することは不可能だと判断することです。神は、判断しません。ワンネスの中では、判断する対象物がありません。神は、ありのままの姿だけを知っています。でも、心が二元性の迷路にいると信じている限り、ホーリースピリットは二元性から出るよう導いているように見えます。ですから、どうやってわたしがここまでやって来たかというあなたの質問にそれを当てはめると、答えは単純に、わたしは聴いたからここまで来られた、ということになります。

わたしには、ホーリースピリットに心を合わせて平和でいること以外に、目指すものはありません。過った自己概念から生じる、世俗的な目標を持たずにいると、分離した利益や将来への野心、過去の後悔などは、存在しません。ただ、心から信頼して、聴き、従うことができます。その要となるものが、完全なるゆるしであり、アトーンメントであり、あらゆるエゴの考えを逆転させることです！

友人　わたしは今日これから職場へ戻って、コンピューターでいくつかの仕事をして、明日の朝までにその他のこともいくつかしなくてはなりません。本当は、ずっとここにいたいんですけどね。直観とかスピリットがあなたを導いているとのことですが、どうしたらわたしもそうできますか。

デイヴィッド　ホーリースピリットは、心がいつ何を信じるかというところから始めます。たとえば、あなたが、ご自分のことを、ある特定の仕事を持つ女性だと信じているとしましょう。そして、今夜、コンピューターで仕事をしなくてはいけないわけです。このシナリオが、あなたの持つ信念体系の映画だとします。それは単に、今この瞬間の、あなたの自分自身への見方でもあります。ホーリースピリットは、バラバラの信念の絡まりを引き離そうとはしません。ホーリースピリットは、あなたが信じているものを使って、あなたが自分の信じている自己概念以上の存在であることを気づく手助けをします。たとえば、わたしたちのこの話し合いは、目覚めることと、神の息子という実在性を思い出すことへのあなたの心の情熱を、目撃するためにあります。必要なのは、意志だけです。そうすれば、あとはホーリースピリットが過った自己概念を取り消し、それらをゆるしと取り替えてくれます。

この祈りと共に始めましょう。「ホーリースピリット、わたしと一緒にいてください。何を口にし、何を行ない、どこへ進むか、導いてください」。あなたがホーリースピリットを迎え入れて信頼すれば、直ちにその結果を経験することになります。

友人　二元性について述べている箇所と、問題はわたしたちの知覚です、というところで、いくつか戸惑っていることがあります。わたしは、物事が起きたとき、自分の好む方法ではなく、起きている物事をそのまま見なければならない仕事をしています。ですから、あなたの話されている地点へ達する方法を理解することが、今のわたしの課題と言えます。

デイヴィッド　確かに、たとえば、自分が従業員だと認識しているとき、そこには従うべき外的な制約や条件があります。マネージャーの場合、部下に特定の仕事を任せ、監視し、評価し、指示し、勤務評価を出す、というようなことが行なわれます。マネージャーにもまた上司がいて、業務を監視されています。大事なのは、過った知覚をもたらした思考体系へ深く踏み込んでよく見つめることです。それこそが、今わたしが述べたシナリオを作り出しているからです。何が優先かを見極めて、人生で最も大切なことは何かを見直す意志を持たなければなりません。心の平和があなたが唯一優先することになっていますか。

わたしの場合、自分が信じていたことのすべてをよく見つめ直さなければなりませんでした。強さと支えを得るために内側へ向かい、ホーリースピリットだけが自分の上司であり、自分の唯一の役割はゆるしであることを、確信を持って気づきました。

ある人は、「何て現実的なのでしょう」と皮肉を言うかもしれませんし、「二人の上司がいたら、どうするのですか。ホーリースピリットと上司が違うことを言ったら、どうするのですか」と思われるかもしれません。繰り返しですが、ホーリースピリットは、あなたの心が自分の居場所だと思うところにチューニングしてくれます。ホーリースピリットはあなたの心を使って働き、受け入れられた自己概念を、真のゆるしへ近づくための、より包括した自己概念と取り替える手助けをします。

判断を脇に置いて、世界に対する心を変化させるとき、世界の画面上では、人間関係に対する知覚や、心の移行をあらわす象徴的なことが起こります。ですから、本当にただ、このように言うところへ戻るだけです。「わかりました、ホーリースピリット。わたしが自分の居場所として信じている場所で、今、わたしと一緒に取り組んでください。わたしの心を過った信念から解くのを助けてください」。すべてのことにおいて、ホーリースピリットを信頼してください。ホーリースピリットは、あなたが想像すらできない方法で助けてくれます。

友人　人間関係について話してくださいますか。**コース**は、特別な関係と聖なる関係について述べています。手短にそれらが何なのか話してくださいますか。

デイヴィッド　人間関係は、この世界で課された難しい任務のようです。それは、愛と憎悪、魅了と嫌悪、喜びと悲劇が入り混じったものに見えます。イエスは、特別な愛の関係と特別な憎悪関係を、破壊的で、利己的で、独占的で、排他的なものと示しています。それらは、エゴに基づいた特別な関係です。まるでその関係を生み出した作り手をほめたたえている歌のようです。一方で、聖なる関係というのは、ゆるしというホーリースピリットの目的のために、ホーリースピリットへ明け渡された関係をあらわす隠喩の表現です。聖なる関係は、癒された関係であり、全体性と完全性を反映しています。

あらゆる隠喩を超えたところで、唯一の真の関係は、スピリットとの関係、神と創造物の関係、父と息子の関係だと言えるかもしれません。唯一の真の関係は、神によって与えられます。聖なる関係とは、ホーリースピリットを知ることです。欠如の原理は、ホーリースピリットによって取り消されます。特別な関係で見られる典型的な欠落感、ふじゅうぶんで弱い感覚、未完成な感覚というのは、聖なる関係の中では、共に手を取り合い、放射し、感謝し、受け入れることに置き換えられます。

わたしは特別な関係について、過去形で話すようにしています。それは、エゴのすべてと同じく、過ぎ去った過去だからです。本日話した形而上学を振り返ると、眠っている心は光をとても恐れて、形ある世界で神から隠れようとしていました。天国から引き裂かれたと信じることで、新しいアイデンティティとして、身体的な世界を作り上げようとしました。スピリットとしてのアイデンティティを忘れようとしたのです。自己を身体として認識するとき、心は揺らぎました。なぜなら、光を忘れようとしているのに、心の底では世界を捏造していることも、神を思い出すに違いないこともわかっていたからです。心が移ろいで、光へ戻ることを恐れたとき、外的な解決法を求めました。幸せと完全性を見つけるために、一緒になれるほかの身体を探したのです。そのようにして〝共依存関係〟という特別な関係が始まりました。世界の画面に存在していることを心が信じた途端、内に感じていた罪や恐れや孤独感や空虚感を和らげるために、外側に居場所を求めました。友達や仲間になってもらうために、ほかの身体を探したのです。眠っている心にとって、神の代用としてふさわしい人々とかかわることは、とても重大なことになりました。全世界が、ひとつの巨大な特別の関係になったのです。なぜなら、心が画面上で関係するあらゆるものは、神の代用となるために作られたからです。特別な愛の関係や、特別な憎悪の関係では完全に満足できず、それらが決して持続した安らぎや幸せを運んで来ない理由は、神の愛の代用など存在し得ないからです。聖なる関係は、神の愛の反映としてのみ、今、経験できるものです。実在の世界に似ています。それは、完全なるゆるしで、先ほど話した癒された知覚です。ひとりが個人的な判断の不可能性に気づくと、もう一方もまた、いかなる種類の特別な関係の不可能性に気づきます。聖なる関係は、他者と関係した身体という意味の個人的なものではありません。それは、宇宙の完全性の象徴です。つまり宇宙の完了した完璧さを惜しみなく与えることだけをする、心の状態です。見返りに何かを得るという概念は、現在の瞬間において何の意味もありません。たった今ここにあるのは、休息と、充実感と、満たされた達成感だけです。

友人　今わたしの問題となっている特定の人間関係について話したいのですが、その人がわたしに何かを反射し続けているということに気づきました。わたしはその人のことを、支配的で、巧みに操る人だと見ています。そう信じて、罪悪感を感じます。もう本当にこれ以上こんな関係のままでいられないと思っています。そういう支配のそばにいるのは、わたしにとって危険です。わたしのためにもならないし、その人のためにもなりません。わたしの心では、何が起こっているのでしょうか。

デイヴィッド　コントロールの問題は、常に、**コース**の言う〝権威の問題〟をあらわしています。人の行動には、さまざまなコントロールの問題があらわれます。親と子、配偶者同士、教師と生徒、政治家や経営者、等々。でも、実は眠っている心が、ただひとつのコントロール問題、つまり、権威の問題を抱えているのです。権威の問題は、人々の間、あるいは人々と制度の間にあるすべてのコントロール問題の基になっています。

権威の問題とは、権威の在り処に対する疑問です。その中心となる問いは、「わたしは神によって生み出されたのか、それとも、わたしが自分の作り手なのか」というものです。

眠っている心は、神から分離したことを信じています。そして、世界と自分を作り上げ、我こそが自分というアイデンティティと現実の作り手だと思っています。その基本的な過ちの訂正が受け入れられるまで、眠っている心が信じている問題は、神との闘いです。でも、その大きな闘いを意識の中に留めておくのはあまりにも恐ろしいので、意識の外に追いやり否定します。したがって、問題は世界という画面上に投影されて、心があるところではなく、人間同士や、人と機関などの間にあるように見えます。それは、見せかけの衝突です。世界には、コントロール問題があるように見えますが、本当はありません。エゴこそが、コントロール問題そのものです。エゴは、心にある信念です。繰り返しですが、心から離れている問題はない、というアイディアに戻ってくるのです。

友人　では、次にその人と話すとき、何が起こるのでしょう。わたしは、支配的な振る舞いを見なくなるのでしょうか。

デイヴィッド　あなたは、ご自分が信じていることを見るでしょう。コントロールについて信じていることを見つめ直す意志を持ちましょう。あなたは、行動のレベルを超える必要があります。誰かを見て、その振る舞いから、彼らが支配していると判断するかもしれませんが、そのようなレベルは、わたしたちが話しているものを映し出してはいません。

わたしたちが話しているのは、心のレベルを反映するものです。相手や世界に支配を見出すためには、その前にまず、コントロールの概念を信じていなくてはなりません。その概念はエゴによって作られます。概念を保つ確実な方法は、それを外側に投影して、世界でそれを見ることです。心の中で作られた概念として見る代わりにです。

神は支配しませんし、操りません。でも、わたしたちは、コントロールというアイディアを作り上げた責任を投影している限り、支配することが可能だと信じています。

心にあるエゴという過った信念を問わなければなりません。そして、それを光の下へ引き上げることをゆるさなければなりません。

友人 支配や操りに対するものとして、偽りについてはどうお考えですか。わたしがこれまでの人生でいちばん腹を立てている相手は、とても嘘つきでした。彼は、ことあるたびに嘘をついていました。多くの人を傷つけていたと思います。わたしが彼と接していたとき、わたしはそういう嘘をただ想像していたわけではないですよね。

デイヴィッド 同じレベルの論理的思考は、偽りには当てはまりません。偽りが怒りを招くように見える理由は、その偽りが、自らの心の中にある偽りを思い出させるからです。偽りとは、エゴを信じていることです。世界に存在している者として自分を知覚する人は、自己を捏造しているわけで、それこそが偽りです。神から本当に分離できると信じることは、最も基本的で、そして唯一の偽りです。ただ、それを心に留めておくのはあまりにも怖いことなので、意識の外へ追いやり否定して、世界や周りの人に投影するのです。

怒りは、嘘つきな人との関係のせいではなく、神からの分離を信じるがゆえに内在している罪悪感を投影することから生じます。さまざまな種類や度合いの動揺を掘り下げると、そのたったひとつの過ちへと行き着くのがわかります。そして、それを訂正するアトーンメントだけが、永遠の平和と幸せをもたらし、永遠に怒りを終わらせます。

友人　何か実践的なアドバイスはありますか。何か身につけたいのです。前に進むにあたって、役立つ何かを。どうしたら、もっとスピリットになれるよう前進できますか。どうやって実在性への目覚めに心を向けられますか。

デイヴィッド　この部屋にいる皆さんは、ご自分を見つめて「今日はこれこれの技能を学んで、能力を磨いた」と言うことができるかもしれませんが、それぞれに学びの許容量がありますし、人生経験、教育、技能の訓練などを通して、一見すでに発達した能力もあるかと思います。それらの技能や能力は、アトーンメントの計画の中で使われます。ホーリースピリットは、欺かれた心が学んだことを、ホーリースピリットの目的のために使うことができます。

もっとよく見ていきましょう。わたしたちがこの世界の中身について学ぼうとするとき、精神面や運動技能、読み書きのスキルなどを学ぼうとするかもしれません。はっきりさせておかなければならない重要な点は、技能や能力を使う目的です。エゴは、分離を強化して、身体的なアイデンティティを維持するために、それらの能力を使いたがります。エゴは自らを維持したいからです。ホーリースピリットのそれらの能力の用途を明確にしてくれます。現実的な問いとして「わたしは、自分の身体や、精神的な技能、肉体的技能を、ホーリースピリットが使うのために捧げる意志があるだろうか」という問いかけが役立ちます。名声や身体的快適さを求めて、ちっぽけな自己概念を支えるために使われる技能と能力は、エゴの目標のために使われています。エゴは、より多く、より良く、より早く、と求め続けます。エゴは、身体的アイデンティティを手放し、兄弟たちへ愛を放射するために技能や能力を使う代わりに、ただより良くなるためだけに使うよう助言します。でも、ホーリースピリットのアイディアを分かち合うために、それらを使ってください。自分に対する自らの知覚を変えて、あなたは身体ではなく、スピリットだということを思い出すために、それらを使ってください。

すべてに当てはまる最も役立つ問いは、「何のために」それをするのかということです。たとえば、わたしは自由というアイディアが好きでした。わたしは自由でありたかったのです。でも、自由に対する自分の定義が、あまりにも見当違いだったことに気づきました。わたしは、自由を、自分のしたいことを、いつでも、どこでもできることだととらえていました。身体的自由が、わたしの定義の基礎だったのです。**コース**では、真の自由は身体とは何の関係もなく、心とだけ関係していると教えています。ホーリースピリットに耳を澄ませ、その導きに従うことを切り離すことはできません。

すべては目的に戻ります。目的は中身です。形である身体のレベルは、基本的に関係ありません。エゴは、身体がどう見えるか、歳をとっているか、若いか、というふうに、形を重要なものとして掲げようとします。それらのイメージは、単にスピリットの自覚を覆い隠している概念にすぎません。ですから、ホーリースピリットの目的に従い始めると、自然にその重要さが衰え、どんどん消えていくのがわかります。そして、人々を外見や何の車に乗っているかなどで判断するのをやめるようになります。スピリットに心を向けるにあたり、形がどれだけ積み重なっているでしょう。形はありません！　目的と意図に本当に心を合わせるなら、すべての具体的な細かいことは意識から去り、自覚されなくなります。

友人　スピリットに従うためには特定の方法はないと感じていたので、それらについて話してくださって嬉しいです。今、話してくださったことは、他者の人生をお手本にして真似したり、ふさわしい行動を選ぼうとする、ということではありませんよね。そういうことは、形を重要視することですから。大切なのは目的で、形はただその後についてくるものだと思います。これは、心で起きる変化のことについてですよね。そして、もし形が変わるのなら、その変化は心で起こったもので、わたしが形を変えたからとか、行動やその形の外観を変えたからではありませんよね。

デイヴィッド　はい、その通りです。わたしたちが変える選択ができるのは、考え方だけです。行動を変えても何も解決しません。決定的に過った知覚を解決する唯一の方法は、落ち着いてすべての過った考えを真っ直ぐ見つめ、それらを実在していないものとしてとらえること、そしてその向こう側の本当の思いを見ることです。

　ホーリースピリットと一緒に考える選択をすると、すべてが、愛か、愛を求める姿のどちらかに見えます。たとえば、あなたの子供が叫んだり、配偶者があなたに怒鳴り始めるとき、その状況は単純に愛を求める姿として知覚されます。まるでそれは、あなたの兄弟が、「これが本当の自分ではないと教えてください。本当のわたしが誰かを思い出させてください」と言っているかのようです。

ホーリースピリットは、そのような方法で物事を見ます。でも、エゴのレンズを通して見ると、その状況は、攻撃として知覚されます。攻撃を知覚すると、防御の反応は避けられないものだとわかりますか。ですから、本当に大切なのは、攻撃を見ることは不可能だということです。「ああ、わたしは攻撃された」と考え、防御に見えないように行動をコントロールしようとすることで良いことは何もありません。形のレベルで過ちを訂正しようとしても、決して上手くいきません。

友人　少し混乱してきました。わたしには、スピリットになるために、喜んで物質的な世界を去って、無視して、気にしなくていいとは言えません。だから少し混乱しているのですが、もう少しよく理解できるように、助けていただけないでしょうか。

デイヴィッド　世界と身体は実在していません。実在しているのはスピリットです。身体や世界に否定的な価値を見出しているとき、心を開いてそれらの非実在性を見られるでしょうか。中立なもの、存在していないものという以上に、自らの投影が実在のものに見せかけているだけだということを受け入れられるでしょうか。

この過ちの裏にあるのは、今までと同じ罠ですが、身体や世界に価値を置き、それがもたらすように見えるものを美化し、いかなる方法でもその重要性を高めようとすることです。感覚や名声などに心奪われても、持続する安らぎや幸せは得られません。なぜなら、それらは身体的なアイデンティティを強化するだけで、わたしたちは、本当は身体ではないからです。

過食したり世界の快楽に溺れることで、内なる欠落感を解決しようとするのは、身体には価値と魅力があると考えるからです。身体を無視したり、逆に身体にかまけることは、自らを解放する真実ではありません。奇跡が知覚を転換し、身体以上の存在である心を目撃させてくれます。これは、世界に対する心を変えるための**コース**です。形を変えて、それに心が続くことを望むための**コース**ではありません。身体と世界には高次の目的がある、ということを学ぶための**コース**です。つまり、ゆるしというホーリースピリットの目的です。

繰り返しますが、身体そのものは、良くも悪くもありません。ホーリースピリットは身体をコミュニケーションのためだけに使います。身体を使って神のために話すためです。真のゆるしを学ぶとは、プライドや快楽や攻撃などに要約される、エゴの身体の使い道を放棄することです。自らの身体を癒しの道具としてホーリースピリットに使ってもらい、歪んだ知覚の訂正を促すことです。

友人　目の前で見ることは「自らの心の投影にすぎない」という概念について、話していただきたいのですが。ということは、基本的にそこには何もないのですか。もし、わたしがまだ他者に否定的な特性を見るなら、それは、わたしがまだ自分の心にその思いを抱き、手放せていないのでそれを見ている、という意味でしょうか。

デイヴィッド　はい。すべての思いは、投影か放射のどちらかです。攻撃の思いは投影されます。実在の思いは放射されます。知覚する世界は、思いのあらわれにすぎません。攻撃の思いは、意識の外で保たれ、ゆえに世界でそれを見るのです。まるで、それらが外的なもので、作り手から、つまり自らの心から、独立したものであるかのように、です。

友人　わかりません。ほかに何かがあるのですね。わたしは本当にそこをもっと深く見ていきたいです。自分が理解していない側面があるようです。それとも、わたしが話していないことがあるのかもしれません。

デイヴィッド　皆さんは、心の底で、攻撃の思いや判断から解放されたがっています。実際に、それらから解放されることこそが自由です。判断を放棄するプロセスは、難しく感じられるかもしれませんが、一旦判断しないことの価値を心が把握すると、全然難しくありません。

エゴは、エゴの放棄を個人的な侮辱として知覚します。判断を手放すことは、エゴによって大抵このように解釈されます。「お言葉を返すようですが、わたしは優秀な大人です。世界についてのとても役立つ判断をたくさん学びました。だから、その全部が完全に間違っているはずはありません」

ワークブックの最初のほうのレッスンで、人の心は意味のない思いでいっぱいです、というのがありました。大切なのは、ホーリースピリットが行なうエゴの取り消しを信頼することです。レッスンを、エゴの解釈で、侮辱と受け取らないでください。真の謙遜と謙虚な姿勢でこう言って始めましょう。「わかりました。わたしは認めることで始めたいです。わたしの心が、天国の父から生じていない思いをたくさん抱えていることを認め、始めたいです」。それが、人は心の訂正を本当に必要としていると見ることの始まりです。心の訂正とは、自己と世界についての心を完全に変えることです。

初期のレッスンは、今、行なっている考え方と見方から心を解きほぐすのに役立ちます。**コース**の後半のレッスンは、真実を素晴らしく表現していて、真の思いを映し出しています。それらが神と共に考える思いです。でも、それらの実在の思いは、あらゆる判断や攻撃の思いの下に埋もれています。したがって、意識に浮上させてから、手放す必要があります。

友人 今、聞いていた中で大切なことは、すべての攻撃の思いに気づく必要があること、そして心を見つめ、それらをホーリースピリットに委ねる意志を持つことだと思います。それが、攻撃の思いから解放される方法ですよね。では、無意識の攻撃の思いにどうやって気づくのでしょうか。

デイヴィッド ただリラックスして、それらが意識に上って来るようにさせてください。エゴは、無数の形をしているように見えます。エゴは、思考をばらばらにして、それをさらに何度でも砕いて、もっとばらばらにします。でも、そのひとつひとつにはいつでも確認できる共通した特徴があります。どんなにたくさんの形を取っていても、そこには、エゴの信念体系の中に潜んでいる、たったひとつの間違った前提があるのです。それは、神以外の原因が実在し、アイディアは源から引き離せるという信念です。つまり、心から離れた世界に原因があって、人はそのなすがままに翻弄されるという信念です。その前提の不可能さを理解すると、エゴのやることはなくなります。

エゴは、多くの形をとっていても、特定できます。常にホーリースピリットと心を見ることと、自分の思いに気づくことで、エゴの考えが、恐れに満ちたものの代わりに、実在していないものとして見られるようになります。一度落ち着いてエゴの思いを見極めて、あるがままのそれらを見つめると、直ちに手放せます。過ちを過ちとして、信念をただの信念として見ることができれば、それに翻弄されることはありません。心の訓練の上級段階では、エゴの思いが心に入ることすら防げるようになります。

優れた識別をするための要となるものは、心だけが原因であり、心はそれ以上のものを創造できないと単純に認識することです。時空間の宇宙というすべての過った創造物は、非実在の原因に対する、非実在の結果です。原因と結果が逆転したかのように見えることが、エゴの基盤です。その狂気の逆転の特徴は、時空間の宇宙という世界の画面上に、原因があると信じることです。簡単に言えば、世界の何かが自らの心の平和を与えたり奪ったりできると信じることです。

エゴは、身体であるあなたに、こうささやきます。平和に住める環境を見つけなくてはいけない、良い医療保険があれば心安らいでいられる、良いパートナーや完璧な仲間がいれば幸せでいられる、等々。エゴが身体のあなたに言っていることは、基本的に、もしあなたがあなたの望むような脚本を得たいのなら、正しいパズルの一片を獲得しなさい、そうすれば幸せで平和に満ちていられるから、ということです。

何という詐欺でしょう！　迷路の終わりにご褒美などないことを知るまで、どれだけ長い間ゲームをすることになるのでしょう。正しい仲間や仕事、住むところや良い気候を求めるのは、本当に野生のガチョウを追いかけるようなものです。そのように求めることは、ホーリースピリットの目的を受け入れる代わりに、形を変えることによって心の平和と幸せをもたらそうとすることです。

世界の中で、持続する幸せと平和を見つけることは、決してありません。それを受け入れてくださ い。しかも、そのせいで歩みを止めないでください。ホーリースピリットが、夢から完全に目覚めさせて、幸せの夢へと導いてくれます。

望ましい形と思うものを得たり失ったりしているように感じていたとしても、ホーリースピットが優しく、あなたは心であること、完全な心であること、純粋に心であることを思い出させてくれます。神から離れて行なったと思っていることは、取り消されます。あなたは、あらゆるものを持っています。あなたがすべてだからです。その事実を受け入れることが、要となるアトーンメントへ向かうことです。

友人　わたしは、今日ここにいなくてはいけないとわかっていました。理由はわからなかったのですが。この話し合いは、わたしにとって、とても意味があるものになりました。すべてを違う光の中に入れてくれました。怒りが、自分と自分の周りの皆を歪めていました。新しい見方を持てたことに感謝しています。別の見方があって、何よりです！

デイヴィッド、あなたの話を聞いていて、たくさんの恐れを一掃できました。わたしは今、ホーリースピリットと一緒に取り組んでいくことを歓迎できます。ありがとうございます。

52 静寂

静かな喜び
平穏な夜、平穏な日々

穏やかな道を平和に歩み
内なる力に誘われ漂う
静かな思い、静かな景色
秘めた言葉に平和な夢
愛の空に舞い上がり
共に世界を超えて行く
祝いと共に永遠に生き
縛る地上の苦労を去る
世界に神を見るまでは
不完全な世で彷徨い
幸福を知るそのときが
神を愛する静寂のとき
祝福を

デイヴィッド

53 人間の振りをする苛立ち

親愛なるデイヴィッドへ

しばらく前に、ある声がわたしに何かを告げて以来人生が変わってしまいました。最初のメッセージは、「あなたが自分以外のものになることに忙しくしているのなら、あなたは本当の自分を知ることはないでしょう」というものでした。わたしは周りを見渡して「これは実在しているだろうか」と言いながら、何が実在しているのか問い続けました。内なる声は、実在していないと言いました。それは今日ここにある幻想で、明日にはなくなり、今見ているものはそこには存在していないと言いました。

ある日ベッドに座っていると、平和な存在がそこにあるのに気づきました。まるで光がわたしを取り囲み、疑問に答えてくれたような感じでした。たくさんのものが実在していないと言われたわたしは、こう聞きました。「では、何が実在しているのですか」。するとわたしの中から光が発し、部屋全体が光で満たされました。その瞬間は、絶対的な感覚に満ちていました。「わたしが神で、それ以外は何も存在していません」という声が、わたしの中のどこかで鳴り響きました。わたしはその存在をスピリットと呼んでいます。

何か月もの間、実在しているものだけが見えているようでした。その声が自分の内側で再び鳴り響き、わたしは皆に「わたしたちはひとつで、他人という存在はない」と伝えずにはいられませんでした。それ以上に上手く説明することができませんでした。わたしは、この経験を確かにしたくて、宗教を通して、精神的な探索を始めました。スピリットは、毎回異なったメッセージをくれました。**コース**を勉強し始めてから、同じメッセージを受け取るようになったのです。

それから、わたしは真実を探す以外のことには興味を持たなくなりました。それでも、恐れたり罪悪感を感じながらもあれこれ忙しくしているべきだという悪い考え方から脱け出すのは大変でした。子育てをしたり家を掃除することはできますが、それ以外の何かをしたいとは思えずにいます。わたしはお店で人のために準備をするとき、ぎりぎりまで先延ばしにします。でも一度始めると、何かをしているという意識もなく、ただやることができます。そしていつもお客様が想像していたものよりも素晴らしい結果になることに驚いています。まるで判断がないかのように見えます。わたしにわかっているのは、ただそれは終わって、それ以上わたしにできることはないということです。孫にドレスを作ろうと考えていましたが、今はその気力がありません。目的を失ったように感じています。こういう状態になると、わたしはあらゆることに無気力になります。**コース**を勉強することにさえもです。それでも、わたしは、何かするべきことが待っているように感じるのを止められません。

ホーリースピリットに役割をくださるようお願いしていますが、穏やかな気持ちになれません。ずっと頭の中で「〜すべき」という言葉がこだましています。あらゆるものがはかなく、意味がないように感じます。自分のやることすべてが、そこから逃れたいという幻想をもたらすかのようです。

助けてください！　手放すためにわたしは何をゆるせばいいのでしょうか。どうしたら、平和に戻れるのでしょうか。

愛するあなたへ

溢れるあなたの思いを打ち明けてくださりありがとうございます。そして、ゆるしと目覚めに対するあなたの意志に感謝します。

この世界は幻想だという真実を思い出させる神の声を聞いたのは素晴らしいことです！　あなたには、ホーリースピリットの声だけを聞いて、エゴの疑いの念を永遠に手放すための、**コース**という心の訓練をするツールがあります。**コース**のレッスンを実践して生かすことで、これまで分離や時空間を信じていたことや、時系列に起こるさまざまな出来事への自らの信念をゆるすようになるでしょう。そして、あなたはたくさんの奇跡を経験します。その経験が時間を崩壊させ、あなたの心に安らぎを残します。そして、ホーリースピリットの目的を垣間見て、それを経験するようになります。ホーリースピリットの目的が、死、罪、恐れ、分離というエゴの目的に取って代わります。

はじめ、幻想という宇宙の本質を見ること。ゆるしという新しい目的、幻想宇宙を認識するという目的が見えます。それでもエゴの目的が完全に忘れられて取り消されるまでは、あなたはまだ考えにふけるでしょう。考えにふけっている間は、世界にはまったく意味がないように感じるでしょう。世界にある道はどこへも導かないことがわかるようになります。心がその領域へ近づくと、すべてが無意味に感じます。

しかし、確固とした無意味な境地の向こうに、ホーリースピリットの光があります。その光へ進むと、光はあなたを通して輝き、あらゆるものとあらゆる人に放射されます。ホーリースピリットがあなたを通して光を照らし、暗闇のすべての断片を照らし続けます。

すると、それが努力を要さず、楽に経験できるようになります。自分を通して光を照らすことに、苦労や葛藤はありません。まるで自分が透き通ったかのようになり、そこには個人的な目標や邪魔になる計画は存在していません。

ホーリースピリットが確実に導きます。あらゆる状況で、ホーリースピリットの判断が導きます。その判断は、あなたを通して成され、あなたによって成されるのではありません。ホーリースピリットの判断のもとでは、誰も失うものはありません。ホーリースピリットの目的には、命令も要求もなく、提案と指示と合図があるだけです。ホーリースピリットの呼びかけに抵抗することが可能だと感じますが、それは常に一時的な遅延にすぎません。アトーンメント、もしくは訂正から免れることはできません。

ですから、これは必須の**コース**なのです。ゆるしを避けることはできません。そして、ゆるしに至るまで数々の形や道があるように見えますが、そのどれもが皆同じです。ゆるしは単に過ちを過ちとして見て、静かに安らぎを得ることです。

「～すべき」というのは、エゴの声です。自責の念にかられた期待は、過った自己の感覚、つまり神が創造しなかった自己概念から生じています。その概念は見せかけのものです。それが、神が永遠に完璧に創造された自己を置き換えてしまうからです。スピリットではなく人間の振りをすることで、あらゆる苛立ちや不満が意識に浮上します。そのような人間の役割とは、偽りのアイデンティティを作り上げて維持することだけです。今この瞬間、あなたは過去の歪みから解放されており、神が創造されたスピリットとして自由なのです。

ゆるしは、自己概念を放射させます。その放射した自己概念の中には、あらゆる人やあらゆるものが含まれています。そこで見るものが、夢から目覚めさせ、キリストと神を思い出させてくれます。あなたはキリストが概念などではなく、本当に実在していることを知ります。見せかけの自己概念は、不安定で実在していないので、防御のみを必要とします。スピリットは常に無防備です。真実の中では、実在しながら脅威を感じたり、実在していないのに存在するものなどないからです。神の平和は真実の中にあります。ゆるすために犠牲にするものはなく、ゆるしとは、ただすべてを受け入れることです。すると、心はひとつになり、平和と全体性が調和します。

あなたはこのように聞かれました。「手放すためにわたしは何をゆるせばいいのでしょうか。どうしたら、平和に戻れるのでしょうか」。時空間を信じていたことをゆるすというのは、神に「永遠性を見せてください!」と頼むことです。分離の信念をゆるすとは、神に「永遠性の調和を見せてください」とお願いすることです。

ホーリースピリットは、あなたにその意志さえあれば、時間は実在しておらず、永遠性が実在していることを確信させてくれます。真実の中で、あなたに要求されることは何もありません。なぜなら、あなたはすでに永遠に完璧で、全体性を持ち、神が創造されたままで完了しているからです。ゆるしはその真実を思い出すための扉です。

愛と祝福を

デイヴィッド

54 目的が知覚を決める

どのような場面でも最も大切なことは、「これは何のためにあるのか、ここでのわたしの目的は何か」と問うことです。なぜなら、状況というのは、予め設定された目的によって知覚されるものだからです。目覚めは、判断を手放すという意味であって、自分や他人の動機を判断するためのものではありません。わたしは、人の心に注意を向けるというのは、一日をかけてする練習だと学びました。心を正す訓練をしていくときは、最大限の注意力と用心深さが求められます。エゴが気をそらせようとする際に好むのは、他人の動機を判断したり、特定の行動に焦点を当てたり、人の言動や物事の善悪を決め込むことです。その解決法は、あらゆることを世界の善悪の基準で考えないことです。判断の形をとる代わりに大切なことは、「わたしは今、愛とつながった正しい心でいるだろうか、恐れとつながった間違った心でいないだろうか」と自問することです。なぜなら、内側、外側という信念が完全に取り消されるまでは、内側にあるものが、外側で見るものを決めるからです。

ホーリースピリットは、常に、内側の信念や思いに目を向けるように思い出させてくれます。訂正は心の中でしか起こり得ないからです。「人は心に思う通りに知覚する」という言葉を捧げます。

以下を覚えておいてください。わたしがもたらす思いはわたしの源から生じています。その源がわたしという存在をもたらしています。わたしは神の心の中の想念であり、幸運なことにその想念は源を去りません。ひとつの心である皆も同じです。絶対的な真実には例外がないからです。

変わらぬ祝福を

デイヴィッド

55 身体を見るか、スピリットへ目を向けるか

親愛なるデイヴィッドへ

わたしはある人との付き合いが終わり、悲しみに暮れていました。でも何も失ってはいませんでした。愛しているロックンロールを踊れるスピリチュアルな人と出会いたいと思っていたところ、驚いたことに、素敵なスピリチュアルなロックンロールのダンサーと出会いました。彼は、美しいハートと魂の持

ち主です。でも、彼と会ったとき、彼の外見や話し方が魅力的ではないと思いました。彼の話の内容ではなく、彼の声が気になります。それから、彼の外見をイタチのようにずる賢そうと感じてしまいます。ですから、彼に恋愛関係は望んでおらず、友人関係でいたいと伝えました。わたしはずる賢そうでも美しい人だととらえられるようになって、自分のこんなうんざりする考えをやめなくてはいけないと思っています。でもそれが、とても難しいのです！

これらは全部エゴの思いです。心の底では、**コース**を通して人間関係に一生懸命取り組んだお陰で、自分に心を開いてくれるパートナーを惹きつけたのだとわかっています。昨夜、わたしは動揺して、連絡を取り合うのをやめようと言いました。彼はただ落ち着いて、穏やかにそこにいてくれました。そして、話し合うことができました。

彼は忍耐強い人で、過去の傷のせいでわたしが恐れに満ちているのをよくわかってくれています。わたしはそのようなありがたいことを人から受け取るのに慣れていません。自分が自分の人生でこのような人を作り出したとわかっているので、それを駄目にしたくありません。でも、わたしのエゴが邪魔をしてわたしの気持ちを懸命に妨害しようとします。こんなわたしに何か助言をいただけますか。

愛するあなたへ

あなたは、それぞれの状況で、自らの思いや判断がご自分に返ってくるということを非常によく理解されています。そのような姿勢は、人とは本当は人ではなく、思いなのだということを思い出させてくれます。自らの心を癒し、役目のない思いを手放すとき、今まで自分の人生にいた人々が変わったり去ったりするように感じるかもしれません。世界は、信じていることを外側へ映し出した、想念の世界と言えます。

悲しみや喪失感を経験するそれぞれの出来事は、人々へ向けて投影された自らの思いの結果です。ですから、内側にある思いをたどることによって、信じていることや、その裏側にある、本当に欲しているものへ行き着くことができます。問いかける姿勢で瞑想をすることで、ある特定の状況における「自分が信じていることは、真実なのか」と自分に尋ねることができます。あなたが欲するものが分裂していると、つまり、神以外のものを求めていると、あなたはエゴの活動場所にいることになり、あなたの思いや感情は、神以外のものを求めるその分裂した欲望をそのまま反映します。その状態で愛がもたらされることはありません。

あなたは、どの瞬間にも、兄弟を身体として見るか、それともスピリットとして見るかを自分で選んでいます。人間関係は、神聖な関係の経験を通して、相手をスピリットとして見ることと、ホーリースピリットに導いてもらうことを練習できる完璧な機会です。そのとき、判断する気持ちや愛への恐れは、ただ手放されるためにあらわれます。性的な恋愛に関しては、ただその時々で自分を突き動かすものに従い、時間に任せ、その都度、自分がどう感じているかを確かめていけば良いのです。結論を出したり、ルールや境界線を設定したり、言葉で関係を定義づけようとするのではなく、ホーリースピリットに、あなたが心地良く受け入れられる方法で、直観を使って、少しずつ優しく導いてもらってください。どの一瞬も新鮮で、自分自身や兄弟に対する期待を手放すためのチャンスです。過去は、去っています。つい最近のことも含めて、過ぎ去ったことです。一瞬一瞬を本当の自分で在るために、あなたは自由で、解放されています。

そのお友達に心を開いて、その人との関係におけるあなたの目的と、神や癒しに対するあなたの誓いについて話してください。その目的が本当の愛につながって、恐れが解放されるとき、そして、その目的を相手と分かち合うとき、あなたは、信頼を育むための道を開くのです。

目的がはっきりしていると、物事を個人的に受け止めて、プレッシャーや恐れを感じるときに、エゴを素早く無視できます。ぜひ彼との関係を、温かい太陽の光のもとにほころぶ花のようにとらえてください。それは優しく育まれることを求めています。つまり、神の恵みだけを必要としています。あなたは、太陽を輝せたり雨を降らせる方法を考える必要はありません。いつも最初に神について考えることを忘れずに、楽しんでください！

愛をこめて

デイヴィッド

親愛なるデイヴィッドへ

わたしの助けを求める叫びに返信してくださり、ありがとうございました。

わたしたちの存在が人ではなく、想念だという概念を理解するのにまだ苦労していますが、あなたの言葉を反映して、変化した人もいれば、去って行った人もいます。おっしゃるとおり、わたしの友人は、わたしの人生で起きた奇跡です。というのも、わたしは今、自分にふさわしいと思うものに対する気持ちを変化させているからです。長いことわたしは、自分が最善のものに値しないという根深い信念を抱えていました。わたしにとって人間関係が意味するものとは、拒絶と痛みだけでした。

神は、わたしが愛を表現して恐れ（エゴ）を手放すのを望んでいます。助言をありがとうございます。何が起こるべきかということに関して、いつもホーリースピリットに導いてもらえるようにお願いすることを忘れないようにします。本当の愛を咲かせるためと、恐れを手放すための手段として彼との関係を保つことを、心に留めておきます。

人との関係と自由

56 パートナーシップから神聖な関係へ

聖なるあなたへ

この世界の人間関係は、パートナーシップを伴うようです。パートナーシップという概念は、不完全で欠けたところがあるという無意識の信念を映し出すものです。相互関係では、常に、何かを得るために与えるということが行なわれます。そのようなエゴの信念は、神の無条件で永続に続く恵みの光の中で消えてなくなります。

真に与えることを学ぶというのは、神の意志から離れた分離の感覚から脱け出すことです。自己概念やイメージを抱えている限り、人は自分の外側の何かを欲し、それを得ることが可能だと信じています。パートナーとの出会いや、毎日考えてしまう人との出会いなど、どんな出会いも、いかなる条件や区別もなく完全に与えることができるか、それをあなたが学ぶためにあるのです。

このように考えてください。パートナーは神聖なものを求めています。スピリットに注意して耳を傾けてください。パートナーが求めているものが、あなたの求めているものだからです。あなたがパートナーに与えるものは、あなたが自分自身に与えるものです。それが無欲の愛への道です。ゆるしというたったひとつの目標に自分を捧げることで、あなたは分裂した個人個人やさまざまな利益という感覚をすべて失います。そのような知覚の中では、どのようなお願いも、大きすぎたり小さすぎたりすることはありません。あなたにできるのは、決して夢の中に生きていない夢見る者の知覚に入っていくことだけです。愛は争いません。戦いや防御の対象は存在していません。何かに対して正しくあろうとする、その「何か」も存在していません。自分を捧げるには、信頼することが必須です。スピリットへの信頼が、あらゆる疑いの念を晴らしてくれます。

区別せず与えることを学ぶことによって、あなたは、あらゆる所で、あらゆるものに対して、状況を超越している自らの真の自己というものを経験するようになります。あなたが唯一行なうべきことは、信頼して一歩下がり、神から直接もたらされる経験を妨げないことです。真に与えることは、本当のあなたを引き出して示すことです。

人間関係は個人的なものではありません。たったひとつの真の関係とは、創造主と創造物の関係です。真の関係は、人同士の間にあるのではありません。思いという形でのつながりが、スピリットの唯一の真の関係を否定してしまいます。あなたは、過去とつながることで現実を過去で置き換えるのは無理だと気づくまで、真の関係が何なのかを経験することはできません。実在性と神は、常に永遠の関係の中で結ばれ、直接的な対話と親交そのものです。

人間関係におけるすべての概念は、ゆるしに明け渡されなければなりません。ゆるしとは、過ちを過ちとして見ることです。それは、設定され結び付けられた思いの形には意味がないことを理解することです。人間関係を隔てる階層には意味がありません。愛とは、神聖な源から発したひとつのものだからです。時間は、直線状に連続的にあるのではなく、同時に存在しています。ゆるしは、欠落感や罪悪感や不完全な感覚を補うために、過去を変えようとすることではありません。過去を終わったものとして見て、なくすことです。世界をただのイメージとして見ることで、心は不可能なものに挑むことから解放され、不変な真の姿を認識できるようになります！　数々の幻想はひとつだったと自覚することが、心がひとつであることを認識する道を開きます！　それこそが、愛の存在がすべてだということへの気づきです！

神様、永遠にひらめきをもたらす神聖な関係を与えてくださり、ありがとうございます！　たくさんの祝福が、神聖なあなたに注ぎ込まれます。真の関係は、親密で永遠で神のように充実しています。

愛をこめて

デイヴィッド

57 聖なる関係は、私的な関係から移行する

愛するあなたへ

安らぎと共にこんにちは。

最近、友人が、旅の人生の中で経験してきたわたしの個人的な奇跡を、もっと分かち合って欲しいと言いました。彼女が、わたしの分かち合うアイディアに共感できるようにです。

スピリットは例え話を用います。人々は、その話の向こうにぼんやりとある聖なる指針を認識して、頷いたり微笑んだりします。心の自然な状態は、抽象的な放心状態です。例え話は、そのとても具体的な例です。それは何事も特別なこととして経験しないことと、すべてを宇宙の幸せな夢と神の愛の反映として見るということを、心の状態に指し示すのに役立ちます。

わたしは神の愛を、無限に放射する万能なものとして経験しています。神の愛は文字通り、あらゆるものの定義を超越しています。ホーリースピリットは、たくさんの例と隠喩を用いて、現在の瞬間を示します。それが、神の愛の存在です。それらの例で目撃することは、神の愛が形や具体性にまったく依存していないこと、そして、ホーリースピリットはどんなシンボルでも使って、わたしたちの眠った心がもとの純粋な穏やかな瞬間に気づけるように助けてくれることです。

聖なる関係は、人間同士の間にあるものではありません。それはとてもシンプルに、判断を避ける確固とした心構えと受け入れる姿勢を目的としています。聖なる関係においては、ただ見て待ち、判断を

しません。世界の変化を求めません。なぜなら、聖なる関係はゆるされた世界の証だからです。神の目的は、あらゆる人、場所、物、状況、出来事に、平等に当てはまります。神の目的とは、統一された意識の中で、相違するものは実在できないことを理解することです。

愛はひとつなので、あらゆるものを包括します。放射する愛の経験の中では、皆が友人なので、愛は友好的です。時空間の宇宙は、愛を隠すために作られ、愛を意識の外へ追いやりました。ですから、行動において愛を経験するという例は、永続する愛の存在に目覚める上で非常に役立ちます。

次は、聖なる関係、わたしが呼ぶところの聖なる一致についての、いくつかの具体例です。XとYというシンボルが、二人の人をあらわしています。聖なる関係は、XとYの間にはありません。しかし、ホーリースピリットは、XとYというシンボルを使って、神聖な愛へ向かわせます。シンボル自体が、愛という実際の経験にはなり得ません。愛をあらわすことは、愛とシンボルが同じだという信念を反映するにすぎないからです。愛は神の意志であり、反対のものを持ちません。シンボルは一時的なものです。実在しているものが永遠です。ですから、シンボルを実在しているものだというふうに取り間違えないでください。

聖なる関係は、愛と信頼に満ち、心開いて、正直で、優しく、自由で、自然発生的に、今現在、存在しています。それは、慈しみ、中立的で、すべてを包括し、幸福と喜びに溢れ、穏やかに放射された、素晴らしい交信と癒しと言えます！　聖なる関係は、いかなる点においても、恋愛や性的なものではなく、また、排他的な独占でもなく、時間に基づくものでもありません。聖なる関係は、判断、支配、嫉妬、比較をしません。そして、恐れや怒りや罪をもたらすものではありません。そのような正気を失った病んだものではないのです。聖なる関係は、分離や個性に基づいた世界で共通して見られる対人関係の中には存在していません。

聖なる関係は分かち合われた目的であり、ホーリースピリットの目的だけが、真に放射され分かち合われます。エゴの概念や信念を分かち合おうとするのは、存在していないものを分かち合おうとしているのと同じです。存在していないものは分かち合われません。放射して分かち合うことができるのは、愛だけだからです。愛は単純に放射して分かち合い、ただそのままの存在です。

どのような形で聖なる関係が成り立つのでしょうか。それは、形には意味がなく、愛だけがすべてで意味があるもの、そして、愛は中身であり、いかなる形でもない、というレッスンをあらわすのに役立つのであれば、どのような形でも取ります。愛は心の状態なので、直線状の時間軸にある物体になることはありません。聖なる一致の中では、過去も未来もありません。

「わたしたちの関係には将来がない」とこの世界で言うとき、その関係が終わりに近づいていることを意味します。しかし、ホーリースピリットとの導きのもとでは、同じ言葉がまったく違うことを意味します。つまり、それは今現在という意味に変わります。その瞬間に生きる今が、実在しているすべてだからです。神からもたらされる幸福が、幸せの秘訣です。それは、この世界で生きるための秘訣ではありません。

コースでは、心はひとつになれるが身体はひとつになれないと教えています。

ホーリースピリットの目的は、あなたの身体ではなく、あなたの関係の中に、安全に保たれています。あなたは身体の中にはいないのです。あなたがいる場所に身体は入ってこられません。ホーリースピリットがそこに自らの神殿を据えたからです。

（テキスト20・Ⅵ・7：8〜10）

関係とは、あなたが分かち合う愛の姿勢をあらわし、身体の観点では定義できません。身体は、やって来ては去るものなので、身体で定義される関係は一時的です。愛の姿勢は、永続します。そして、身体に関するあらゆる思いがホーリースピリットに明け渡されるときのみ、愛を経験することができます。

どのようにそうするのでしょうか。ホーリースピリットに、いつどこで奇跡を生かせるのか教えてもらいましょう。イエスにあなたの心を通して奇跡を行なってもらいましょう。一歩退き、ホーリースピリットに導いてもらい、神の目的の喜びを感じましょう。ホーリースピリットに、誰がいつどこで奇跡を必要としているのかを言わないようにしましょう。なぜなら、まず奇跡を受け入れることによって、あなたはホーリースピリットに導いて指示してもらえるからです。

聖なる関係の中で、エゴの欲求は弱まり、ぼんやりとし、なくなります。身体的な快適さや便利さ、好み、食欲といった、数え切れないほどのエゴの邪魔は、意識の中でどんどん二次的なものになり、大事なものではなくなります。聖なる瞬間にそれらはなくなり、心についに平和が宿ります。

聖なる関係は広大で、とても抽象的に感じられます。個人的なあれこれは皆、愛の川で流されます。その川は、特別な身体やカップルを見ません。ただ完全に抽象的な永遠の海へと流れ出ます。時空間の記憶は衰え、ぼんやりとし、ワンネスの中に消えていきます。
脚本に興味を惹かれる人が多くいますが、人のハートにある愛の感覚は、脚本とは何の関係もありません。形は中身の影に潜み、その経験が形を意味のないものに変えます。それが愛の神秘主義です。ひとつの望みを持つ心にとって、創造物はあるがままの姿を見せます。愛する聖なる関係に導いてもらいましょう。あらゆるシンボルがゆるされた世界でひとつになりますように。宇宙の消滅を歓迎しましょう。スピリットの宇宙がすべてです。非実在のものは存在しません。ここに神の平和があります。

永遠の愛を
デイヴィッド

58 親密さと平和と自由

親密さと平和と自由。それらは誰もが心の底で欲しているものであり、探しているものです。どこでそれらを見つけられるのでしょうか。わたしたちの中で物理的にそれらを求めなかった人などいるでしょうか。親密さと身体的な距離を結びつけない人はいるでしょうか。心の平和と特別な場所を関連づけない人はいるでしょうか。自由とお金を一緒に考えない人はいるでしょうか。行きたいところへいつでも行ける力を、自由だと思わない人はいるでしょうか。身体的な概念や定義から脱け出すとき、スピリットのたったひとつの目的が心の中にあるのがはっきりとわかります。この世界に属さないことによって、人は、真の親密さと平和と自由を見つけます。

これらのことは、はじめは抽象的でかなり無理があるように感じられます。ですから、親密さと平和と自由という目的から外れずにいるには、心の支えとなる大きな指針と、心のトレーニングが必要です。そしてその他のあらゆる目的を放棄することが求められます。訓練されていない心にとっては、とても難しいからです。訓練されていない心は、バラバラに分離した目的こそ、異なるレベルのニーズを満たすために不可欠だと信じているのと同様に、肉体的な現実を信じているからです。

引き裂かれたレベルが必要とするものを見るのは、とても基本的な過ちです。それぞれのレベルの中で解決法を探そうとするからです。心が徐々に親密さと平和と自由の自然な状態を認識するようになるためには、過ったレベルの必要性という概念を問わなければなりません。分離の問題は、世界にあるのではなく、心の中にあります。心から離れた問題はありません。実在の世界では、心は個人的なものでも分離したものでもありません。

目覚める上で重要な点は、現在の瞬間です。そこが力のある場所です。幸せになりたいと願うことは、その瞬間に生き、神の英知の流れに乗ることです。形や行動を選ぶことではありません。つまり本書を読んだり、テレビ番組を観ることが平和をもたらすのではありません。行動の中にはありません。神の目的や知覚が、実在する選択です。だからこそ、優れた識別力が大切なのです。本書を読んだり、テレビ番組を観ることが、安らぎや動揺をもたらすというのは、あなたがこしらえた意味づけと目的です。いかなる形でも、もともと備わっている目的というのはありません。常に、心は、その奥で欲しているものを見つけるのです。

スピリットの唯一の目的を心に留めて、現在に目を向けておくのはなぜ難しいのでしょうか。欺かれた心は訓練されておらず、現在を恐れているので、現在に目を向ける意志がありません。心のあらゆる雑念やドラマといった、目まぐるしく注意を散漫にさせるものや、そのはけ口は、静寂という現在の瞬間からの防御策です。欺かれた心はスピリットを恐れています。自己概念におけるすべての目標と目的は、エゴのものであり、スピリットのたったひとつの目的を見えなくしています。したがって、恐れは、自己概念に対する心の執着から生まれています。

多くの人々がたびたび、解決法としての別れについて話しています。別れることが平和をもたらすという感覚があるようです。しかし、別れようとすると抵抗に合います。心は何から別れようとしているのか戸惑い、形(外見)と中身(目的)について混乱します。そこで言い訳が登場し、古い思考パターンとその結果として生じる行動が残ります。ある人は、別れについて話すのをやめ、ある人は完全に忘れます。

皆さん、別れて安らぎを得られるようになるには、その前に、執着の本質をはっきりと理解しなくてはなりません。スピリットのたったひとつの目的を持つために、形にかかわらず、エゴの思いの本質を見極められるようにならなければなりません。

それこそが、わたしたちが経験したがっていて、分かち合いたがっている目的です。スピリットを招いて、自然な愛に満ちた思いと経験について明らかにしてもらいましょう。それがスピリットへの継続した招待状です。わたしたちは、誠実な意図と神のハートへ進む意志を掲げます。スピリットの前に心を開いてあらわれ、わたしたちの神聖さを見せたくてたまらない様子を表現しましょう！

その経験は、心を開いて愛を表現し、分かち合うものだと言えます。そこでは、疑問や心配事やトピックに制限はありません。確かなことはひとつです。それは、平和と喜びの感覚こそが、スピリットの唯一の目的を心に留める選択をしているかを示すサインだということです。エゴの思いの本質を見極める誠実な意図と、喜んでそれを手放すことが、恐れの代わりに平和を選ぶ偉大な意志へとあなたを導きます。恐れが見分けられず、恐れが価値あるものを提供してくれると考えていない限り、誰が恐れなど選ぶでしょうか。

エゴには価値がないことがわかると、あらゆる信念がそこから退場します。とはいえ、それは、価値があるように見えるのが終わっただけです。スピリットだけが依然とそこに存在しています。スピリットこそが、今であり、永遠であり、不変です！　偉大な目覚めに歓喜を！　わたしたちは本当の存在の真実を思い出します。それは、永遠で、不変で、無限で、完璧です。すべてが、ワンネスの記憶の中で祝福されます。

59 病気を信じることは不可能です

病気は過った思いのあらわれです。あらゆる過った思いが、身体は病気にも健康にもなり得るし、生死をも経験できるという逸脱した信念へ続いています。死は、神からの分離、真の自己からの分離、あらゆるものからの分離が可能であるという信念そのものです。病気と死は、同じ幻想です。どちらも、全体性やあらゆるものを包括するもの、命という永遠のすべてを否定しているからです。すべての命はスピリットです。この世界は、スピリット以外の何かが存在しているという信念以上の何ものでもありません。身体は中立的な道具であり、真実の中では、病気や健康、生と死といった特質を授かることはできません。

病気や死という間違った信念がゆるされて手放されたときのみ、死は邪悪な加害者でも、祝福でもなくなり、ただ実現不可能なものとなります。それを目撃することが喜びです！　死はありません！　わたしは、病気や死というものが、傲慢な思いであることに気づきました。それらは偏在するあらゆる命の源と、全知全能を否定しているからです。すべての命の源の存在の中では、神聖さのみが存在しています。

形而上学者は、病気と死は決断によるものだと主張していますが、「それは何を選択することなのでしょうか」。あなたは、死は存在していないことを生きて示すために呼ばれたのです。もし誰かが病気になって死ぬことがあるのであれば、神は存在していません。しかし、神が愛ならば、愛だけが存在しています。ここに妥協点や合流点はありません。暗い部屋で灯りをつけると、暗くなくなります。暗闇と光は、起こるであろう結果について衝突しません。光が入れば闇は消えます。同様に、生と死、または、健康と病気は、共存できません。実在しているものと、その反対に見えるものの両方が、真実にはなり得ません。真実だけが実在しているからです。

わたしのハートには、大きな幸せと喜びがあります！　わたしは、幻想を信じることは、過ちだととらえています。スピリットがそれを訂正してくれます。幸運なことに、神聖な心には反対のものはありません。訂正することが真に決断され、本当のものが受け入れられるなら、あなたの細心の注意と献身的な姿勢を示す心において、それ以上の何に価値があるというのでしょう。あなたが考えるとき、世界はその考えをあらわします。

あなたはこの世界の想念の列車に飛び乗りたいですか。それとも、天使と共に高いところから非実在を見極めていたいですか。幻想の哀歌を歌いたいですか。それとも永遠の感謝という幸せの歌を歌いたいですか。これらは、毎日、毎瞬、眠りの中にいる人が直面する疑問です。人生を生きているこの瞬間を、世界の過去や未来の事柄で覆い隠したいですか。それとも、永久である命に捧げたいですか。

痛みは、間違った心の知覚です。正しい心にいる者が、愛以外のものを目撃できるでしょうか。愛に見えないすべてのものに疑問を持ってください。すると、愛以外のものは、あなたの経験から確実になくなります。非実在のものに対する思いを意識から除いてください。そうすれば、すべてである本当の存在だけが残ります！

わたしは聖なるあなたを愛しています！　わたしは天使と共に、ワンネスが、相反するものへの信念を超えたところで、そのままとどまっていることを喜びます。神が永遠にひとつのものとして創造されたものを分離できるものがあるでしょうか。愛だけが存在しています。二元性は夢にすぎません。目覚めた心に、今を迎え入れてください！　感謝と共に。

60 死への願望を永遠に手放す

親愛なるデイヴィッドへ
人生を終わらせたい人に何と言いますか。

愛するあなたへ
人生には終わりはありません。人生を終わらせる人は、単に移行するだけです。命は終わりません。わたしたちが死ととらえている移行は、心にとっては終わりではありません。いくつかの記憶は消えるかもしれませんが、心はその芯となっている部分で生き続けます。その移行途中、心の中で信じられている痛みや苦しみは、心から離れません。ですから、移行を通して、痛みや苦しみから逃れることはできません。

人生を終わらせることを考えている人は、孤独に苦しんでいます。その苦しみは、別の形に見えるかもしれません。本人もその痛みが孤独の痛みだと気づいていないかもしれませんが、それがあらゆる痛みの根本です。彼らは、犯した間違いや、チャンスを失ったことや、依存症(罪悪感)や、自己嫌悪に苦しんでいるかもしれませんし、起こっている出来事への恐怖や、将来起こり得る出来事への恐怖に苦しんでいるかもしれません。でも、人生を終えることを考える人が、ほんの一瞬でも、痛みや苦しみの向こうを見るのなら、彼らは、本当の痛みが、苦しみの中にある孤独感から生じているのを目撃するでしょう。人生を終わらすことで、愛を見つけることはできません。人生を終わらす行為を通して、自らを愛から引き離すこともできません。ひとりひとりが愛そのものだからです。ただ、孤独を信じるあまり、愛を自覚できないでいるだけなのです。

気づかなければいけないのは、誰もが決してひとりではないということです。ひとりでいるというのは、文字通り不可能です。そのレッスンを学ぶ準備ができるまでは、孤独感からもたらされる症状に苦しみます。ですから、人生を終わらせようとしている人には、このように言ってください。「わたしはあなたを愛しています。いつもあなたを愛しています。わたしがあなたの助けになります。わたしの助けを受け入れてくださるなら、あなたは決してひとりではありません」

相手は、あなたが捧げる愛を受け入れてくれるかもしれません。そうではないかもしれません。それぞれが、自分のレッスンを選ぶのです。ですから、あなたもそれが、あなた自身のレッスンだと気づかなければいけません。人生を終えようとしている人を思い、悲しんだり心配したりしている今の時点では、あなた自身も孤独に苦しんでいるのです。あなたが、自分も含めた兄弟全員が、ひとりにはなれないと学んでいないからです。あなたは、わたしたちのワンネスを、唯一存在する事実として受け入れていません。ですから、わたしがあなたに伝えましょう。「わたしはあなたを愛しています。いつもあなたを愛しています。わたしがあなたの助けになります。わたしの助けを受け入れてくださるなら、あなたは決してひとりではありません」

あなたの住んでいる世界は、幻想です。見えている通りのものは、存在していません。わたしと共にあなたの信頼を根づかせましょう。あなたのハートをわたしの手の中に置いてください。静寂の中で座り、わたしがここにいることを知る意志を持ってください。わたしが実在しているという真実をあなたが受け入れるとき、失うものは何もありません。真実が永遠だからです。真実が、すべてを包括した全体だからです。

人生を終わらそうとしている人へ、あなたがその方を愛していることを知らせてあげてください。そして、あなたが、わたしの愛を、あなたの愛として受け入れようとしていることを教えてあげてください。いかなる問いにもこれ以外の答えはありません。わたしの愛をあなたの愛として受け入れること、それが、真実をありのままに受け入れるということです。

愛をこめて

デイヴィッド

61 憎悪に縛られ、見ることができません

親愛なるデイヴィッドへ

わたしはある人を憎んでいたいようです。レッスンも試しましたが、上手くいきません。わたしは苛立って、そこから抜けられずにいます。どうしたらいいでしょうか。

愛するあなたへ

お手紙をくださり、あなたの心のうちに浮上していることを分かち合ってくださり、ありがとうございます。憎悪はエゴの感情で、神からの分離という信念について、正しくありたいという思いであり、その信念に対する神の反応を操ろうとする思いです。エゴは、永遠の子を支配したいという吹き出した非実在のアイディアに、神が実在性を与えてくれないために怒り狂っています。その感情は、エゴに価値が置かれず、ひとつのアイデンティティとしてエゴをとらえなくなる瞬間に、手放されます。

エゴは、特別な関係の決して報われない愛を使って、怒りを正当化しようとします。神への深い憎悪と神への恐れが暴かれるまで、それは続きます。しかし、さらに深く見ていくと、最初の過ちが明らかになり、特別な関係の効果のなさが意識の中ではっきりとします。心に許可を与えてください。猛獣が頭を出すように見えてもいいのだと。あなたは激しい感情を通り抜けて、解放されます。単純に、それらの感情を守り投影しようとしなければ、それらは解消されます。支配しようとする思いをすべて捨て

てください。世界を操ろうとするのをやめてください。兄弟を変えようとしないでください。

憎悪はどこにあるのでしょうか。憎悪は、支配と操りと修正の必要性が信じられていた対象と一緒に消えてなくなります。キリストがキリストを認識できるように、受け入れることだけが求められています。それゆえに、実在の世界で起きていなかったことへのゆるしという最後の幻想が受け入れられなければなりません。幻想をゆるしてください。すると憎悪はなくなります。ゆるすためには、幻想はひとつだということを認識しなくてはなりません。アトーンメントの中で部分的なゆるしは存在しないからです。ゆるしを完了するか、幻想を本当だと信じるかのどちらかです。

レッスン23では、このように述べています。**「わたしは、攻撃的な思考を手放すことによって、今見ている世界から抜け出すことができます」**。これが恐れから脱け出す唯一の方法です。特定の攻撃の思いを認めて、その思いをなくそうとする行動が伴うため、上手くいきます。手放すために怒りに登場してもらうのに加え、あなたの思いや信念や心の底にある欲求をよく見つめてください。穏やかな祈りは、正気に戻るためのとても役立つツールです。神は、わたしが自ら変えることのできないものを受け入れるために静けさを与えてくださいました。そして、変えることができるものを変える勇気をくださいました。さらに、その違いを理解するための英知を授けてくださいました。

わたしが正しい心であなたと共に進みます。ですから、憎悪はあり得ません。愛の祝福を。

永遠に

デイヴィッド

62 ホーリースピリットからのメッセージ

わたしの子供たち、戻ってきなさい。そのような歪んだ思いを抱くのをやめて。あなたは今も神聖そのもの、父が、完全な罪のなさのなかで創造し、今このときも、平和の腕で抱きしめている、その聖性こそがあなただ。

今こそ、癒しの夢を見なさい。それから起き上がって、すべての夢を永遠に手放しなさい。あなたは、父の愛する子、父の家から一度も出たことがなく、内なる真実に逆らって愛に背き、重い心と血のにじむ足で、過酷な世界を彷徨ったこともない。

すべての夢を、キリストに預けなさい。キリストに、癒しを導いてもらいなさい。あなたは、キリストともに祈り、この世界が囲んでいる哀れな場所を超えたところへ、出ていきなさい。

キリストはわたしに代わって訪れ、わたしの言葉をあなたに語る。

わたしは、悪夢のなかで疲れ果てた我が子を呼び戻し、永遠なる愛と完全なる平和で抱きしめる。わたしの腕は、自分が癒されていることを理解していない、愛する我が子に向かって開かれている。愛の聖性と創造の喜ばしい感謝のなかで、祈りの歌が一度もやんだことがないのを理解していない我が子に開かれている。

ただ一瞬、鎮まりなさい。厳しい努力と敗北のざわめきの背後に、あなたに向けてわたしを語る声がある。

ほんの一瞬、これを聴きなさい。それであなたは癒される。

聴きなさい。あなたが救われていることを知るから。


わたしを手伝いなさい。裁きの夢、恐れに苛まれる小さな生命の夢、たちまち終わってしまうので一度も存在しなかったも同然の夢から、わたしの子供たちを目覚めさせるように。

代わりに、永遠を思い出させるように。

そこでは、あなたの喜びは無限にふくらみ、あなたの愛とわたしの愛が共に無限の彼方に放射され、時空間が無意味となる。

あなたが悲しみのなかで待っているうちは、天国のメロディは未完成のまま。あなたの歌は、愛の永遠なるハーモニーの一部だから。

あなたなしに、創造は成就されない。我が子から一度も離れたことのないわたしのもとに戻りなさい。

聞きなさい、我が子よ、あなたの父があなたを呼んでいるのだ。愛への呼びかけを聴くのを拒まないように。キリストの愛を拒まないように。天国はここにある。そしてここがあなたの家なのだ。

創造は、時間の柵を超えて世界から重荷を取り除く。

軽やかな心で、その訪れを歓迎しなさい。

そのやさしさのなかで、影が消えていくのを目撃しなさい。聖なる子よ、なんと麗しいことか！

何とわたしとそっくりなことか！

どれほどの愛をこめて、わたしはあなたをわたしの心に抱きしめることだろう。

あなたはわたしの子を癒し、彼を十字架から降ろした。あなたがわたしに与えたその贈り物のひとつひとつが、何と愛しいことだろう。

立ち上がり、わたしが与える感謝を受け取りなさい。

わたしの感謝とともに、まずゆるしの贈り物が訪れ、次に永遠の平和が訪れるだろう。


だから今、あなたの聖なる声をわたしに返しなさい。

祈りの歌は、あなたなしでは黙したままだ。

この宇宙があなたの解放を待っている。それは宇宙それ自体の解放だから。

宇宙と、そしてあなた自身に対して親切でありなさい。

わたしにも親切でありなさい。

わたしがあなたに求めるのはただひとつ。あなたが慰められ、これ以上、恐れと苦痛のなかで生きなくなること。

愛を捨て去るな。

覚えておきなさい。あなたが自分自身と世界について考えていることが何であろうと、あなたの父は、あなたを必要としている。そしてあなたがついに平和とともに父のもとに戻るまで、父はあなたを呼び続けることを。

（祈り３・Ⅳ・６〜10）

あなたはわたしの息子です。わたしは、自分がまだ住んでいる秘密の場所を忘れていません。あなたもそこを覚えていることを知っています。息子よ、こちらへ来て、ハートを開き、わたしがあなたを光で照らすのをゆるしてください。そして、あなたを通して世界を照らしてください。あなたはわたしの光であり、わたしが宿る場所です。あなたは、忘却した人たちへ、わたしのために話すのです。彼らをわたしのもとに呼んでください。息子よ、全世界のために、今、思い出してください。あなたがわたしに答えるとき、わたしは愛を呼びます。わたしたちが知っているのは、言葉だけだからです。愛を思い出してください。あなたの周りでは、愛のハートに触れざるを得ません。愛があなたの中で鼓動しているからです。

忘れないでください。わたしの子供たちよ、忘れないでください。隠された場所の前にあるその扉を開いてください。突然の恍惚の中で歓喜を生んだ世界で、わたしに道を開かせてください。わたしが訪れます。わたしがやって来ます。わたしを見つめてください。わたしはここにいます。わたしはあなただからです。わたしは、キリストの中にいます。わたしはキリストのためにいます。

わたしの愛する息子よ、無限の栄光と、天国の喜びと、地上の聖なる平和と、キリストへの回帰と共に、キリストの手からわたしのもとへ帰って来てください。息子よ、今それが成されました。ですから、アーメンと言ってください。秘密の場所が今ついに開かれます。わたしの不変の愛以外のあらゆるものを忘れてください。わたしがここにいるという以外のすべてのことを忘れてください。

63 アトーンメントを受け入れる　第一部

【友人との対話】

アトーンメントは、完全な誓いです。エゴは、誓いとは何かわかっていません。エゴは親のいない子供のように衝動的です。というのも、エゴには本当に親などいないからです。エゴは、安定感をまったく感じることがなく、恐れで取り乱しています。ホーリースピリットこそが心の中にある答えであり、それがアトーンメントをもたらします。眠ってしまっている心に、アトーンメントの本質を取り戻してくれます。アトーンメントは、とても冷静で、ただ見つめ、判断しません。それはまさに汚れのない静かな状態です。でも、アトーンメントを受け入れるために心を開くには、この世界で知っていることのすべてと異なるものについて、厭わず受け入れる準備を整えなくてはなりません。

コースは、心が使うためのツールです。目覚めてアトーンメントを受け入れるという全計画の最初の段階で行なうことは、あなたの注意をイエスまたはホーリースピリットに向けることです。あなたは、**コース**のために準備ができていなくてはなりません。わたしは世界中を旅して、何度も同じ話を聞いてきました。**コース**の本をドアストッパーに使う人も、本の上に植物の鉢をのせた人もいました。ですがある日、「わたしはこの本を読むはずだった」と思い出すわけです。ある時点で、それはあなたの注意を惹きます。あなたの注意がホーリースピリットに向けられたら、次に、奇跡のために心を開く意志を持たなくてはなりません。あなたは、世界を見る別の見方があることを確信する必要があります。あなたを確信させるのはホーリースピリットやイエスの仕事なので、それについてあなたが心配したりプレッシャーを感じるべきではありません。あなたはただほんの少しの意志を持つ必要があるだけです。

数々の奇跡を通して、あなたはアトーンメントのために自分の心を準備していきます。**コース**を練習しているとき、奇跡を経験し、またエゴが戻ってくるように見えるということが起こります。でも、アトーンメントは、本当の自分に対して確信が持てる状態にあなたを連れて行きます。たとえば、レッスン139の**「わたしは、自分自身のためにアトーンメントを受け入れます」**では、「これが最後の選択です」と最初に言っています。選ぶ選択肢のない心の状態では、どれだけリラックスしていることでしょう。あなたはただ本当の自分でいる状態で、休息していられるのです。

わたしのバックグラウンドを少し話します。

一九八六年に**コース**の本に出会いました。わたしはこう言いました。「何と言うことだ。これこそが、わたしのための、恐れと疑いと悲劇から脱出する方法だ」。そのことがすぐにわかったのです。

最初の二年半は、一日約八時間勉強しました。溺れているわたしに誰かが救命ボートを投げつけて「つかまりなさい！」と言っているかのようでした。それが、**コース**を見つけたときに、わたしが感じたことです。暗黙の祈りに対する答えのように思えました。数年間没頭しているうちに、わたしの心の中で、自分に話しかける声がとてもはっきりと聞こえるようになりました。「誰それに電話をしなさい」「ここへ行きなさい、あそこへ行きなさい」「鍵を忘れているから戻りなさい」といった具合に、です。まるで、小鳥が肩の上でさえずっているようでした。ミニチュアのイエスがいる感じでした。それによって、わたしの目覚めはますます加速しました。**コース**の特徴のひとつは、時間の節約です。

最初のカンファレンスに参加したとき、「**コース**の歩く百科事典」と紹介されました。百科事典と紹介されることほど、拍車をかけるものはありません。わたしは**コース**から引用して、何頁からの引用かなどを言い当てることができました。でも百科事典になりたかったのではないのです。わたしは経験が欲しかったのです。それが、ホーリースピリットを聞き、ホーリースピリットに従い、ホーリースピリットに心を合わせていることの喜びを感じる、という経験に深く身を投じるきっかけになりました。

あなたは毎日、目覚めることを予期してワークブックのレッスンをするべきです。レッスンこそが目覚めなのだと期待するべきです。三六五もレッスンがあるから、今やらなくても、いつでも戻ってくればいいと考える代わりに、です。それでは、時間の感覚に巻き込まれるだけです。ただ目覚めることを期待しましょう。「また新たな日、新たなレッスン！」というように。持っているものすべてをレッスンに捧げましょう。自らの疑いを終わらせる経験を求めることが、アトーンメントのすべてです。そうするには、理屈や概念を超えなければなりません。それはあなたが持つ唯一の責任です。あなたには、一見世界でたくさんの責任があるように見えますが、ホーリースピリットに導いてもらおうとすると、「でも、わたしにはたったひとつの責任しかなかった。それは、ただアトーンメントを受け入れるということ。そしてホーリースピリットにとても丁寧に導いてもらわなければ」というところへ戻っていきます。わたしがそれを保証します。これは責任を放棄することではありません。正直に心で起こっていることを、ホーリースピリットに対処してもらうことです。

あなたは嘘をついたり、約束を破ったり、急いで逃げるように求められることはありません。あなたに求められることは、あらゆることがあなたを通してホーリースピリットによって対処されるように、疑いなく忠実に従うことです。あなたが毎日直面する事柄はまだありますが、それらもホーリースピリットが対処します。聖書では、イエスはこのように言っています。「野のユリのようでありなさい」「まず天国の王国を求めなさい」

コースでは、イエスはこのように言っています。

> 神の計画を、自分が成し遂げたいたったひとつの機能として受け入れたなら、ホーリースピリットがすべてを手配するので、あなたの努力は不要となります。ホーリースピリットがあなたの前を進み、躓く石や行く手を阻む障害をひとつ残らず取り除き、あなたの道を整えるでしょう。
>
> （テキスト20・Ⅳ・8：4～5）

あなたが自分の役割を受け入れるとき、この世界のすべてが完全にあなたのために結集します。あなたは文字通り、問題のない人生を生きるようになります。個人的な問題も、社会的な問題も、健康問題も、経済的な問題も、人間関係の問題もない人生です。それこそが救いであり、悟りです。レッスン80を学ぶとき、そのことに気づきます。**「問題がすでに解決していることをわたしにわからせてください」**

わたしにとっては、心の中が統合してひとつになるまで、聴いて従う経験の連続でした。もはや指導者や追随者もなければ、案内人も案内される者もいません。人を覆い隠す個性が、ただ消滅し始めます。あなたは、神の存在を生きる者、生きているキリスト、現在に存在している者として、自分のことを感じるようになります。

常にそれを経験するためには、奇跡に例外を作ることはできないことを明白に理解しなければなりません。例外を作らないためにワークブックがあります。自分で決断を下さない意志を持って一日を過ごしましょう。すべての決定をあなたを通してホーリースピリットに行なってもらう意志を持ちましょう。

もしわたしが、自分ひとりで決断しなければ、そのような一日が与えられるでしょう。

（テキスト30・Ⅰ・4：2）

レッスン135でイエスがこう言っています。

癒された心は計画をたてません。その心は、自らのものではない英知に耳を傾けることによって受け取る計画を実行します。何をすべきかを教えてもらえるまで待って、それから行動に移ります。

（ワークブック135・11）

まさにその感じです。「わたしにそれをやって欲しいのですね、わかりました」。やることは与えられているわけですが、そこにプレッシャーの感覚はありません。神聖な流れの中に身を任せ、誠実さを保ちます。ホーリースピリットが計画や迅速な指示を与え、あなたはそれに従うだけです。

アトーンメントとは、過去からの完全な脱出、そして未来への完全な無関心と同一視することができるものです。

（マニュアル24・6）

ここで意味することを理解し始めるのは、あなたが現在の瞬間の中にいるときです。美しいフレーズではありませんか。あなたはただ打ち寄せられるままにしていればいいのです。「過去からの完全な脱出、そして未来への完全な無関心」こそが、物事を把握しなければ、救いに取り組まなければ、というストレスをなくしてくれます。神の恵みです。これはとても実践的で安全で確実なものです。あなたはそれに自信が持てるようになるでしょう。決してごまかしではないし、非現実的な楽観主義でも、ポリアンナの物語でもないと確信していてください。それは軽やかで、誰かに何かを納得させようとするものではありません。改宗する必要はないのです。誰の心も変えようとしていないのですから、何かを押しつける必要もありません。ただ自らの心をホーリースピリットに導いてもらい、変えるだけです。あなたが誰かを変えようとするのではありません。ホーリースピリットに従うとき、安らぎと喜びの感覚が訪れます。

イエスは、わたしたちの命を結集します。

あなたが奇跡を行なうとき、それに適合するように、わたしが時間と空間の両方を調整します。

（テキスト2・Ｖ・Ａ・11・3）

わたしのために時間と空間の両方を整える、ですって？　すごいですね！　そんなことは、学校で決して教えてもらえませんでした。

ハエ取り紙に貼り付いて身動きできないハエのように、時間の中に閉じ込められた者でいるということからの脱出とはこのことなのです。ミラクルワーカーは、時間をコントロールします。というのも、わたしが望めば、わたしを通して奇跡が行なわれるとイエスが言っているからです。完璧に心が明確でなくても大丈夫です。もし、完全に明確であるならば、はじめから奇跡は必要ありませんから。でも、ほんの一瞬、恐れを持たずにいなくてはなりません。ほんの一瞬、リラックスして、わたしに準備ができていることを信頼してください、とイエスは言っています。あなた自身に準備ができているかを心配しないでください、わたしの準備を信頼してください、わたしがあなたを通して奇跡を行ないます、と。しかし、奇跡は、疑いや恐れの状態では行なえません。疑いや恐れは、そこに存在しているものを妨げるからです。

長年かけて、わたしは、無口で照れ屋な自分から変わらなければなりませんでした。わたしは、最終学年で最も照れ屋な人として選ばれ、卒業アルバムにも載りました。わたしが世界中を駆け巡って、普通、公の場で話すものではないと言われている神のことを話すなど誰も想像していませんでした。

奇跡は無意識に起こるものです。意識的に何を言おうか、誰に話そうか、とコントロールしなければいけないものではありません。わたしが原稿を持っていないのがおわかりでしょう。わたしは、いつものように、あなたと一緒に話すのを楽しんでいます。わたしは、まるで初めてのときのように、ホーリースピリットが何を話すのか聞いているのです。いつもそのように感じています。

あなたがミラクルワーカーであるとき、時間と空間があなたのために結集します。例を挙げましょう。

わたしは世界中から招待状をいただきます。コロンビアのカリ市に招待されたときのことです。その頃はまだそんなに多くの海外旅行を経験していませんでした。先方へ向かう途中、フロリダ州のマイアミで飛行機の乗り継ぎがありました。空港へ降りたとき、マイアミにハリケーンが直撃しようとしていたため、そこは避難所のようになっていました。人々はフロリダを出て、母国の南米へ戻ろうとしていました。赤ん坊は泣いており、どこもかしこも人でいっぱいでした。わたしは、はるかカナリア諸島から来ることになっていた友人で通訳のスザナと会うはずでした。

マイアミに着いて、わたしは人の海の中で彼女を探し出し、飛行機に乗ることができました。離陸してすぐ、マイアミ空港は全面閉鎖されたとアナウンスがありました。ですから、わたしたちが離陸するまで、イエスは実にハリケーンを止めていてくれたのです！

大抵わたしたちは、ハリケーンを止めるほど自分が重要だとは思っていません。イエスは、あなたが奇跡を行なうなら、時間と空間を管理してくださると言いました。それは決して冗談ではないことをお話ししたくて、この例を挙げています。わたしは、ホーリースピリットにわたしを通して話してもらうためにコロンビアへ行きました。あなたの心は、山を動かすことも、ハリケーンを止めることもできるのです。この世界で、この宇宙全体で、あなたの心よりパワフルなものはないのです。あなたがミラクルワーカーであるとき、あなたは全宇宙を支配する力を持っています。

ベネズエラでチャベス大統領に何が起こっているかご存知ですか。わたしは現地に滞在中に、テレビ番組に二度出演し、八つのラジオのインタビューを受けました。アメリカが油田を奪いに迫ってくるということで、「軍隊は厳戒態勢の中にありました。わたしは、軍隊が戦争の演習を行なっているときに、奇跡と愛、分かち合いと癒しについて話していました。わたしは身体で自分を認識していないので、恐れてはいませんでした。自分は不死身だと感じているので、ホーリースピリットが行なってもらいたいところはどこへでも行きます。あなたが奇跡を行なうとき、聖書のこの文を覚えておいてください。「もし神がわたしたちの味方であるならば、だれがわたしたちに敵対できますか」（ローマの信徒への手紙8：31）

わたしたちは、なんと素晴らしい仕事に導かれていることかと思いませんか。あなたが奇跡の心の状態、つまり準備ができている状態のとき、あなたに対して逆らうものは何もありません。なぜなら、すべてが良きことのために使われるからです。あらゆることが良きことのために一丸となる、と聖書でも**コース**でも言っています。傷つくことはないと感じられるのは気持ちの良いものです。心強く感じられるのは嬉しいことです。イエスは、**コース**でこう言っています。あらゆる力は、天と地の両方にいるあなたに与えられます。すべての力は神のものだからです。

エゴに従えば、存在しないものがあらわれることを信じることができます。たとえば、ただひとりのソウルメイトがあらわれるとか、自分用のヨットが手に入るなど。映画「ザ・シークレット」をご覧になった方もいるでしょう。心にはとても力があります。わたしたちは、心の力を弱めようとしているのではありません。すべての力は神のものですから。それは、神が創造主だからです。ですから、力はスピリットに属します。夢を操ることができ、その夢をある一定の方向に仕向けることができるように感じても、それは途中の段階にすぎません。天国の王国と永遠性こそ、あなたの引き継いだものであるというのに、誰がそのような小さなもので満足できるでしょうか。

わたしの人生において、心の平和が小さな贈り物以上になった理由は、そのためです。わたしは、安らぎと幸せと喜びの状態で生きています。バガヴァッド・ギーターやほかの伝統に傾倒している人々と悟りについて話すために招待を受けるほどです。わたしのハートにとって**コース**はとても大事なものですが、今は自分の経験のほうがそれを超えています。行く先々でただ皆と手を取り合っています。

レッスン139からいくつかの文を読みます。この文は、わたしにとって素晴らしいもので、このレッスンを本当に価値あるものにしています。イエスはこう言っています。

ここに、わたしたちの使命があります。わたしたちは、かつて信じていた狂気の沙汰を強めるために来たのではありません。自分たちが受け入れた目標を忘れないようにしましょう。自分たちの幸せだけではなく、それ以上のものを得るために、わたしたちは来たのです。

（ワークブック139・9）

わたしたちが得ようとしているのは、単に幸せだけではなく、それ以上のものです。では次に何がやって来るのでしょう。「わたしたちが受け入れる自らの姿は、皆が同じでなければならないことを示しています」。皆が同じでなければならない……。この文が暗示していることがおわかりですか。わたしたちが自分たちのために宣言することとは、皆が同じでなければならないということです。教祖的な存在の人のことを話しているのではありません。「彼が持っているものをわたしも欲しい」などと言ってひれ伏している信者のことでもありません。あなたがアトーンメントを受け入れれば、皆があなたと共に進みます！　あなたが悟れば、皆も悟ります。これが意味することがおわかりですか。いかに古いゲームの「わたしがそれを得れば、あなたはそれを失う」というのが、**コース**では成り立たないことがわかりますか？

あなたが悟ると、あなたが知覚する全員が悟ります。ですから、あなたが経験した同じ悟りを皆と分かち合わなくてはなりません。例外があるでしょうか、ありません。

だから、わたしには、自分の心と共にあるあらゆる心を変えるパワーがあります。（ワークブック54・4）

これが意味しているのは、あなたが自らの心を変えようとするとき、すべての心が変わるということです。この文を注意深く読んでください。「わたしは、わたしの心と共にすべての心を変えられます」。アトーンメントを受け入れる必要があるのは、たったひとつの心だけなのです。六十億の心が必要なのではありません。たったひとつで良いのです。そのたったひとつの心とは、もちろん、あなたの心です。

家族に**コース**を説くのではありません。試された方もいるでしょう。それがどんな感覚かご存知ですよね。アトーンメントを受け入れるときにしなければならないのは、変容をゆるすことです。その過程の中で、あなたはすべてがつながっていること、わたしたちがひとつの心を分かち合っていることに気づきます。

どの角度からアプローチするかは問題ではありません。映画「超次元の成功法則」をご存知ですか。世界中で映画が好きでない人はいません。わたしが訪れた国では、誰もが「ハリウッド、ハリウッド！」と言っていました。ですから、わたしは「超次元の成功法則」や「マトリックス」や「トゥルーマン・ショー」「エターナル・サンシャイン」などをポケットに入れて、どこにでもハリウッドを連れて行きます。わたしは、Movie Watcher's Guide to Enlightenment（悟りのための映画ガイド）というウェブサイトを作っています（www.mwgе.org）。皆、映画が大好きですからね。

わたしの映画の集まりに参加される人たちは、満面の笑みを浮かべ、目は輝き、顔をほころばせています。会ったこともない人たちと大きな会場にいるというのに、映画が終わる頃には、わたしたちは完全に愛の中にいます。なぜなら、全員で同じ例え話を分かち合っているからです。目覚めの例え話を見ているからです。「マトリックス」では、「あなたが選ばれた者だ」と言っています。どの言語に翻訳されているかなど関係ありません。皆、「そうだ、それなら受け入れられる」という感じです。誰にでも意味をなして届く言語でスピリットに降り注いでもらえるのは、尊いことです。スピリットは、誰かの頭上を飛び越えたりしません。

コロンビアで行なった多くの集まりでは、参加者の九十パーセント以上が女性でした。マッチョな態度の男性や夫たちは、ワンネスには興味なさそうでした。二週間、女性たちと話して、彼女たちはアトーンメントを受け入れました。その彼女たちに、いちばん欲しいものは何かと聞くと、「恋人や夫とコミュニケーションできたら良いと思う。それが自分にとって最も大切。ほかの何よりも、わたしはこれをパートナーと分かち合いたい」と言いました。彼女たちの恋人や夫は、イエスが話すことには我慢なりませんでしたが、科学には興味がありました。ですから、彼女たちは劇場を借りて、夫たちを招待しました。「超次元の成功法則」を見た後の彼らの様子をお見せしたかったです！　わたしは四十八人もの女性にキスされました。彼らは本当に幸せそうに、パートナーにこう言っていました。「これが二十年もの間、わたしがあなたに伝えようとしていたことよ！」彼らが必要としていたのは、こんな小さな架け橋だけだったのです。ホーリースピリットが小さな架け橋を与えてくれて、そこにあった、ずれや距離はなくなり、わたしたちはひとつになりました。

わたしが最初に**コース**のメッセージを分かち合い始めたとき、わたしは、**コース**の勉強にすでに長年を費やしてきていた人たちのところへ導かれました。ホーリースピリットはこう言っていました。「あなたの会う誰もが、あなたに金の塊を与えます。あなたは、すべての場所で、贈り物を受け取り、人々に発見されます。奇跡があなたに天国の王国へ戻る道を示します」。わたしたちには本当に親しいつながりがありました！　初めて会ったというのに、ずっと知っていたような感覚です。**コース**の生徒と教師には、面白い特質があります。皆、贈り物を予感して出会います。するとその、宝物である人たちが、さらに多くの人とつながる手助けをしてくれるのです。

わたしは、**コース**の生徒だけでなく、エホバの証人の人たちも自宅に招待しました。わたしの家族は、家の裏の方へ走って隠れ「何てことだ、ドアを開けてしまって。彼らが居間にいる！」と言っていました。わたしはイエスに従って彼らに加わってみました。彼らはイエスを敬愛していました。わたしたちにとって価値ある経験となりました。ユタ州のテンプル・スクエアへ行ったとき、モルモン教徒がわたしのほうへ来てこう言いました。「イエスを愛しています。彼にわたしの人生を捧げています。わたしは幸せです」。わたしは、「あなたのおっしゃることがとてもよくわかります！」と応えました。

あなたは、シンプルに、自分と共通するものとつながります。そこへ加わりつながりを感じ、距離をなくすために、ばらばらのものを選りすぐる時間など必要ありません。まさにそれが、**コース**が何なのかをあらわしています。あなたが心の訓練をするのは、イエスが強調している「過ちを見ない」状態へ到達するためです。素晴らしいではありませんか！

コースに取り組むと、はじめは自分自身や他人の中に、過ちを見つけます。とても早く見つけられます。そして、こう言うのです。「助けてください。正しい心に戻れるよう助けてください」と。わたしはこう言います。「あなたがそれを見つけたので、あなたはそれを得たのです。それを知覚し、信じているのはあなたです」

ホーリースピリットにハートを清めてもらい、浄化すればするほど、聖書の八福の教えで言っているような状態になります。「心の清い人々は、幸いである、／その人たちは神を見る」（マタイによる福音書5：8）。**コース**は、そのように過ちを見ない浄化した状態へと導きます。

漫画と映画シリーズ「近眼のマグー」は、目が悪いことで知られていますが、高速道路をわたり、行きたいところはどこへでも行けます。マグーは幸せです。**コース**に取り組むとき、彼はまさに、あなたが心を開くべきお手本です。マグーがお手本になるとは、実に謙虚と言えますね。誰かが来て、あなたが「心ここにあらず」のようだと言っても、あなたは楽しんでリラックスして、それを褒め言葉として受け止めるようになります。マグーが採点したら、あなたはかなりの高得点を得るでしょう！　あなたは安全だということを覚えておいてください。**コース**では、救いは気づきと共に訪れると言っています。

わたしは、わたしが何であるか知りません。だから、わたしが何をしているのか、どこにいるのか、そして、この世界や自分自身をどう見たらよいかも、知りません。

（テキスト31・V・17：7）

あなたは傷つくことができません。ですから、リラックスしていられます。そのまま道端で寝る生活に直行することにはなりません。

エックハルト・トールは、公園のベンチで寝なければならないことは、あなたの人生の旅の一部かもしれないと言っています。わたしたちは誰もがそんなふうに考えますが、そこがあなたの終点ではありません。あなたは、自分が夢を見ていることをはっきり自覚している夢見る者、という状態に行き着きます。それこそが神の教えの役目だとイエスは言っています。「夢を見ている自覚」(マニュアル12・6)のことです。夢を見ているなら、その夢があなたを傷つけられないことを忘れないでください。あなたは夢を見ているのであって、誰かほかの人の夢にいるのではありません。職場でとても大きな夢を掲げている上司をお持ちの方もいるでしょう。でも、**コース**では、その信念を逆転するために心の訓練をします。

あなたが、この夢の世界を夢見ている者です。それ以外にこの世界に原因はなく、これからもないでしょう。

(テキスト27・Ⅶ・13:1〜2)

というステートメントの力強さを目撃するためにです。

アトーンメントや悟りは、とても実践的なものだと強調させてください。

あなたは、たくさんの段階を踏んで**コース**を学んでいくことになります。「教師のマニュアル」で、イエスは教師と生徒について話していますが、はじめのほうで、教師と生徒の間には何も違いはないことを述べています。皆が同じで、あなたはただあなた自身に教えていると言っています。たとえあなたが、自分は学習者や教師とは程遠いと思っていても、です。

何年も前のことですが、わたしがとても幸せになりはじめた頃、人々が「あなたの生徒です」と言ってあらわれるようになりました。でも、教師や生徒という役割は、本当はありません。教えることと学ぶことは、考える上で本当に同じだと気づくようになります。あなたはいつも、エゴで考えるか、キリストと考えるか、そのどちらかで教えます。そして、自分の思いにとてもよく注意を払うようになり、愛のない思いや、攻撃の思いをホーリースピリットへ明け渡すことを学びます。役割の中で固まりたくない、という思いにも気づくでしょう。もし、あなたが**コース**の教師という役割にあって、誰かがあらわれてその役割を奪い、あなたが反応するならば、あなたは幻想を使って自分を認識していることになるからです。仏教と同様、これは、知っていると思っていることや、考えていることのすべてを心から空にするための**コース**です。とても体系立てられた方法でそれを行ないます。あなたが静かに心を開いていられるように準備します。

落ち着いた心というのは、決して小さな贈り物ではありません。たとえば、瞑想を始めるには、練習が必要です。神や神の王国に気を遣う必要はありません。仏教でも言われているように、思いの連鎖から飛び降りるために心を訓練する必要があるだけです。次第に、あなたの生活そのものが瞑想になるところへ達します。楽しい歌を歌いながら瞑想できるようになります。歩いていようが食べていようが、目を開けていようが閉じていようが関係なく、瞑想状態でいられるようになります。誰かが叫んでいても、邪魔されていない自分に気づくこともあるでしょう。すべてが良きことのために一丸となるなら、それがどんな邪魔になり得るというのでしょう。邪魔なものは存在しません。わたしが話しているのは、まったく気をそらされたり害されたりしない心の状態についてです。瞑想が、姿勢や呼吸法とは何の関係もないことはお気づきでしょう。それらは、はじめのうちは助けになりますが、アトーンメントは、身体や時間に属していません。

ホーリースピリットは、アトーンメントの状態へ達するために、形あるすべてを使います。

特別な関係は、相互依存、つまり共依存関係の中核を成しています。特別な関係は、相互にこのような交渉をし合います。「わたしは彼らにそれを与えるから、彼らはわたしにそれを返すか、ほかの物をくれなくてはおかしい！」「海にはたくさん魚がいるけれど、あなたが協力してくれないなら、わたしは何も見つけられない」「今週はわたしがごみを出すけど、来週はあなたの番よ」。このように、エゴは相互に依存します。

神秘主義者や、マザー・テレサや聖フランシスコのような聖人についての人生を調べると、彼らは、常に、与えること、拡張すること、放射すること、見返りを求めないことだけをしています。彼らは、ただ与えることの喜びの中で生きていました。聖フランシスコは、祈りの中で、「わたしは愛される代わりに愛したい」と言っています。それはシンプルに、愛の放射のことを言っています。なぜでしょう。与えることと受け取ることは、同じだからです。あなたが愛を放射するとき、完全で満たされた思いをするのは誰でしょう。それはあなたです。マザー・テレサは、出会う人全員の中にキリストを見ていたので、ただ最も簡単なことをしました。最も簡単なこととは、愛の放射にほかなりませんでした。

わたしが精神的な旅をはじめた頃、イエスは、明らかに、二千年前に十二使徒に語っていたことと同じことをわたしに話しかけていました。「惜しみなく受け取り、惜しみなく与えなさい」。奇跡に寛容でありなさい。光を照らしなさい。あなたの意識に訪れるすべての人のために時間を用意しなさい。愛と気遣いと思いやりの心で、全員に接しなさい。人と出会うとき、本当は自分自身と出会っています。誰かのことを考えるとき、本当は自分自身のことを考えています。あなたの他人への接し方は、あなたの自分自身への接し方をあらわしています。あなたは、見返りを期待しない状態でいなければなりません。わたしはイエスにこう言いました。「聞こえは良いですけど、何かを求めたり、ある程度の期待を持つのは現実的なことじゃないでしょうか」。イエスはまた「惜しみなく受け取り、惜しみなく与えなさい」と言ってから、とても具体的にこう述べました。「何事にも決してお金を請求してはなりません。何事においても一セントも請求してはなりません。書いて、話して、カウンセリングやスピーチをし、集会を開き、といった、すべてにおいてです。惜しみなく受け取り、惜しみなく与えなさい」

そのことに打ち込むにつれ、期待する心からどんどん解放されていくことに気づきました。愛は要求しないからです。ホーリースピリットが自分のニーズに合わせてくれることを信頼すると、たとえ必要だと信じているものが何であっても、神聖な愛がそのすべてを満たしてくれることを信じられます。そして、兄弟たちに自分のニーズを押しつけなくなります。

領土問題で、どれだけの戦争が行なわれたかを考えてみてください。あるいは、どれほどの子供たちが、大きいパイを取るために喧嘩したか、また、塀の位置をめぐって、どれだけの近隣同士が口論したか、などを想像してみてください。わたしたちはすぐに個人としてのアイデンティティや、防御というエゴの状態に入ります。闘って自分を守らなくてはいけないかのようになるのです。でも、その守りが必要だと思っている自分は、本当の自己ではありません。

すべては信頼の問題です。わたしは、はじめのうち、信頼がどう作用するのかわかりませんでした。でも、イエスはただ、「わたしを信頼してください。前へ進んで、行動してください」と言うのです。十六年間、それが続いています。これまで、ホーリースピリットがすべてを結集させて取り計らうのを見てきました。イエスは、わたしひとりの努力では、それは成されなかったと言います。

ホーリースピリットがあなたの前を進み、躓く石を、行く手を阻む障害を、ひとつ残らず取り除いて、あなたの道を整えるでしょう。

（テキスト20・Ⅳ・8：5）

スピリットにそこまでの信頼を持つなんて、ほとんどおとぎ話のようですが、あなたはますます神に頼る状態へ導かれ、ただリラックスしていられるようになります。あなたは自分の役割や、休暇や、目的などに、安心していられるようになります。

癒された心は、その心が計画しているに違いない信念に対し、安心していられます。すべてがあなたの良きことのために動いていると喜んで信じていられるので、本当の意味でリラックスしていられます。

人々が異なった振る舞いをするべきだ、などという期待はなくなり、彼らがあなたにあれこれを与えるべきだ、などと信じないようになります。あなたが与える状態にあるからです。実際に与えられるのです。わたしが完全に自分の心をスピリットに捧げたとき、わたしはすべてが良きことのために作用されるという確信によって報われました。それは、判断しない状態とも言えます。

友人　信頼についてお聞きしたいのですが。末期の症状に冒されている人々や、死を迎えようとしている人々とかかわった際の、あなたの信頼の経験はどのようなものだったのでしょうか。

デイヴィッド　一九九〇年代に、ミシガン州にいるわたしの生徒を訪れたとき、カトリック教会に所属している末期疾患と診断された人のところへ連れて行かれました。「デイヴィッドを呼んで、何が起こるか見てみよう。奇跡が起こるかも！」とわたしの生徒は言っていました。その彼は臨終の床にいました。

わたしは心を込めて祈りました。それは、世界の知覚で言えば、とても重苦しい眺めでした。深い悲しみが始まっていました。彼はベッドに横になり、姉妹がそこにいました。わたしはその部屋で座って祈り続けました。ホーリースピリットがわたしを通して話すのをいつも信じていました。数分祈りを続けた頃、言葉がわたしを通して溢れてきました。わたしは**コース**からのアイディアを話し始めました。カトリック教徒の姉妹は、神経を尖らせ「何だか知らないけど、ここで起こっていることはとても不快だから、あなたも、あなたのお友達も、どうぞ帰ってくださいな」と言いました。そのとき、ベッドで臨終を迎えようとしている彼が、腕を挙げてこう叫んだのです。「駄目だ！　続けてもらってくれ！」

何と、その彼は**コース**の生徒でした。彼は言いました。「この人が言うことを、わたしは聞きたい。**コー**

スを勉強していたけれど、受け入れるのが難しいところがいくつかあった。今、ホーリースピリットが自分に話しかけているみたいだ」。状況のすべてが変わりました。わたしがこの話をしているのは、わたしたちがホーリースピリットを信じなくてはいけないし、話すことを求められている状況を早まって判断してはいけないからです。

進行した段階の癌だと診断された男性と会う機会もありました。わたしたちは本当に力強い聖なる出会いをしました。わたしが帰るときには、彼の目はいつも輝いていました。わたしたちは、目的のレベルでとても深くつながっていました。彼は選択肢があることに気づいていました。彼はただ死を待って、時間を無駄にすることには興味がありませんでした。彼は、祈り、形而上学の教材を読んで過ごしていました。

すべてが決断の結果だということにお気づきでしょう。病気や死を信じるのは、決断です。あなたは、死が存在していないととらえられる信頼の状態へ向かいます。実際、イエスはレッスン163でこのように述べています。「**死は存在しません。神の子は自由です**」。あなたが何をするのかというと、その姿勢を示すことです。そして、皆に喜びをもたらすことです。

わたしの祖母のリリアンは、九十九歳まで生きました。わたしは彼女の葬儀でスピーチを頼まれました。一生を通じて、わたしたちはよく神について深々と話し合いました。彼女はいつも「神が誰かを地獄に送るなんて、絶対に信じられない。まったく信じられない」と言っていました。わたしは「僕もだよ」と答えていました。彼女は、本当に愛情にあふれた女性で、わたしも彼女の前では決して間違ったことはできませんでした。わたしにとっては、それが無条件の愛のシンボルでした。

祖母の葬儀に着いて、わたしは祈りました。彼女はわたしの心の中にいました。祖母が「自分で葬儀のスピーチをしたいわ」と言うのが聞こえました。わたしは「やれやれ、これは面白くなるぞ。腹話術については聞いたことがあるけど、自分の葬儀にあらわれるとは……」と思いました。牧師がすでにほとんどの式を終わらせていました。わたしが立ち上がると、リリアンがわたしを通して降り注いできました。人々は心打たれ、泣き出しました。なぜなら、彼女は本当に多くの命に触れていたからです。わたしが何を言っても、人々はそれが彼女だとわかっていました。その場全体が泣いていました。

わたしは五分間ほど話しましたが、それはまさに祝福でした。悲しみの断片すらありませんでした。彼女は本当に死を信じていませんでしたし、それを皆にわからせたのです！「ここに皆さんがいますし、あなたはもうわたしを見ることができないので言いますが、皆さんにいくつかの良い知らせがあります。死はありません」。葬儀では、皆が持ってきたたくさんの花がありました。わたしは皆さんに言いました。「これらの花を持って帰ってください。ぜひ持ち帰って、この日を祝福してください。今日は、喜びと祝いの日です。ありのままのリリアンを覚えていてください。彼女は、あなたのハートの中で永遠に生き続けます」

これが、わたしが末期の病気や死を信じないと言った意味です。世界では、葬儀はとても重々しいもので、嘆き悲しむのがほとんど普通です。しかし、「この世界に埋没することを克服し、快活でいられる」ゆるしの状態へ達すると、本当の意味で助けることができます。

末期の病気をゆるした別の例があります。わたしが牧師と一緒にホスピスのボランティアの訓練を受けていたときのことです。わたしたちはシェイクを飲みにウェンディーズへ行きました。彼は、白血病と診断されたと言いました。癌は血管を通じて転移していて、そう長くは生きられないとのことでした。わたしは祈り、彼の目を見つめて言いました。「あなたの人生で、大切な人はいますか。愛しているけれど全然話をしていない人はいますか」。彼は驚いて言いました。「信じられない。どうしてわたしの姉のことを知っているんだい。彼女とは大喧嘩をしてから、もう何年も話をしていないんだ！」

わたしは彼に言いました。「あなたの問題は白血病ではありません。あなたが心の中でお姉さんに対して抱いている怒りです。あなたが取り組まなければならないのは、その怒りです。医者が言うことや余命については心配しないでください」。わたしは、家へ帰ってお姉さんに電話をするという宿題を彼に出しました。

二週間後、彼は言いました。「何が起こったかあなたは信じないでしょう。家へ帰ってすぐ電話しました。わたしたちは笑って泣いて、不仲を終わりにしました！　わたしはまた検査に行きましたが、医者は白血病の痕跡を見つけられなかったのです。彼らはびっくり仰天していました」。わたしは彼に、医者は最善を尽くしていますが、癒しは身体ではなく、心で起こるものだということに気づいていないと伝えました。彼はとても幸せでした。

わたしがホスピスの病棟で働き始めた頃、医者や看護婦は重々しいものを抱えていました。彼らは、家族が来ると、酷い悲しみで落胆すると言っていました。まるでベトナム戦争の最前線にいるような気分だったのです。しばらくして、彼らはわたしに尋ねるようになりました。「どういうことか教えて？フレッド・アステアみたいに踊ったりして。ホスピスでダンスとは！　なんでそんなに幸せそうでいられるのか秘訣を教えてくれる？」。わたしは答えました。「命は実在していて、永遠だからだよ。身体を超越しているんだ」

わたしが病室に入ると、昏睡状態の患者が急に目覚めて、嘆き始めることがありました。わたしはいつも、彼らが愛されていること、罪はないこと、何も間違ったことをしていないこと、すでに素晴らしいことを成し遂げたのだということを伝え、「光へ向かってください。あなたは光です」と言いました。翌日やって来ると、患者の誰それさんが旅立ったと聞いたものです。

あなたは、身体を守ろうとしているのではないことに気づき始めています。あなたはただ、罪のない純粋さを分かち合いたいのです。あなたは、自分が他者へ与える同じ贈り物を、自分自身に与えています。あなたは完璧に純粋無垢な存在です。あなたは何も間違ったことはしていません。それが癒しです。身体は、ただあなたが一時的に使用する乗り物です。鉛筆と同じで、あなたはそれを使うだけです。しかし、命は心の中で復活します。末期の病気のようなものに関して、**コース**に素晴らしい文があります。わたしは、何かにとらわれるたびに、いつもその文に救われます。イエスはこう述べています。

身体が病気になり得ると考えた心こそが病んでいたのです。

（テキスト28・II・11：7）

イエスは、ただ、心を復活させたのです。誰もがイエスの物語を知っています。三十年間の牧師の公務、はりつけの刑、そして復活の場面を。説教師や聖職者が決して伝えなかったことは、はりつけの刑が起こる前に、復活が起きていたということです。イエスが、ジョンと一緒にヨルダン川にいたときに、ジョンに洗礼を施すよう言ったところ、ジョンはイエスに言いました。「あなたがわたしに洗礼すべきです。あなたこそ選ばれたお方です」。イエスはジョンに言いました。「いいえ、わたしに洗礼を施しなさい」。ジョンはイエスに洗礼を行ないました。一羽の鳩が飛んできてイエスの頭に乗りました。そのとき、声がこう語りかけました。「わたしの愛する息子よ。わたしは、あなたの中にいて、とても喜んでいます」。イエスが歩き出して、人々にこう話しかけました。「アブラハムがいた前に、わたしがいました」「わたしが真実であり、命です。誰も父のところへは行けませんが、わたしを通してなら行けます」。彼の声のトーンはとても違っていました。彼はもはや人間のようには話していませんでした。

イエスの心は、牧師の公務の前にすでに復活していました。彼の地上での人生の終わりに起きた小さな寸劇は、各役割を果たしていたそれぞれの人間に対する無防備さをあらわす例の何物でもありません。

裏切りはなかったのです。それはただ、たくさんの人間が潔白で罪のない様子を見せようと演じていただけなのです。イエスは実際に十二使徒に対し、何が起こるかを、本当に起こる前に予言していました。「聖堂は崩壊し、三日で再建されます」と。イエスは脚本が意味することを実際に知っていたのです。

友人 **コース**によって、わたしは喪失の場所から、とても幸せな場所へと運ばれました。でも、イエスは、恋愛や性的な快楽を手放すときだと言っているように感じます。わたしは本当に女性が好きなので、どうしてもそれが正しいとは思えません。**コース**は、わたしたちが持っているほんの少しのものを取り上げるものではありませんよね。

デイヴィッド　足りないと信じている心は、エゴです。光がプリズムに差し込むと、たくさんの色に分かれます。それと同じで、奇跡の衝動が心に放たれると、それはエゴのフィルターを突き抜けます。その衝動が、イエスが呼ぶ「過って方向づけられた奇跡衝動」(テキスト1・Ⅶ・1：3)です。

どの衝動も、本当は、神に生家を求める叫びです。女性に惹かれるとき、本当は神を求めているのです。神として考えてみてください。あなたは自分の電話番号に電話をして、「家に戻るときがきた」と言っているのです。奇跡の衝動がエゴを通してやって来るとき、それは足りないという信念であり、何かを過度に求める欲求として、意識の表面に浮上してきます。何かを得たいという欲求が食欲を感じさせると**コース**が言っているのは、このような意味です。お腹がすいているとか、喉が渇いているとか、欲情しているとか、落ち着かないなどというのは、すべて奇跡を求める衝動が歪められたものです。

ホーリースピリットは、そのように優しい存在です。ホーリースピリットはこう言っています。「あなたが欠如を信じているのは知っていますから、大丈夫です。わたしたちには**コース**があり、心の訓練に取り組むプログラムであるワークブックがあります。あなたから奪われるものは何もありません。

あなたは奇跡を経験する必要があります。あなたは、聴いて、それに従うことを学ばなければなりません。あなたは誰それに電話をし、彼らを抱きしめ、安心させ、彼らの涙をぬぐい、神の愛を映し出す道具にならなくてはいけません」。あなたは、そうすればそうするほど、奇跡の衝撃で内から満たされていきます。あなたは、ミラクルワーカーになります。

聖フランチェスコと彼の弟子たちは、禁欲の誓いを立てました。「ブラザー・サン シスター・ムーン」という美しい映画をご覧になられたかもしれません。その中で、ジオコンドは女性に対し貪欲な思いを抱いており、「わたしにはできない」と言っているのを聖フランチェスコが耳にします。聖フランチェスコは、皆が、それぞれのできる範囲で、心を開いて神を愛そうとしているのですよ、とジオコンドに言い、こう続けました。「禁欲生活が神を愛する妨げになると感じるのなら、豊かで実りある生活になさい」。聖フランシスコは、「でも、妻と一緒にそうなさい」と付け加えて去りました。

言い換えれば、すべてにおいてホーリースピリットを信じなくてはならないということです。ホーリースピリットは、喪失や犠牲のように見える手段を与えません。もしそのように感じ始めたら、あなたはホーリースピリットに聞くのをやめてしまうでしょう。奇跡を行なう自信を築いていくには、あなたは、確立されたカリキュラムを、注意深く、一歩一歩、与えられる必要があります。

コースでイエスが述べているのは、「あらゆる実在の快楽は、神の意志を行なうことから生ずる」ということです。わたしたちがそのことに心を開くとき、自信を持って、つまり、スピリットのうちで、成長します。人々はわたしの人生を見て、こう言います。「あなたはホーリースピリットを信じていて、仕事もなければ恋人もなく、お金も家も、自分のものと言える車もないのですよね。どんな気持ちです?」

わたしは正直にこう言えます。喜びの状態にあるとき、犠牲の感覚はありません。では、その喜びを得るために、あなたが明け渡さなければならないものは何でしょう。あなたが明け渡すもので、実在の価値があるものはありません。あなたはとにかくホーリースピリットに確信させてもらわなければなりません。わたしもそうしてもらう必要があったのです。

ですから、セックスや、あらゆることに対して、決められたルールというのはありません。すべきことや、してはいけないことはありません。あなたは、自らの心があるべきところへ、ホーリースピリットによって導かれます。その導きはあなただけのためにあります。どんなことにも通用する標準的な答えなどありません。

64 アトーンメントを受け入れる　第二部

【友人との対談】

気分が落ち込んでいたり、なぜ気分がふさいでいるのかわからないとき、人は、不安や恐れの感覚についてわたしに聞きます。幸せな日を過ごしているのに、突然雲が立ち込め、その幸せな日はどこかへ行ってしまうのです。

コースではこのように教えています。

わたしが見ているものについての責任は、わたし自身にあります。
わたしが経験する感情を選ぶのはわたし自身、わたしが達成したいゴールを決めるのもわたし自身です。
そして、わたしの身に起こるかに見えるすべては、わたしが求めて、求めたとおりに受け取るものです。

（テキスト21・II・2：3～5）

完璧ですね。まさに、犠牲化からの脱出です。あなたは、エゴが自分の心を支配しているという代わりに、キリストが支配していると言えるようになりたいのです。自分が引き継いだものを取り戻したいのです。それは、キリストと共に思うこと、神と共に思うことを意味しています。

コースの生徒が冒しやすい過ちには二種類あります。一番目は、形而上学の過ちです。たとえば、あなたは、本当は天国という生家にいるのに、この世界にいると信じていることです。世界は、あなたが見ている追放の夢にすぎません。あなたがそれを作り上げたのに、自分がそうしたことを忘れてしまっています。

たとえば、レッスン48の**「恐れるものは何もありません」**をしていると、たとえば「金曜日までにローンの支払いをしないといけない。どうしよう。口座にいくらあるかなあ」と思うことがあるかもしれません。あなたは恐れが湧き上がるのを感じて、それらが何かを見極めなくてはいけないと気づきます。そのとき、形而上学が助けてくれます。本当に結びついた状態のときや、恐ろしくなったり、嫉妬したり、怒ったり、妬んだり、激怒したりという状態が始まったときには、いつでも心の中でワークブックのレッスンをするのが一番です。その状態から抜け出すのに役立ちます。わたしはレッスン5・6・7・8をよくやります。

わたしは自分が考えているような理由で動揺しているのではありません。（ワークブック5）
わたしが動揺しているのは、そこに存在しないものを見ているからです。（ワークブック6）
わたしは、過去だけを見ています。（ワークブック7）
わたしの心は、過去の思考で埋め尽くされています。（ワークブック8）

このレッスンを原因と結果の関係に当てはめると、次のように自分に言い聞かせることができます。「ああ、わたしは過去の思いにとらわれていたので動揺しているのだ。わたしは過去に生きていて、分離が起きているように見えるときは、まだその神聖ではない恐怖の瞬間を焼き増ししているのだ。わたしは過去をここで再生しているだけで、エゴはシナリオを投影しているだけ。そうすれば、〝ローンを支払うお金がなくて、家を失うかもしれないから動揺している〟と言って、ほかを指差すことができるから」

この世界では、それらの問題はとてもリアルに見えます。だから、レッスン5・6・7・8が必要なのです。世界が自分にこんなことをした、自分は世界に翻弄されている、という間違った原因と結果の関係で考えることから心を解放してくれます。あなたはまるで夢に翻弄されているようですが、それは違います。

ふたつ目は、レッスンをする際に例外を作ることです。エゴはいつも何らかの理由を探してきて例外を作りたがります。

たとえば、レッスン1「**わたしが見ているものには何の意味もありません**」を始めると、あなたは部屋の中を見回し、見慣れたものに目をとめていきます。この椅子には何も意味がありません。このカウチには何も意味がありません、というように。ときどき、母親の写真など、特定のものへ来たときに、「これは飛ばそう」と言うのが例外です。あなたは例外を設けたのです。あなたの目がとまったものは何でもと言っていますが、それは本当に何もかもという意味です。イエスは、あなたの世界のある特定のイメージが、ほかのものより重要だと考えるその特別性を取り消すための練習です。人々はこう言います。「ゴキブリはゆるせるけど、自分の母親を？　母がわたしに何をしてきたか知ってますか」。これが、わたしたちがここで話している例外作りです。

ケネス・ワプニックが何年も前に素晴らしい話をしてくれました。彼が教会を訪れ、形而上学について話したときのことです。修道女たちは**コース**の勉強をしていました。彼らは教会中を見回し、レッスン1を練習していました。「信者用の座席には何も意味はありません。このステンドグラスの窓には何も意味はありません……」。ところが、イエスの聖体のところに来ると、彼女たちは「もちろんこれは飛ばします。キリストの身体が何も意味しないだなんて言えません」と言いました。

しかし、イエスは**コース**の中で、彼が分かち合えるのは、彼の身体ではなく彼の心だけだと言っています。身体の無意味さを見るというのは、**コース**の良い応用だとイエスは言うでしょう。ですから、イエスの聖体にも当てはめなくてはなりません。身体を神聖なものとしてとらえる体系で育ったなら、形あるものを聖なるものとする信念を取り消していかなくてはなりません。形あるものすべてが、ゆるしのレッスンの一部となります。

アトーンメントを完全に自覚している心は、分離が決して起きていなかったことを理解しています。わたしは、あちこちを旅してきた年月の間、いつも同じ質問を受けます。「不可能なことがどうやって起こったのですか。誰にその不可能なことが起こったのですか」。わたしはそれらを最高の質問と呼んでいます。なぜならそれは、その問いの奥底に、ある前提が潜んでいることをあらわしているステートメントだからです。不可能なことが起こった!という前提です。もちろんエゴは思い込むのが好きです。でも、その基本的な思い込みこそ、わたしたちが手放すことを学ばなくてはなくてはならないものです。どの神学もあなたをそこから引きずり出せませんが、ひとつの経験が、あなたの疑いを終わらせます。それが、アトーンメントという経験です。アトーンメントは、分離が起きていなかったことを完全に自覚することです。その意味で、**コース**は、あなたが飛躍するための出発点になります。あなたはロケットで飛び立つ準備を整え、引力の影響を受けない場所で軌道に乗ります。**コース**が作られたのは、あなたを自らの完璧な存在へ引き上げる手助けをするためです。その完璧な存在としてのあなたは、幸せで自由です。

形而上学の誤りのひとつに、物質をスピリチュアルなものに仕立て上げようとする点があります。すべてを形として見て、それを特別なものに、あるいはスピリチュアルなものに仕立るという点です。たとえば、あなたは「インドへ行って、聖なるガンジス川で清めよ」というのを聞いたことがあるでしょう。また、カトリック教徒は、神父によって祝福を受けた聖なる水での洗礼を信じています。これらは、形而上学の誤りです。神聖であるのはあなたの心だけなのに、形ある何かを神聖なものにしようとしています。エゴはあなたに、形ある特定のものが神聖であると信じてもらいたがっています。あなたに、それに固執してしがみ付いていてもらいたいからです。

また、あなたが形あるものに原因を見出すとき、別の誤りが起こります。イメージは、非実在の原因による、非実在の結果です。つまりエゴです。**コース**は、神はこの世界を創造しなかったと教えています。神が創造したのはスピリットです。宇宙のイメージは、光を隠すためにキリストの顔を覆い隠す目的で描かれた、非常に大きな偶像だと、イエスは言っています。わたしは人生の中で、三次元が崩壊する経験を三度味わいました。強烈な光が差し込み始め、それはほとんど映画館のようでした。映像が焼かれて、光が降り注ぎ、すべてが光のフラッシュに入り込んだかのようでした。知覚の世界は、ほんのわずかな薄っぺらいベールでした。そこには、確かなものは何もありませんでした。でも、エゴを信じていると、山は立派に見えます。イエスはこう述べています。

> あなたは、自分がしっかり地に足をつけて、意味を見出せる世界の中を、正気で歩いていると信じているかもしれません。
>
> （テキスト23・II・13：4）

身体というエゴの知覚からは、地面は頑丈に見えます。あなたは、心が原因になっていること、そして世界は実在していないイメージで非実在の原因から作られていることに気づくために注意深く取り組んでいかなくてはなりません。それがエゴだからです。そしてそのイメージこそが、手放され、ゆるされなければなりません。実在するただひとつの原因があります。そう、神です。神が創造主、根本的な創造主です。神は創造する力を持っているので、キリストもそれを持っています。キリストは、スピリットのうちで創造できるので、共同創造主と言えます。キリストの創造物は、純粋にスピリットです。キリストは、イメージメーカーではありません。

今までなされたすべての比較は、エゴによって行なわれました。比較は、エゴの手段に違いありません。愛は、比較しないからです。あなたが自分自身に「どれくらい進歩したかな」と問うとき、そこには信じている「自分」と「理想的な自分」があります。あなたは、限られた自己というひとつの幻想から、同じ限られた自己の別のバージョンの幻想へと移ろうとしています。これは、形而上学で、とても注意深く見なければならないことです。ポジティブな思考の力というのは、あまり気づかれていない過ったアイディアのひとつですが、それは、この世界では、ポジティブもネガティブも、両方ともエゴだからです。賞賛と批判も、エゴに属します。一方はエゴをのぼせ上がらせ、もう一方はエゴを引き裂くように見えますが、エゴは実在していないことを忘れないでください。ですから、のぼせ上がらせたり、引き裂いたりするのは、判断しないことのためには、何の貢献もしていません。判断しない状態へ達するとは、文字通り、ポジティブやネガティブを超越することです。

コースは、根本的にまったく異なった思考体系です。わたしたちの多くは、ポジティブになるよう訓練されてきました。でも、その信念を手放す必要があります。善悪を区別して分類するための判断能力が自分にあると信じるのをやめる必要があります。あなたは、善悪の木から何かを得ることはできません。それらはひとつのコインの裏表です。あなたがゆるしに心を開くために、優れた判断力を使わなければいけない理由は、このためです。ゆるしは何もしません。ゆるしは、ただ見つめて待ち、何もしません。あなたはただ、完全に超然とした態度で思いを観察するだけです。

エゴが入ってきて、判断し、イエスのメッセージを歪めました。キリスト教の原型は、そのようにして歪められてきました。今でも数々のゴスペルや聖書を比べている学者がいます。**コース**にも、JCIM版やヒュー・リン・ケーシー版やUrtext版など異なるバージョンがあるほどです（Urtext版とヒュー・リン・ケーシー版の言葉は、正当な理由でイエスから受け継いだものです）。エゴは笑います。「ははは。また騙されて！」ゆるしを目指しているということを見失わないでください。比較はエゴの手段です。エゴは、あなたを混乱させることができれば幸せなのです。エゴはあなたの心の中に、少しでも長居しようとします。

わたしたちが望んでいるのは、そんなことではありません。エゴの妨げをはねのけて突き破り、時間を短縮させましょう。あなたが気をそらさないでいられるように、ホーリースピリットに見極めてもらいましょう。イエスは「教師のマニュアル」の中で、**コース**は論争を呼ぶものではないと言っていますが、あなたが論争を求めるのなら、あなたはそれを見つけると述べています。

エゴはとてもずる賢いのです。あなたが心の平和を失い、脇道へ逸れるよう言い争いを引き起こそうとします。よろしいでしょうか。「わたしの拙い意見ですが……」と自分が言ったり考えている声がしたら、そこで止めてください。拙い意見などありません！　たとえどんな意見でも、意見があるのなら、そこには謙遜も謙虚な態度もありません。

アトーンメントは、分離が起きていなかったことを自覚することです。奇跡を起こす心の状態は、判断しない状態であり、過ったものを過ったものとしてとらえます。あなたの肉眼は、まだあなたに世界のことを報告しますが、あなたは肉眼が見るものを否定する必要はありません。イエスはこう言っています。「肉眼が見るもので練習しましょう。自分が知覚するもののせいで取り乱さないでください。わたしたちは、あなたの心を使って取り組んでいきます。投影が知覚を作ります。わたしたちは、攻撃の思いを手放すことを学んでいきます」

攻撃の思いを手放すとき、投影するためのものは心に残らなくなります。心に罪悪感がなければ、世界が異なって見えます。ホーリースピリットがあなたに見せるゆるされた世界を目撃するようになります。かすかな光が見え始めたとき、怖がらないでください。それはヴィジョンがやって来ていることを意味しているからです！　あなたはキリストのヴィジョンで見る準備を整えているのです。**コース**は、見慣れたものの周りに光を見るとさえ言っています。それが起きたとき、あなたはとても幸せに思うべきです。救いを得るまでに、あなたはたくさんのことをしなければならない、というのがエゴの言い分です。聖書で「勤めを通して得る救済」というのを聞いたことがあるでしょう。あなたはこの、勤めを通して得る救済というアイディアを、手放せるようにならなければなりません。そして、神の愛と、自らの意志と、経験を自覚したいという思いに対して、心を開く必要があります。**コース**にこのような文があります。

真実は、あなたが願うことで再建されます。それは、あなたが真実以外のものを欲したことで失われたからです。

（テキスト20・Ⅷ・1：2）

聖なる瞬間について述べている文を見てみましょう。

聖なる時間の準備をするならば、それを未来のものとして追いやってしまうことになります。

（テキスト18・Ⅶ・4：2）

一日に何時間もの瞑想を勧めているスピリチュアリティについて考えてみてください。呼吸法とマントラを用いて特定の姿勢で行なう瞑想を支持しているものは、どれも、未来の悟りを目指していますね。怪しいですね。実に怪しい。毎日何百万という人々がさまざまな種類の儀式を行なっており、彼らは、それをじゅうぶんに続けていれば、悟りの境地へたどり着くという思いを無意識に持っています。

形の中にスピリチュアルなものを見ようとするのをやめて、**コース**の単純な教えに戻りましょう。動揺するたびに、レッスン5・6・7・8を行ないましょう。わたしは自分が思っているような理由で動揺しているのではなく、そこにないものを見ているから動揺しているのです。わたしは過去だけを見ていて、それは、過去の思いで心が占領されているにほかならないからです。ですから、わたしはそのような過去の思いを手放す必要があります。実際に、レッスン23では、イエスはこう明確に述べています。

わたしは、攻撃的な思考を手放すことによって、今見ている世界から抜け出すことができます。

（ワークブック23）

イエスが準備してくれました。わたしたちは、その近道を選びます。

「わたしは何もする必要がありません」（テキスト18・Ⅶ）というセクションにアトーンメントについて述べている箇所があるので読んでみてください。イエスは、瞑想や内省、そして罪と闘うことについて話しています。イエスはそれらを「退屈で時間のかかるもの」と呼んでいます。「救いの即時性」というセクションも読んでみてください。

未来の幸せで満足しないでください。それには何の意味もなく、あなたへの正当な報酬にもなりません。なぜなら、あなたは、今、自由の源を持っているからです。

（テキスト26・Ⅷ・9：1〜2）

イエスが三六五回のレッスンで述べているのは、今だけが存在しているということです。**コース**を通じてあなたはそれを目撃します。ですから、これがとても力のあるツールだというのがおわかりでしょう。見る目と聴く耳を持ったなら、準備をしてください。目覚めることを予期してください。**コース**は導師からの直伝です。導師が直接あなたの心に語りかけ、あなたにはこれができると述べています。実際、それを避けることはできませんし、台無しにすることもできません。神の意志は証明されています。救いも神によって証明されています。

「わたしは何もする必要はありません」というセクションで、イエスはこのようにも述べています。

> あなたの道は、目的においてではなく、手段において異なるものになるでしょう。聖なる関係は、時間を短縮させる手段のひとつです。兄弟と共に過ごす瞬間によって、あなた方どちらにも、全宇宙が再建されます。
> （テキスト18・Ⅶ・5：1～3）

友人　わたしはこの一週間、そのセクションを読んできました。第一段落で、わたしたちに課されたひとつの責任は、自分が身体ではないことに気づくほんのわずかな瞬間だと言っています。それは聖なる瞬間と関係がありますか。それとも、ただのゆるしのことですか。

デイヴィッド　それは聖なる瞬間のことです。それは未来にはないので、そのために準備をすることはできません。未来の出来事ではないからです。イエスはこう述べています。

> どの瞬間においても、身体は存在していません。それは、常に、思いだされ、予期されますが、決して、

今、経験されることはありません。身体の過去と未来のみが、身体をまるで実在しているように見せかけているのです。
（テキスト18・Ⅶ・3：1～3）

「教師のマニュアル」では、こう述べられています。

このコースが強調しているのは、ただひとつのことです。つまり、今この瞬間に完璧な救いがあなたに差し出されているということ、今この瞬間にあなたはそれを受け入れることができるということです。それが、あなたの唯一の責任です。アトーンメントとは、過去からの完全な脱却、そして未来への完全な無関心と同じです。天国は、今ここにあります。それ以外の場所は存在しません。天国は、今です。それ以外の時間は存在しません。
（マニュアル24・6：1～7）

これらの教えに共通している特質がおわかりでしょうか。わたしたちが、聖なる関係を、時間を節約する手段として話しているのは、このためです。では、聖なる関係とは何でしょうか。イエスは、あなたとあなたの兄弟は同じだと述べています。それがイエスが定義する聖なる関係です。とても単純です。イエスが本当に言おうとしているのは、わたしたちが同じ心を共有しているということです。あなたとあなたの兄弟が同じというのは、身体が一緒にあることを言っているのではなく、身体が一緒にいようがいまいが、心はひとつだということです。

イエスが語っているのは、心の単一性です。量子物理学でもそれについて指摘しています。**コース**もそうですが、アドヴァイタ・ヴェーダーンタなどの不二一元論が歴史を通じて実践しているのは、時間を手放して聖なる瞬間に心を開くことです。それらはとても実践的です。

では、もう一度誤りについて見てみましょう。自分を人間という主体だと信じている限り、心の外に広がる対象物の世界があります。そして、あなたはそれらを個人的なものとして受け取ります。あなたを刺した(と見える)蚊であろうが、高速道路で横から割り込んできた(と見える)車であろうが、エゴという主観性のレンズを通して見ると、あなたはそれを個人的な攻撃と受け取ります。ですから、アトーンメントを受け入れるということは、本当はこのように言うことです。「わたしは、この主体と対象について、すべて間違っていました。誤って知覚していました。歪んだレンズを通して世界を見ていました」。肉眼は何も見ることができませんし、耳も何も聴くことはできません。それらはただ、心に何を見て、何を聴くか、指示されているだけです。心が身体に、何を感じるかを指示するのと同じです。それは徹底しています。わたしたちは、喉の痛みや頭痛という経験に慣れています。まるで、身体がそれらを感じているかのように、「今日は仕事を休みます。頭痛なので」と人々は言います。この誤りで信じられていることは、次のようなものです。「わたしがどう感じるか、身体がわたしに教えています。身体が伝えることを受け入れる以外に、わたしには代替手段はありません」。ときどき、「身体の声を聴いてください。あなたは緊張を肩に溜め込んでいます」などと言う人々がいます。しかし、身体は何も溜め込みません。身体は投影だからです。身体が何を感じるべきか指示しているのは心です。このような誤りを例外作りと言い、それはまさにエゴのトリックです。あなたは思いに立ち戻らなければなりません。あなたが固執しているのはどの思いですか。あなたは心を詰まらせて、心にある光を遮っていますか。

友人　わたしが考えるに、将来、二元的でない物質的な宇宙が存在するのも可能ではないでしょうか。それに関するあなたの見解を聞かせてください。

デイヴィッド　ありがとうございます。そうですね。二元的でない宇宙は、必ず起きます。なぜなら、二元的でない宇宙のあるべき姿は、全体性だからです。それを、〝全体像〟だと言う人もいます。主体と対象物という分裂した狭い視野のヴィジョンの代わりに、自らの高次の力を使って世界を見る方法、つまり高次の視点の見方があるはずです。量子物理学は、その視点を観察者と呼んでいます。もし心の中の観察者へじゅうぶんに戻ることができたら、あなたはすべてが互いにつながっていることを目撃するでしょう。それが美です。それが、唯一無二を見るということです。それがイエスの言う、ゆるされた世界であり、本当の世界であり、真の知覚です。

祈りを捧げ、自らの自覚に取り組み、意識を浄化すれば、将来を変えられると唱えるスピリチュアリティがたくさんありますが、将来はすでに起こっています。そして、それはすでに去って終わっていますし、完了しています。だから、あなたは将来を変えることはできません。

たとえばそれは、映画「風と共に去りぬ」を二十五回観るようなものです。レット・バトラーが、「知らないね、勝手にするがいい」と言っているのに、あなたは、「またやったわね！　でも、もう一度観るわ、レット。あなたにもう一度チャンスをあげるわ！」と言うわけです。

将来を変えようとするときに起きていることは、基本的にそういうことです。とても深淵です。あなたがゆるせば、〝過去とは違う未来〟があると**コース**が約束しているのは、歩みの過程をあらわした隠喩です。将来はすでに終わっています。

友人　**コース**が、脚本はすでに書かれてあると言っているのは知っています。それは、わたしのすべての思いも書かれてあるという意味ですか。わたしがエゴを聞く代わりにゆるしを選ぶとき、それもわたしのコントロール外だということですか。もし、また気がそれて怒り出し、それをゆるして手放したとしたら、それも起こるべくして起こったということですか。

デイヴィッド　とても良い質問です。「脚本は書かれています」（ワークブック158・4）。このステートメントの鍵となるのは、「書かれている」という言葉が過去分詞になっていることです。脚本が書かれたのは過去であり、時間の中で起きたことは終わっています。映画「風と共に去りぬ」を観るのと同じように、現在と過去は相互にかかわっているわけではありません。レットにその台詞はやめてと言うのは自由ですが、それでも映画は変わらず再生し続けます。脚本にあるからです。

コースは、イエスが「浄化された形」（テキスト5・V・7：11）、もしくは、過去の浄化されたヴァージョンと呼ぶものへあなたを導きます。どちらもゆるされた世界のことです。エゴが世界に書き記したすべての意味を手放すことと同じです。ホーリースピリットは、このように言ってそれを祝福します。

自分は、あらゆる人と、あらゆるものと、完璧な平和を保っていて、自分を守り、自分を愛している世界、

そして自分もそれに応じて愛することができる世界の中で安全であると考えるようにしてごらんなさい。

（ワークブック68・6）

これが、まったく違う見方で世界を見るということです。

「脚本は書かれています」というステートメントを分析しようとすると、困難なところへ入り込んでしまいます。実際に心を捻じ曲げるものになり得ます。このように考えてください。時間は同時に起こるもので、直線状のものではありません。人生を直線状の物語ととらえると問題が生じてきます。映画「ザ・シークレット」を観ると、「脚本は書き換えられるの？　自分で作り変えられるの？」と思うかもしれません。過去をゆるさなくてはならないとわかるとき、明晰さが宿ります。あなたは手放さなくてはならないのです。ここで意味しているのは、あなたがゆるすとき、あなたは、時間が同時に存在していることにも気づかなくてはならないということです。

時間は、スパゲッティのようなひも状の、過去、現在、未来の時間軸ではないのです。一本のスパゲテッィを横にして、その両端を両手に持ち、一方の端からそのスパゲッティを見ると、どうなっていますか？何に見えますか？　点ですね。線の代わりに点が見えます！　時間は、そのように同時に発生しているのです。

天国へ戻るなら、そこは、依存症などからの回復のために用いられる十二のステッププログラムが行なわれているような少人数の集まりではありません。「ああ、あの一生を覚えているかい」などと言って、戦争の話をし合う場所でもありません。抽象的な愛の中に、戦争の物語はありません。そこはただ、神聖な愛で、すべてが愛です。梯子は消えます。でも、あなたは、**コース**のアイディアに従う必要があります。イエスが教えるシンボルに心を開いて従っていかなければなりません。**コース**を読んでいると、ある文が突然目に飛び込んできます。十年間読んでいても、ある文でドカーンと衝撃が走り、その文が頁から浮き上がってきます。それは、その瞬間、あなたの心がその経験をする準備ができているからです。**コース**の生徒であるというのは面白いもので、みんなである段落を読んで、それが何を意味するか長い知的な話し合いに発展しますが、二十分後に次の段落を読むと、「ああ、そうかあ」と一緒に納得することになるのです。

友人　ある少人数のグループの中で、わたしは愛されていました。ただ、そのうちの二人の女性が、一緒にコーヒーを飲みに行こうとしたのですが、ひとりはわたしを誘いたがっていましたが、もうひとりは、わたしには来てほしくないようでした。これはどういうことですか。どう解釈すれば良いのかわかりませんでした。個人攻撃だと受け取りたくありませんでしたが、仲間に入れてもらえていない感覚がありました。これはただ身体に起きた出来事ですか。それとも、わたしの心が過ちでいっぱいなのでしょうか。

デイヴィッド　ありがとうございます。ご質問は、実践的な応用についてですね。結局は、視覚や解釈の力は、常に自分たちにあるということですね。先ほどの、「わたしが見るものの責任はわたしにあります」という引用に戻ります。わたしが見るものを選びます。わたしという存在は、わたしが見るものには影響されません。わたしは、イメージに影響された結果ではないのです。あなたは、自らの目的や、自分に求められていることをきちんと理解していることが、どれほど価値のあることか気づき始めたところでしょう。要するに、ホーリースピリットがあなたをコーヒーショップへ行くように促すか、促さないかということです。結局は、そのような単純なところへ行き着きます。でも、エゴは、物事をより混乱させようとして、他人の動機を分析しようとします。

イエスはこのように述べています。

人の動機について分析するのは、あなたにとって危険です。（テキスト12・I・1：6）

なぜなら、他人の動機を分析するとき、必ずエゴが関っているからです。あなたはエゴを手放そうとしているので、そのエゴを呼び覚ましたり、活性化するようなことはしたくありません。レッスン133「**わたしは価値のないものを価値づけたりはしません**」を読むことをお勧めします。イエスは、コーヒーショップへ行くかどうかを話しているのではなく、その目的について話しています。つまり、エゴのアイディアに取って代わる実在するものについて話しています。それらが本当は何であるかという別のものが見えれば、選択は簡単です。わたしたちは、エゴを暴かなくてはなりません。エゴは、あなたを誘惑するために、罪悪感を魅力的なものにしたがります。目的とは、何のために浄化があるのかということです。

友人　わたしは、彼らとコーヒーに行かないことにしました。あなたが何とおっしゃるのか聞きたかったので、ホーリースピリットがわたしをここに連れて来たのですね。その二人に操られているのだと言う人もいましたが、そんなことを聞くのは嫌でした。操りだなんて、どこから来たのでしょう。

デイヴィッド　誰かがあなたに言葉をかけたとき、それを解釈する力もあなたの心にあることを覚えていてください。人々はあなたに何とでも言えますし、あらゆることを言います。でも、解釈する力はあなたのものです。あなたには、いつでも、ホーリースピリットに加わる力があります。

わたしは、イエスとホーリースピリットが、避けられないアトーンメントと目覚めに向かってわたしたちを導いてくださっていることを光栄に思います。

65 スピリチュアルなコミュニティ

愛するあなたへ

わたしは、たびたび、スピリチュアルなコミュニティに住むというのはどのようなものかという質問を受けます。わたしの答えは、それは真の心の状態そのもので、それ以外のものはない、というものです。エゴのレンズを通して見ると、身体がやって来ては去るように見えます。諸々の細かいことや物流に注意を払っている必要があるように見えます。でも、癒された知覚には、すべてが順調で、それはまるで自由に動き回れるダンスのようです。

スピリチュアルなコミュニティというのは、神との親交の姿勢がすべてです。その目的は、献身と敬意と意志であり、すべてが奇跡の中で循環します。

誰もが、つながり、愛されている感覚を持ちたいと思っています。そして、全体性とそこに属していることを感じたいのです。毎日、毎時間、毎分、毎瞬、与えるためのチャンスと、すべての価値と意味を放射する機会がたくさんあります。ホーリースピリットは、どの瞬間にも、必要なものを差し出してくれます。愛が、宇宙のすべてのものと、あらゆる人に放射されます。受け入れられている感慨深い思いと、奇跡の中ですべてが包括されている感覚があります。何度もこう聞かれます。「それを形の中でどうやってあらわすのですか」。形がどのように見えようと、その全体性を経験するには、奇跡の知覚という流れから知覚されなければなりません。

イエスは「惜しみなく受け取り、惜しみなく与えなさい」と教えています。これは、神が与えるように与えることを学ぶ、というわたしたちの共通の目的をあらわす象徴的なステートメントです。これをどうやって実践するのでしょう。とても簡単です。シンプルに信心深く生きて、神聖な神の導きを完全に信じるだけです。それは、完全に寄付と愛が捧げてくれるもので支えられていることを意味し、すべての支えをホーリースピリットと神によって与えられているものとしてとらえることです。差し出されるすべてを、深謝と共に受け取り、光を照らして、世界中でキリストのメッセージを分かち合うというホーリースピリットの役割を続けるために使うことです。身体が一緒になるという形は、特別でも何でもありません。でも、シンボルは、とても有効的に使えますし、癒しを促すことに加えて、エゴを取り消すにはとても支えになってくれます。

エゴは、誓いを怖がります。ですから、唯一無二の目的に向かって献身するために、周りの人と手を取り合い、エゴをさらけ出して手放すことを誓うのは、アトーンメントを受け入れるにあたって、とても助けになります。アトーンメントは完全な誓いです。コミュニティに住むということに関しても、目的がまずはじめにあって、その目的を常に心に留めていなければなりません。形は神聖な安心の中で、自然に流れてくるものだからです。

形と共に歩むことは、唯一の目的を見失うことです。身体の必要性やエゴの好みに焦点を当てることを伴うからです。目的が前面にあるとき、問題を知覚しません。問題が生じるように見えるのは、目的を忘れているときだけです。悟りは、エゴやプライド、好み、所有物や所有権、といった概念である見せかけの自分を取り消すことです。わたしたちが信頼を深めるとき、そして、神のための声にだけ耳を澄ます誓いを深めるとき、ホーリースピリットは優しく手を取って一歩一歩わたしたちを導いてくれます。そうしてわたしたちは、誰もが神以外の源によって維持していた、間違った信念を手放します。

十七年前、わたしはイエスに従うと決めました。イエスは、神聖な神の摂理の実在をわたしに見せてくれました。突然、完全に新しい世界が、恐れのない状態と共に意識の中にあらわれました。喜びが内なる衝動に続き、生家へ戻るというあらゆるシンボルの中で大喜びしました。今のように旅の生活を始めて数年経った頃、わたしは、もっと多くの時間をわたしと過ごしたいと言ってくれる友人たちと出会うようになりました。彼らは、さまざまな質問をし、わたしの生き方を近くで観察して、わたしが大切にしている指針や教えに関する洞察を深めたいと言いました。そうしてわたしは彼らとスピリチュアルコミュニティで暮らすようになりました。十年の間に、顔ぶれは変わりましたが、コミュニティの持つ深い感覚は、わたしのうちに変わらずとどまっています。

今では、わたしはいつもそのコミュニティの感覚を、ハートの中であらゆる方法を通して経験しています。わたしの身体が止まっていても動いていても、ひとりでいても、小グループと一緒に、あるいは何百人という人の中にいても、関係ありません。わたしに放射するよう求められた目的が、わたしの世界の知覚を安定させてくれました。目にするあらゆるもの、あらゆる人に、すべては同一だという感覚が広がっていきました。それはとても幸せで落ち着いた明快な夢のようです。いかなる印もシンボルも、実際それ自体が存在しているかのように個人的に受け取るのではなく、夢見ていることを自覚することによって、安らぎが生まれます。揺らぎない安らぎは、見えるものから離脱することと、途絶えることのない神の目的を分かち合うという、変わらぬ誓いによって生まれます。

わたしは、自分の意識に上ってくるものすべてを、ホーリースピリットとイエスから与えられたものとしてとらえています。源に頼りきることで、足りない感覚がすっかり取り消されました。ですから、わたしは、何かを得る目的で世界のイメージに注意を引かれることはありません。イメージは、過去のエゴの意図から解放されて自由となった今、目覚めの計画の中でひらめきと祝福と安心を与えるために、スピリットによって使われるものに変わりました。

出来事が起こるタイミングに関して、疑問や好奇心はありません。この世界の意味を把握する必要も感じません。世界には訂正すべき人や物、変化すべき人や物は存在していません。現在という瞬間に存在することで、あらゆるものがありのままでいられます。計画や物流などの細かいことは、必要なとき、有効なときに与えられます。とはいえ、将来の出来事や目標が大事なのではありません。与えられるすべては、安全に確実にやって来ます。それぞれの段階で感じるのは、明白で自然だということです。

わたしが経験したすべての出会いは、可能な限り正確に言えば、自分を知るチャンスであったと言えます。わたしがいつも教えているのは、個人的な思いや、個人的な心というものは存在しないということです。ですから、こうして皆で集まるときにわたしが経験するのは、わたしたちが同一だという感覚です。わたしたちは同じスピリットを分かち合っています。この感覚は、グループという概念以上のものです。今でも常に、さまざまな愉快な方法で、ドキドキしながら何度でも真の自己と出会います。わたしは、出会いが自然発生的に起こるのが好きです。一緒に罪のなさを経験する感覚が好きです。わたしはいつも皆さんに、何も制限はないことを伝えます。すると、誰もが、開放的になりそのとき感じていることを何でも表現できるようになります。そうやって、自分たちを知るのです。わたしたちは、すべての思いと感情にかぶせていた蓋を取って、魂をあらわにします。そして、魂をあらわしたことで判断されないことに気づきます。わたしがこれまで出会った人々は、わたしに何でも話せて、どんなに自分の感情を恥じていても、自らの魂を打ち明けられると思ってくれているようです。

わたしたちのたったひとつの目的は、目覚めです。つまり、内なるホーリースピリットに導いてもらえるように、エゴを取り消すことです。そして、決して、形を用いて進まないことです。イエスは、世界で信じられていることの中に真実はないこと、そして、何が実在しているのかを見るには、心にある信念をすべて問い、取り消さなくてはならないと教えています。実在しているものは、この世界にはありません。神の目的と共に生きることは抽象的で、非常に直観力を伴います。そして、それは、心の訓練に対する深い献身を引き起こします。

心の訓練に慣れていない人にとっては、癒しと解放に向けて何が起こるのか集まって話すという枠組みは有効ですが、より深く神秘主義に打ち込んでいくと、その枠組みもなくなります。イエスは、二人の人間が同じ世界を見ることはないと教えています。ですから、あらゆることにおいて、万人が同意することはないのです。唯一の確固とした基盤は、家族や、権威、仕事、ライフスタイル、時間、資源の用途、といったすべての概念の知識を忘れる意志と、信頼で分かち合われた神の深い目的です。

イエスが生きたように、わたしたちは生きます。相互関係を予期せずに、招かれたところへ行きます。わたしたちは、何かを育てたり建てたりすることには興味がありません。神の目的は、常時持たれるべき献身的な愛情です。それは、誰にとっても異なって見えます。アメリカ、スウェーデン、ベルギー、オーストラリアにある、〈ピースハウス〉のコミュニティに、中心的な権威者がいないこと、そして、いかなる形でも組織を一元管理していないことに気づいていただけたら何よりです。スピリットが、そのやり方を示してくれます。どれも、設立者と参加者によって受け取られた直観的な導きを通して展開されているスピリチュアルコミュニティです。わたしは、それらのコミュニティで教えたり学ぶための資料や教材を提供できて、いつも幸せです。そこは寄付で成り立ち、惜しみなく与える場です。

わたしはホーリースピリットから、心を目覚めさせるスピリチュアルな実践ガイドを、次の通り受け取りました。

1 ボランティア……心の目覚めに、メンバーシップという概念は伴いません。したがって、職務のあらゆる面を完全にボランティアに頼ります。ボランティアは、金銭の代償を受け取りません。彼らは、自らの目覚めへの献身に対して、特別な特典や、物質的な報酬を得ません。恩恵は、完全にスピリチュアルなものです。それは常に、純粋に単純に心の状態です。

2 非営利……心の目覚めは、完全に非営利なものです。職務の目的は、ゆるしを通して、現在という内なる平和を経験することです。したがって、より大きく成長するとか、お金や力、所有物や財産を得るための動機や奨励はありません。現在の安らぎは、現在の瞬間に満ち足りています。ですから、過去や将来を心配したりしません。

3 直観……心の目覚めは、内なる導きを聞くための直観を養い、毎日の暮らしの決断をその導きに頼って信頼を築いていけるように、あらゆる人を勇気づけます。その人自身がどう感じているかというのが、直感的にどの決断が有効かを見極めるバローメーターになります。安らぎこそが、報酬です。

4 神聖な神の摂理……心の目覚めは、信頼することで、たった今あらゆる問題を解決するという、自覚と経験の両方を育みます。ホーリースピリットを信頼してください。キリストは神によって与えられた手段であり、それが知覚の中で生じるあらゆる問題について答えてくれます。職務についているわたしの友人たちは、常に内なる神への声と、神が創造主であり、源であり、提供者だという認識へと導かれています。

5 判断をしない……あらゆる比較、意見、思い込みは、葛藤の代わりとなる実践的で直感的な導きによって、自然と取って代わられます。導きは、常に、敬意を払われます。内なる導きに従うことが常に促されます。ホーリースピリットとキリストの声を聞いて従った結果は、常に、平和と愛、幸せと自由そして喜びです。内なる導きを信じて、誠実で正直な調和ある人生を送るには、いかなる例外も必要ありません。

6 寛容さ……与えることは、受け取ることです。心の目覚めは、愛の神聖な法則を称えます。あなたは惜しみなく受け取り、惜しみなく与えます。与えることは、愛を放射する態度そのものです。そして絶えず受け取り、愛の放射を経験します。愛は、広がります。愛は、欠如がないことや、奪われることがないことを知っています。愛は、心の豊かな状態であり、全体性そのものであり、それは完全に分かち合われます。

7 個人的な思いはない……心の目覚めは、ひとつにまとまった心という統一を経験することです。そこでは、スピリットから守るべき秘密はありません。すべてが真実の光の中で公開されます。愛には隠すものはなく、愛は永遠にありのままの状態で公開されています。分かち合うことができるのは、神の思いだけです。それ以外のもので分かち合うものはありません。

8 人々を喜ばそうとしない……心の目覚めは、常に、内なる導きに従うことを推奨します。そして、自らの心の状態に完全に責任を持つことを受け入れるよう唱えます。外的な権威や無意識の信念に従うことは、決して本物ではありませんし、精神的な探索の助けにはなりません。ホーリースピリットの内なる導きに従えば、土地の法律を破る必要はないのです。完璧な誠実さこそが、あらゆる決断でホーリースピリットに道を譲ったことを示す確かな結果です。「ホーリースピリット、わたしのために、神のために決めてください」というのが、わたしたちの感謝の不変な祈りであり、とても実用的です。スピリットに道を譲るなら直ちに結果が出ます。

9　世界をコントロールしない……自らの心の状態に完全に責任を持つと、この世界でコントロールするものは何もないということに気づきます。観察者というのは、すべてを有する者のことです。そして、今この瞬間、あらゆるものは、そのままの状態で完璧です。アトーンメントは、完璧に受け入れた状態です。それが、ゆるしという幸せの夢であり、ゆるされた世界です。

10　平和な経験……心の目覚めは、あらゆる具体的な概念を超越する経験です。神聖な静寂がそこにあるだけです。シンプルに次のことを行なってください。静かにして、自分と神に対するすべての思いを脇に置いてください。あなたが世界について学んできたすべての概念や、自分自身に対して抱えているすべてのイメージを脇に置いてください。真実でも誤りでも、良きことでも悪しきことでも、判断に値すると思えることでも、恥ずかしいことでも、すべての思いを脇に置いて心を空にしてください。何も持たないでください。過去に教えられた考えや、何かから学んだ信念を持ち込まないでください。この世界やこの**コース**を忘れて、ただ完全に手ぶらで神のもとへ飛び込んでください。

愛への障害が掘り起こされ、取り除かれ、神の愛の中であなたと出会い、一緒に喜ぶことができることを望んでいます。皆を生家へ導く神に、感謝します。

変わらぬ愛と感謝を

デイヴィッド

第2部　上級の教え

i 上級の学びにあたって

目覚めへの呼びかけは、内側の深いところからやって来ます。この世界にそのような冒険へ誘う声はありません。以下の対話は、心が目覚めるということに焦点を合わせ、特に愛の存在の自覚を妨げる信念を明らかにする意図で行なわれました。明晰さと奥深さの両方が放射されています。非二元論の形而上学についても言及され、ある種のスピリチュアル・サイコセラピーに類似しているところもあります。あらゆる問題が心の過った信念体系へとたどられ、奇跡という癒しの思いを受け入れることによって訂正されています。

真実だけがあると自覚することと、たった今目覚めることの両方が可能だと教えるというのは、すなわち、心の明晰さを反映させることです。それが、単なるアイディアを示す以上の生きた経験なのです。わたしたちは、目覚めが思いつきの試みではないとわかっていますが、それが意図的な妥協のない献身を要求していることも理解しています。すべての思い込みに対して真っ直ぐに、そして迅速に疑問を投げかけるわたしたちの意志が、話し合いの奥深さに反映されています。過激で極端だと思われることもあるかもしれませんが、そう見えるのはこの世界という視点からだけです。心の完全な変容は、献身と内から湧く強い願いによって成されます。それが、わたしたちの統一した目標であり目的です。

目覚めるときがやって来ました。

言葉や概念のための時間はほとんど終わりを迎えています。これからは、神の愛を直接経験することを求めましょう。神と出会えるかもしれないという期待を込めて行なうさまざまなテクニックや儀式を、ハートの静けさの中で喜んで手放しましょう。

わたしたちが神を知っているつもりになっているのは、間違いです。ですから今回は、空の両手を広げて進みましょう。わたしたちはまだ神への道についてわかっていないことを自覚しつつ、それでも、神がその道を示してくれることを確信していましょう。

周りを見渡して、神へ向かう最後の上昇のために、強力な仲間がいてくれることを目撃しましょう。神の目を通して見ると、友達は、永遠に友達です。あなたの友は、キリストの面前で、いつもあなたを歓迎しています。聖なる関係が訪れ、わたしたちは喜びと感謝であふれます。目を向ける至るところで、常に、幸せの夢の目撃者があらわれます。平和が地上一面に広がります。安定した静けさが、隅々まで行きわたります。

祝って、喜んで、感謝して、癒す、それ以外にすることはありません。かつてわたしたちの目を釘付けにした、世界中のあらゆる装飾品は、現在という経験の広大さを前にしたとき、価値を失います。すべての野心や将来の目標に向けた努力は、姿を消します。世界に対する好奇心も、世界のやり方も、すべて終わりを迎えます。わたしたちは深い静けさの中で休みます。それは、時間がわたしたちに触れることなく漂うかのように計り知れないものです。わたしたちはただ耳を澄ませます。わたしたちは聞き、歓喜します。

本書は、単に言葉を集めたものにすぎません。それ自体では無です。ですから、この言葉があなたの内なるひらめきと、目覚めや喜びを求める声の反映となりますように。あなたが、平和と喜びと永遠の幸せへ向かう道を迅速に歩めますように。わたしたちでは語りきれない経験をあなたがされますように。そして、あなたが望みさえすれば、その経験があなたのものとなりますように。

ii　真の関係を経験することに心を開く

【友人との対話】

友人　わたしは、人間関係の意味について、より深く、より綿密に見ていきたいと思っています。自分が、本当の関係が何なのかわかっていないように感じています。心の底では、神と統合することが真の関係だと感じていますが、それはわたしの経験を超えています。人間関係について今まで信じてきたことは、その経験へと引き上げてはくれませんでした。わたしは、本当に真の関係について知りたいのです。

デイヴィッド　真の関係が何なのか知らないと認めるのは、良い出発点ですね。あなたは、自ら経験はされていませんが、〝神との統合〟という言葉を述べられています。つまり、真の関係を経験したいという心構えができつつあります。あなたは、どのような人間関係がご自身の人生にあったとお思いですか。

友人　わたしが人間関係について考えるとき、二人の人間の間にある、仲むつまじいつながりの経験を思い浮かべます。

デイヴィッド　それでは、これまでのあなたの経験がどのようなものだったかを見ていきましょう。あなたは幻滅を経験されています。人との結びつきや、調和の取れた関係を得ようと努力するとき、あなたは幻滅します。結婚、家族関係、友情、仕事といった関係では、変わらぬ調和や持続するつながりを経験したいというあなたの望みを満たすことは、できませんでした。

友人　そうです。結婚に幻滅し、わたしは持続する幸せや調和やつながっている感覚を見つけられていないので、ことあるたびに、すべての人間関係に幻滅しています。

デイヴィッド　その幻滅感と不満足感をなくすための最初のポイントは、あなたがどのように人間関係を定義しているかを見ることです。あなたは心の中で抱えている人間関係に関する概念についての、ご自分の無意識の思いや定義に全部気づかれていますか。あなたはこの世界でのご自分の経験に影響を与えている、そういう概念を持ち続けているということがどんな意味かおわかりですか。わたしたちはまずはじめに、あなたが人間関係をどのように定義されているかを見ていかなくてはなりません。世界におけるあなたの経験は、自分自身と世界に対するあなたの信念と概念と思いの結果だからです。

友人　今気づいたのは、自分は人間関係を定義していないことです。それか、少なくとも、意識的には定義していません。人間関係について知っていると考えるよりも、人間関係が何なのかをわかっていないと何よりも自覚しています。

デイヴィッド　幻滅感を経験されているとすれば、真実ではないものを自分は〝知っている〟とあなたが信じていることは間違いないですね。幻滅感は、本当の神の英知と理解の経験ではありません。世界や宇宙を把握して知ろうとしている過った信念を、一緒に見つけて手放しましょう。たった今、心に思うことを使って、一緒にこの旅を始めましょう。

友人　人間関係は、人同士の間にあるように見えます。〝良い〟関係と言われるものの特徴として、オープンコミュニケーション、徹底的に話す意志、というのがあると思います。感じていることや思いをさらけ出して取り組む意志のことです。おそらく、そうすることで、人間関係の全体を構成している要素の一部の形が変わったり、事情が変わったりするでしょう。そのような変化が状況を助けたり、状況を変えたり、問題の解決法をもたらしたりするはずです。人間関係ではたくさんの問題が生じるので、オープンコミュニケーションが大いに必要です。

デイヴィッド　「人間関係では問題が生じる」とおっしゃいますが、あなたは問題を見るとき、人間関係の中にある何かが間違っている、というふうに、問題を定義されているのですね。

友人　はい、そうです。

デイヴィッド　問題を〝人間関係の中〟にあるものとして定義するとき、人間関係は問題の解決法になってしまい、そこであなたが求めているつながりと調和を経験するためには、あなたは〝人間関係の中〟で何かが変化しなければいけないと信じていることになります。つまり、人間関係で結びつきを感じるには、形の変化が不可欠だと信じているわけですね。

友人　はい。たとえば、こんな感じです。「わたしたちはじゅうぶんにお互い話をしていない。わたしたちはじゅうぶんに活動を分かち合っていない。わたしたちはじゅうぶんに一緒の時間を過ごしていない」。人間関係での問題は、いつもこのような一連の思いです。

デイヴィッド　では、あなたが問題を見るとき、その問題は形という観点で定義され、その問題の解決法もまた、形という観点で定義されていますね。そのような定義と問題の解決法は、今まで役立ってきましたか。あなたが人間関係という知覚の中で求めている持続する幸せや調和は見つけられましたか。

友人　いいえ、全然です！（笑）

デイヴィッド　（微笑み）じゅうぶんに何度も試されましたか。

友人　はい、何度も繰り返しました。相手と徹底的に話す意志はあるのに、その方法についての手掛かりがまったくなかったことに、苛立ちと不満を感じました。わたしたちは解決法を見つけたかったのですが、それについてどう話して良いのかわからなかったのです。単純にどう取り組むべきか知らなかったのです。問題を見つけるためのボートを見失ったために、その問題を解決するためのボートも見失ったかのようでした。だから、問題は決して解決されませんでした。堂々巡りです。せいぜい、しばらくの間上手くいっていると感じる、という一時的な解決法にありつくくらいです。でも、同じ問題や似た問題が、いつも起きていました。

わたしが良い関係について抱いている別の特徴は、年月と共に築いた関係の〝長さ〟と関連しているみたいです。分かち合われた歴史、痛み、喜び、困難は、良い関係を築く上で大きな部分を占めます。それは、良いときと悪いときのコンビネーションであり、それがすべてと言えます。たとえ浮き沈みがたくさんあっても、長い間、一緒に乗り切ったことが、関係を強くするように見えます。

デイヴィッド　その概念に関して、何か起こりましたか。

友人　あるところへ来ると、関係の長さはまったく関係なくなります。関係の長さが、その関係をつなぎ止める要因ではなくなります。長年一緒にいても、崩れていくようです。

デイヴィッド　特定の方法で関係を定義していたこと、特定の方法で問題の解決法を探していたこと、そのように幻滅感をとらえるのは、良いスタートですね。内側の足りない感覚や未解決の空虚感を解消するために人間関係を使おうとしていた、幻滅感をそのようなパターンとしてとらえましょう。つまり、空虚感や、結びつきと親しさの欠落感を解消するために、形や状況や結果に目を向けるパターンとして。わたしたちは、形や結果や状況が過去のものであることを一緒に学ぼうとしています。ですから、誰かを正したいとき、誰かを変えたいとき、状況に変わって欲しいとき、相手に行動を変えて欲しいとき、実は自らの内なる葛藤を解決するために、過去が変わることを望んでいるのです。そのとき、形の変化は実在の変化だということ、そしてその形の変化で心の葛藤が解決される、ということが信じられています。

友人　他人の行動や自分自身に変化を求めたり、ある状況において変化を求めることが、過去を変えようとする試みだというのはどういう意味ですか。

デイヴィッド　あらゆるものが本当に完璧です。たった今すべてがあるべき姿なのに、それでも空虚感や、結びつきや親しさが足りない感覚を感じるのは、物事が今とは違う状態であれば今よりずっと良いのに、という信念があらわれている症状にほかなりません。世界のイメージは、過去です。そのイメージを変えたいという思いは、過去を変えたいという思いです。何かの形が変わったときだけ、求めているものを得られるという信念の反映です。それは、異なった状態になって欲しいという過去への要求です。目にする葛藤を解決するために不可欠なのは心の変化だけだ、という癒しの考えに心を開く代わりに、過去へ要求しているのです。心の変化は、現在の中でのみ起こります。そして、それは過去が過ぎ去ったことだという自覚のみをもたらしてくれます。

友人　過去が去っているという自覚をどうやって持てるのですか。

デイヴィッド　あらゆる争いの解消法は、心の中にあることに気づくことが絶対不可欠です。問題を突き止めて、解決法を見つける前に、心のうちを見つめる意志が必要です。見えている問題は、心の内側にある解決法へ呼び寄せられると解消します。すべてが本当にそのままで完璧なのは、そのためです。内なる解決法は、相反するものを知りません。

　わたしたちの話し合いでは、形而上学のことや、物質や五感で知覚するものを超えた意志について話さないわけにはいきません。神の中にあるというわたしたちの存在の真実に心を開く意志が必要です。現在、まさにこの瞬間、生きている瞬間の中でのみ、真の自由と解放があります。

友人　わかりました。それについて深く見つめたいと思います。わたしは本当に持続する平和と変わらない親しさを見つけたいです。必要なことは何でもするつもりです。わたしたちが知っておくべき基本的な形而上学とはどんなものですか。わたしには、疑問視するべきたくさんの無意識の信念と思い込みがあるとおっしゃいましたが、それらのことでしょうか。

デイヴィッド　わたしたちは、真実だと信じてきたことすべてを問わなければなりません。わたしたちは最初から、神聖だとか、疑問の余地はないなどと言って、いかなる信念も抱いてはならなかったのです。わたしたちは、真実だと信じてきたことの全部を問わない限り、物質を超越したものを経験することができないからです。わたしたちの話し合いの方向性についておわかりですか。

友人　はい。進もうとしている方向についてはわかります。わたしたちが見ているのは本当に基本的な質問で、実在しているものとその実在性の本質を問うことですよね。それは、このような質問をすることと同じですか。「神とは何ですか、わたしは誰ですか、人生の意味とは何ですか」

デイヴィッド　その通りです！　わかりやすく単刀直入にやっていきましょう。真実に目覚めるとは、単に、神と愛が存在し、愛する神に反するものはないのだと気づくことです。神とひとつである聖なる心は、創造する者になるべく創造されました。神が創造するように創造するのがスピリットです。神はスピリットなので、あらゆる創造物もスピリットです。ですから、心の自然な状態というのは、純粋な創造力です。創造物は、神の延長です。神とひとつであるということは、神と同じように放射することです。それが、イエスが天国の王国として示しているものです。

その著しい対象が、知覚です。知覚は、創造的な能力が歪んだものです。投影が知覚を作ります。つまり、知覚とは、神の心から離れている、神に創造されなかった心の中の幻想的な思いであり、それが外側に投影されたように見えるものなのです。実際、そんなことは不可能です。アイディアはその源を去りませんし、神がひとつのものとして創造したものは、永遠にひとつだからです。過った創造は投影であり、常に、実在しているものの歪んだ姿です。その点で、あらゆる知覚は実在していません。知覚が発生するところは神聖ではないからです。知覚は、創造する代わりに捏造されたものであり、それゆえに実在できません。

とても基本的な言い方をすれば、心は創造主であるべく創造されたのであって、知覚者になるために創造されたのではありません。知覚は、スピリットとしての自分ではない何か別のものになろうとする思いです。その思いは、形を必要とします。ですから、時間・空間・物事という知覚による全世界は、幻想です。幻想の非実在性は、あらゆる物事、時間、空間にふさわしいのです。直線状の時空間に見えるものは、実在しているものをゆがめたものでありながら、永遠性とは相反するものになりすましているからです。銀河と星と生物でできているように見える宇宙は、永遠の愛以外の何か別のもの、つまり、神以外のものとして存在することが可能だという信念そのものです。

神からの分離を信じることで、眠っている心は身体で識別され、身体を取り囲む宇宙が新しい家となりました。身体が主体となり、ゆえに、ほかの身体からなる世界や宇宙は対象物になりました。身体、五感、目にするもの、世界、宇宙、それらのすべては、知覚をともなっています。

時間の感覚の中で形あるものを見るならば、形を通して知覚される偶像のすべては、過去のものです。言い換えると、エゴは過去の神聖でない瞬間に起こり、そのとき心は欺かれ、混乱し、その真の実在性を忘れました。知覚された世界は、ただの影か、過去の間違った考えを外に映し出したものにすぎません。ですから、人間関係に話を戻すと、あらゆる個人的な人間関係は過去のものだと言えます。

たとえば、常に身体というアイデンティティにつきまとう苛立ちや不満は、こう主張しています。「あなたはそれをすると言ったのに、しなかった。今のあなたは、結婚した当時のあなたとは違う」。お金の問題、性的な問題、嫉妬、ねたみなど、あらゆる人間関係の問題は、あなたがその状況をどう定義しても、身体が基準になっています。過去が実在しているという信念に基づいているのです。欺かれた心は、罪悪感と葛藤を解消するために、過去を使おうとします。そのときの感覚は、こんな感じです。「わたしは足りていない。この欠如を補うための何かがあるはずだし、この世界の何かがわたしを完全にしてくれるに違いない。物事が上手くいく方法があるはずだし、それがわたしを幸せにしてくれて、この内側の空虚感も埋めてくれるはず」

友人　「罪悪感と葛藤を解消するために過去を使う」とおっしゃったのは、分離を信じているという意味ですか。

デイヴィッド　はい。分離を信じていることが、形にあらわれています。それは、信念を外側に映し出すという知覚的な世界に見える方法を用いて、人や場所や出来事や物事がまだそこにあり起こっているように見せ掛けます。実は、それはすでに終わったことなのです。全部過去です。まだ起こっているように見えるのは、心の中で信じている分離が反映されているだけです。わたしたちはすでに完全で完了しているにもかかわらず、何かが足りていないという信念を持っているのです。

このようにも言えます。宇宙は、映画の画面と同じように、心を紛らわすための強大な装置として作られました。それは、見せ掛けの問題が解決し、偽りの救いが成り立つ夢です。世界は、イメージの夢です。それは、エゴが、永遠の実在性の代わりに維持している巨大なマジックショーの夢なのです。エゴはその夢の中で、幸せは映画の画面上で見つかる、と眠った心を納得させようとします。形で定義された人間関係を上手くいかせようとする試みは、幸せと愛がないところでそれらを見つけようとしているのと同じです。これが、〝間違った場所で愛を求めている〟代表的な例です。そのように間違ったところで探しているというのは、愛だけでなくあらゆる種類のものにも当てはまります。というのも、愛はスピリットで、いかなる形にも限定されていないからです。眠っている心は、スピリットとしてのアイデンティティを忘れて、非実在の世界を夢見ているようです。夢を見ていることは知らないままに。

形で定義される人間関係は、常に、人の観点から定義されます。自分が人であると信じているので、眠った心は真実の光と関係を断ち、「わたしはスピリット。わたしは永遠。わたしは不変」であることを忘れました。ほかの断片(人)と対照を成して、ひとつの断片(人)として自らを定義し、それに焦点を当てているので、誰をも、分離した心と特長を持つ、別の分離した人間として知覚します。ですから、形で定義される人間関係では、嫌悪したり魅了されたり、押したり引いたりということが絶えず行なわれているのです。そこには、断片(人)同士の間にあるように見える根本的な摩擦があります。それぞれが、各自の人生を背負う断片であり、他人とは異なったユニークな存在に見えます。

世界が教えることは、このようなことです。「結局は完璧な人はいないので、たとえ最良の人間関係であっても、良いこともあれば悪いこともある」。この世界では、完璧に見えるものは、錯覚です。完璧な人も、完璧な家族も、完璧な結婚も、完璧な人間関係も存在しないからです。でも、つながりの足りなさということころへ深く入り込むと、人間関係の定義こそが問題だということが見え始めてきます。つまり、間違った人間関係の概念です。それが、本当の人間関係を自覚することを妨げています。この世界における人間関係には、個人的な心、思い、身体、必要性、欲求、興味など、個人の概念が含まれていて、ゆえに、欠如のレンズを通して、人間関係をとらえるのです。必要なものを得るため、お互いに心理的、感覚的な満足を与え合うため、依存し合うため、というように。

友人　はい。自分は相手のニーズに合わせ、相手も自分のニーズに合わせる、それをがわたしの幸せ、というのが一般的に信じられていて、人間関係で通常望まれていることですよね。

デイヴィッド　眠っている心は、自らを人と信じ、何かを切実に必要とし、何らかの形で欠如していて、その必要性や欠如を満たすために他人が必要だと信じています。規模を拡大して世界を見てみると、この世界が設定した、需要と供給、食物連鎖、生態系、心理的依存、などといったアイディアによって、相互依存の関係があるように見えます。相互依存のアイディアとは、人から人へ、物から物へと続く依存の連鎖があるという考えです。世界の信念体系は、存続をかけてこの依存に頼っています。そのすべての依存は、エゴの信念体系に基づいています。人間関係の過った概念について徹底的に取り組み、本当の人間関係の意味を発見したいのなら、そのエゴの信念体系を問わなければなりません。

親しさ、つながり、調和についてはたくさん話すことがあります。ラブソングの歌詞は、永遠性について語ります。確かに、永続する調和の取れた理想の関係というのは、聞こえが良いですが、それらの歌詞の言葉は、この世界で個人個人の間にある人間関係として知覚されるものをあらわしていません。なぜなら、たとえ最良の人間関係が保たれているように見えても、やはり、身体の死と別れが知覚され、その人間関係は、理想の長さに切り上げられることになります。

友人　「理想の長さに切る」ように見えるのは、身体の観点で人間関係を定義しているからですか。

デイヴィッド　はい。身体はくっついたり離れたりするように見えますが、真の統一は永遠です。喪失感は、分離の信念です。その象徴が、制限された身体のアイデンティティです。身体を伴う人間関係のすべての定義は、喪失感に基づいています。しかし、本当の関係はスピリットに属するので、失うという概念がありません。ツインフレームやソウルメイトという概念も、身体を伴い、世界には、誰にでも真の愛である相手が存在しているという前提に基づいています。そのとき、無意識のレベルでは、二人の人間が一緒になるときに到達できる、ある種の完全性が存在していて、二人が一緒にならなければそれには手が届かない、と信じています。でも、真の完全性は、常に、分離の信念と身体を完全に超越していて、いつでも到達できる神聖な心そのものです。完全性こそが、生きている瞬間を経験することなのです。

魂は、いかなる方法でも制限されたり抑制されたりすることはありません。魂は身体の中にあるのではありません。分離した魂というものもありません。なぜなら、魂はひとつだからです。それはたったひとつなので、そのひとつに戻るために別の魂を探すこともありません。ふたつの魂が互いを見つけたとき、運命が全うされるという概念も、分離の概念に基づいています。心は実在性の中で無限にひとつですが、眠りについている欺かれた心の状態には、分離した相手と、分離した身体があり、それぞれが分離した心を持っているように見えます。ですから、身体という私的財産は、心と魂の両方に割り当てられ、そのため心と魂がバラバラの断片に感じられます。したがって、その眠った心の状態では、人間関係は人の観点で定義されます。ひとりにつき一体一心があり、そのひとりひとりに、趣味や目標を分かち合う者、同じ好き嫌いを持つ者など、共通点があるというわけです。

友人　そういう共通点は、あればあるほど、良いですよね(笑)。

デイヴィッド　そうですね。この世界によれば、共通点は多ければ多いほど良いですね。共通点というのはワンネスの象徴と言えます。でも、あればあるほど良いと考えるのは、皆がユニークな存在で、分離した個人であり、相違点があり、二人として完全に同じ人間などいないことを暗示しています。世界の知覚では、価値や所有物、身体的相性、性的相性といった点で、共通点があるように見えるかもしれません。

友人　ライフスタイルもですね。

デイヴィッド　そうですね。社会的階級、地位などのあらゆる相違点は、世界において共通の基盤になっています。それらはすべて、良い関係を築こうとする世界の見方の中での材料になっています。でも、あなたはもとの位置へ戻ってきました。本当の人間関係を知らないというところから始めました。あなたが本当の人間関係を知らないのは、世界が求める人間関係はまったく本当の関係ではないからです。それは偽りの茶番劇です。一見、幸せと調和を約束しているように見えます。でも、特定の形でその後ずっと幸せに暮らすという理想は、幻想です。この世界の経験を通過するとき、その理想は何度も繰り返し砕け散ります。形は幻想なので決して続きません。一時的なものとして作られたものは、永遠にはなり得ないからです。神の永遠の愛に代わるものは存在しません。

欺かれた心は、感じている空虚感を埋めるために、形と過去に目を向けます。そして、この瞬間の完璧さを否定して、理想と幸せの完璧な形を見つけるまで、その形を変えようとします。決して見つからない場所で愛を探しているというのは、そのことなのです。つまり、時空間で永遠性を探しているわけです。でも、時間が永遠の場所に置かれることはあり得ません。限界のあるものが無限のものに取って代わることもあり得ません。自己概念が、スピリットというひとつのものとして神が永遠に創造された真の自己の居場所を奪うことはできません。

友人　わたしはその自己概念というものが何であろうと、もう少しそれに触れていたい気がしています。わたしは自分が信じていることがわかりませんし、自分が何に固執していて、何を実現しようとしているのかもわかりません。

デイヴィッド　信じていることを観察するには、注意力と意志が要求されます。あなたはご自分の意識を埋めている思いに気づくことで始めようとしています。それらの思いが、どれほど身体に関連しているかわかろうとしています。

　ゆるしという目的に注意を向けると、あらゆる状況で次々に問いが湧いてくるでしょう。これは何のためにあるのか、これはわたしに何をもたらすのか、これを追いかけることが、安心とつながりと平和と調和をもたらすのか、将来何をやっているだろうか、これが本当にわたしにもたらすものは何だろうか、将来を把握しようとしたり、過去を背負うことで、持続する安らぎや安心があっただろうか、長続きしたつながりの経験をもたらしたのは、どの自己概念だっただろうか。

友人　わたしがどんな形の中に、それが平和と幸せと安心をもたらすと信じているかに気づくということで、どのような自己概念を持っているかがあらわになるということですか。

デイヴィッド　はい。

友人　もう少し教えてください。まだその関係性がはっきりとわかりません。

デイヴィッド　究極的には、全宇宙が自己概念を作っています。欺かれた、または眠っている状態では、心は、何かを選んだり、クローズアップして、特定のものを意味づけているように見えます。そうやって、安心や幸せを得られると思っているのです。その心は、欲求など存在しないワンネスを忘れ、過った欲求の世界を夢見ています。この世界の夢を見ているとき、そこにはいつでも限りないバリエーションがあるように見えます。眠っている心が、身体的なアイデンティティ、パートナーシップ、お金、権力、名声、恋愛といった、世界にある形を獲得しているのです。

友人　では、わたしがこの世界で経験した愛は、まだ歪みの一部なのですか。眠って夢見ている状態なのですか。

デイヴィッド　恋愛や性的な結びつきという意味の愛なら、その通りです。それらはすべて自己概念の経験です。形で存在しているように見えるもの、宇宙そのもの、宇宙の中にあるそれぞれのもの、そのすべてが自己概念です。神聖な心は完全に抽象的です。偶像は特別な形という幻想です。神は形を知りません。偶像は、満足感や幸せをもたらしてくれ、神の抽象的な愛の代わりになると信じられています。欺かれた心は、偶像を追いかけるゲームをします。〝探しなさい、そして見つけてはなりません〟、というのが世界で行なわれているゲームです。自己概念を超えた心の状態にオープンになることが、本当の奇跡です。あなたはもう心を見つめることを始めているので、世界にある物事への執着に気づき始めるでしょう。あなたは内なる神聖な光へ向けて、その思いの下に沈みます。瞑想は、意識にあるものを空っぽにしてくれます。内なる静けさがあり、そこでは世界は完全に消えます。

友人　一連の思いをたどって考えると、わたしはまだ心と身体の完璧な調和があると信じていると言えます（笑）。多分九十五パーセントは心で、五パーセントが身体です。でも、ほんのわずかでも、神聖な心以外の何かがあると思っているのですから、これも冗談ですよね。

デイヴィッド　そうですね。人生も、真実も、物質も知能も、存在していません。世界には心もありません。神聖な心は抽象的ですが、時空間の概念や身体は具体的です。ゆるしは物質的な世界に心があるという信念を取り消すことです。それは、問題には原因も源もないととらえることです。眠っている心は、スピリットの導きのもと、神のアイディアがその永遠な源を去って、そこから離れた時空間の中で存在しているという信念を取り消します。スピリットがスピリットを去って、時空間と物事の中に入り込むことができるという信念の取り消しです。眠っている心は、物質的な存在について学んでしまったすべての知識を捨てます。それが、ゆるしです。

世界は、身体と心を結び付けようとしますが、身体と心は調和できない、というのが真実です。神聖な心は完全に全体です。絶対的な真実に妥協はありません。

真実は真実であって、相反するものを持ちません。真実は、絶対的で、永遠で、常に完璧なものです。真実に気づく上で、できることとは何でしょうか。それは、ゆるしです。ゆるしは役立ちます。ゆるしとは、心を見つめて、実在に基づいていない思いや信念を手放すことで、過ちを過ちとして掘り起こすことです。意識にある思いを注意して見て行くとき、そして、幻想を掘り起こして明らかにしていくとき、絶望しないことが大切です。膨大な思いが浮上するとき、やる気を失わないことが大切です。意識上にある思いが実在の思いでないことに、深く感謝してください。実在していないことを目撃することが、真の解放です。それが癒しです。

心を見つめることと膨大な思いを手放したいと思うことで、唯一注意しなくてはならないことは、それが意識にある神聖な光に蓋をしてしまうということです。内なる光に心を開くことが、高次の目的に心を開くということです。

友人　あるところへ達すると、人間関係に関する確かさを感じることができますか。心を高次の力に合わせているとき、人間関係において、神とつながっている確かな感覚がありますか。わたしは、神の目的と人間関係を同一視できません。それに、高次の力や人間関係が本当に何を意味するのか、わかっていません。

デイヴィッド　だからこそ、わたしたちは今、そのことについて丹念に、直接的に、ゆっくりと、一歩一歩、知覚のひとつずつ、思い込みのひとつずつを見ているのです。すべての疑問は、本当はアイデンティティに関する疑問であること、そして、自分自身と宇宙についてこれこそが真実だと思っているその信念に基づいていることに気づくでしょう。眠りに就いて欺かれている心は、すべてにおいて不明確で、何も知りません。真の自己と神を否定しているからです。でも、あなたは、真の自己と神だけを理解できる存在なのです。明晰さは瞬間的なもので、それに気づくまでに時間を要しません。ですから、明晰さの前にある障害物や壁を取り除くことが、わたしたちの課題です。

友人　明晰さについて考える必要はないのですよね。

デイヴィッド　明晰さは、分析や統合を必要としません。分析や統合は、過去と未来に関する思いの膨大な作業です。明晰さは、現在にあります。明晰さは、将来のある地点でひとつになったり、築かれたり、到達するものではありません。明晰さは、今この瞬間にあります。

友人　たった今ここにあるのですか。

デイヴィッド　あります。今あなたが明晰なら、はっきりした自覚を持ち、過った思い込みが実在していると信じるようなことはありません。戸惑って不確かに感じるなら、内なる光、つまり理解する光を妨げている思い込みや信念があるのです。

友人　質問すべきことがわかりません。何が不確かなのかもわかりません。

デイヴィッド　もっと簡単に話しましょう。今どのように自分が感じているか、ということに目を向けてください。今、この瞬間に感じていることを真っ直ぐ見つめてください。

友人　よくわかりませんが、何となく、曖昧な感じが……。

デイヴィッド　どんな感覚ですか。

友人　宙ぶらりんというか、狭間にいる感じがします。

デイヴィッド　狭間にいる感じですか。二元性の信念ですね。目を向けて手放すためのものです。宙ぶらりんというのは、前後に何かがあるのですね。前進するものと、後退するものですね。目の前であなたが信じているもの、将来においてあなたが信じているもの、それは何でしょう。何かの狭間にいると感じ、またそう信じるならば、あなたは何かと何かの間に自分がいると信じているに違いありません。

友人　わたしは、かつて人間関係だと思っていたものと、真の関係という実際の経験の間にいるような感じがしていますです。知っていたと思っていたけど知らなかったものと、まだ完全に知らないと思っているものの狭間です。

デイヴィッド　わたしたちは意味を見つけようとか、過去の幻想を理解しようとしているのではないので、真の関係の経験についてもう一度見ていきましょう。それが、あなたのおっしゃった「まだ完全に知らないと思っているもの」ですね。真の関係の経験とは、いつ経験できるのでしょう。今以外に、いったい、いつ経験できるのでしょう。

友人　（笑）「今です」というフレーズは知っています。でも、その経験を本当に自分が理解しているのかわかりません。わたしは、まだ、あなたの言う現在の瞬間についてわかっていません。おそらく、今以外の経験はないのでしょう。それでもわたしはまだ過去と未来を信じています。

デイヴィッド　わかりました。もっと率直に見ていきましょう。あなたは、今という時を概念のように話されますが、何かと何かの間で宙ぶらりんに感じるとおっしゃるとき、あなたはそのふたつを、過去に人間関係を定義したのと同じ方法で定義しています。あなたが欲しい振りをしている真の関係という仮想的な経験は、未来にあるとあなたはまだ信じています。宙ぶらりんで、何かに挟まっているように感じて混乱しているのであれば、単純に今、あなたは明晰ではないのです。

友人　はい。自分が今、明晰でないのは受け入れます。

デイヴィッド　あなたはそれを受け入れますね。でも、自ら信じていることと、自分自身や世界に対する知覚について問う意志がありますか。信念は、心と自己と世界の知覚を曇らせます。それは、おわかりですか。

友人　それが本当なのは受け入れます。いえ、それが本当であるに違いないことを受け入れます。でなければ、こんなふうに宙ぶらりんに感じたりはしないでしょうから。ただ、この感覚と一緒にどこへ向かって良いのかわかりません。このことについてもっと明確になれるように、どのように進んでいけば良いのかわかりません。自分が何について明確でないのかもはっきりしていないのでしょう。

デイヴィッド　それでは、少し段階をさかのぼってみましょう。この世界で定義される人間関係の問題は、常に具体的です。あなたにとって、心に浮かんでくる人間関係の具体的な問題とは、どのようなものがあるでしょうか。人間関係について、次々と湧いてくる気に触ることとは何でしょうか。あなたがまだ信じていることが、実在しているのか、本当なのかを知るためには、具体的な例で始めて、より深く心へ戻っていかなくてはなりません。

まるで魔女狩りでもするかのように、心の中の葛藤を過度に探したりして、骨を折るべきではありません。ただリラックスして、思いが通り過ぎるのを見ていれば良いのです。考えている人間関係について、ほんのわずかでも気が滅入ったり、気に障ったり、イライラしたり、という思いに、徐々に気づいていきます。リラックスして、故意に心の探検をしようとしないでください。ただ内側へと沈み、その瞬間、静かでいてください。そして、思いが通り過ぎるのに気づいていてください。

友人　心に浮かんでくるのは、些細なことです。夕食で笑ったことや、その瞬間の喜びの経験を妨げていたものなど。

デイヴィッド　もう少し具体的にお願いします。

友人　わたしの心を占領しているのは、まったくどうでも良いことばかりで、それは全部、形であり、些細なことであり、その瞬間の喜びを思い出す助けにはなっていません。わたしは静けさが怖いのです。信じていることが何ももたらさないことが怖いです。世界にあふれているものに対する些細な思いを抱かないことが恐ろしいです。でも、その瞬間の流れの中にいると、幸せで満足感があり、目的に沿っている感じがします。そして、どうでも良い些細な思いには完全に気づかないみたいです。些細な思いがあるときは、目的に沿っている感じがしません。

デイヴィッド　あなたは感情面で割れていると感じていらっしゃるのですね。あなたは、あるときは、自分自身を些細な思いとして経験され、それがあなたの気に触り、またあるときは、スピリットと共に目的に向かっているように感じて、幸せで満足されているように聞こえます。

しかし、あなたは真実と過ちというふたつの自己でいることはできません。それらはいかなる方法でも完全に相容れない存在です。あるときは一方の自己で、またあるときはもう一方の自己でいるというのは不可能です。間違っている内容を間違いとして識別でき、些細な思いや感情的な動揺は、いかなる種類や度合いでも、決して本当のあなたではないととらえられるところまで、到達しなければなりません。感情を動揺させる幻想は、実在していないものにしがみつき、実在していないことを行おうとする試みです。

あなたのおっしゃったすべての些細な思いは、過去と未来、具体的な形やイメージ、そして具体的な場面と出来事に対する思いです。欺かれた心は、それらが幸せの源だと信じ、些細な思いにしがみつき、その些細な思いを正当化して守ろうとします。些細な思いとは、内側の空虚感の解消法が、過去と未来、具体的な形やイメージ、場面、出来事の中にあると信じています。でも欺かれた心は、それ自体が些細なものです。なぜなら、それは実在しておらず、現在に存在する本当のあなたではないからです。

実在のあなたと、あなたを創造した実在の神の幸せは、シンプルに今この瞬間を経験することです。

実在性は、今にしか存在していないからです。

友人　それなら、些細な思いを手放せます。

デイヴィッド　この瞬間から離れて存在しているものは、単に実在していない間違った信念です。たとえば、自分や人への信念です。必要ならば、力づくにでも努力して、そのような些細なことについて考えるのを止めなければなりません。

神はあなたを愛として創造されたので、あなたはふたつの自己ではいられませんし、時間軸の上にもいることのできない永遠のスピリットです。スピリット(愛)は、相反するものを持ちません。ですから、今この瞬間が人生そのものです。それ以外には何もありません。あなたは今あるものだけしか真に経験することはできません！　あなたの本当の関係は、今この瞬間の神との関係です。そして、その関係だけが本当の関係です。なぜなら、神聖な心(愛)は、相反するものを持たないからです。

友人　では、世俗的な人間関係の不満や混乱は、本当にふたつの自己であろうとする試みなのですね。そのような試みは、実在の世界では不可能だということですね。でしたら、神がスピリットあるいは神聖な心として創造された本当のわたしだけを受け入れることができます。本当のわたしと神以外は、永遠で愛にあふれた本当の人間関係には存在していないのですから。わたしは、神の心の中に属しています。わたしには、神の心の中にある本当の自分の人生があります。

デイヴィッド　そうです！　真実は、神々しくシンプルです。それは静けさであり、神聖な心の中の命の静寂さです。真実はスピリットであり、永遠に続く幸せと自由と喜びです！　エゴ（欺かれた心）を手放すことは、膨大な思いを手放すことです。そこには、そのような思いを考えることができるという自分への信念も含まれます。神の心の中の純粋な思いであるキリストのアイディアだけが、真実です。あなたも真実です。それだけが存在しています。

友人　わたしは、エゴの手放し方を知っているのでしょうか。

デイヴィッド　はい、知っているはずです。

友人　知っているはずというのは、愛は存在の自然な状態だからですか。わたしはエゴを忘れる方法も、愛を思い出す方法も知っているはずなのでしょうか。

デイヴィッド　あなたが愛と本当の自分を思い出せないのなら、葛藤は永遠に続きます。思い出す方法は、ホーリースピリットです。

友人　では、わたしがエゴの手放し方を知らないとか、やり方がよくわからないと主張するなら、その主張は、愛を恐れているエゴの言い訳にすぎないということですか。

デイヴィッド はい、そうです。言い訳は幻想です。言い訳をする必要があると信じているのは、エゴです。努力すること自体が、幻想です。今、本当の自分であるための努力は必要ありません。

友人 わたしは、まだときどき、悟りへ到達するための努力を、じゅうぶんに絶えず行なっていないように感じています。

デイヴィッド あなたのおっしゃる「わたし」は、神が創造されたあなたではありませんね。目覚めは、あなたの今の実在性を経験することです。目覚めは、ふたつの自己があるという概念を手放すことです。観察される側と観察する側の分離、主体と対象の分離を信じることから解放されることです。

すべての試練は比較から生まれ、すべての比較は実在していない分裂を想定しています。ふたつの幻想を比較することに、どのような意味があるというのでしょうか。両方とも実在していないのに。無と無を比較するなど意味がありません。幻想はひとつです。たくさんではありません。知覚の世界に分裂はありません。心の中に、分離への巨大な信念がひとつあるだけです。その信念の不可能さを目撃することが、癒しであり、全体性への到達です。

友人 わたしは、それが意識の中で固定されるのを望んでいます。それはとても拡大した意識のようにも感じられますし、非常に一時的でとらえどころがないようにも感じます。まるで、かろうじて何とか触れていられるような感じです。何であれ、時間・空間・物事について考えている者が実在するものを持っている、というアイディアを手放すのですね。その考えている者も、実在していないのですか。

デイヴィッド　実在しているのは神です。キリストと神の思いが実在しています。永遠性と永遠な思いが、実在しています。時間・空間・物事でできている宇宙は、実在していません。なぜならそれらには源がないですし、それらを考えている者も存在していないからです。したがって、無に続くものは何もありません。スピリットはスピリットを創造し、永遠性が永遠なものを作り、無限性が無限なものを作り、完璧さが完璧なものを作ります。膨大な信念はスピリットでもなければ、無限なものでも、永遠なものでも、完璧なものでもありません。

キリストは、神の心の中の思いです。神こそが実在する考案者です。一時的に見える宇宙について考える者は、実在する考案者ではありません。ですから、宇宙もまったく実在していません。無意味な思いを隠し守る必要はありませんし、無意味なことを考える自分を維持する必要もありません。考える者とその思いは、ひとつの幻想です。その幻想は去っています。あなたは、神が創造されたように、今ここにいます！

友人　よくわかりません。少なくとも、今はまだ……。

デイヴィッド　「今はまだ」という思いは、単に、あなたが永遠であるという実在性を否定しようとしています。実在性は、受け入れられる必要性を超越しています。永遠に残るものが存在しています。実在性を受け入れるとは、それに気づくことだけを意味します。どんな疑いや不確かさも、エゴと宇宙の幻想を作り上げる思いとそれを考える者の特徴です。

友人　要するに、時空間の思いのすべては実在しておらず、非実在の思いを考えている心も非実在であるということですね。エゴには源がなく、ゆえに存在していないということですか。

デイヴィッド まさに、その通りです！

友人 では、幻想が本当の自分にはなり得ないということですね。

デイヴィッド その通りです！ あなたは、神が創造されたままのあなたです。

友人 その意識について、数日前にわかろうとしていました。本当の思いについてあなたにお聞きしたときのことです。それが、あのときおっしゃっていた実在の思いと非実在の思いの区別ですね。

デイヴィッド （微笑）生きるべきか、死ぬべきか。神と考えるべきか、不可能なことを試みて、幻想が実在している振りをするべきか。永遠に愛を感じるべきか、動揺と苦痛の経験の幻覚を起こすべきか。

友人 本当の〝わたし〟だけが実在の思いを考えることができ、その他の者は皆、見せ掛け人の出身ですね。どちらの〝わたし〟が本当のわたしなのかは、今正しく思えているかどうかでわかります。それがあなたのおっしゃっていることですか。

デイヴィッド はい。この話し合いは、人間関係というテーマを探ることから始めましたが、たったひとつの分離の信念を手放すことによって心を癒す、ということを話すところまで来ました。まさに、全宇宙が時間と空間と物事で成り立っていることの実証です。個人間に生じるすべての人間関係を定義するときの基本的な前提が、個人の概念であったこと、それぞれの異なる身体、心、思いによる分離した自己という概念であったことを一緒に発見しました。眠りと欺きの中では、その分裂は、知覚的な宇宙の中にあるように見えます。いわば、画面上にある感じです。たとえば、主体と対象、知覚する者とされるもの、個人とその他の人、人間と宇宙などのようにです。

でも、光の中では、その分裂は、心の中にある誤りに見えます。誤りという非実在を見ることは、その誤りが作り出した宇宙の非実在も明らかにすることです。

神聖な心とスピリットが全体であるように、実在しているものにも全体性があります。ワンネスは、神に属し、神の中にあります。それは神から離れることはできません。あなたは神が創造されたように非常に大きな存在です。あなたは、人類という断片や、敵意と葛藤でいっぱいの宇宙に存在する大勢の中のひとりという断片になることはできません。

以前に行なっていた努力や奮闘のすべては、多重の自己という見せ掛けの自己概念と、完全に非実在の宇宙に対する、保護と防御に向けられていました。嬉しいことに、努力という幻想は過去のものです。今の本当のあなたこそが、神の事実だからです。あなたは多重の自己ではありません。あなたはたったひとつの自己です。あなたの真の自己、つまり、ひとつのスピリットは、分割不可能です。それがシンプルな真実です。

目覚めとは、内なる調和のことです。あなたはシンプルに何かと対立し争うことはできません。あなたにとって、対立や争いの対象はひとつも存在していません。あなたは、あなたという純粋なワンネスの存在だからです。実在しているのはひとつの自己です。すべての比較や判断、概念や意見は、意味のない思いでできた幻想の自己がひとつあっただけだったととらえることで、消えてなくなります。

あらゆる意見や断片や、神の心の外側に存在しているように見える人は、すべてひとつの幻想です。

それは過去のもので、過去は去っています。真実とは、神の永遠そのものであり、永遠性の中にあり、絶えず現在をあらわしています！

友人　では、信念を越えたものが実在しているのですね。概念を超越したものが、真の経験ですね。

デイヴィッド　そうです！　ワンネスは、今しか経験できません。一体感を言葉にして説明することはできません。それは、すべての概念や意見や具体性を超越しています。ワンネスや真実や悟りの経験は、常にたった今、手が届くものです。永遠性の中の過ちとしてすべてをとらえることで、過ちは打ち消され、真実だけが残ります。真実こそが、純粋に存在しているからです。真実以外には、何もありません。

友人　それでは、真実は個人的な経験ではないのですか。

デイヴィッド　真実は、万人のものであり、絶対的な経験です。〝人格〟は概念であって、仮面を意味します。仮面が脇に置かれるとき、永遠のスピリットはもはや意識の中に隠れてはいません。実在性の中では、スピリットは隠れていません。全体性は、バラバラな断片の架空の概念を、完全に超越します。真実は、オープンに明かされ、啓示を告げます。

友人　それは突破口ですね！　心を見つめること、すべての断片と未来への思いに気づくこと、それらは個人的なものではないのですね。自分が知覚する中で、そこのところで苦しんでいました。もし、それが個人的な仕事というのなら雑用と言えるし、たくさんの努力が必要な大仕事ですね。個人的な自分を手放せば、わたしは〝観察者〟であり、〝自覚〟そのものです。防御するものは何もなく、優しい眼差しや自覚の中では、脅威を感じるものも何もありません。

デイヴィッド　個性の構築が直線状にあったのがおわかりですね。時間軸や個性に関するあらゆる感覚、個人個人の間にある関係のすべての概念と、まだ概念になり得ていないもの、それらは今この瞬間、なくなりました。天国は、確かに、心の現在の状態です。それが、愛の崇高なシンプルさです。

友人　これから数日間、わたしは何度もあなたにこのことを思い出させてくれるようにお願いするかもしれません。このことを身につけるのが非常に大事だと感じています。抵抗感がそのアイディアの上に覆いかぶさっているのを感じます。まるで、そのアイディアを取り囲む明晰さから、出たり入ったりしているみたいです。最近、いつもこのパターンになっていたと気づきました。ここにはすべてを覚醒させる核心をつくものがないと感じるとき、興奮と生きる力と明白さを感じます。そして、その後すぐに、濃い霧が押し寄せてきます。

デイヴィッド　恐れている自分は誰でしょうか。今この瞬間、奮闘しているものはありません。ただ見つめるだけです。

友人　その経験を把握するために、心のエネルギーをたくさん発揮しなくてはいけないように感じているることに気づきました。たくさんの注意力と、心構えと、努力が必要に感じます。努めて取り組まなくてはいけないもののように感じます。でも、そんなものではないということでしょうか。

デイヴィッド　何かに取り組まなければいけない自分とは誰でしょう。今という経験は、直線状にはありません。取り組む作業というのは、継続するプロセスを意味していますが、悟りは瞬間的に起こります。

友人　では、その経験にとどまるために、自分の役目として、集中的な努力と心構えが必要だと感じるのはどうしてでしょうか。この話し合いにおいてさえも、同じように感じています。エゴのフィルターを通してまだ見ているからでしょうか。

デイヴィッド　それは抵抗です。

友人　努力が必要と感じるのは、抵抗ですか。

デイヴィッド　抵抗感は、過った信念から発する偽りの症状です。神から離れて考える、ということをしてみたいですか。そうすることが可能だと信じていますか。

友人　いいえ。ただ常に努力をしていないと、過ったほうへ向かうように感じています。警戒心と呼ばれるものを信じていますが、過ったほうへ行かないように用心しているのが難しいです。

デイヴィッド　警戒心の概念は通り過ぎましょう。それは概念にすぎませんので、手放しましょう。人は用心深いものです。あなたはご自分のことを、灯りをつけて寝ずの番をしているようにとらえています。しばらくの間は役に立つように見えるかもしれませんが、今ここで手放しましょう。

警戒心は、何も警戒するものはないことと、実のところエゴは存在していないことを認識することでなくなります。真に存在するものに委ねましょう。愛を避けることはできないからです。今、探索を終わりにしましょう。神が創造された真のあなたを受け入れましょう。それは変わることなく永遠にひとつの存在です。

自分が知っていると考えることは、手放すべきものへの執着を引き延ばします。ここでは時間が大きく関っています。あなたはすでに過去と現在について把握していると信じていて、将来についても把握したがっています。そのような状況では、いかなる形でも本当に認識することはありません。あなたは、見事に自分自身を騙しています。

あなたの〝知っている〟という信念に到達するのに、どれほどかかるか、そして、それが愛と真実を自覚する上でどんなに障害になっているか、ホーリースピリットに見せてもらいましょう。それは、不確さや委ねることに対する不必要な防御です。あなたは恐れに満ちているがゆえ、管理しているという過った感覚のために防御を使います。あなたは知らないことを恐れます。その恐れが、実は〝知っている〟というあなたの思いを毎回強めています。知っているという信念は、非常に恐ろしい〝知らない〟ことを覆い隠す仮面です。知っていることを用いて、知らないことを否定するのをやめましょう。代わりに、知らないことを見つめましょう。知らない自分とは誰でしょうか。それは、確かに、神が完璧なひとつのものとして創造された自己ではありません。知りたがっているわたしは、この世界には知るべきものがあると信じています。だからこそ、知識を手放したら、沈んでしまうかのように感じるのです。

真の自己を見失った自己、というところへ戻りました。本当に存在を見失い始めると、小さな自分も消えていきます。その結果生じる喜びは、言葉では言い尽くせないものです。判断は、自分が知っていると信じていることを見せる方法です。どの瞬間も、それは、あなたの自覚から遮断されている知らないことに対する根拠のない恐れを隠しているにすぎません。あなたが知らないことを恐れるのは、それを認識できず、頭の中で世界を把握しておくのに使っている自分の世界のイメージにそぐわないからです。あなたが把握しようとしているのは、単に幻覚にほかならないととらえましょう。

友人　真の関係についての真実に心を開かせてくださって、ありがとうございます。

デイヴィッド　大歓迎です。大いなる喜びです！　わたしたちをひとつに創造してくださった神に感謝致します。アーメン。

iii 神の目的こそが唯一の選択肢です

【友人との対話】

世界にある選択肢を見るとき、わたしたちの圧倒される感覚は、さまざまな形であらわすことができます。この対話は、情緒不安定な状態についての話から始まりました。それは、些細な動揺の形でもありますし、単に安らいでいられない状態のことです。この内容は、具体的な動揺の源、つまり欺かれた心へたどる出発点となるでしょう。そこでは、新しい目的という選択肢により、知覚が訂正されます。

パート1 具体的な選択肢

友人 わたしはずっと落ち着かない感じがしています。昨夜、目が覚めて、「こうしてただじっとはしていられない」という思いが押し寄せてきました。その思いは今もまだあって、瞑想をしていたときにもやって来ました。シンシナティへ来る前にも、異常な情緒不安定でした。今も、どこかほかのところへ行きたい気分ですし、何かほかのことがしたいです。心がつい、家へ帰ることを考える方に引っ張られるのを感じます。同じように、未来について考える方にも、つい引っ張られてしまいます。

デイヴィッド　それらの思いは、その瞬間の真の満足感とは両立しませんね。

友人　瞑想中に来た思いは、全部ではないですが、カレンダーに書いてあるたくさんの活動を投げ打つというものでした。わたしはまだ自分の目的に沿っていないことをしています。でも、まだそれらを手放すときではないと感じています。そのときが来ることは知っていますし、大いなる安らぎがやって来ることも知っています。

デイヴィッド　あなたが考えたり話されていることの中には、疑問視されていない思い込みがたくさんあります。今日、わたしたちが行ないたいことは、心の奥深くまで行くことです。今この瞬間にも、心の平和を得られるとわかるまで、そうします。わたしたちは、「そのときが来るのは知っている」という誤りを終わらせたいのです。それはとても傲慢な思いだからです。神が、平和や幸せや悟りを、未来に設定すると思いますか。悟りへの妨げを設定するのは、人の心にしかできません。わたしたちは、神と自己への自覚の障害物という、大切に抱え込んでいる過った信念をじっくりと見つめ、明晰さを取り戻すための強い意志と共に、神の名のもとで一緒になりたいのです。認識というのは瞬間的なものですが、わたしたちは一歩一歩調べていきます。

　わたしたちが得られるのは、一瞬にして起こる悟りだけです。将来の幸せというのは、かつてわたしにとって聞こえの良いものでした。幸せの望みがまったくないよりは、将来あるほうがずっと良いと納得していました。でも、その〝理由づけ〟が堂々巡りで、どこへも導かれていないことに気づきました。

わたしたちが行ないたいのは、真剣な心構えで、その気づきへたどり着くことです。そこへたどり着くと、スピリットに来ていただき、光のもとへ信念を引き上げてもらえます。つまり、それらの信念を、たったひとつの過ちの原因へ注意深く戻します。

彼女は、今日も、ほかのときも、落ち着かない感じがしていると言いました。そのように感じたことのない人はいますか。情緒不安というアイディアについて考えていきましょう。その裏づけとなるものを見ていきましょう。そのような経験を解消できるよう理解できるかもしれません。

友人　わたしは、自分の心を浄化するためにスピリットへ心を合わせる意志というものをどれほど持っていたのか、本当に疑問に思うようになりました。分かち合って、形にするというアイディアを持っていたいのです。あるとき瞑想中に、癒しと自分の考えを変えることに関連があるのか知りたくて、心を癒してもらえるようお願いしました。わたしの行ないたいことは、自分の過った考えに気づいて、変化を起こすことです。自分には選択する力があることを思い出したいのです。たった今、解放することと、いつでも得られる平和の経験とは対照的な、幻想と一緒にいたいという抵抗に気づきました。それが情緒不安という形を取り、自分の外側へ行きたがり、心の中の神の経験から自分の気をそらしています。

デイヴィッド　わたしがこれから話そうとしていたことを、そのまま話してくださいました。つまり、それは選択肢のことですね。選択肢があると信じている方はいますか。

友人　はい。信じているに違いありません。

デイヴィッド　わかりました。では、いくつかの選択肢、というように複数形で言われると、どんなことが心に浮かびますか。

友人1　わたしには、選択肢はひとつしかないという感覚があります。複数形のいくつかの選択肢となると、幻想の中に自分を引っ込めてしまう感じがします。あらゆる幻想は、多種多様ですから。

友人2　もしひとつしか選択肢がないのなら、それはもはや選択肢とは言えないですよね（笑）。

デイヴィッド　これについては本当によく見ていきたいですね。わたしたちの人生と、わたしたちが信じていることを見ていきましょう。それらをゆっくりとたどって、調べていきましょう。ひとつの選択肢と、複数形の選択肢というアイディアで話を続けます。何かそのふたつの例を挙げてくださいますか。

友人1　たとえばわたしは、家に帰るか、ここに残るかの、どちらかを選べますよね。

友人2　わたしは、複数形の選択肢の場合、幻想か真実かという選択肢が見えます。

友人1　わたしたちはよくそう言いますけど、本当にそれが見えることですか。デイヴィッドが「選択肢があると信じていますか」と聞いたとき、何を意味しているのかはわかりましたが、もし自分の振る舞いや行動を見るなら、わたしはまだ選択肢があると信じずにはいられません。

デイヴィッド　仮説や理論へ急ぐのはやめましょう。「わたしは選択肢があると信じています」と言う場合、それは何と何の間にある選択でしょうか。それらについていくつか例を挙げられますか。

友人2　たとえば、どの言葉を使うか、どんなことを手紙に書くか、ということとか。

友人1　朝起きて、何を着るか決めるのも。

デイヴィッド　それらは、世界に属している選択ですね。まるでメニューみたいだと認めなくてはなりませんね。毎日が選択肢のメニューのようです。選択肢をこのように定義づけるとき、選択肢が心の不安定さと両立しているのがわかりますか。複雑で多種多様な選択肢は、不安定な感覚と関連しています。それがわかりますか。

友人　もちろんです。選択肢はたくさんあって終わりがないみたいですから。

デイヴィッド　今話しているような選択肢がありながら、ゆっくり休んでいられるでしょうか。

友人1　いいえ。もしそのような選択肢がなければ、わたしたちは完全に平和でいられるでしょう。

デイヴィッド　わかりました。では、この話は少し置いておき、別の質問へ移りましょう。もし、あらゆる選択肢を終わらせる選択肢があったら、あるいは、何かを受け入れることで選択を終わりにできるなら、それはいつ起こるでしょうか。

友人1　今です。今しかないですね。

デイヴィッド　今だけですね。食い違いがありますよね。わたしたちはこんなことを言っていますが、世界では将来にも選択肢があるように見えますし、あるいはすでに選択されたかのように述べられていますね。ですから、あらゆる選択肢を終わらせる現在の選択というのは、世界に属する選択肢、いわゆる個人的な選択肢とは、いかなる方法でもまったく異なっていなければなりません。

友人1　わたしたちは「それだってできたのに。あれをするかもしれない。それをしていなかったら、きっとあれとこれは起こっていなかっただろう」と言いますが、そういう意味ですか。

デイヴィッド　そうです。過去について述べるとき、たとえ今朝かけた電話のように最近の出来事というときでさえも、それらの選択肢がまるで実在しているかのように話されていませんか。まるで、本当の選択をしているかのようにです。誰に電話をして、何について話し、どのくらい話すか、といった具合にです。

ですから、わたしたちが話しているのは、世界に属している選択肢であり、個人間の選択肢であり、時間軸上にあるように見えるものです。では、将来の選択の方はどうでしょう。さまざまな将来の選択肢について、くよくよ考えるという負担を経験されたことのない人はいますか。おわかりですね。もし、本当にそういう経験をされていれば、将来の選択が本当にあると信じているに違いないですね。

わたしたちが話しているそのような個人的な選択肢は、何と何の間にあるでしょうか。それは常に、ある意見と、二元的な世界にある別の意見の間にあるように知覚していませんか。ふたつかそれ以上の具体的なものの間にあるととらえていませんか。それこそが、選択という概念に内在しているものではないでしょうか。それは、選択の定義の一部になっています。では、世界に属している選択の特徴は何でしょうか。わたしたちが話している個人的な選択の特徴とは。

友人1　幻想、行動、形の選択です。

デイヴィッド　大切なのは、形と具体的なものの間には、いつも選択があるということですね。

見ることの目的とは、あなたが見たいものをあなたに見せることです。聞くということはすべて、あなたの心が聞きたがっている音をあなたの心にもたらすだけです。

このようにして具体的なものが作られました。だからわたしたちは、具体的なものを使って練習する必要があるのです。

（ワークブック161・2〜3）

心の不安定さは、常にこのことと関連しています。選択肢のないところで選択に投資しようとする試みだからです。そのような試みの狂気がわかりますか。情緒不安に終わりを告げ、平和に休むために悟りに達すれば、狂気以外の何かがあるはずですし、別の種類の選択があるに違いありません。大切なのは、もし、心が不安定ならば、わたしはまだ形や行動や物体の間に選択があると信じているに違いなく、その信念が、わたしに休息をもたらすことはないととらえていかなくてはならないということです。

では、不安定とはどういう意味でしょうか。「わたしには、将来、たくさんの選択肢があります」と言って正当化したり、理論づけを続けますか。それとも、選択や信念というものにいったい何が起こっているのか、その原動力をさらに理解するために進みますか。天国には選択肢があるでしょうか。至福の境地には、選択肢があるでしょうか。永遠の祝福の中ではどうでしょう。あなたが瞬時にする反応は、どんなものでしょうか。

友人2　いえ、わたしたちが分離するまでは、選択肢はありませんでした。

デイヴィッド　天国や至福の境地が、永遠なるひとつの存在として、永遠に存在していると認めるのなら、まだ問われていない過った信念があるに違いありません。選択は、過去と未来のように相反するものを持つ、二元的で直線状の時間軸にある時空間、という世界の信念に基づいているのですよね。

友人2　はい。

デイヴィッド　ということは、こう言えますね。具体的なものの間にある選択というアイディアのすべては、同時に発生する今という時間とは対照的に、直線状の時間軸の概念に基づいています。

友人2　そうおっしゃると思っていました(笑)。

パート2　目的の選択

デイヴィッド　天国が不変なワンネスで、選択とは関係がないと認めるなら、先ほど話したことは真実に違いありませんね。ワンネスには選択肢は存在しないからです。けれども、分離の信念の訂正のように、すでに起きたことを受け入れるには、そこに選択肢を見る必要があります。別の言い方をすると、選ぶことのできないワンネスを思い出す前に、まず心のレベルで、学びの道具として意味がある選択へ投資しなければなりません。あなたがしなければいけないと思っているあらゆる事柄は、実はたったひとつの選択と同じように単純なのです。あなたがしなければならないのは、ひとつの決断を下すことです。ただひとつの決断です!

平和と休息と喜びと幸せは、下すべきたったひとつの決断にかかわっているということが、わずかでもつかめてきたでしょうか。それは、実は決断でもないのです。ただ受け入れることなのです。わたしたちが見ていこうとしているのは、その受け入れる道のりにあるすべてのことです。それほど単純なことです。

本当は、ただひとつ選ぶことがあるだけなのに、あなたは、数多くの選択すべきことに直面していると思い込んでいるのは自分だということを、思い出す必要があります。

（ワークブック138・4）

個人的で具体的な選択肢を、その根底にある過った信念へとたどるとき、徹底した姿勢で臨まなければなりません。そこには、すべてを変えてしまうような、重要な瞬間との出会いがあります。同時に、不変の、今この瞬間があります。悟りは今この瞬間、得られるのです。そして、たった今悟りを認識していくためには、心の中にあることには何にでも、まず疑問を投げかけることです。

そして、その本当の姿、つまり、幻想をとらえることです。誰が悟っていて、誰が悟っていないかなどという比較へ向かわないでください。悟りは、個人的なものではありません。これらのアイディアと、明晰さを求めることの神聖さについて、考えてみてください。次のことを心して言ってください。「わたしが欲しいのは平和です！　ほかの何よりもそれを求めています。自分のすべての仮面を捨てます。仮面を捨てるには、まず仮面に目を向けなくてはいけないと理解しています。仮面を、そのままの仮面としてとらえたいです。正しい心でいられるように、過ちを真実から見分けたいです。これは何という貴重なチャンスなのでしょう！」その認識を邪魔している障害物を調べ出し、心を見つめる以上に大切なものなど考えられるでしょうか。それに近い何かなどあるでしょうか。これは本当に大切な機会です！

わたしたちは、個人に関する選択肢は、形やイメージや具体的なものの中にあるという信念を確認しました。ならば、形の中に選択肢を見ないなら、それはただ見て観察することと、喜びを味わう状態と、完全な離脱の状態の後に続いているものだと言えないでしょうか。実在していない選択肢を見ようとするのをやめるとは、何という喜びでしょうか。わたしたちはもとのところへ戻りたいのです。選択肢を手放す選択が、形やイメージ、過去や未来にないとしたら、どこにあるのでしょうか。

友人　わたしは、まだ形やスピリットの間に選択があると言いたいです。

デイヴィッド　あなたの言う形とスピリットとの間にある選択、その選択について理解されていますか。それを理解するには、形と中身の区別についてはっきり理解していなくてはなりません。その区別こそが、わたしたちがこうして一緒に取り組んでいるものです。あなたは、選択は個人的なものであり、また具体的なものの中にあると信じています。わたしたち全員、それが出発点でした。形は、具体的な思いという形、つまり、イメージの投影です。形は、過った思いの投影です。スピリットは具体的ですか。

友人1　スピリットは全般的、そして万物だということですね。というのも、スピリットは実在性の反映で、実在は永遠であり形のないものだからですね。

デイヴィッド　万物や万能という言葉について考えるとき、具体的という言葉とは違う意味合いがあると思いませんか。スピリットは万能です。わたしたちが話し合いで心のほうに焦点を向けるとき、つまりどちらが中身の領域で、どちらが目的の領域かに目を向けるとき、わたしたちは有意義な内容へと向かっていいます。分裂した心は、選択には意味があると思っています。

その思いを、最後の選択または決断と、その他のすべての決断に、終わりをもたらすための準備に使えばよいのです。その最後の決断こそ、中身や目的やスピリットを受け入れる決断です。形の世界では、中身や目的があると信じることができますが、信じることでは真実になりません。自動車の目的は何でしょうか。椅子の目的は何でしょうか。それらがどれほどバラバラの小さな目的を持っているように見えるかおわかりですか。これが世界の教えです。

欺かれた心は、物や振る舞いや出来事や状態、そして人や人間関係に対して、名前と意味と目的を割り当てます。生態系はどのように機能しているでしょうか。細々になったすべての断片やイメージに、バラバラの道具として、名前をつけているのみならず、欺かれた心は、その全部がどう機能しているかまで知っているつもりでいます。癒された知覚、あるいは真の知覚の中では、バラバラのイメージや、それらのイメージの間違った関連性は、存在していません。天国、あるいは実在の中では、それらはないのです。

では、「身体はどう機能しているか」という質問について、少し考えてみましょう。看護師という職業に関連した自己概念において、いくつか信じられている信念があります。それについて今考えてみると役立つかもしれません(注釈：この話し合いの場には、看護師として訓練された人が三人います)。

看護学校で受けた訓練は、どのようなものでしたか。身体の各部分がどう機能しているかを教えられませんでしたか。身体体系の機能や、その機能が相互にどう作用しているのかなど習いませんでしたか。教育上、学んでいる一部一部に、名称がつけられていませんでしたか。

もちろん、これは世界についての学びのほんの小さな断片にすぎません。たくさんの異なる規律があるように見えます。世俗的な教育は、具体的なものに意味と目的を与えることがすべてでした。そして、その具体的なものが互いにどう関連しているかを理解し定義づけようとしました。具体的な目的などありませんし、具体的なもの同士の間には何の関係も発生していないというアイディアに対して、心を開くことができますか。

もし実際に、いかなるものにも目的や意味がなかったら、どうでしょう。五感で知覚するすべてが単に過去だとしたら、どうでしょう。まるで、過去とつながったコンピューターのメモリー・バンクを持っているかのようです。たとえば、コップを床に落として割ってしまったことを思い出してみましょう。もしそれが過去の経験に基づいていないとしたら、どうしてその特定のコップが、その特定の状況で割れるとわかるのでしょう。すべてのものに与えられた意味は、互いにどう関連しているのか、それぞれにどんな具体性があるのかも含めて、すべて過去に基づいています。全部作り上げられたのです。神はコップのことなど知りません。

変わりゆく形の〝実在性〟に惑わされないでください。　（マニュアル27・7）

神は、コップの意味やその感触や、落とすという言葉の意味すら知りません。コップは何の上に落ちるのでしょう。床ですか？　床とはどういう意味ですか。

わたしたちが話しているのは、今まで学んできたことのすべてを忘れる、ということです。そうすることは不可欠ですし、それこそが今後の基盤となります。過去を手放す、と言うとき、子供時代の思い出や不愉快な思い出を手放すだけでなく、時空間という根本的な知識を捨てることを意味しています。それは、感覚で知覚される世界を手放すことです。ですから、選択に話を戻すと、大切なのは、欺かれた心が見ているのは、世界における意味と目的だということです。わたしが分かち合う教えは、心の目的とその中身についてです。

「真実というものがあるのなら、シンプルであるべきでは」と思いませんか。真実が複雑に絡み合っているはずがあるでしょうか。真実を直観的に簡単なものと考えることは大事です。この世界を作り出している何兆もの目的やつながりの代わりに、分裂した心にはふたつの目的しかなく、そのうちの一方だけが実在を反映していると考えるほうが簡単ではないですか。もし形である世界に、何兆もの選択肢があったら、それこそが不安定な感覚に陥らせる張本人ではないでしょうか。それこそが、恐れをもたらし、混乱を引き起こします。このようなことを経験されたことがない方、いらっしゃいますか。

友人1　あるいは、最近そのことについて話したことがあるとか？（笑）

デイヴィッド　多数の選択肢や目的があるという考えは、時空間の宇宙の多くのイメージに基づいていて、恐れに満ち、混乱し、圧倒させられるものがあります。ですから、ふたつの目的だけがあることをはっきりさせたいのです。それは、欺かれた心に見える様子とは違います。世俗的な視点からでは、理にかなっていません。だからこそ、イメージの間にある選択とはまったく異なる中身の選択があるに違いないのです。ふたつの選択肢、つまり、分裂した心にはふたつの目的があるとします。一方をゆるしと呼び、もう一方を分離と呼びます。この視点で見るなら、分離の中で選ぶものが、あなたに何かをもたらすと思いますか。どれを選んでも意味がないのではないでしょうか。

友人　そうですね。

デイヴィッド　分裂した心のふたつの目的をはっきりと識別できたら、悟りや救いのための選択は簡単で明らかですね。嬉しい知らせではありませんか。そのような識別よりも優先したいものなどありますか。

わたしたちは、分離に多くの異なる名前をつけています。たとえば、恐れ、罪悪感、死などですが、名前は関係ありません。ゆるしもさまざまな名前で呼ぶことができます。平和、愛、喜びなどですが、やはりここでも名前は問題ではありません。心の中にはふたつの目的しかないと信じることができたら、これらの基本的なふたつの選択肢の自覚を阻んでいるごまかしについて、見ていく必要があります。そうすることだけが必要です。

わたしたちがこれまでこの世界で歩んできたあらゆる道は、幻想同士の間にあった選択肢にすぎません。そして、わたしたちは、本当の選択肢がこの世界の中にあるとまだ信じています。この世界のゲームの騙す手口を見ていく必要があります。この世界のイメージの中に選択肢があると信じている限り、心の不安定は避けられません。情緒不安定は、心がふたつの選択肢をはっきりと見ることができないこと、そして、実在しているほうを受け入れるしかないことから起因しています。

もうひとつ述べておきたいのは、心の骨組みについてです。たとえば、これらのふたつの選択肢が大きなビルの地下にあるとしましょう。分離の信念の後に続いて、ほかの信念体系が生まれました。ビルのその他の階のようにです。ほとんどの人は、時間や空間を、公平な理論的な概念だと思うでしょう。

しかし、それぞれの概念は具体的で、測定する上で、増加や度合いを伴います。時間と空間は、分離のアイディアです。実際、それらは同じアイディアのふたつの形にすぎません。欺かれた心が自らに対して抱く信念は、すべて、レベルの信念を伴います。身体のレベル、感情のレベル、思考のレベル、宇宙のレベル、微視的なレベルなどです。実在の中では、レベルは存在していません。すべてはスピリットでありひとつだからです。「いつ本当の家へ帰るのだろう」という思いに取り組む必要があります。心の中のあらゆる過去の思いは、いわばこれまで築いてきた障害であり、その障害は過去の思いの下に隠れています。実在していない思いは、非実在の信念体系から生じています。

パート3　個人という存在を信じるということ

友人1　わたしはこの世界に家があると信じています(笑)。

デイヴィッド　家へ帰る「わたし」とは誰でしょうか。人ですか？　少しの間、考えてみましょう。あなたが、ご自分の心が本当の思いで埋め尽くされていると信じているとします。その信念が真実ではないことを示す気配があったら、どうでしょうか。そうすると、わたしたちが取り組んでいるあらゆる概念や思いをシンプルに見つめ直す必要があることを理解されるでしょう。アイデンティティについての信念を見つめて、それらの思いの基礎となっている世界は、偽りだととらえてください。

「わたしは自分で知覚している自分なのだろうか」ということが、問われるべきです。地理的な感覚で家へ帰りたがっている者として自分を見るとき、あるいは、感情的な感覚で家族のもとへ帰りたいと思っているとき、それは永遠なスピリットでしょうか。それとも、それは精神的に作り出したイメージでしょうか。それらについて見つめるのは、どれほど役立ち、効果的でしょうか。人であるということについて話していくとき、その人を作っている思いや信念を見ていかなくてはなりません。何が人を構成しているのでしょう。

友人2　目や髪の色、黒人か白人か、国籍、着ているもの、何の車に乗っているか、職業、両親、家族から受け継いだもの、などなど。

友人1　強い願望と個人的な履歴が人を作っています。

デイヴィッド　そうですね。誰しも自分史を抱えていますね。心と魂と感情についてはどうでしょうか。それらはあなたが定義する、人である、ということの一部でしょうか。

友人1　宗教とスピリチュアルなものの見方は、両方とも、人であることの一部です。

デイヴィッド　宗教的、または形而上学の領域を考慮すると、誰もが魂を持っていると言う人もいます。たとえば、生まれ変わりの概念について言えば、魂は身体を持ち、再び別の身体で生まれ変わり、つまり形の中から出たり入ったりするのを繰り返します。神が魂を創造されたので、その魂は、永遠で不変で、神のように限界がありません。魂が形を通して生まれ変わるというのが本当ならば、永遠で不変で限界のないものが一時的に身体という形の中に入っているわけです。でもそれは意味がありません。どうして無限のものが有限のものの中に入っていられるのでしょう。

同様に、人であるというアイディアは、注意深く問わなければなりません。誰かが守りの姿勢で身構え、動揺していて、その動揺を心までさかのぼっていくと、常に、人であるという概念に突き当たります。たとえば、空気汚染に腹を立てている場合、自分はその環境の中に存在している、また、その汚染が自分を傷つけている、というところへたどり着きます。あらゆる動揺をたどると、基本的な主体と対象の分離へ行き着き、そこでは「自分」という主体の人間がいて、その他の宇宙は対象物になっています。この世界という宇宙は、次のようなもので成り立っているように見えます。主体（人）があって、常に周囲には対象物があり、他人を分離しています。たとえば、時間、空間、物、人、社会、世界、宇宙です。人であるということ、あるいは個人的なアイデンティティは、この基本的な分離という、二元性に基づいています。

友人2　わたしはそこのところで止まってしまうのです。聞いていると、わたしは自分の信念や、人であるということへの執着を見てしまい、個人として何かするべきことがあると思ってしまうのです。

デイヴィッド　するべきことがある、という思いの裏で感じる欲求不満は、心地よい感覚とは言いがたいですよね。変化を誘発する刺激があるけれども、その変化は、達成するにはとても難しく見えて圧倒されてしまいます。

友人2　それに、罪悪感が伴います。背中を押されて駆り立てられている感じがします。本当は「幸せに感じるはずなのに」と思うのですが、幸せではないのです。

デイヴィッド　「何かするべきことがある」という考えに注目してみましょう。さて、「する」というのは、何が行動することなのでしょう。

友人1　身体が伴わなければなりません。いつでもそうですよね。

友人2　わたしは信念と共に「する」とき、行動にはそれほどとらわれません。ただ、ある信念を持っていて、その信念を変えなければならないので、やはりわたしは間違っていると思います。たとえば、わたしは自然が好きなので、自然が実在しているという信念を変えるところで、行き詰っています。歩みを進めて、もっと全体像を見て、スピリットとのつながりを感じたいです。だって、自然が好きなのですから。わたしの内側にはこのようなふたつに分裂したものがあります。わたしは自然が好きで……(笑)。わたしは……。

デイヴィッド　わたしは……。今のを聞きましたか?!(笑)この「わたし」というのを見ていきましょう。心を移行させなければならない、あるいは信念を諦める、といった強制的な感覚について見ていきましょう。信念を諦めなければならないと考えること自体が、信念です！　強制的に感じるかもしれませんが、そこには本当に強制的なものがあるのでしょうか。

わたしは以前、このようなステートメントを読みました。「わたしたちのエゴは、信念にたくさん投資しています」。エゴは、信念に投資していません。エゴは、信念を持っていません。分離の信念そのものが、エゴです。そして、分離に基づいたすべての信念が、エゴです。欺かれた心は、それらの信念が自分だと思い、その信念を使って自己を認識しています。過った自分の認識や、諦めなければいけないと思っていることは、存在していません。言い換えれば、真の自己は、エゴを諦める必要はありません。真の自己は、エゴを持っていません。強制的に感じる唯一の理由は、信念が自分であり、たった今、本当に捨てなければならない信念を持っていると信じていることです。

でも、あなたがその信念という何かでないのなら、どうでしょう？ それに気づくとき、強制的な感覚、あるいは何かをしなくてはならない感覚は、解消されます！ そして、また目的というところへ戻ってきます。心の中のふたつの目的について明確にする必要があります。自分が形でできた幻想の世界に組み込まれていると考え、自然の世界の実在の住人として生きるのが自分の人生だと信じるのなら、スピリットはとても脅威的なものとして知覚されます。まるで、スピリットが実在していて、善意や美しい何かを諦めるように迫ってくるものとして、スピリットを知覚します。ですから、あなたはスピリットに耳を貸したくなくなってしまいます。

友人2 今朝、電話でセラピストとわたしの内なる旅について話していたとき、彼女はこう言いました。「ひとつだけ注意してもらいたいことがあります。あなたの周りにいる人たちが、あなたが本当の自分を見失うのに手を貸すことがないことを願っています」。彼女がそう言ったとき、最近、自分が死んでいるというビジュアライゼーションをしたことを思い出して、彼女にそのことを話しました。そのとき誰が死んだのでしょうか。たぶん、真の自己ではありません。

友人　真の自己が失われたりするわけがないですね。

デイヴィッド　人々が「エゴが死ななくてはいけない！」と言うのが聞こえそうですが、その考えには正しくない点があるのがわかりますか。「エゴが生きていたと思っているのですか?!」とわたしは彼らに言いたいです。

エゴと戦う、エゴを殺す、エゴを死なせる、という考えは、的外れです。ただ落ち着いてエゴを見つめて、それを偽りだととらえましょう。光は、ほんのわずかあらわれただけで闇を一掃します。

わたしの目的は、今も、世界を克服することです。わたしはこの世界を攻撃はしません。しかし、この世界の性質ゆえに、わたしの光はこの世界を一掃します。（テキスト8・Ⅳ・2：8〜9）

イメージの世界には、人生はありません。イメージは命を否定します。命は永遠なもので、形はなく、不変です。

パート4 自分でないものを見ること

友人2　エゴは信念にすぎないというアイディアに戻っていいですか。人であるということについて考えるとき、心の中でそのことと真の自己がどうしてもつながってしまいます。

デイヴィッド　先日の夜の集まりで、どれほど悲しい思いをしているか話してくださった男性がいましたが、彼はとても率直に自らの断定的で批判的な思いをたくさん分かち合ってくれました。

そのうちのほとんどを、彼は、人である自分自身に対する判断として認識していました。たとえ、判断がいわゆる他人から向けられたものであっても、同じです。すべての判断は、人であるという概念に結び付いています。また、主体と対象という基本的な分裂とも直結しています。非実在の信念が、非実在の状況を作ります。信念に疑問を投げかけ始めると、すべての信念体系と、それが作り出している時空間の宇宙を諦めるようになります。そうなったとき初めて、永遠のスピリットとしての真のアイデンティティを思い出せるようになります。

〝諦める〟という表現は、その人がそれを所持していたことを暗示しています。学び始めの段階では、実在していない信念体系も実在しているように見えます。単なる幻想以上のものに見えます。まるで非実在のものに、実在性があるかのように見えるのです。神からの分離が本当に起こったかのように見えるのです。それこそが、ごまかしです。

ですから、わたしにとっては、人が信じていることに疑問を投げかけるのは、本当に不可欠なのです。それを通して、あらゆる信念はひとつであったという気づきに達します。ひとつの木にたくさんの枝が生えるのと同様に、信念も一本の木の幹から、つまりエゴから生じ、それらは結局、全部ひとつです。明晰さを備えているかどうかの基準は、過ちを過ちとして見られるかどうかです。

わたしは何もしなくて良いのです。わたしは過った信念や思いをただ見つめて、それらが作り出している宇宙を過ちとしてとらえるだけです。観察するだけです。イメージを選んだり、物や出来事の順序にイメージを並べるのではなく、あらゆるイメージは過去のものであるととらえます。それが静寂と平和と喜びの状態です！

友人2　実在と真実の特徴を、もう一度述べていただけますか。

デイヴィッド　実在と真実は、永遠で、不変で、形はなく、延々と放射されます。実在性や真実を構成するための部分的な要素はありません。時間も空間もありませんし、具体的なものもありません。

友人2　まだ心の中ですっきりしていません。自然を見ると、それは変化していますし、確かに形に見えます。ですから、それらは、自然は実在していないことを示すサインですよね。でもやはり、実在していると思ってしまいます。わたしは間違っていますよね。

デイヴィッド　自然が実在していると思っている〝わたし〟とは、誰でしょうか。

友人2　では、その〝わたし〟が、去るべきもので、問われなければいけないものですね。

デイヴィッド　それを観察して、光の中で見なければいけません。あなたは先日「自分が誰なのかわからない」とおっしゃいました。これまでもそうですが、「わたしは誰？」という最初の質問は、エゴによる質問です。真の自己は決してそんなことは聞きません。確実に自らの存在について知っているからです。スピリットであること、あらゆるものとひとつであることを、知っているからです。

友人1　自分が誰だか知らないのに、知っていると思っているところが、罪悪感の出所ですね。自分が間違っていると思うことをしたとき、自分のしたことのせいで罪悪感を感じるように思えますが、罪悪感は自分がしたこととは無関係なんですね。何かをすることのできる〝わたし〟を使って、過って認識しているのですよね。

友人2　何かをして世俗的な快楽を感じたと思うのも、同じことですよね。

デイヴィッド　そうですね。いずれも、心の過った認識です。快楽も痛みも、過った知覚です。わたしたちのふたつ選択肢、分離とゆるしについてもう一度思い出してください。欺かれた心は、その心が自分だと信じています。その信念を選んだ決断は、神や真の自己を思い出す前に、覆されなければいけません。その信念は、何かをしたり、あるいは、何もしなかったことからくる罪悪感として、全宇宙の画面上に投影されます。

たとえば、次のような思いとなってあらわれます。「子供を置いていくべきではなかった」「お金を返さなかった」「過去にやったことのせいで、自分には罪がある」

しかし、人であるということこそが、これらの思いの根底にある思い込みだというのがわかりますか。エゴがどれほど心に、罪は画面上で起こったことのせいだと信じさせたいのかわかりますか。罪は、決して画面上の何かのせいではありません。罪は、間違った心を選び、二元性に存在しているあの人は大切だけれども、この人はそうでもないと信じたことの結果です。実在も存在もしていない信念を信じようとするのは、狂気以外の何ものでもありません。知覚された動揺を、神からの分離を信じた、という一番基となった決断まで落とし込むワークができたら、エゴの隠されていない目的をはっきりと見定めて、エゴという考えに笑うことができるでしょう。心の平和には、そのようにして到達します。本当の自分ではないものを目撃すると、本当の自分が優しく意識のもとに戻ってきます。

映画「チャンス」からの一場面が浮かんできました。罪のなさと無防備さをよく表現している映画です。庭師のチャンスは、住み込みで働いていたところを去り、世界へ飛び出します。市街地に行き、歩いていると、ひとりのギャングが近寄ってきて、彼の名前を呼びました。その状況は脅しとも受け取れますが、チャンスは落ち着いたまま無防備でいました。彼は、ポケットに入れていたテレビのリモートコントロールを取り出し、まるで「こんなチャンネルは嫌だ。ほかのチャンネルがあるはずだ」とでも考えているかのように、リモートコントロールを前に出してカチカチやりました。

ゆるしというスピリットの目的こそが、どんな状況においても、選ぶべき本当の選択肢です。スピリットは選択肢で、あるいはチャンネルであり、明晰な知覚と心の平和へチューニングするためのものです。

友人2　わたしたちがここにいる間、存在している唯一の選択は、ゆるしか分離かのどちらかですね。

デイヴィッド　そして、わたしたちがここにいると信じている間だけ、それはあるのですね。もし、自分を、分離の夢を見ている夢見る者だととらえると、夢を見ていることは否定しませんが、夢の中の人物として存在することから、単に、夢見る者でいることへ切り替えられます。

たとえば、「わたしは男性で、どこそこの住所に住み、何々の仕事をしている」と考えるとき、それは、自分が画面上にいて、夢の中にいるということを心が信じているのをあらわしています。それが、人である、ということです。それは、正しい心のあり方ではありません。人として認識すると、必然的に、他人や場所、状況、出来事、行政機関、近所、同僚などに対して身構えるわけです。人であるというのは、真実ではないからです。

でも、自らを夢見る者だととらえると、夢のための別の目的を受け入れられます。それは、過ちを過ちとしてとらえるための、完全に引き離された場所です。ただ見つめて、世界についての思いを観察します。そこでは、もはや思いに反応することはありません。

世俗的な知覚では、まだ身体が話しているように感じますし、身体が活動しているように思えます。身体が歩いて、お喋りしているようにも感じます。しかし、人の注意が、世界についての思いから遠く離れると、そこでは、形で認識できず、ゆるしというスピリットの目的によってのみ認識できます。その目的の流れの中では、分離した人、行動、状況、出来事を自覚することはありません。

友人1　以前参加したセミナーで気づいたことのひとつに、わたしは、自分の思いを使って強い自己認識をしていた、というのがありました。わたしは自分の思いが自分だと思っていました。思いがやって来ると、あらゆる方向に自分が引っ張られるように感じました。ですから、自分は自分の思いではないととらえるための機会だったのです。

しかし、あなたが紹介された考えは、わたしは考える者でもあるということなので、後退している感じがします。つまり、ただ座って、自分がどれほど考える者だと思うことに執着しているかに気づくのですね。まさに、擬人法の一部ですね。

デイヴィッド　そうです。立ち止まって見渡すのは、良いことです。過ちとは、基本的に、ごまかしのことです。批判的な思いを考える存在、間違った信念を信じる存在として、自分をについて考えると、後から罪悪感と恐れが続いてくるに違いありません。精神的な旅の途中にある人は、多くの場合、「考えるのをやめなさい。問題は、ただ幸せを感じる代わりに、考えてしまうことだ」と主張します。でも、命は考えることですから、考えること自体が、有害なのではありません。

ただし、二種類の考えがあることを理解するのは、大切なステップです。以前は、恐れ（エゴ）は存在していなかったこと、起きていなかったことを見ましたが、今度は分裂した心を占めるふたつの思考体系の信念を用いなければなりません。そのうちのひとつの思考体系には、実在の思いがあります。たった今、それはもう一方の思考体系の攻撃の思いによって隠されてしまっていますが、そこにあります。

このように考えると役立つでしょう。「考えるのを止めなければいけない。ああ、またやってしまった。思考の罠から決して脱け出せない」と考えて、罪悪感を感じる代わりに、ふたつの思考体系を整理して、それらが相互に排他的だということに気づき、スピリットの優れた識別力をお願いすることだけが必要とされている、というふうに。

パート5　目的が唯一の選択肢です

友人1　あなたが言っているのは、罪悪感はスピリットとつながっていない思いから生じているので、わたしたちは考えて、思いを正していくということですか。

デイヴィッド　はい。欺かれた心は、実在していない思いでいっぱいになっています。つまり、本当は全然考えていないということです。スピリットの実在の思いは、いつでもそこにあり入手可能で、求めればそれを聞くことができます。判断は実在を否定し、ゆえに何ももたらしません。手放すポイントは、判断の不可能さに気づくことです！　そのふたつの思考体系をはっきりと区別できれば、すべてを自分のために作り変えて、問題を具体的なものにして、どちらの側を選ぶのか、というエゴのトリックに引っかからずに済むのです。

判断が不可能なものとしてとらえられるとき、心は画面上のイメージや特徴を使って認識することはもうありません。そこには平和があるに違いないのですから！

友人2　あなたは、攻撃の思いと実在の思いを区別されています。愛や感謝の思いは実在の思いなので、自然に対する感謝の気持ちは、実在の思いなのでしょうか。

デイヴィッド　それについて考えていきましょう。まず実在の思いの特徴について見てみましょう。あらゆるものには源があるはずですね。原因と結果を調べるとき、それらの実在の思いの源は何かと問うことこそが、思いを検査するための方法です。エゴの攻撃の思いは、確実に神から来ていませんが、実在の思い、つまり実在性の反映は、神から生じているに違いありません。たとえば、美しい形といった物質的な自然に関連する愛の思いを抱くとき、その思いは抽象的で永遠の不変な源から生じていると思いますか。それとも、そういうものではないところから生じていると思いますか。

永遠なものは、永遠なものから生まれます。形は、投影されたイメージ以外の何ものでもありません。しばらくの間、心の中のあらゆる思いを、同じ基準と同じ検査で見直してみると、このことがわかるでしょう。

友人2　どうしたら判断せずに通過できるのでしょう。実在の思いとエゴの思いの間には判断があるように見えます。それらの思いをどうやって判断せずに間違えずに区別できるのでしょう。

デイヴィッド　唯一それを可能にするのが、エゴを見つめることです。間違っていると感じないためには、スピリットと一緒に見ることです。目的は、ゆるしか分離かというふたつです。スピリットと落ち着いて思いを見つめるなら、そのときの目的はゆるしです。スピリットはありのままの真の心を知っています。スピリットは、心の全体性を知っています。真のゆるしを完全に受け入れるとき、どちらかを選ぶためのものがあるというふうには決してとらえません。

分裂した心をたとえると、その心は梯子の一段目にいます。梯子の最上段まで上ると何が起きますか。屋根に登るために梯子を使っていたとしても、最上段まで来れば、梯子から下ります。最上段にたどり着いて、完全なるゆるしを受け入れるところまで行くと、梯子は消えます。

完全なゆるしとは、エゴと名づけられた過ちの訂正を受け入れることです！　分離が起きたとき、その瞬時の答えとして訂正が与えられました。分離が起きた瞬間、つまり、時空間が何十億もの星、さまざまなイメージ、ばらばらの人たちに分離された瞬間、訂正が成されました。何事も判断できない欺かれた心の無能さを見ることが、訂正を受け入れる上で大切であり、過ちに終わりをもたらします。

ある話があります。心が神から分離していると信じているとき、実際その不可能なことを成し遂げてしまったことに、心は怯えています。瞬時の恐怖の中で、心は世界に向けて投影して、その画面上の具体的なものを用いて、自己を認識します。欺かれた心は、その住処となる身体に焦点を向けます。

スピリットは忘れられてはいませんが、身体のほうが〝わたし〟として選ばれ、宇宙にあるその他のものはすべて、欺かれた心が知覚する他人の身体も含めて、〝わたし〟が住む世界に存在している対象物として選ばれました。主体と対象の分裂や、世界のイメージの序列は、何とか混乱状態に規律をもたらして恐怖を最小限にしようとする、欺かれた心の試みをあらわしています。イメージを序列することが、判断です。

それは、幻想の世界を維持するための道具であり、真実の光からエゴを守っています。判断を放棄することは、エゴと歪んだ世界を手放すことです。すべての過った信念と思いは、自己に対する判断です。しかし、真の自己は、判断を超越した存在です。

友人2　情緒不安定は、単に、本当の自分ではない自分を信じていたということですか。

デイヴィッド　もっと言えば、心の不安定さというのは、選択肢がないところに選ぶべき選択肢があることを信じている状態です。さらに進むと、考えている張本人と、心の中の思いについて、ただ見つめるところへ行き着きます。

イメージの間にある選択は、まったく選択肢ではありません。「これをしなければいけない。あれも片付けなきゃいけない。これは恥ずかしい。あれが起こったらどうしよう」などの〝する〟ことに対するすべての思いや、身体に関する思い、人であることへの思いを見つめ直して、誤りを誤りとして見る状態が、ゆるしです。

友人　では、わたしは何をしているのでしょう。わたしは、カレンダーの予定を取り消すために積極的に電話をかけています。それは、見つめることではなくて、〝する〟ことですよね。

デイヴィッド　もし眠りの中にいて、時間や空間といった、人であることについてのすべての側面について問いただす地点に達していないなら、その人はまだ過った信念体系を持っています。でも、スピリットは、その信念体系を通して降り注いでくることができます。そして、心がそこが自らの居場所だと思っているところへやって来てくれます。あなたがあらゆることについての自らの信念について問い始めるとしましょう。画面上で知覚するものは、それらの信念の映像にすぎません。時間軸上で物事を続けている人がまだいるように見えますが、それが夢であることを忘れないでください。それは、世界にいる人として、自己を解釈して知覚することです。

ですから、「前より心穏やかになってきたようだ」とか「さらに動揺するようになったみたい」などと言えるのです。それが解釈であることがわかりますか。心穏やかになってきている〝わたし〟は誰ですか。前より動揺している〝わたし〟は誰でしょうか。それは人ですね。正しい心の方へ一歩下がってスピリットの判断に従うなら、人は、明晰さと完全なるゆるしという地点から生じ、自分自身や他人に対する解釈をしなくなります。個人的な知覚は、ゆるしと、スピリットのひとつの解釈、あるいは、スピリットの判断の中に消えてなくなります。

この世界に存在していると信じている限り、判断と選択肢は必要不可欠に感じます。欺かれた心にとっては、スピリットは判断を下す手厳しい存在です。まるでふたつの思考体系の分類過程にいるかのようにです。それがどのように行動にあらわれるかを示す例がこちらです。あなたはスピリットに心を合わせ、静まります。あなたはスピリットとつながりたくて仕方なく、強い意志を持っていますが、まだ形を伴う思いが心にやって来ます。誰それに電話をしよう、誰それと会おう、この仕事をやめよう、あの仕事をしよう、などといった思いです。明らかにそれらの思いは、まだ形に基づいた思いです。

でも、スピリットは、欺かれた心が、自らを世界に存在している者だと信じているのを理解しています。過った信念体系は、イメージとして、世界の画面上に、暗い信念を投影します。スピリットは、そのイメージを作り出している思いと過った信念を手放すために、心と一緒に取り組みます。心は、ほぐれ出し、それらの守ってきた信念について問い始めます。

たとえば、「自分が妻なのか母なのか、もうわからない。自分が何なのかわからない」というように、混乱を感じます。象徴的に、物事はまだ画面上で起きているように見えますが、それらは自分自身に対する欺かれた心の解釈にすぎません。それこそが、判断という問題を明確にしてくれます。

スピリットは世界に存在していませんが、世界に存在していると思っている心と一緒に取り組んでくれます。心が世界を作ったのだと気づけるようにです。人はスピリットに世界の異なった見方を教えてもらえるよう有意義にお願いすることができます。「スピリット、世界にやって来て、この状況を変えてください。駐車するスペースを見つけてください。宝くじに当たるよう助けてください」などと言うのでは、意味がありません。

自らを無力な人間だと信じ、愛にあふれて助けてくださる神の存在を示すシンボルが必要な心にとっては、スピリットが世界の中で取り組んでくれると考えることは役立つかもしれません。しかし、スピリットは、世界へやっては来ません。真実も、幻想の中にはあらわれません。

スピリットは過った信念を手放すために、心と取り組みます。人は、自分を人として解釈することもできますし、状況や出来事をスピリットのおかげと考えることもできます。たとえば「スピリットが二十パウンド痩せるのを助けてくれた」などですが、これはまだ個人的な解釈です。まるで、スピリットが実際に、具体的なものを信じている心を心配する代わりに、分離した人や物や状況を心配しているかのようです。要約すれば、スピリットは、肉眼で知覚するようには、世界を知覚しません。ヴィジョンは個人的なものではありません。

友人2　もう少し実践的にやりたいのですが、大丈夫でしょうか。

デイヴィッド　わたしにとって、一番、実践的なのは、思いと概念と信念を見つめることです。大抵、実用性や具体性、あるいは、形ある物事を行なうということの間には何か関連があるかと思います。でも、あなたは話し合いのはじめに「何かをしなくてはいけない」という思いについて、気まずいものがあるとおっしゃいました。それについて、あなたには、ただ信念を見つめるということをお願いしたいです。わたしたちは具体的なことから始めて、心の中の信念体系へたどっていきます。それはとても有効です。

たとえば、このアイディアを見てみましょう。女の子がボールを追いかけて、通りの向こう側へ走りました。形という世界で起きたことが事実に見えるかもしれませんが、わたしたちにある唯一の選択は、起こったことをどう解釈するかです。起こったことを見ることは、もうすでに解釈だと理解しなければなりません。なぜなら、知覚すること自体が、解釈だからです。

起こったことは、決して事実ではないのです。それは幻覚であり、夢であり、実在性の幻想です。神、あるいは実在が、唯一存在している真の事実です。「女の子がボールを追いかけて通りの向こう側へ走った」という解釈を作っている信念体系を調べることが、いかに重要なことかおわかりになると思います。その解釈は、人であると見なしていますね。また、「女の子」「走った」「向こう側へ」「通り」「追いかけて」「ボール」という概念を前提にしています。連なって関連付けられたそれらの概念が、解釈を生み出します。このように細かいところまで調べることで、見るものすべての目的を問うことの真価を認められるようになるかもしれません。

友人2　わたしたちは、以前、インナーチャイルドの心理療法や、過去を見直すことについて話しました。それらを全部行なうのは有効でしょうか。わたしが役目のない過去を見直すときに見ているものは何なのでしょうか。わたしが神からの分離を信じたときに、役目のない過去が生じました。つまり、機能しないものが生じたのですよね。

デイヴィッド　はい。その機能していない過去は明らかにして、たった今訂正するしかないのです！　たった今、分離という、間違った同じ選択を繰り返すのをやめれば、歴史は存在しなくなります。もしたった今、訂正を受け入れれば、将来という観念もありません。人であることも、歴史や将来がなければ、何の意味もありません。おわかりですか。

友人2　機能していない過去は、歴史的な意味でも、不適切だとおっしゃるのですね。

友人1　先ほどデイヴィッドは、わたしたちが選んだことは全部、すべてをもたらすか、何ももたらさないかのどちらかだと指摘されました。もし、分離を選んでいて、それを取り除くことを選ぶなら、自らを、過去と未来を抱えた分離した人だと思っているということですよね。

デイヴィッド　明確にしておくべき点ですね。わたしたちが話しているのは、大きく考えるとこういうことです。わたしたちは、個人的で機能していない過去に起こったことのせいで、動揺しているのではないということです。今感じていることは、過去に自分の身に起こったことや、将来起こり得ることとは、何も関係がありません。今感じていることは、現在、心が決断したものの結果です。つまり、それは知覚の選択です。それだけが、平和、あるいは動揺をもたらします。分離した心には、ふたつの目的、あるいはふたつの中身しかないことを思い出してください。

知覚や解釈は、心が選んだ目的から始まります。もしあなたが動揺しているのなら、それは、あなたがたった今エゴを選んでいるからというそれだけのことです。分離を選んでいるのです。別の言い方をすれば、あなたは、過去は去ってなくなったととらえる代わりに、まだ過去がそこにあると信じているに違いないということです。それがごまかしです。なぜなら、過去はもうないからです！　動揺というのは、いつでも、真実のある場所に幻想が君臨していることをあらわします。またもとに戻ってきましたね。動揺していると感じるときは、それは誰かが何かを言ったからとか、誰かが何かをしたからとか、何かがいつか起こるかもしれないから、という理由で動揺しているのではないのです。形や度合いに関係なく、動揺というのはいつでも、自分でたった今エゴを選んでいるから起きます。ゆえに、まだエゴを評価しているのです。分離したいという願いは、損なわれることなくそこにあるので、問われなければなりません。

平和を選ぶ決断についてはっきりさせるために、もう一度言います。まず、分裂した心にあるふたつの目的、つまり分離とゆるしについて、きちんと理解しなくてはいけません。そうしないと、エゴにつながったままになってしまいます。エゴを例えると、台所でうるさい音を出して動いているミキサーのようです。それにはコードがあって、電源につながっています。そのうるさい音を止めるには、コードをコンセントから抜くしかありません。ミキサーは電気がなければ動きません。

この例えで言うと、心は、エゴに電気を与えている電源です。誰かがエゴに自らの心の力を与えない限り、エゴは動きませんし、存在すらできないようです。大切なのは、コードをコンセントまで、さらにその電源の中の目的までたどって、引き抜くことです。でも、直線状の時間軸や身体や自然など、この世界のあらゆることの信念体系にしがみつきながら自分の内側へ向かおうとすると、エゴは、「やめて！　あなたはそんなことをしたくないはず。そんなことをしても、何も残らない！　アイデンティティなんてないんだから！」と叫びます。もしまだエゴに価値があるように見えるのなら、もしまだ自分が求めていたり必要だと思うものをエゴが提供してくれるように見えるのなら、心はコンセントを探すのをやめるでしょう。皮肉なことに、ミキサーのうるさい音を何とかしようとする間、欺かれた心は、防御体制のまま、知覚の世界の表面上であなたの気をそらすものを保っています。ミキサーのコードを内側へたどるというのは、動揺している具体的な物事から過った信念までたどることと同じです。その過った信念が動揺を生んでいるからです。または、そのようにコードを内側へたどることは、形と中身をはっきり区別することとも言えます。

その点について明確になると、何が神から生じていて、何がそうでないか、何が真実で、何が誤りか、見極めることができるようになります。そして、真実だけが本当なので、決めるものは何もないということに気づけるのです。その気づきに達するまで、たったひとつの選択という目的があります。

コースからの引用で終わりましょう。

父は、自身が完全なものとして創造したものを安全に保っています。あなたは、自分が作った、過った考えでそれに触れることはできません。それはあなたによって創造されたものではないからです。あなたの愚かな幻想に脅かされないでください。不滅であるものが攻撃されることなどできません。時間の中にしかないものは、いかなる結果ももたらしません。あなたがその中に見る目的だけに、意味があります。そして、その目的が真実なら、その安全性が揺らぐことはありません。そうならないなら、それには何の目的もなく、無のための手段にすぎません。真実のための手段であると見なされるものは何であれ、真実の聖性を共有し、真実そのものと同様に安全に光の中でくつろいでいます。その手段がなくなったときにも、光は消えません。その聖なる目的が光に不滅性を与え、天国にもうひとつの光を灯しました。天国では、あなたの創造物たちがあなたからの贈り物を認識します。その贈り物とは、あなたがあなたの創造物を忘れていないという印です。

（テキスト24・Ⅶ・5）

地上におけるすべてのものを識別する方法とは、単に、〝それは何のためのものか〟という問いにすぎません。この問いに対する答えが、あなたにとってそれが何であるかを決めます。それは、それ自体では何の意味もありませんが、あなたが仕えている目的に従って、それに実在性を与えます。地上では、あなた自身も、それと同様、手段にすぎません。地上では、神は〝目的〟でありまた〝手段〟なのです。天国では、手段と目的はひとつであり、それらは神ともひとつです。これが真の創造の状態であり、時間の中ではなく、永遠のうちに見出されるものです。このことは、この世界にいる誰に対しても、説明不能です。また、この状態が何を意味するのかを学ぶための方法もありません。あなたが学びを通り越し、〝与えられているもの〟に達するまで、すなわち、あなたが再び、あなたの創造物たちのための聖なる家となるまでは、それが理解されることはありません。

（テキスト24・Ⅶ・6）

iv 原因と結果の逆転 ――直線状の時間という信念の底まで突き止める

【友人との対談】

パート1 原因と結果は同時に起こる

デイヴィッド 次の引用を用いて、原因と結果についての話し合いを始めましょう。

恐れについて不満を言いながら、あなたは未だに自分を怯えさせることに執着しています。すでに指摘したように、あなたはわたしに、恐れからの解放を求めることはできません。わたしには恐れが存在しないことがわかっていますが、あなたにはわかっていません。わたしがあなたの思いとその結果に介入すれば、原因と結果という最も基本的な法則に干渉することになります。あなた自身の思いの力をわたしが軽んじるなら、あなたを助けることにはなりません。そうすることは、このコースの目的と真っ向から対立します。じゅうぶんな注意を払って思いを扱っていないことをあなたに思い出してもらうほうが、ずっと役に立ちます。今の時点でそれをするには奇跡が要るとあなたは感じるかもしれません。まさにその通りです。あなたは、奇跡を志す考え方に慣れていませんが、訓練すればそのように考えることができるようになります。奇跡を行なう人は誰でも、そのような訓練を必要としています。

あなたが心を無防備な状態で放っておくのを、そのままにしておくことはわたしにはできません。その状態では、あなたはわたしの役に立てません。奇跡を行なうには、過った創造を避けるために、思いが持つ力をじゅうぶんに理解しなければなりません。そうでなければ心そのものを正すための奇跡が必要となり、それでは同じところを堂々巡りするだけで、奇跡の目的、つまり時間の崩壊を促すことにはなりません。奇跡を行なう人は、奇跡が起きるための必要条件である真の因果関係を、誠実に尊重しなければなりません。

奇跡も恐れも思いから生じます。あなたに、一方を選ぶ自由がないなら、もう一方を選ぶ自由もないことになります。奇跡を選ぶなら、たとえ一時的であっても、あなたは確かに恐れを退けたということになります。あなたはこれまですべての人々を恐れ、すべてのものを恐れてきました。あなたは神を恐れ、わたしを恐れ、自分自身を恐れています。あなたは〝わたしたち〟を過って知覚し、つまり〝わたしたち〟でないものを〝わたしたち〟であると間違って創造し、そしてあなたが作ったものを信じています。あなたが自分自身の思いを恐れていなければ、こんなことをするはずがありませんでした。恐れている人は、創造物を過って知覚するので、必ず過った創造をすることになります。過って創造するとき、あなたは苦痛を経験しています。それを理解するなら、原因と結果の関係は、一時的にせよ、癒しを促すものとなります。実際は、〝原因〟とは本来、神に属する言葉であり、神の〝結果〟が神の子です。あなたが過った創造に導入しているものとはまったく異なる、一組の〝原因と結果の関係〟があるということです。

したがって、この世界における基本的な葛藤は、創造と過った創造との間に存在するということになります。後者には、ありとあらゆる恐れが、前者にはありとあらゆる愛があります。つまり、その葛藤は、愛と恐れの間にある葛藤です。

（テキスト2・Ⅶ・1～3）

結論へ急ぐ前に言えることは、すべての過った創造は、過った心だということです。その過った心の中では、原因と結果は引き裂かれて、ひっくり返っています。まるで、世界や宇宙のほうに、恐れや動揺の原因があるかのように。それに対し、あらゆる創造や真の因果関係は、正しい心に反映されます。正しい心は、原因は心にあるととらえ、何かに翻弄されることはありません。

ですから、この世界のすべてのマジックは、恐れを減らすために外側のものを変えようとするときの手段です。たとえば、身体を大切にしたり、身体を保護したり、身体に保険をかけたり、身体を改善したり、**その他**この世界にあるものすべてを変えようとすることです。そして、恐れはどこにあるのかも、本当の原因がどこにあるのかも、認識されません。原因は、画面上にあると信じられています。ですから、恐れが、わたしは洪水で流された、ハリケーンで飛ばされた、というものならば、自分で備えた保護用のバリケードや、身体的なことや、保険や医療の心配でも、すべては、恐れに打ち勝つための試みというわけです。

友人1　それが原因だ、と間違って信じられているものから身を守ることで、恐れを克服しようとしているのですね。

デイヴィッド　そして、もちろんそれは上手くいきませんね。なぜなら、恐れの原因は世界にはないからです。それはただそこにあるように見せかけられているだけです。ですから、それとかかわろうとするのは、全部マジックです。マジックがとても信じられている理由は、それが上手く機能しているように見えるからです。

もしわたしがたくさん稼いで、多くの保険を所持し、洗練されて落ち着いて、身体の健康、保護、安全と安心を維持するために、入手可能な最高の手段と技術で自分を取り囲んでいたら、エゴの過ち（実際、それが心の中で起こっていること）は、意識から二重に遮断されます。なぜなら、その守りのマジックが、上手くいっているように見えるからです。

ですから、十二段階のプログラムに通う人や、人生のどん底に直面した人のほうが、より心を開き、心の変化や精神的な変容に準備ができているように感じられるのです。なぜなら、彼らは、確かと思えるものをいくつか試したけれど、どれも上手くいかなかったからです。彼らは、人生が管理できないと感じて、変化を起こすには、彼ら自身を超越した何か別のものが必要だと感じるところまで達したのです。

投影はとらえにくく、魅惑的な防御です。世界には、恵まれない人々や国々があるように見えます。そして、豊かさとは、物質や富、技術、医療の発展と直接関係しているもののように思えます。そのどれもが、マジックを通して恐れを解消し、そのことを意識から隠しておこうとするためのものであるとは、見られていません。恐れが存在しているのは、世界ではありません。だから、投影はずる賢いのです。

真の解決法はひとつです。愛を通して、マジックの代わりに奇跡を選ぶことに、すべてがかかっています。ゆるしが愛の反映だからです。先ほど、心の中の欲求と抑圧と無節制について話しました。思いを意識に上らせまいとしても無駄です。抑圧しても思いは消えませんし、無節制にしていても上手くいきません。マジックを使ったり、問題を解決したり、恐れと孤独と孤立からの脱出を試みて、最高のものを追い求める世界のやり方も、成果を生むことはありません。それらの防御は、どれひとつ機能しません。でも真の解決法は、つまり奇跡は、功を奏します。それが、わたしたちが明確にしようとしていることです。奇跡という現在の決断があり、いつの瞬間でもそれを選ぶことができます。奇跡は、孤立や、恐れと怒りと葛藤の経験を終わらせるので、上手くいきます。

無と有は共存できません。一方を信じれば他方を否定することになります。恐れは実際には無であり、愛がすべてです。光が闇に入れば、闇は消えます。あなたが信じていることはあなたにとっては真実です。この意味においては、確かに分離は起こったのです。それを否定することは、不適切な否定以外の何ものでもありません。しかし、過ちに思いを集中することは、さらに過ちを犯すことです。訂正の最初のステップは、問題があることを一時的に認識することですが、それはただ、すぐに訂正が必要だと示すものとして認識されるだけです。これによって、先延ばしにすることなくアトーンメントを受け入れる心の状態が確立されます。しかし、究極的には、すべてのものと無との間の妥協は不可能であることを強調しておかなければなりません。

（テキスト２・Ⅶ・５：１〜10）

問題があることを否定しても、助けになりません。問題があると自覚する感覚を持つことは、一時的にではありますが、必要なことです。たとえば、わたしは動揺している、落ち込んでいる、落ち着かない、怒っている、などといったさまざまな思いを見逃さないことが大事です。でも、それらの思いは、即座にホーリースピリットへ差し出されなければなりません。問題や動揺を抱えていても、何の価値もないからです。

友人1 問題を否定することは、どんな解決策からも遠ざけますね。

デイヴィッド 「しかし、究極的には、すべてのものと無との間の妥協は不可能であることを強調しておかなければなりません」という最後のステートメントから、今後行なうことも、すべては単に足掛かりにすぎないことがおわかりでしょう。なぜなら、真の関係で原因と結果を見るとき、問題を認識するために最初行なった訂正は、跡形もなく消えるからです。

「問題がある、さあ灯りはどこ?」と言う代わりに、ただ目の前に灯りという目的を掲げることができるのです。**「ゴールの設定」**(テキスト17・VI)で述べているように、目標は予め存在しています。**「決断のためのルール」**(テキスト30・I)でイエスが述べているのは、平和の感覚を取り戻そうとすることよりも、幸せな日を送ろうとするほうが簡単だということです。問うべきことを心に留め、目の前に目標を掲げていれば、引き裂かれたように見えるものをつかみ取って平和を取り戻すよりも、ただ幸せでいようとするほうが簡単だということです。何かを取り戻すほうが、目標をしっかり掲げてい続けることよりもずっと難しいのです。しかし、テキストのはじめの方では、心という過ちの在り処を認識しようと語るのはふさわしいとも言っています。

時間とは、本質的には、この点におけるすべての妥協を放棄できるようにするための仕組みです。この妥協が破棄されていくのに時間がかかるように見えますが、それは時間そのものが現実には存在しない時間枠というものを含んでいるからです。過った創造がなされたために、その訂正手段として、このようなことが必要となったのです。（テキスト2・Ⅶ・5：11〜13）

イエスはヒントを与えてくださっています。というのも、時間の中ではプロセスに見えるからです。でも、イエスは最終的に、あらゆるものと無の間には妥協点はあり得ないと言っています。イエスがたったひとつのゆるしの完全なる瞬間があると示しているのはそのためであり、プロセスのアイディアは、すべて例え話です。

「神は世界を深く愛されたがゆえにひとり子を下され、神を信じる者は皆、死することなく永遠の命を与えられた」という聖書の言葉がこの文脈において意味を持つためには、一点、わずかな訂正が必要です。「神は神のひとり子に世界を与えられた」という訂正です。（テキスト2・Ⅶ・5：14）

「神は、神のひとり子に世界を与えられた」というフレーズは、身体的な観点からは意味を成していません。神は形を知らないからです。

しかし、神は神のひとり子に実在の世界を与えたと言うことはできます。言い換えると、ホーリースピリットは実在の世界を作ることによって、分離という夢に回答されました。その実在の世界は、スピリットで創造されていませんが、神への攻撃としてエゴによって作られた歪んだ知覚の世界の訂正として作られました。

神にはただひとりの子しかいないということに特に注目する必要があります。（テキスト2・Ⅶ・6：1）

イエスが、部分的なことやサンシップについて話されるときは、隠喩に違いありません。というのも、ひとつにまとまったスピリットこそが、神の子であり、キリストだからです。しかし、分離を固く信じている心にとっては、まるで全体性の中に各部分があるかのように、あらゆる部分について話し合うことは、とても助けになります。

わたしたちは、心という観点でこのことを話します。**コース**では一般的に、兄弟一人ひとりにはそれぞれの心があると述べています。多くのセクションでも、隠喩を用いてそう書かれています。

セラピストが患者の心を当人に代わって変えられるでしょうか。（マニュアル5・Ⅲ・1）

わたしたちは、神のたったひとりの子だけが存在しているという方向へ向かって取り組んでいます。つまり、ひとつの心しかないところへ向かっています。隠喩を使って言うと、たったひとつのエゴだけがあるということになりますが、実在の世界では、究極的にエゴは存在していません。

神のすべての創造物が神の子であるとすれば、すべての存在はサンシップの不可欠な一部であるはずです。サンシップは、個々の総和を超越しています。しかし、全体を構成する部分のひとつでも欠けるなら、この事実は隠されてしまいます。ですから、無とすべてのものとの葛藤は、サンシップのすべての部分が戻るまでは、無と有の葛藤、愛と恐れの葛藤の、究極の解決は訪れません。サンシップが戻って初めて、完全性の真の意味が理解できます。サンシップの一部である人は誰であれ、もしそれを選ぶなら、過ちや不完全さを信じることができますが、それでは無の存在を信じることになります。この過ちの訂正がアトーンメントです。

（テキスト2・Ⅶ・6：2〜9）

友人1　ワンネスが部分的なものの総和を超越すると書いてある部分を読みました。わたしは、相乗効果の体験について考えています。それは、隠喩的なレベルの話ではありますが、二人の人間が手を取り合うとき、それは倍以上の相乗効果があるようです。

デイヴィッド　テキストの最初のほうにこう書かれています。

しかし、全体を構成する部分のひとつでも欠けるなら、この事実は隠されてしまいます。

（テキスト2・Ⅶ・6：4）

それは、長い訂正のプロセスになります。ここで浮かんでくるのが、こちらの引用です。

分離が何百万年にわたって起きたように、〝最後の審判〟も同じくらいの長さ、あるいはそれ以上の期間にわたるものとなるでしょう。

（テキスト2・Ⅷ・2：5）

これらのふたつの箇所を読むと、訂正のプロセスは何百万年もかかると言えそうですが、それは時間という観念の中でのことです。テキストのほかの部分では、時間は存在しておらず、ほんの一瞬だけが必要であり、自分の心が癒されれば、すべての心が癒されると述べています。梯子の最上段に似たステートメントがほかにもあります。最初のステートメントは、長いプロセスであることを暗示しています。アトーンメントの中で自分の役割を受け入れれば、わたしは自らの役割を果たしたことになりますが、ほかの部分に関しては、それぞれが役目を果たさなければならないということです。わたしがわたしの役割を完全に受け入れて、父との創造へ戻るとき、時空間の世界は、あらゆる部分がアトーンメントを受け入れるまで、何百万年も続きます。そして、あなたはその究極的な実在性の隠喩である、時空間は決して存在していない、ということから後ずさりしているのです。

どうしたらすべての心があらゆる場所でどんなときでも癒されることができるでしょうか。ワークブックにそのことが書いてあります。わたしがアトーンメントを受け入れることこそが、世界が救われる方法です。世界の救いは、わたしにかかっています。宇宙の救いも、わたし次第です。この観点が、心の外側に宇宙があると示しているのがおわかりでしょう。

わたしが訂正を受け入れることが、宇宙を正します。この考え方は、直線状の感覚を大きく飛び越えています。わたしが訂正を受け入れると、すべての兄弟もアトーンメントを受け入れなくてはならなくなります。でも、ふたつの異なる観点は両立しません。一方は、明らかにもう一方よりも奥深いです。そこが多くの混乱を生むところだと思います。

友人1　わたしは、**コース**で異なるレベルについて示されていたことに、はじめとても混乱していました。自分がひとつのアイディアをやっと理解し始めてきたと思っていたらそのアイディアとは矛盾する別のアイディアがあらわれます。それらが、ただ異なるレベルを象徴しているだけとは気づきませんでした。

デイヴィッド　梯子の段がその姿かたちを超越すると、それまであった隠喩や足掛かりとなったそれぞれの段階は立ち去ります。それは納得できますね。というのも、知覚はバラバラの断片で、各断片が異なる信念とレベルを持っていると心は信じているからです。**コース**は最終的に「あなたはこの**コース**をすべて学ぶか、まったく学ばないかのどちらかだ」と言っています。

梯子の最上段に到達したとき、梯子は消えます。これは、決して変わらない目標へ向かう旅であり、そこへ至るまでの距離が存在していない旅でもあります。ですから、アトーンメントを受け入れることができるのは、今、この今だけです。なぜなら、今だけが存在しているからです。時間は、同時に起こります。連続して起こるような直線状のものではありません。あなたがその直線状のレベルを超えるとき、プロセスというアイディアはすべて崩壊します。瞬時に起こることとプロセスの過程は両立しません。単にそのことについて、はっきりと理解できるかどうかという問題です。

隠喩を用いて言えば、わたしたちは神の教師になるために呼ばれました。この世界を超越した経験についてい兄弟たちへ語るためにです。それがすでに起こっていることです。それは、手の届く範囲を遥かに超えたアイディアですが、このことについてわたしたちが語るとき、スピリットがわたしたちを使うかのように話しています。異なる段階を持つ**コース**のようにです。

ですから、後に振り返って、自分のすべての書き物や、あらゆる人との会話のテープを見直すとき、梯子のモザイク状の階段を見つけるでしょう。それはまるで**コース**のようだと言えるでしょう。イエスの教えを読むと、明らかに聞き手のレベルで語られているステートメントがありますし、別のところでは、イエスが形而上学の理解をより深く語っている箇所があります。「あなたは天国の王国を手にしています」というのは、今話している瞬間性をあらわす良い例です。

「あなたは王国のメッセンジャーです」「あなたは世界の光です」「あなたは前進して、地上のすべての部分へメッセージを届けます」と言っても、「あなたは天国の王国を手にしています」ほどの、形而上学における純度の高さには及びません。将来ではなく、今が、訂正をするときです。将来は本当に存在していません。そして、それは素晴らしい飛躍です。

準備ができた状態についてはすでに簡単に述べました。ここでいくつか役に立つと思われることを付け加えておきます。準備のできている状態とは、達成の前提条件にすぎません。準備のできた状態と達成は、混同されるべきではありません。準備が整うと、すぐにでも達成したいという願望がある程度生じるのは普通ですが、それは、必ずしも、迷いなくそれだけを願うという状態ではありません。準備が整うとは、心の変化の可能性を示しているものにすぎないのです。完全に熟達するまでは、じゅうぶんな自信は養われません。わたしたちは、恐れをコントロールするのが上手くなるという、根本的に過った信念の訂正はすでに試みました。また、唯一の真のコントロールとは、愛によるものだということも強調しました。準備ができた状態とは自信の始まりにすぎません。これは準備のできた状態から完全なコントロールまでには途方もない時間が必要だと言われているように思うかもしれませんが、思い出してください。時空間はわたしの支配下にあるのです。

（テキスト2・Ⅶ・7）

ホーリースピリットのゴールを達成するのは遠い将来のことだと、あなたが信じるのは、過去を回想しているからです。その思いは、気が滅入りますが、そうでないことをイエスがテキストの後半で思い出させてくれます。イエスは、時間はホーリースピリットの利用するものだと言っています。それは、時空間の別の考え方です。

先日、こうおっしゃった方がいました。「多分わたしは逆さまに理解しているのでしょう。というのも、なぜ自分がシカゴへ引っ越したいのかという理由を連ねたリストを作り、そこには引っ越した場合の良い点と悪い点を書いているからです。あれこれ準備しようとしていますが、じゅうぶんな資金と良い条件が整えば、行けると思っています」

友人1　スピリチュアルな探求へと?

デイヴィッド　そうです。より深いスピリチュアルな探求へです。この話が出たのは、必要なのはわたしたち側の準備と、自らを通して奇跡を経験するための意思だけだというアイディアについて話していたときです。イエスは、わたしたちのために時間と空間を手配します。文字通り、ミラクルワーカーの手中に時間があり、彼らは最善を求めて道を切り開こうとしながら時間の中に閉じ込められているわけではありません。文字通り、準備を整えることのみが必要とされ、準備が整えば、時間と空間は手配されます。これらのセッションでさえも、わたしたちが明晰さと奇跡を放射するように、わたしたちの意志と準備の整い具合によって、教えと学びの時空間が設定されたものにすぎません。それらのすべてを設定するための全プロセスを、わたしたちが体験しなくてはいけないというわけではありません。わたしたちに課されていることは、意志を持つことだけです。

友人1　ということは、そのとき本当に努力をしていないですよね。意志が強くて、それを明らかにしているだけの状態ですね。

デイヴィッド　それをシンクロニシティと呼びます。それは、世界の目には、物事がひらめいて同時に努力もせずに流れ出すかのように見えます。奇跡を起こす意志と準備の整った心にとって、あらゆることが奇跡のために集結します。**「罪のなさを選ぶ決断」**（テキスト14・Ⅲ）からの引用です。

奇跡はあなたが罪のなさと自由と喜びを選んだことをあなたに教えます。奇跡は原因ではなく結果です。それは、正しい選択をしたことの当然の帰結であり、罪悪感から自由になる選択をしたことがもたらす幸福の証しです。あなたが癒しを差し出す人は皆、癒しを返してくれます。あなたが攻撃する人は皆、罪悪感をあなたのせいにし、そうすることで罪悪感を保ち、大事に持ち続けることになります。あなたが攻撃する人が実際にこれをやるかどうかは問題ではありません。どちらにしてもあなたは、その人がそうしていると考えるからです。あなたが望まないものを差し出せば、このような罰は避けられません。与えることの対価は受け取ることです。あなたが受ける罰となるか、それとも大切にできる宝物を受け取る幸福となるか、そのどちらかなのです。（テキスト14・Ⅲ・5）

友人1 では、原因は、正しい心の状態であり、その結果が奇跡だと言っているのでしょうか。

デイヴィッド はい。奇跡は、原因を思い出させてくれるものです。「ホーリースピリットは、優しく笑いながら、原因を知覚し、結果には目を向けません」（テキスト27・Ⅷ・9：1）ホーリースピリットは、偽りである世界の結果は見ません。それらのすべてが間違った原因から生じているのを知っているからです。ホーリースピリットは、現在という原因を心に思い出させてくれます。そして「奇跡は原因ではなく、結果です」と言うとき、それは正しい心を選んだ結果だという意味です。別の言い方をすると、心が欲しているものの目撃者を世界はもたらします。心が正しい心を選べば、その選択の目撃者が奇跡によってもたらされます。奇跡が、罪のなさと自由と喜びの目撃者をもたらします。

自分が何も知らないということを常に覚えていて、すべてを学びたいという意欲を持つようになった者は、すべてを学ぶでしょう。しかし自分自身を頼るなら、そこに学びはありません。既に知っていると思うことによって、学ぶ動機を破壊するからです。完璧な平和の識別法を獲得するまでは、何も理解していると思ってはなりません。平和と理解は一対のもので、単独で進むことは決してないからです。それぞれがもう一方を連れてきます。このふたつは分離してはならないというのが神の法だからです。両者は原因と結果であり、お互いに補完しあっているので、一方がないところに他方は不可能なのです。

（テキスト14・XI・12）

友人1　では、その点において、わたしが常に平和な状態でない限り、わたしは何も知らないということが明らかなのですね。

デイヴィッド　**コース**では、二、三の異なる道を心に呼びかけています。ひとつは、テキストでこのように書かれています。

あなたは未だに、自分が理解することが、真実に強力に貢献し、真実を真実たらしめると信じています。

（テキスト18・IV・7：5）

それは、エゴの心、あるいは欺かれた心に語られています。別の箇所では、聖書が「〝あらゆる人知を超える神の平和〟」（テキスト2・Ⅱ・1：9）と呼んでいるところについて触れており、アトーンメントを受け入れることについて述べています。つまり、正しい心で生きることです。それが、理解するということであり、「夢見る人」である証でもあります。あらゆる点で、原因と結果を完全に逆転し、混乱を持たず、葛藤から解放されているための証です。それこそが、理解と平和に同等します。原因と結果は、ほとんど交互に用いられ、相互に対して原因と結果になり得ます。一方がなければ、もう一方は成り立ちません。テキストの別の箇所で、イエスが「原因がなければ結果はあり得ません。しかし結果がなければ原因は存在しないのです」（テキスト28・Ⅱ・1：1）と語っているのを思い出しました。別の言い方では、息子の存在ゆえに、父は父でいられると言えます。息子が父を創造したという意味ではなく、創造物が父というあり方をもたらしたという意味です。そこでは原因と結果は、切り離されていません。彼らは、関係を通して、一緒に進むからです。

友人1　それらは同時に起こっているということですね。

デイヴィッド　そうです。それらの間に時間のギャップはありません。世界で原因と結果の間にあるギャップが、直線状の時間軸です。まるで何かが原因と結果という父と子の間に立ちはだかっているかのようです。**コース**の本質は、そのギャップが不可能なことを示すことです。アイディアはその源を去りません。ですから、原因と結果は同時に起こります。心は欲するものをそのまま得るとも言えます。ですから、心が平和だけを求めるとき、平和な世界以外を知覚することはできません。しかし、何を求めているのかわからないでいる限り、原因と結果の間に見えるギャップはあり続けます。

昨日、仮の状況についてこんな質問が出ました。「どうしたら葛藤しないでやっていけるのかがわかりません。あなたがすでにアナウンスしたユニティでの演説の日と同じ日に昼食をしようとわたしがお誘いしたら、どうしますか」。わたしが彼に述べたのは、ホーリースピリットの声を聴いて、その声がすべての葛藤を取り除くのに従うということでした。

選択肢のメニューはもうありません。あなたは内なる導きに従って、心穏やかでいます。そこでは、あなたは夢見る人の気分でいます。というのも、あなたは脚本を変えたりコントロールしようとしていないからです。すでに起こったことを観察して、流れに身を任せています。そのとき、努力が無用な状態がやって来ます。あなたは振り返って「こうならなくても済んだのに」とか「違った方法でやる必要がある」などと言ったりしません。あなたはまた、前を見据えて計画したり、企んだり、緊張したり、望むやり方で何かを起こそうとはしたりしません。

友人1　大切に感じるのは、わたしが求めているのは本当にたったひとつしかないということです。わたし個人が求めているものは、そこに組み込まれていません。わたしが本当に求めているのは、ただホーリースピリットの声を聴いて、それに従うことだけです。それがその状況から葛藤をなくします。

デイヴィッド　欺かれた心は、選択肢があると本当に信じています。そして、「ここじゃなくてほかの場所にいれたらいいのに」と思っているとき、その「ほかの場所」が存在していると思っていますが、本当はありません。原因と結果は同時に起こるからです。架空のどこかはありません。脚本は書かれてあり、結末はいつもそうならなければいけないようになっています。あらゆることが良きことのために相互に作用します。影は、神聖な指示のパターンで動いています。夢見る者としてそれを見て、すでに起こったこととして観察するかどうかの問題なのです。そこが安心と平和が訪れるところです。

自分は夢の中にいて、「どこかほかの場所にいられたのに」とか「これはこうであるべきではない」と考えているのが自分だと信じていることが、歪みです。仮説が心をよぎるときは、いつもでも葛藤が起きます。そこには「選べたのだったら、これじゃなくて、あれをやっていたはず」という抑圧された感覚があります。欺かれた心は、まだ原因と結果を分けようとします。それらが同時に起きることや、思いの投影にすぎないことを否定します。

友人2　わたしが幸せでないのは、今いる場所が嫌いだから、どこかほかのところが自分の気分を変えてくれるはずと考えるのは、それこそが原因と結果の逆転です。

デイヴィッド　そうです。そして、それこそが、分離の信念に対するエゴの答えであり、常に形で提供しようとします。たとえば、将来の何かに対する思いや、想像上のどこかの場所への思いや、この人を追い出そうとか、この人をほかの環境に移そうなどという思いです。

最終的に、自己概念と、主体・対象の分裂に話を戻しますと、「別のところにいたら、今よりずっと幸せだと思う」という思いの下には、自分が人だという信念があるのがおわかりでしょうか。自分がこれほどまでに小さな断片で、ちっぽけな人だと信じることなく、どこか別の場所や状況へ移動することができると考えるのは、理にかなっていません。究極的な気づきは、全宇宙、全世界が、心のただの投影なら、宇宙は間違った原因の結果だということです。その間違った原因というのは、わたしは分離していると信じていることです。

出来事は、連なって起こっているように見えます。ある出来事は、先週、あるいは何十年も前、あるいはクレオパトラの時代のように何世紀も前に起こったかのように見えます。しかし、**コース**では、それらのことは時間という観念で心から投影されたものだと教えています。それらは、ずっと前に起こったかのようにとらえられています。投影されたところからより近い出来事は、空間として考えられています。自分の親指とクレオパトラはあまり関係があるようには見えませんが、両方ともアイディアです。一方は、時間という観点の中で何世紀も前に心から投影されたことですが、親指は文字通りとても手に近いです！　その親指は、とても身近な映写機から、数インチ離れているだけです。それに対し、何年も前に起こったように見える出来事は、心の向こう側の時間に投影されています。しかし、アイディアは源を去らないので、クレオパトラはその親指と同じように間違った心です。あなたが、直線状に連なった時間軸がないことを目撃し始めるとき、時間は崩壊し始めます。直線状の時間軸を作り出し、自分がその時間軸の上を移動する断片だと信じることは、原因と結果を互いから切り離しておくためのエゴの試みです。

奇跡は、時間を崩壊します。奇跡とは、夢の世界やその脚本を戦場の上から見て偽りだったととらえる以外の何だと言えるでしょうか。それが、奇跡です。戦場の上に飛び越えて、過ちを過ちとして認識します。奇跡は何も行ないません。ただ奇跡は、心が見ているものが過ちであること、時間の必要性を崩壊すること、を心に思い出せてくれます。

パート2 時間は幻想です

デイヴィッド 次の部分は、**「教えることの報酬」**(テキスト16・Ⅲ)からの引用です。

あなたは自由を教えてきたかもしれませんが、自由になる方法は学んでいません。わたしは以前「あなたはその実りによって彼らを見分け、彼らは自身を知るだろう」と述べました。人は必ず、自分の教えたことに基づいて自身の価値判断をするからです。エゴの教えは即座に結果を生みます。エゴの決断が、あなたの選択としてただちに受け入れられるからです。そして、それを受け入れることは、あなたに、それに基づいて自分を判断しようという意欲があることを意味しています。原因と結果はエゴの思考体系においては、非常に明確です。あなたの学びのすべては原因と結果の相互関係を確立することに向けられてきたからです。そして、そこまで懸命に自分自身に教え、信じ込ませてきたことなら、あなたはもちろんそれを信頼したいと思うのではないでしょうか。しかしエゴの証人を選び出し、真実の原因と結果を守り語る証人たちを避けることに、あなたがどれほど気をつかってきたかを思い出してください。

全世界は、逆転の発想に基づいて学ばれ、原因と結果がひっくり返った、後ろ向きな考え方をしています。「どちらの出身ですか」とか「わたしは一九五八年生まれです」などと言うのは、時空間の宇宙に自分の起源を据えるために、明らかに原因と結果を逆転しています。「崩壊した家庭で育ちましたか」とか「あなたが生まれたときの社会情勢はどうでしたか」という質問について考えてみてください。社会的、文化的な事情が、あなたという人を構成する要因であるかのようです。あなたという人が成り立った原因が、時空間の宇宙によって決められているかのようです。

それが教えられてきたことです。この世界は、逆転した考え方に基づいて、注意深く築かれてきました。その目撃者を選ぶことに細心の注意が払われてきました。崩壊した家庭の話をしていようが、学校で不当な扱いを受けている話であろうが、恐ろしい出来事の話であろうが、誰かが個人的な人生の歴史を語るときは、逆転した原因と結果に基づいています。それらの出来事が、心に継続した結果をもたらした原因だと信じています。心に罪があるとは信じておらず、心が罪を強化する目撃者を呼び起こしたというふうにもとらえていません。その代わりに、エゴのレンズを通して、まるで世界の出来事や条件に原因があるととらえています。

友人1　わたしの場合は、世界に教えて欲しいことを自分が世界に頼んでいたのだというのを思い出したのが助けになりました。

（テキスト16・Ⅲ・2）

デイヴィッド　それは、過去形にとどまっていますね。もし誰かが「まったく！　なぜわたしがそんなことをしたがるというのだ」と言うとき、「何のために、目的は何？　今、別の選択を選ぶことができる」と言う代わりに、まだそれは「なぜ」という質問形です。神聖でない目的は、過去に行なわれた決断です。神聖でない目的とは、神への攻撃として世界が作られたことや、愛から隠れて、罪悪感を強めるための場所として世界が作られたことを指しています。

しかし、たった今、わたしはそのような神聖でない目的から解放されることを選べます。それが、新しい目的をつかむということです。訂正として、今が、自分に差し出されています。それは、「世界に教えて欲しいことを自分が世界に頼んでいた」ことの訂正であり、過去形のものです。

友人1　ええ、前回そのことについて話したのを覚えています。わたしは、はじめに生じるのが信念だと言いました。そして、それは単に足掛かりのアイディアであることをあなたが思い出させてくれました。というのも、信念と結果、あるいは原因と結果は、同時に起こるからです。

デイヴィッド　はい、それらはひとつです。エゴの木の幹と枝のようにです。世界に浮上する思考は、神からの分離を願う思い、その思いのあらゆる結果、宇宙に至るまで、ひとつです。いわば歴史です。イエスは、コースの最後の方でこう述べています。「エゴはどこにあるのか。暗闇のあるところに」（用語2・6）

友人1　それは、同時に起こっている事実を隠す時間の直線にすぎません。

デイヴィッド　時間は、原因と結果が分裂しているという信念です。それがギャップですが、ギャップは存在していません。それが**コース**の本質です。あなたはギャップにたくさんのおもちゃを詰め込み、それらで遊べると信じています。あなたはそれらのおもちゃを人生に持ち込みました。まさにピノキオです。あなたはたくさんのイメージを投影します。その様子は、動かない木の人形が、自らの人生を持っているかのようです。そして、それらのおもちゃが音を立てたり、あることをすると、あなたは怖がります。多分、あなたはいくつかのおもちゃと出来事を、閉じ込めたり避けたりしなければいけないと思っています。**コース**は、それらは「子供のおもちゃ」だと言っています。あなたは、それらのおもちゃを作り出したのは自分であることに気づかなければなりません。

おもちゃや脚本に別の目的を与えることによって、それらを作り出しました。それらは実在していなくて、命などもっていないことをわかっていたのにです。おもちゃには命はありません。これは世界のあらゆる考え方に反します。世界をより良い場所にしようとするアイディアや、飢えた子供たちを救うことや、テレビのあらゆるドラマに反しています。死と呼ばれる恐ろしいものがあり、それは、すべての生き物の命をある時期になったら奪い取ろうと罠を持って待ち構えているかのようです。ですから、人生は貴重であり、守られるべきものなのです。

しかし、人生は画面上にはありません。それが基本です。そのことに気づき始めると、暗示されていることがあまりに程遠く感じるので、心の中のイメージの下に浸り、それらを手放すことがより意味を成すように感じます。間違った心の攻撃の思いや、暗い影のイメージの下には、本当の思いの実在の世界がある、という意識に向かって手放しましょう。

自分が教えてきたことを自分で学んでいないという事実は、あなたがサンシップをひとつのものとして知覚していないことを示していないでしょうか。それはまた、あなたは自分自身をひとつのものとみなしていないということを示してはいないでしょうか。確信を持たずに成功裏に教えることには不可能であり、確信があなたの外にあるということも同様に不可能だからです。自由を信じることなく自由を教えるなどということはできなかったはずです。そしてあなたが教えたことは、自身から生まれたものに違いありません。しかし、あなたは明らかに、この〝自己〟を知らず、その〝自己〟が機能しているにもかかわらず、それを認識していません。機能しているものはそこに存在しているはずです。そしてあなたが〝自己の存在〟を否定できるのは、それによって為されたことをあなたが否定するときだけなのです。

（テキスト16・Ⅲ・3）

世界が、事実に基づいた実在として存在していることを教えようとすることは、無理なレッスンを教えようとすることと同じです。心が不可能なレッスンを教えようとするとき、心には確信がなくなります。なぜなら、心のある部分は、それが教えられないことを知っているからです。

それらのアイディアは、神から生じていないので、分かち合うことはできません。それらは妄想のアイディアです。エゴのアイディアを分かち合おうとするのは、真の自己と実在性の否定であり、そのとき、心の防御が作用しています。そこでは、思いを注意深く見つめ、心の忠誠をその逆行した思いから引き離すことがとても大切です。もしきちんと理解したいなら、なぜ教えることが不可能なことを何かに教えようとするのでしょう。原因と結果に取り掛かり始めるとき、あなたは自分の心をよりじっくりと見つめるでしょう。

わたしは先日「これは素晴らしくないですか」というような沈黙というギャップを埋める軽い会話のフレーズについて話しました。「なぜこんなに雪が降っているのかしら」のような質問やコメントで沈黙を埋めなくてはならないという不安を一切持たないホーリースピリットへつながるために、あなたはホーリースピリットの波長に自らの心を合わせていきます。それらは、沈黙と、沈黙による恐れをなくすためだけの会話のようです。ですから、ただその思いを見つめてください。そして、その思いに従わず、沈黙に浸り、浸透していきます。

これは自分自身を知るためのコースです。あなたは、あなたが何であるかを教えてきましたが、あなたの本質である存在に自分を教えさせることはしてきませんでした。（テキスト16・Ⅲ・4：1〜2）

ある意味、ホーリースピリットは、わたしたちの真の自己、わたしたちの本当の姿を思い出させてくれる存在です。

あなたは非常に注意して、明瞭なことを避け、完全に明白な本当の原因と結果の関係を見ないようにしてきました。しかし、あなたの中にあなたが教えたことのすべてがあります。それを学んでいない部分とはいったい何でしょう。それはあなた自身の投影によってではなく、真の意味において本当にあなた自身の外側にあるこの部分であるに違いありません。（テキスト16・Ⅲ・4：3〜6）

さて、また間違った心の話に戻りましょう。エゴは、あらゆる意識であり、分裂した心であり、過った心です。罪や恐れが自分の心にあると信じている限り、それらが本当に自分のものではないことを見られません。あなたは、心の中の罪悪感や恐れのさらに奥へと踏み込んでいくでしょう。それらが自分のうちにあるのではないことを目撃するために、心の奥を探っていかなければなりません。罪や悲しみが自分のうちにあると信じている限りは、心は焦点を画面上に当てたままでいるほうを好み、罪悪感や痛みの原因が画面上のどこかにあると思うことになります。世界は、気をそらす良い道具であり続け、内側を見ることを避ける方法にもなります。

籾殻から小麦を分けるようなものです。実在の思いから攻撃の思いを分け、過った心と正しい心を見極めます。学ばれなかったものとは、何でしょうか。それは、わたしたちの実在を学ばなかった過った心にほかなりません。その過った心は、完璧にあらわれている原因と結果の関係に気づいていません。

友人1　わたしの癖は、どうせそれのことも忘れる、と思ってしまうことです。

デイヴィッド　はい。究極的には、**コース**をすべて学ぶか、まったく学ばないかのどちらかです。ワークブックに、あなたはふたつの自己ではなくて、ひとつの自己だと言っているレッスンがあります。「わたしは人間の経験を持つ霊的な存在です」というステートメントで、ゆるされなければならないのは、どの部分でしょうか。
人間の経験云々の部分です。「わたしは人間でしかありません」というのは、過ちを正当化したものです。あなたはふたつの自己ではありません。あなたは自分が善でもあり悪でもあると思っています。あなたは完璧で、無限で、絶対的で、不変です。それ以外に、どんな選択肢がありますか。最後になり得るのは、何でしょうか。あなたはそれ以外の存在になることはできません。たったひとつの決断へと絞り込まれるのです。

そしてあなたではないものとは、あなたが外から取り込んだ部分のことです。あなたが外から自分の心の中に受け入れるものが、真に心を変えることはできません。幻想とは、存在しないものを信じる思いにすぎません。そして、真実と幻想の間の葛藤と見えるものの解決は、真実からではなく幻想から、あなた自身を分離することによってのみ可能なのです。

（テキスト16・Ⅲ・4：7〜10）

最後の気づきは、単に真実が本当だということです。真実が本当だなんて読むと可笑しく聞こえるでしょう。しかし、本当にそれを理解するには、何が過ちかを見なくてはなりません。自己概念は、ただの小さな個人的な信念ではありません。その信念こそが、世界と宇宙を作ります。すべての逆を向いた考えが、過ちです。自己概念は、単に人格ではなく、心を包み込んでいるものの一部です。
欺かれた心は自らを身体で包み込んで守っています。たとえばソファ、部屋、雪が舞う地域、湖、雲、太陽系に至るまで、世界のあらゆるものがエゴの防御策になっています。まるで、欺かれた心は、糸を紡いで自らの周りに、時間、空間、形というくもの巣を張り巡らせているかのようです。ですから、あらゆる原因と結果の根底には、その原因と結果を作り出しているものがあるのです。その原因と結果を作り出しているものというのが、創造主からの分離は可能だという信念です。

単純に心へ向かい、その原因が誤りだととらえることは、その原因には本当の結果をもたらせないことを見ることでもあります。あなたに残されているのは、自分がすべてを捏造しているのを目撃することです。それから、その自分で捏造した宇宙全体に、新しい目的を与えることができます。最終的には、宇宙の必要性はなくなります。この世界の唯一の目的は、自分に何かを提供すると信じているその何かに、かすかな望みを見ないまま通り過ぎることです。それは、地上かどこかに楽園を持てる宇宙に、何か価値あるものが残っているという意味ではありません。それは、**コース**が文字通りわたしたちを連れて行くところであり、皆が平和と調和で生きている完璧な世界がある、と交信で書き取られた言葉を遥かに超越した世界です。

コースで最も近づけるユートピアが、実在の世界です。そこでは、単純に全世界が幻想の投影であるととらえ、世界のいかなる側面に意味や価値を見出しません。

次の引用は、**「視覚に対する責任」**からです。

エゴは、自分の望むものを実現させるために、物事は望むとおりになる、という思いを使います。エゴのゴールを実現可能と見せかけるために、願望の力、信念の力をこうして使うことが明らかです。実在しないものを信じることと、狂気のゴールに実在を適合させようとすることは同じなのです。罪悪感というゴールは、その目的を正当化するために、この世界は恐ろしいものだという知覚を作り出します。自分が欲しいものをあなたは見ることになります。そしてそれは実在していないので、それを実在させようとして自分があらゆる方法で調整をはかったということを認めないようにすることで、あなたは、その恐ろしい世界を支持することになるのです。

（テキスト21・II・9）

「どうしてこれをしなくてはいけないのか」と自問するなら、わたしは「それがあるからだ」と答えるでしょう。そして、自分には異なるレベルの必要性があるという信念へたどっていくでしょう。基本的な生存の必要性、感情レベルの必要性、生理学的な必要性などです。

心は、異なるレベルと異なる必要性に引き裂かれています。その根底には不足と犠牲の信念があり、そのまた根底には分離の信念、つまり、分離は可能だという信念があります。創造主から分離できるという信念から、不足の信念が生じ、突然自分は、何かが欠如した全体でも完全でもない存在になります。そのようなあらゆる調整、さまざまなマジックの試み、自己概念を築こうとする試みを見つめることは、成長して立派で健康な責任感のある大人になるための助けになります。最初の分離の信念は、心の中のあらゆる種類の調整を伴っています。それは、ダムが崩壊するときのようです。穴をひとつ塞いで、急いでまた別の穴を塞がなければなりません。この世界は、隠れ家として作られていますが、たくさんの調整を必要としています。心が用いるあらゆる防御は、守るべきものがある、防御は必要で役立つ、という根本的な信念に基づいています。心のトリックやすべてのマジックは、実在していると信じられている絶望を隠すために使われます。究極的に、防御やマジックを試すのを明け渡す唯一の方法は、心の中を見つめることです。つまり、原因を見つめることです。悪い大きな狼やオズの魔法使いは、支配的で力強く見えますが、何の結果ももたらさないちっぽけなねずみにすぎません。あなたはただそう信じるのを止めるだけでいいのです。それは素晴らしい解放です。

ビジョンが無視されるなら、原因と結果に混乱が起こるのは避けられません。

（テキスト21・Ⅱ・10：1）

心の光が否定されると、必然的に逆行した考え方になります。というのも、その逆行した考え方は〝隠れ家〟というアイディアにとって不可欠な一部になるからです。

すると、今や、結果をもたらした原因を覆い隠しておき、結果のほうを原因のように見せかけることが目的となります。結果の、このような見せかけの自立性は、結果をそれ自体で存在するものと見なすことを可能にします。

（テキスト21・Ⅱ・10：2～3）

ここは天国から離れた世界です。そこではアイディアは源を去って、創造物に対する神の力は存在していないように見えます。それが考える者の心から離れた客観的な実在の誕生です。夢の形は、夢の世界の成すままであり、原因であるととらえられています。ですから、さまざまなことが可能です。夢の形が、出来事やほかの物事の原因になり得るのです。

殺人などを犯した人は、その行動自体が原因だととらえられます。心の遊びのほんの一部というふうには見なされません。〝わたし〟が製作責任者兼監督で、そういうふうに設定しているわけです。まるで、登場人物にはそれぞれの意志があるかのようです。そして、彼らも原因に仕立て上げられます。たとえば「あなたのせいで、わたしはこんなに悲惨なのだ。あなたがわたしの気持ちを傷つけた。あなたはわたしを笑わせてくれる」という具合にです。心がそれらのすべての感情や状態を選んだというふうにはとらえられていません。

これは「権威の問題」です。わたしたちが次のように言うときが来たのです。「すべてにおいてわたしが間違っていた。創造主から離れるという信念も、神から離れて世界を作ることができるというのも、自分自身でさえも作り変えられるというのも、すべてが間違っていた」。自己啓発運動の影にあるのは、そのような信念です。つまり、〝わたし〟は自分で作ったイメージなので、改善できるし、自分の運命は形作れるものだと信じることです。

友人2　「権威の問題」について、もう少し説明してください。

デイヴィッド　権威の問題は、スピリットの否定です。自分で世界や自分を好きなように作れると信じるのは、本当の自分を否定することです。本当のあなたは、神の結果だからです。つまり、神が創造されたままのスピリットだからです。

友人1　そして、それを変えることはできません。

デイヴィッド　それは変えられません。現実は、あなたが受け入れるものであって、選ぶものではありません。自らを作り変えるには、まずはじめに現実は自分で選ぶものだという信念があるに違いありません。たとえば、家族と一緒にいるか、それとも去るか、といった、場所選び。文化的、民族的なアイデンティティ選び。話したい言語や、大学へ戻るかどうかも選択できます。運動して身体を鍛えたり、またはやめることもできます。

より良い人間になるためのあらゆる試みは、自分で自分を変えられる、現実は自分で選べる、という根本的な思い込みで知覚されています。多種のものが存在し得るという信念です。多様性への敬意というレベルでさえも、同じものを見たいというところまではいきませんし、万物の実在を受け入れもしません。それは、さまざまな多様性にしがみつこうとするもので、自分で自分を変えられるという信念への執着です。

友人1　あなたがおっしゃった「現実は自分で選ぶものとだという信念」というフレーズは、「わたしは現実に投資します」というのと同じ意味ですか。

デイヴィッド　はい。「わたしはわたし自身の思いで現実を作り変えられます」というのが別の言い方になります。「わたしは現実を選べる」というものです。イエスは**コース**で次のようにはっきりと言っています。もし、自分自身の思いを実現できると信じるのなら、あなたは歪んだ思考体系を持つことになり、混乱や無秩序の責任が自分にあると感じ、罪悪感を持ちます。

罪悪感は、自分自身の思いで現実を作り変えられると信じている心から、自動的に生じます。それは逃れられません。**コース**ではこう述べています。

あなたの思いは、神によって創造されました。ですから、あなたの思いに秩序を与えているのは、神ご自身です。（テキスト5・V・7：2）

これが、神の摂理です。

先に進みましょう。

忘れてならないのは、罪か真実か、無力さか力かという選択は、攻撃するか癒すかの選択だということです。癒しは力から、攻撃は無力から生じるものだからです。自分が攻撃する相手を癒したいと願うことはあり得ません。またあなたは、癒されてほしいと望む相手を、攻撃から守るべき存在として選択しているはずです。そしてこの決断は、その人を肉眼を通して見ることにするか、ビジョンを通してその人があなたの前に真の姿を見せるように任せるか、という選択ではないでしょうか。この決断がどのようにその結果へ行き着くかは、あなたの問題ではありません。しかしあなたが何を見たいと思うかは、あなたの選択です。これは原因についての**コース**であって、結果についてのものではありません。

（テキスト21・Ⅶ・7）

これは思考のための**コース**です。形や行動や外観のための**コース**ではありません。「その決断がどのように結果へ導くのかは、あなたの問題ではありません」という文は、あなたはどう作用するのかを理解しなくて良いという意味です。あなたはただヴィジョンに対する意志と欲求を持っていれば良いのです。それがすべてです。

次の箇所では、今話したことが、別の言い方で述べられています。

夢の中では、結果と原因が入れ替わっています。ここでは、夢の作り主が、自分で作り出したものについて、それはどこからともなく自分に降り掛かってくるものだと信じているからです。その人は、自分があちこちで糸の切れ端や切り屑を拾い上げて、無から一枚の絵を織り上げたということに気づいていません。その絵の各部分は噛み合わず、その全体も、各部分に意味を与えるために役立ちません。

（テキスト24・Ⅴ・2：2～4）

欺かれた心は、選ぶことによって好きなように現実を組み立てられると信じています。そして、それが欺かれた心の見ているものです。各部分に名前をつけるだけでなく、バラバラに分裂したものとしてそれらを見ています。そして、それぞれがどのように互いを関連づけているかを理解しようとすることで明確にしようとします。それが世界で行なわれている多くの学びです。各部分が何なのかのみならず、相互にどう関連しているのかという学びです。

友人1　幻想と幻想の間には、関係はありません。わたしは最近そのことに気づきました。存在していない関係を心が見ようとするのは、その混乱に何とか対処して、本当は幻想でも何でもないものを幻想に仕立てようという企てです。

デイヴィッド　そうです。そのことを理解するのはとても重要です。天国の王国に、「あなたが放射するものがあなた自身です」という永遠の法則があります。この世界では、その法則は、「あなたは自分が投影するものを信じます」というふうに歪められています。ですから、心の中で、過った概念について明らかにして、それらを手放さなければなりません。攻撃の思いや間違ったアイディアは、必ず投影されてしまうからです。

言い換えると、正しい思いと間違った思いは一緒になり得ません。あなたはホーリースピリットの思考体系を保ちながら、攻撃の思いを持てません。ふたつの相反する思考体系を保持するのは、耐え難い葛藤だからです。だからこそ、攻撃の思いは投影されなくてはなりません。そして、心は投影したものを信じます。

あなたが心の中で分離を受け入れたので、その意味においては分離は起きている、というのが先ほど読んだところです。信じているものを否定するのは、否定の適した使い方ではありません。欺かれた心が神に属していないという妄想の思いを持っているとき、その思いは投影されなければなりません。というのも、あらゆる思いは、放射されるか投影されるかのどちらかだからです。神への思いは放射され、間違った心の思いは投影されます。心を意識し、父のものではない概念、つまり、父に属していないすべての概念と信念を手放すことは必須です。

友人2　このことについて読み始めた頃、原因と結果の逆転についてわかってきた頃でしたが、それはほとんど爆弾に撃たれたようなショックでした。逆行した考え方に撃たれた気分でした。「そんなことを信じるなんて無理よ」と言っていました。でも、子供たちと夫が、原因と結果の逆転について話しはじめていました。わたしは、ただ隅で座って口を閉じているしかありませんでした。巻き込まれないようにしたかったのです！(笑)

友人1　その場面もまた変わりますが……。

友人2　もちろん変わります。

友人1　心が変われば、心が目撃者のために用いる画面も変わらなければなりません。

友人2　それも原因と結果の逆転ですね。わたしは自分が何をしているのかさえ確かではありませんが、そこに原因と結果の逆転があるのはわかります。心を変えている自分が、問題の原因になるのだと思います。

友人1　あなたの心の目撃者は、あなたの心にとっては目撃者には見えないので、彼らはあなたの心から分離している個々の心に見えます。そこがこの逆行した考え方にとらわれてしまう点ですし、あなたは「どうやってこの逆行した考え方を避けて通れるのだろうか」と考えるでしょう。

友人2 親としてでさえも、子供に「なんでこんなことが起きたの」とか「あれはどうしてなの」などと聞かれると、「まあ、どう答えようかしら。期待されている答えをしようか、それとも……」と考えてしまいます。

友人1 教師が答えるように答えると良いのでしょう。それか、神の教師が与えるような答えをすると良いでしょう。

友人2 そうですね。要するに、ふたつをきちんと分ければ良いのですよね。ただホーリースピリットのための機会として自分を見るだけではなくて。前もって答えを準備して持っていなくてはいけないみたいです。そうすれば、子供たちが質問してきたときに、「わあ、どうしよう。考えなくちゃ。十分か十五分待っててくれる？　また戻ってくるから。答える前に、心の中でその件について考えなくちゃいけないから」とならなくて済むわけですから。

デイヴィッド 「その場面にわたしはどう当てはまるのだろうか」という思いの裏には、夢見る者と夢の形という問題があると思います。ある思いの裏には、基本的に「わたしはその場面に属している」という思いがあります。特定の場面でも、単に一般的なことでも、世界というこの場面に、あるいは家であるこの場面に、わたしはふさわしいという思いです。

友人1 わたしはここに属している。わたしはこの場面にいる！　わたしはここにふさわしい（笑）。

デイヴィッド それがなくなってくると、まず不協和音を感じるかもしれません。わたしの場合は、**コー**

スのアイディアに飛び込んだ最初の頃、葛藤を感じました。家族の集まりなどで実在の話を続けながら、「ああ、もう！　こんなことをしていたら気が変になる。中心から離れてしまったみたいで、ますます悪化していきそうだ」と感じました。急激にほかの人とは反対方向へ進んでいるように思ったのです。そして自分の恐れを将来に投影して、完全にひとりぼっちになるのを想像していました。人里離れた小屋にひとり向かっていくような感じでした。

友人1　周りから追放されたみたいですね。

友人2　あなたの周りにいたい人は誰だったのでしょう。

デイヴィッド　驚いたのは、どこかへ行き、何かをし、話し、人々に会う、ということを内なる声に促されたことです。こうして今ここに導かれ、皆さんと話しているのもその導きです。わたしの言うことを聴きたがっている目撃者を引き出そうとしているみたいです。

友人1　そして彼らはこんなこと言いますよね。「あなたは、あなたの話を聞いてくれる人をどこかで見つけてちょうだい」とね。

デイヴィッド　そうですね。それでわたしは導きに従ってスピリチュアルセンターへ行って、話しました。〝あなたも目撃できる〟という経験のある場所では、すぐに何かがひらめきます。自分の心の移行の目撃者を引き出そうとするのは、自分が感じていたアイディアを自分に引き戻して振り返ろうとすることです。

実は、わたしの話を聞いて理解していた人たちもいました。それが、自分はひとりになるだろう、という考えとのバランスを取っていました。旅行でも、会話でも、そんな感じでやっていきました。すると、痛みが、その新しい種類の経験を古い形に合わせようとするのです。

先ほど、準備ができている状態と修得に関するイエスの思いについて話し合いました。準備ができている状態というのは、修得することを暗示しているのではなく、心の中で真の変化が起こる可能性ができたことを意味しています。準備ができている状態というのは、自分の外側に磨きをかけて得られるものではありません。自分の外側に準備ができている状態があるわけではないからです。

それは、完全にあなたの心の中にある状態です。真に内側を見つめて、心を観察することに集中して、心を本当に移行させたいと思うこと、準備ができた状態から修得へと移行すること、本当に一般化させること、それらは非常に内面的な問題です。**コース**が、カリキュラムは極めて個々に行なわれるものだと言っているのをご存知ですね。そういう意味で本当に内側を見つめるとき、兄弟へ急いで向かっていくことはできないのがわかります。あなたはあなたのいる場所でしか進むことはできません。

心には、こんなことを言う部分があります。「わたしはリラックスしてフットボールのゲームを見るのが好きだ。外食して皆とお酒を飲むのは楽しい。そういうのが好きだし、一般化する準備などできていない。ひとつのことを受け止めて、それをすべてにおいて一般化する準備はまだだ。けれども、あなたは何かを言わんとしていて、わたしはそれを見ている。その向こうでわたしたちがつながっているのは知っている。わたしは、あなたがあなたのために、わたしのために、そして皆のためにしていることを知っているのと同じように、わたしたちがつながっていることを知っている」

多くの友人にこのことを伝えたとき、わたしは本当に心を開いて、彼らに自分を届かせようとしました。そこには本当に惹き合う力がありました。何人かは退きこう言いました。「それはわたしの毎日の生活に対する脅しだし、わたしが思い描く人生に対する脅しだ。自分で思い描く人生には、いくつか好きな部分がある。あなた方全員がいて深く関っている場所にわたしはいたい。それなのにわたしはそこにはいなくて、もう少しだけ池で水をバシャバシャさせている必要があるなんて」。それでも良いのです。まったく問題ありません。しかし、大切なのは「わたしは準備ができた状態から修得へ向かいたい。レッスンを修得したい」という思いに付随していることです。

以前読んだもので鳥の例えを用いていたものがありました。彼らが群れを成すのは、帰路の道から外れないために必要なことではないそうです。群れになるときもあれば、ならないときもあるそうです。中にはここのリーダーは変だからと群れから去る鳥もいますし、ほかの群れよりも早く目的地に着く群れもあるそうです。それらのどれもがあなたの心配することではありません。あなたが心配するべきことは、帰路を示す標識に焦点を当てていることです。その標識の灯りを見失わないでください。わたしたちは、群れだけを見る傾向があります。血縁の家族でも、**コース**の仲間でも、同じです。

コースの生徒でも同じことは起きます。帰路から外れないようにしなければならないし、誰が群れを成して飛んでいるのか、誰がそうでないのか、誰が群れと一緒にいるのか、誰が群れを去ったのか、心はついそういうところへ戻ってしまいます。霊的な目覚めにおいても、そのような数々のドラマは、すべてエゴの気をそらすものにすぎません。

わたしは、このような教えと学びのセッションはとても役立つと思っています。わたしたちは皆、コミュニケーションを継続するためにも、この集まりを続けたいと言いました。誰かに電話をしたり手紙を書くという強い導きを感じたときは、その導きに従ってください。本当に信じて心を開いておくために、そうしてください。わたしたちは、このような教えと学びの場を通して、もっともっと理解したいのです。

しかし、それはすでに展開されています。

では、原因と結果について続けます。**「現在の記憶」**（テキスト28・I）へ移ります。

奇跡は何もしません。取り消すこと以外は。取り消しによって、すでに為されていることに対する妨げを無効にします。何も加えず、ただ取り去るだけです。そして、奇跡が取り去るものは、すでに消えて久しいけれども記憶に保たれているために即座に結果を生むように見えているものです。世界はとうの昔に終わっています。それを作り出した思いは、それらの思いを持ち少しの間それらを愛した心の中には、もはや存在していません。奇跡は単に、過去は消え去っているということ、そして本当に消え去ったものは何の結果ももたらさないということを、見せるだけで、結果を生み出すことはできません。

（テキスト28・I・1）

これはとても重要です。わたしたちがこれまで話してきたことの多くを説明しています。次の段落では「思い出すことは、知覚の過去時制にあたり、知覚と同じように選択できる」と言っています。思い出すことが知覚の過去時制というのは、面白いアイディアです。続けます。

思い出すということは、知覚の過去時制なので、知覚と同様、選択するものです。それは、過去を、あたかもそれが今起きているかのように知覚することです。知覚と同様、記憶は、神があなたの創造に際して与えたものに取ってかわるべく、あなたが作り出した状態です。そして、あなたが作り出したすべてのものと同様に、それは別の目的に役立つよう用いられ、別なもののための手段とされることも可能です。あなたが望めば、傷つけるためではなく癒すために、それを用いることができます。

癒しのために使われるものはどれも、決して何かをするための努力をあらわすものではありません。何かをしなければならないという必要がまったくないという認識こそをあらわしています。それは非選択的な記憶です。真実を妨げることには使われないものです。ホーリースピリットが癒しのために使うことのできるあらゆることは、その内容と、作り出されたときの目的が除かれた上で、ホーリースピリットに与えられています。それらは適用されていない技能にすぎません。それらは、使われるのを待っています。そこに献身も目的もありません。

(テキスト28・I・2:5〜9、3)

自らすべてのものに与えたあらゆる目的を取り除くという、わたしたちがこれまで話していたことを、この部分ではっきりと述べています。たとえば、テーブル、椅子、身体、家、車、用紙にある緑の線や、メタルディスクなどに与えた目的です。

友人1　非選択的な記憶というのは面白いフレーズです。

デイヴィッド　すべての選択的な記憶は、過去を用いて、物事があなたにとってどういう意味であって欲しいかを選び出します。非選択的なものは共通な印象をもたらします。ホーリースピリットの目的は、あらゆる状況で当てはめることです。

この全世界には、専念することも目指すこともありません。それらには相互関係はありません。すべての具体的なことは、ホーリースピリットの目的を通してつながっていきます。それでも、それぞれの間に関係はありません。車と身体はかなり強い関係に見えます。世界の目には、車は、身体を移動させるために必要不可欠なものに見えます。それでも、世界にあるすべての物体や技術は、本来あったものではなく、それらに本質的な意味や用途はありません。なぜなら、アイディア自体は、すべて間違っているからです。それ自体が具体的なことというのもありません。築かれていた全世界は受け入れられてしまうと、危うくなります。

友人1　あなたが以前された、金色のコードにつけられたビーズの例え話を、もう一度教えてください。

デイヴィッド　金色のコードは、ホーリースピリットの目的です。ビーズは、具体的なことです。コードが通っていなければ、ビーズは散らばっていて、意味も使い道もありません。この例えをもう少し進めて、あなたは、ネックレスにあるビーズを見ています。コードには始まりも終わりもないので、ネックレスのビーズにも始まりも終わりもありません。丸は全体性をあらわします。ホーリースピリットの目的も同じで、始まりも終わりもありません。

ホーリースピリットは、記憶を真に活用することができます。そこに神が在るからです。ただし、それは過去の出来事の記憶ではなく、現在の状態のみについての記憶です。あなたは、あまりに長い間、記憶は過去だけを保持すると信じてきたので、それが、今を記憶に保つことのできる技能だということがなかなか理解できません。この世界が記憶に課す制限は、この世界があなたに課すことをあなたが容認している制限と同様に広範なものです。記憶を過去に結びつける絆は存在しません。あなたがそれを願うなら、それはそこにあります。しかし、あなたの欲求のみがその絆を作り出したのであり、あなただけがそれを、罪悪感が未だに居座っているように見える時間の一部に維持してきたのです。

（テキスト28・Ⅰ・4）

罪悪感があり続けるように見えるときは、神聖でない瞬間です。神聖でない瞬間が呼ばれてそれが現在であると信じられるたびに、真の現在が否定されます。神聖な瞬間は、過去が現在に持ち込まれたときに否定されます。よって、あなたが判断したり、思いを整理しているときはいつでも、それらがイメージにすぎないことや、エゴの思いと投影されたイメージがすでに終わって過ぎていたことをあなたは否定しようとしています。それらも神聖ではない瞬間の一部です。

間違った心は、神聖でない瞬間のあらゆるところに存在しています。なぜなら、間違った心は過去時制だからです。正しい心は、ゆるしと似て現在にあります。ですから、間違った心や正しい心、罪とゆるしについて話しているとき、わたしたちは過去と現在について話しているのです。ゆるしは、正しい心の中に、あるいは現在の瞬間に存在しています。

ここ数日、ある例えが浮かんでくるのですが、それは、奇跡は点のようだというものです。間違った心は線で、奇跡は点で、常に奇跡は点でしかあり得ないというものです。実際、乾いたスパゲッティのような線を、自分の目から垂直になるように動かしてみると、点に見えます。その点は線を崩壊させます。ですから、「わたしは神聖な神の子だ。わたしは選ばれた完璧な者だ」と考える代わりに、「わたしは線ではなく点だ」と考えることができます。

過去にしたことや、これからのことを考える誘惑にかられたときは、いつでも、「わたしは線ではなく点だ」と考えれば良いのです。簡単で、幾何学的な例えです。

友人1 わたしは、線である自分が縮んで点になると考えるときに思い浮かぶイメージが好きです。

デイヴィッド 「わたしは線ではなく点だ」というのが「わたしはすべてであり、いかなる場所にも存在している」というのとどう一致するのか疑問に思う方もいるでしょう。奇跡は知覚ですが、それはまるで時空間という全宇宙がその一点になったかのようです。あなたは奇跡を経験することからその点を観察できますし、時間と空間はすべて同時に起きていることがわかります。時間と空間は直線状ではなく、神聖ではない瞬間に含まれています。その神聖でない瞬間を、奇跡の経験を通して観察できる〝点〟として考えることができます。そう考えると、あなたが考え得るすべての場所がその点に含まれ、あらゆるものもまた、その点に含まれます。それが、距離や位置や場所の感覚を取り払います。

ホーリースピリットの記憶の使い方は、時間とはまったく無縁のものです。ホーリースピリットは、過去を持ち続けるための手段としてではなく、過去を手放すための手段として、記憶を使います。記憶は自らが受け取るメッセージを保ち、与えられた務めを実行します。自分でメッセージを書かず、それが何のためのものかを決めもしません。

（テキスト28・I・5：1～4）

記憶は、時間と身体、人間関係やその他のあらゆるものと似ています。その中立のものは、心の中にあるすべてのものと同様に役立ちます。それが、欺かれた心によって作られたスキルです。それ自体に本来の目的はありません。「わたしの目的は何？　それは何のためにあるの？」というところへ戻ります。

身体と同様、記憶自体には目的がありません。そして規則が往古の憎しみを大事に抱き続けるのに役立つように見え、あなたが保存してきた不正義や危害についての絵図をあなたに見せるとしたら、そうしたものがそのメッセージとなることをあなた自身が求めたということであって、それゆえ、それがそのメッセージとなっているのです。身体の過去の歴史のすべてが、記憶の貯蔵庫に収められて、そこに隠されています。過去を活かし現在を死なせておくための奇妙な連想のすべてがその中に保管され、あなたから呼び出されて、再び生きよと命じられるのを待っています。そのようにして、そうした連想の結果は時間によって増加するように見え、このことが、それらの原因を取り去ったのです。

（テキスト28・I・5：5〜9）

良いことが書かれてありますね。コンピューターの記憶装置に例えた良い段落ですね。巨大なハードドライブの貯蔵庫の中には、隠された身体の過去のすべてや、あらゆる歴史があります。「身体の過去のすべて」と言うとき、文字通り、わたしたちは過去の過去、未来の過去、つまり未来、知覚のすべてについて話しています。

エゴは、散らばった思いであり、あらゆる分裂です。ますます身体が増えるので、繁殖とも言えます。要するに人口の急増です。時が過ぎるにつれ身体は増すので、まるで時間と繁殖がより一層増える身体の原因であるかのように、原因と結果の逆転がまだ起きています。身体や分裂などのすべてを含む全世界の本当の原因は、エゴであり、心の中で分離を信じているからなのにです。ですから、欺かれた心にとって、時間はとても都合の良いものです。原因を引き受けてくれるかのようです。時間が、分離の信念から生じた信念にすぎないとき、時間に原因があるかのようです。本当の原因は、時間にではなく、心にあります。

よく人々はこう聞きます。「世界は良くなっているのでしょうか。それとも悪くなっているのでしょうか」。ある人々は、公害や、社会の複雑化によって悪化していると言います。しかし、それは問題ではありません。世界の原因は、心の中にあり、時間が問題を倍増させることはありません。多くの人がすべての問題の原点を隠していますが、結局問題はひとつです。それは分離を信じていることです。幻想に何回ゼロを掛けても、ゼロのままです。原因が、世界や時間にはないからです。ビッグ・バンという宇宙の起源を研究している科学者がまだいます。彼らは画面上のどこかに原因があると未だに信じているからです。**コース**の学びは、原因は心の中にあるということです。次の段落では、時間をあるべき場所に戻そうとしています。

> 時間というものは、何もしないもののもうひとつの側面にすぎません。あなたが自分自身についての真実を隠しておこうとして用いるほかの属性のすべてと密接に関係して働きます。時間は取り去ることはしませんが、再建もできません。
>
> （テキスト28・I・6：1～3）

これはとても大切なアイディアです。「分離が何百万年も前に起きたように、最後の判断は同様に長い期間に渡って起こるだろう。おそらく、もっと長い期間に渡って」というようなステートメントを読むとき、あなたはまだ正しい心と間違った心についてよく理解しておらず、癒しが、何百万年という時間に関係していると過って結論づけることもできます。ここでそう言っているわけですから！　でも、ここでわたしたちが取り組んでいるのは、テキストではずっと後半部分になりますが、時間は奪いもしないし修復もしないということです。サンシップをもとの状態に修復するのに、何百万年もかかるというこことはないのです。時間は、その他のものと同じように中立です。ほかのものが何も行なわないのと同じです。それが時間に与えられた目的であり、極めて重要なことです。もし、心がホーリースピリットの目的を完全に受け入れられるなら、その瞬間に完全でいられるなら、それこそがアトーンメントを受け入れるという意味です。アトーンメントは時間を要しません。訂正を受け入れるというひとつの決断があるところに、プロセスが崩壊するアイディアのすべてがあります。それは、心の中に常にあります。

友人2　ではなぜイエスはそのようなステートメントを作ったのですか。何百万年もかかったし、これからまた何百万年もかかると？　それがどのように役立つとお思いですか。

デイヴィッド　もしわたしが、学び始めたばかりで、このようなことを最初に目にしていたら、本を放り投げていたかもしれません。心がこのようなアイディアを受け入れる準備のための、注意深い学びと、応用と、本質を見抜く経験なしでは、心は準備できません。すべては常に解釈であることを忘れないでください。より深く本質を見抜けば見抜くほど、**コース**の奥深いアイディアにさらに気づくようになり、初期のステートメントにあるように、あるがままの状態を足掛かりとしてとらえられるようになります。わたしはそれを梯子の低めの段、あるいは足掛かりとしてとらえます。やる気をなくさせると解釈してしまう箇所もたくさんあります。たとえば、「教師のマニュアル」で、信頼を築く段階について述べているステートメントがありますが「マニュアルは最後にあるので、かなり先のことだ」と思ってしまう人もいます。

「教師のマニュアル」に、「今、彼は、きわめて長い間、到達不可能であり続けるかもしれない状態を、達成しなければなりません」（マニュアル4・I・7：7）とあります。人々はその部分やほかの何百万年もかかるという部分を読んで、これは長く、延々続くプロセスだと思ってしまうかもしれません。しかし、**コース**のほかの部分では、これは一瞬のことだと明確に指摘しています。これを受け入れられるのは、今以外にないのです！

友人1　やる気をそぐように見えるものは、確実に、あなたのいる位置や背景によって異なります。一瞬しかかからないアイディアについて読む気をなくした女性がいるのですが、彼女はこう感じたのです。一瞬しかかからないのなら、なぜまだその瞬間を経験していないのかと。

デイヴィッド　それは解釈に基づいています。エゴはどちら側へも行けます。長い時間がかかるという、心にとってやる気をなくさせるように見える方向か、たった一瞬なのにできない、という両方に行くことができます。でも、夢見る者や、わたしたちが話している緊急性についてはっきりしてくると、それについて解釈をする必要性がなくなります。

友人1　ただ手放すのですね。助けになる間はそれを使って、そして手放すのですね。

デイヴィッド　それは消えます。それは「今まで助けてくれてありがとう。さよならのキスを送ります」というような活動的なものでもないのです。本質を見抜くあるところまでくると、ああ本当だ……！過去はない、というふうに消滅します。

あなたが放棄できる〝他の属性〟とは、時間、空間、能力、技術、人間性、大きさ、度合い、レベルの差といったものですが、それらは全部、「自分自身についての真実を隠しておこうとして用いる属性」です。真の自己についての真実は、完全に抽象的です。真の自己についての真実にレベルはありません。

隔たりも度合いもありません。

時間は取り去りはしませんが、再建することもしません。しかし、あなたはまるで過去が原因となって現在が生み出されたかのように、奇妙なやり方で時間を使っています。現在は、その原因が去ってしまっているので、いかなる変化もあり得ない、ひとつの結果にすぎないものになっています。

（テキスト28・I・6：3〜4）

この文には、大きな意味が含まれています。それが、世界についての基盤をすべて取り払ってしまうからです。基盤のすべてとは、たとえば、あなたが時間に与えた変な使い道や、過去が現在を引き起こしているという考えや、手放す必要性などです。この引用は、いかにエゴが現在を飛び越して行くのかをあらわしています。もし過去が現在の原因なら、現在は結果にすぎず、その結果を変える方法はどこにもありません。あなたは決定されてしまっています。おしまいです。エゴはこう言うのです。現在を飛び越えなさい、なぜなら云々……とね。

友人1　それについてできることは何もありませんね。

デイヴィッド　まったく何もありません。エゴは、だって過去が現在の原因なのだから、と言うだけですから。

友人1　そういうふうにとらえたことはありませんでした。

デイヴィッド　なぜ直線状の時間が崩壊しなければならないのか、どうして心は時間に対する信念を手放さなければならないのか、おわかりですね。そうしないと決定論に戻ってしまうからです。たとえば、心理学用語を用いれば、あなたは、環境が生み出した産物、あるいは過去の条件が生み出した産物なのです。

変化には持続する原因が必要です。そうでなければ変化は続きません。現在の原因となったものが過ぎ去っているなら、現在においてはどんな変化も不可能です。あなたが記憶を利用するとき、過去だけが記憶の中に保たれています。つまり、記憶は今に対抗して過去を保つための方法となっています。

（テキスト28・I・6：5～7）

コンピューターの例えに戻ると、欺かれた心が記憶を使うのは、あるプログラムを呼び起こすためです。欺かれた心は、常に、過去という巨大倉庫に戻って、そこから記憶を得ることを求め続けます。そうする代わりに欺かれた心がするべきことは、現在の記憶、聖なる瞬間、神を呼び起こすことです。

自分自身に教えたことは一切忘れなさい。あなたは間違ったことを教わったのです。もっと良いレッスンを学び、それを保てるというのに、誰が無分別なレッスンを心にとどめておきたいと思うでしょう。往古の憎しみの記憶があらわれるとき、その原因はもうなくなっているということを思い出してください。なくなっているから、そうした記憶が何のためのものなのか理解できるはずもないのです。

（テキスト28・I・7：1〜4）

これには「わたしが見るものは何も意味しません」とか「わたしはそれが何のためにあるのか知りません」のようなレッスンが適しています。見たり聞いたりするものに関して、それらのアイディアを受け入れなければならないからです。そのとき方向を見失ったような感覚になります。人生は、連続的な日々の生活で成り立ってきました。

イエスは、あらゆる形で「古代の憎しみの記憶があらわれる」と言っています。ただ、その原因はとっくになくなっているので、それらが何のためのものかを理解することはできないことを忘れないでください。つまり、理解しようとしないでくださいという意味です。正当化したり、分裂させないでください。それが何のためにあるのか、あなたが理解することはありません。ですから試すのをやめてください。これは、〝自分は知っている〟というあなたの考えにも当てはまります。「わたしはそれが何のためにあるのか知りません」。それでは、新しい目的と新しい原因の代わりになるアイディアへ移りましょう。

あなたが今それらの記憶に与えようとしている原因と、かつての原因と同じものにしてはなりません。かつての原因とは、それらの記憶をそのようにした原因、そのように見せてきた原因です。それがすでに去っていることを喜んでください。あなたがゆるされたいと思っているのはそのことだからです。代わりに、今、受け入れられた原因の新しい結果をここで見てください。その美しさにあなたは驚くでしょう。それらがもたらす古くて新しい思いは、往古の原因から生じる幸せな結果です。この原因はあまりに古く、あなたの知覚がとらえることのできる記憶の範囲をはるかに超えています。（テキスト28・Ⅰ・7：5～9）

神のものでないアイディアを、実在の世界で分かち合うことはできません。それは、世界に客観的な実在性をもたらそうとするアイディアや概念を分かち合おうとすることです。心は、夢を作り出し、夢にあらわれる形によって世界の実在性を強化しようとするだけでなく、それぞれの夢の形に具体的な名前をつけます。そして、その夢の形はその名前に反応します。それは、心から分離した現実があることを随分と納得させようとしていますが、心が求めたり応答するととらえていない点で、すべて妄想です。

わたしが彼らに会うと、彼らは挨拶をします。彼らはその名前に反応します。すべての感覚、感覚を通してやって来るあらゆるものは、世界の現実を目撃しているだけなのです。二人の人間、あるいはふたつの心が、架空の概念に同意し、ゆえに実在性があるかのように見えているだけです。

パート3　この世界に原因はありません

原因と結果はひとつです。分離していません。神は、常に真実であり続けてきたことをあなたが学ぶことを意志しています。神が自身の一部としてあなたを創造したこと、その思いはその源を離れないので、そのことは今も真実だということを、です。これが創造の法です。心が抱く思いのひとつひとつは、心に豊かさを加えるのみ、決してそれを取り去ることはありません。これは真に意志されることについて当てはまるだけでなく、何となく願うことについても同様に当てはまります。心は欺かれることを願うことが可能ですが、自らをその本質と違うものにすることはできないからです。そして、思いが源を離れられると信じることと、真実になってくれるようにと幻想を招き入れることは同じです。そして、それは成功しません。神の子を欺こうという努力に、成功はあり得ないからです。（テキスト26・Ⅶ・13）

アイディアはその源を去らないというのは、世界はそれを考えている者の心から離れないという意味です。わたしたちは、間違った心について話していますが、心は正しい心と間違った心を明確に識別できます。心はまた、ゆるしか幻想かも見分けられます。ただ、過ちを過ちとして見る必要があり、それさえできれば、過ちは消えます。

ですから、思いを整理して見つめ直したり、わずかな判断や些細な過ちを見直すというステップを飛び越えて「わたしは神聖な神の子です」というところへ到達しようと急ぐのは、アルファベットの途中からZへ進もうとするようなものです。過ちを過ちとしてとらえるには、何が過ちなのかということに対して、多大なる明晰さを持つことが重要です。

友人1　過ちを過ちとしてとらえることから、過ちを存在していない無としてとらえるほうへ移行するには、何が起こらなくてはならないのでしょうか。

デイヴィッド　あなたが今おっしゃったふたつは同じです。わたしが言ったのは、あなたは実在の世界に到達しますが、その過程を楽しむための時間はあまりないという**コース**のアイディアです。神が最後の段階を行なうというのもその例えですが、神が行なう段階とは創造のことです。**コース**の意味において、最後の段階とは、本当は最初の段階のことです。

友人1　常にあった意識へと戻るということですね。

デイヴィッド　そうです。連続した出来事の最後の段階ということでは全然ないのです。

> 奇跡が可能となるのは、離れていた原因と結果がひとつの場所に運ばれるときです。原因を除いたまま結果を癒そうとしても、単に結果を別な形に変えるだけです。これは解放ではありません。
> （テキスト26・Ⅶ・14：1～3）

これはマジックについて別の述べ方をしている箇所です。あらゆるマジックの試みは、結果をほかの形へ変えようとするものです。原因を考慮せず結果を癒そうとしたり、世界にある正しく思えない事柄、結果、状況、出来事といった形の周辺を変えようとすることで結果を変化させようとするものです。あるいは、クリシュナムルティが述べた「意識の中身をシャッフルする」ということをしているのです。

それらは形の変化です。

あなたはそのような概念を持っているのです。ただ概念をごちゃ混ぜにして、完璧な組み合わせにたどれることを望んでいるなら、あなたは騙されています。心の変容は起きません。変化が意味ある変化になる前に、まず、まったく違う見方で、まったく違う視点から、意識を見つめなければなりません。それを、奇跡の視点で見る、戦場の上から見る、とも言えます。

> 神の子は、完全な救いと罪悪感からの脱出以下のものでは決して満足できません。それ以下であれば、その人は以前として自分が何らかの犠牲を払うことを要求し、それによって一切がその人のものであり、いかなる種類の損失もその人を限定していないということを否定するからです。
>
> （テキスト26・Ⅶ・14：4〜5）

ここで「犠牲」という言葉が出てきます。イエスは、天国では犠牲には意味がないことを分かち合われました。しかし、自分はこの世界にいるとあなたが信じている間は、イエスによる犠牲の定義は、欲しいものを諦めるということになります。

たとえ小さくても、心が世界の何かにかすかな価値を見出している限り、心は世界を手放すことを犠牲だととらえます。ほんのわずかであっても、犠牲の概念を強めます。そして、少しでも度合いの違いがあったり、心が喜んで光のもとにさらしたくない何かを抱えているなら、それらは、すべてがイエスのものであることを否定します。

ほんの小さな犠牲であっても、その結果においては犠牲という考え方の全体と同様です。どんな形でも損失が可能とするなら、神の子は不完全なものにされ、その人自身とは違ったものにされています。また、その人が自分自身を知ることはなく、自らの意志も認識しないでしょう。その人は、父そして自分自身を否認することを誓い、憎しみの中で両者を敵にしたのです。

（テキスト26・Ⅶ・14：6～9）

これは「あなたは**コース**を完全に学ぶか、まったく学ばないかのどちらかです」というテーマへの別の入り方です。エゴのレンズには、その種のアイディアは脅威に映ります。しかし、たとえ最初は避けたくても、そのアイディアを取り入れることは安心につながると思います。避けることは、エゴを完全に超越することは無理だという考えの一部です。妥協しないことが、そのような考えを一掃します。この段落の始めの部分には、わたしたちが話してきた中心となるアイディアがあります。「奇跡が可能となるのは、原因と結果が離れたままにされずひとつの場所に運ばれるときです」。それはまさに過去と未来を取り除きます。過去と未来は、原因と結果を引き離そうとする試みだからです。分離は直線状の時間があるところで起こります。

友人1　分離が起こっているその余白部分で、わたしはなぜ原因と結果をはっきりととらえたいのかを自分に思い出させなくていけないと思っています。シンプルに、もし世界のあらゆる状況で心の平和を保てるなら、それこそが、世界には結果がなく、結果のないところには原因もないということを心がとらえられるようになるための方法です。それがエゴの取り消しです。わたしは時々、概念を理解しようとしてとらわれますし、なぜそれが変化を起こすのか、それがどのように何かと関連しているのか、忘れてしまいます。

デイヴィッド そのアイディアは、テキストの**「救いの即時性」**というセクションに関連しています。そこでは、イエスは「良きものが、どうして悪の形であらわれなければならないというのか」（テキスト26・Ⅷ・7：1）と言っています。神が救いを将来に置かれたとどうして考えますか。心が救いは将来にあると信じているとき、それは原因と結果を引き裂いています。そのような心は、過去がある、実在の過去がある、これから訪れる未来がある、実在の未来がある、と言っています。

そして、自由への原因が今というときにあることを否定します。まだ時間のギャップにしがみついて、未来に訂正を投影していたいのです。心がそうするとき、今このときから、その訂正が受け入れられるときが来るまで、恐れに苦しむことになります。単に恐れを時間に投影して、時がすべての傷を癒すなど古いことを言っているのです。今こそが、時間の新しい目的で、それがすべての傷を癒します。時間自体が傷を癒すのではありません。直線状の時間軸は、決して何も癒しません。直線状の時間軸は問題の一部であって、解決法ではありません。

友人1 それはまったく逆のことを言っている古いことわざのひとつですよね。

デイヴィッド こう解釈し直せます。時がすべての傷を癒すと言う代わりに、時間の正しい使い方がすべての傷を癒します、というふうに。つまり、ホーリースピリットの時間の目的が、すべての傷を癒します。ホーリースピリットの目的は、時間を不必要なものにすることだからです。エゴの時間の目的は、死を含めたあらゆるものの目的と言えます。それは、神からの分離は本当に起こったもので、罰せられるものだという信念を維持します。すべては、今が手放すときだということを示しているのを見るために、時間の話から原因と結果の話へ来るというのは面白いことです。

誕生から死に至るまでの身体の一連の冒険が、これまでに世界が見てきたあらゆる夢のテーマです。この夢の主人公は、決して変わることはなく、その目的も変わりません。夢は多くの形であらわれ、その主人公は非常に多くのさまざまな場所や出来事の中に自分を見出すように見えますが、夢にはひとつの目的しかなく、それがさまざまな形で教えられているだけです。夢が何度でも繰り返して教えようとするただひとつのレッスンは、夢は原因であって結果ではないということです。さらに、あなたは夢の結果であって、夢の原因ではあり得ないというものです。

（テキスト27・Ⅷ・3）

デイヴィッド　「ただひとつのレッスン」が教えようとしていることは、エゴです。心の中には、エゴというレッスンとホーリースピリットというレッスンがあり、そのふたつのレッスンを学ぼうとしている心は、とても混乱しています。それらのレッスンは両立しません。それらは二者択一の課題です。エゴが教えることは、原因は世界でありあなたではないこと、そして、結果はあなたであり世界ではないことです。世界の目には、心は、身体、あるいは夢の主人公として、明確に認識されています。身体は、ほかの身体から生まれます。エゴの視点からは、確実にあなたはこの世界の結果です。

進化論へ戻るなら、命の火花が塵から生じるには、正しい条件がそろっていなければなりません。ひとつの細胞の有機体が、命というさらに高等な形へと進化します。それらの論理の裏にあるのは、あなたが形によって始まりを得たということです。粘土から男女を作るとしても、神が形を作ることに神を持ち込んだとしても、それは身体が世界の結果だという考えを強化するだけです。神が形を作ることに関係していると述べることは、神を形に持ち込むことです。夢の例えは、すべて夢が原因で、あなたが結果だということです。

そのようにして、あなたは夢見る者ではなく夢そのものになってしまっています。あなたは夢が企てるさまざまな場所や出来事の間を行き来して、むなしく彷徨っています。身体がすることはこれだけだというのは、本当です。身体は夢の中の影法師にすぎないからです。でも、夢の中の影法師たちを実在するかのように見なければ、誰が彼らに対して反応することがあるでしょうか。

（テキスト27・Ⅷ・4：1〜4）

自分は巨大な世界にいるちっぽけな人間で、世界にはたくさんの人や個性、特徴、言語があるけれど、それらは、わたしが投影したひとつの夢の一部なのだ、とわたしが気づくために、そこにあるととらえることは、大変大きな進歩です。

夢の中の人をありのままに見た瞬間に、その影法師は、その人に対して結果をもたらさなくなります。その人は、自分が原因となって影法師たちを実在するかに見せて、彼らに結果としての役割を与えたということを理解するからです。

（テキスト27・Ⅷ・4：5）

また「与えた」と言っています。「与える」のではなく、「与えた」という過去形は、これらの文では常に重要です。過去形は、常にエゴと全世界を作り、据えるからです。全世界とは、エゴが現在に過去を持ちこむ場と言えます。

世界がこれまで見てきた夢のすべての結果から、あなたはどれほど脱出したいと思っているでしょうか。いかなる夢も、自分がしていることの原因であるように見せたくはないと、あなたは願っているでしょうか。

（テキスト27・Ⅷ・5：1〜2）

夢の中では、わたしたちは結果に対する恐れと共にいます。それらの恐れをすべて手放すなら、あなたは真に奇跡の中にいることができ、やること言うこと何でも文字通り、正しい心から自動的に発することになります。

それなら、単に夢のはじまりに目を向けてみましょう。あなたが見ているのは夢の二番目の部分にす

ぎず、その原因は最初の部分の中にあるからです。（テキスト27・Ⅷ・5：3）

これは**「自己概念対自己」**（テキスト31・Ⅴ）の導入部分と見ることができます。イエスは、あなたが投げ出したものについて語っています。これから自己概念のふたつの段階について話していきますが、最初の段階は、神から分離したことを信じたことでした。ふたつ目の段階は、世界という夢で、それはあなたがその下にあるものを決して見ないように隠しておく蓋として作られました。世界という夢は、投げ出され、投影され、忘れられた部分です。心はそれが心であることを忘れ、画面上にあるものだと信じています。

眠っていて、この世界の中で夢を見ている者は誰も、自分が行なった自分自身に対する攻撃のことを覚えていません。（テキスト27・Ⅷ・5：4）

これは分離の信念です。

自分が身体について何も知らなかったときのことや、こうした世界を実在するものとして思いつくことさえできなかったときが実際にあったとは誰も信じていません。その時になら、こうした考えがひとつの幻想であって、あまりにもばかげていて笑って退ける以外にないということがすぐにわかったはずです。今では、そうした考えがなんと深刻なものに見えることでしょう。そして、そのような考えが一笑にふされて、信じられることのなかったときのことを、誰も思い出すことができません。それらの考えの原因を直視しさえすれば、恐れの原因ではなく笑みを浮かべるべき理由を見ることになります。

（テキスト27・Ⅷ・5：5〜10）

エゴはいつも、画面上に極端な注目を払い、内面に向き合うことなく、心を見つめようとしません。あるいは、オズの魔法使いの例を用いるなら、彼らはついにオズの国へ行き、ある部屋で、画面上に巨大なものを見るのです。大きな声で話す巨大な顔です。トトが映写室のカーテンを引くと、魔法使いがこう言います。「そのカーテンの向こうにいる男を見るんじゃない！」（笑）

心の思いに注意を払わない本当の原因は、画面上の恐ろしい映像に目を向けて、その前で震え上がるためです。映画には、良い例えがたくさんあります。なぜだかわからないけれど、多くの人が映画を愛するのは不思議ではありません。なぜなら、彼らの解放のための例えでいっぱいだからです。生家のような場所はどこにもありません。あなたにはいつでもそこへ帰る力があります。

夢見るものが手放してしまった夢を、その人に返しましょう。その人はその夢を、自分から分離したもので、自分の身にふりかかってくるものとして知覚しています。ワンネスである永遠の中に、ひとつの小さな狂った考えが忍び込み、その時点で神の子は笑うことを忘れてしまいました。そのとき、狂った考えは深刻なものとなり、達成することも、実在性のある結果を生むことも、どちらも可能になりました。

（テキスト27・Ⅷ・6：1～3）

わたしたちが共にあれば、そのどちらも笑って退けることができます。そして時間が永遠の中に割り込むことなどできないことが理解できます。時間が永遠を妨げることができると考えるのは、戯れ言にすぎません。永遠とは、時間が存在していないという意味なのですから。

時間を超えている場所で実在化される時間、自らを攻撃できる神の一部、敵として分離した兄弟、身体の中にある心、こうしたものはすべて、さまざまな形の堂々巡りです。その集結は夢の開始地点から始まり、夢の原因のところで終わります。あなたの見ている世界は、あなたが自分が行なったと思ったことを厳密にそのまま描写しています。

（テキスト27・Ⅷ・6：4～5、7：1～2）

心は、神から離れた罪があると信じています。そして、分離と罪が実在であることを世界が示していると信じています。

今あなたは自分がしたことについて、それが自分に対して為されていると考えています。あなた自身が思うことについての罪悪感があなたの外側に置かれ、あなたに代わってあなたの夢を見、あなたの思いに対する有罪の世界の上に置かれています。

（テキスト27・Ⅷ・7：3～4）

これは、毎日の生活か、抽象的な目的か、というところへたどります。同時に両方を持つことはできません。本当にどちらかなのです。毎日の暮らしの思考を諦めることはある種の喪失だ、という信念のうちには、恐れが潜んでいます。現状というのは、慣れ親しんだもので、心地良く、常に最善ではありませんが、それでもそれほど悪いものではありません。

友人1　最終的に、自分でハンドルを握っているんですよね。

デイヴィッド　物事が作られて作用しているのと同じ方法で、見えているハンドルですね。

友人2　たとえそれを手放したいと言っても、不可能に感じます。わたしは自分が手放す準備ができていると言っているところは想像できますが、どうやってそうなるのか、どんな感じなのかは想像できません。

友人1　ここがそこだ、と示してくれる地点はないということでしょうか。

デイヴィッド　まず、自由である必要があります。

たとえば、わたしは「どこにお住まいですか」と聞かれると、「心に住んでいます」と答えます。それが、本当の離脱です。住むための箱はありません。どんな箱にもはまりません。その次の質問は大抵、「手紙はどこで受け取るのですか」です。あるいは「何か箱を取り付けましょう」というようなものです。

ある特定の場所に住む者としての自分をとらえないところで生きるというのは、かなり変わっていることなのですね。

友人1　自分を心だと考えていても、原因と結果の全アイディアの移行はあるという意味ですよね。それが、心があるがままの心を認識する方法のようです。かつて思っていた原因と結果が、反対だと気づくことによって、です。

デイヴィッド　はい。「これは今は面白いけど、来週は?」のような思いが心に浮かべば、その思いは、直線の時間軸にある将来への思いです。

わたしは「わたしの将来を神の手に委ねる」というレッスンについて考えるのですが、そうするとき、わたしたちは将来を委ねています。そして過去も同じように委ねています。

レッスン135では、計画は自分で立てなくても「自らのものではない英知に耳を傾けることによって」(ワークブック135・11)、「もし計画すべきことがあれば、教えてもらえます」(ワークブック135・23)と言っています。それらの導かれたことが形を取るように見えても、〝脚本は書かれている〟と同じカテゴリーに追いやられます。わたしたちの集まりは、世界という形の中で起きているように見えることから距離を置こうとしているのでも、人生を自由時間と勤務時間に分けようとしているのでもありません。肝心なのは同一性なので、人生の盛衰の例えは、まだ隠喩の域です。それは、投影されなければならないというのでもなく、ただ現在の決断と現在の意志が求められるだけです。

友人1　それだけがすべてを同じにできるのですね。

デイヴィッド　実用性について戻りましょう。「どこか別のところを彷徨っている」思いや、「家族と子供がいるのにどうしてそれが上手くいくのか」というような思いが浮かぶとき、それらの思いを見つめてください。心配事から始めてください。これがわたしの心配で、これがわたしの思いで、というように、抽象的な夢見る人ではなく、具体的な思いで始めましょう。

救いの秘密は、「あなたは自分で自分にこれを行なっている」ということだけです。攻撃の形が何であれ、これが真実です。敵や攻撃の役割を誰が担っていようと、これが真実です。あなたが感じている苦痛の原因が何に見えようと、これが真実です。自分が夢を見ていることを知っている夢の中でなら、あなたもそこに登場する人影たちに対して、まったく反応しようとしないはずだからです。

（テキスト27・Ⅷ・10：1〜5）

デイヴィッド　あなたに必要なのは、これだけです。本当にこれだけです。次はその要約です。

このひとつのレッスンが学ばれたなら、どんな形の苦しみであれ、あなたはそこから自由になるでしょう。ホーリースピリットは、あなたに痛みをもたらす苦しみの形にかかわりなく、解放についてのこの包括的なレッスンを、それが学ばれるまで繰り返します。あなたがどんな傷を差し出しても、ホーリースピリットはこの極めて単純な真実をもって答えるでしょう。この唯一の答えが、あらゆる形の悲しみや苦しみの原因を取り去ってくれるからです。形態はホーリースピリットの答えにまったく影響を与えません。形がどうであれ、すべての唯一の原因を、ホーリースピリットはあなたに教えようとします。そしてあなたは、「わたしがこれを行なった。そしてわたしが取り消したいのはこれなのだ」というシンプルな声明を、奇跡が反映していることを理解するでしょう。

（テキスト27・Ⅷ・11）

それならば、苦しみはどれも同じだと知っているホーリースピリットに、すべての苦しみを持っていきなさい。ホーリースピリットは、違いが存在しないところに違いを見ることはありません。そして、それぞれの違いがどのように引き起こされたのかをあなたに教えるでしょう。どの苦しみの原因も、ほかのすべての苦しみの原因と違いはありません。真に学ばれたただひとつのレッスンにより、すべて容易に取り消されます。

（テキスト27・Ⅷ・12：1〜3）

イエスは、アトーンメントについて語っています。

救いとは、あなたが自分自身だけに隠してきた秘密です。そうであることを宇宙が宣言しています。しかしその目撃者たちに、あなたはまったく注意を払っていません。彼らはあなたが知りたくないことを証言するからです。彼らのほうが、それをあなたから秘密にしているように見えます。しかしあなたは、自分自身が見ることも聞くこともしないという選択をしただけだということを学ぶ必要があります。

（テキスト27・Ⅷ・12：4〜9）

「しかしその目撃者たちに、あなたはまったく注意を払っていません」ということについて考えるとき、わたしは、出会う兄弟は皆、目撃者だと言うことがありますが、形に関してそう言っているのではありません。身体とは何の関係もないからです。実際身体を見ている限り、レッスンを見出すことはできません。というのも、キリストの顔を見ずに身体を見ているからです。このことは状況にも当てはまります。ワークブックでイエスはこう言っています。

そのテーブルについて、自分のあらゆる概念を取り去り、完全に開かれた心でそれを見るなら、あなたは実際、そのテーブルからだけでも、本当のものを見ることができるでしょう。そこからビジョンを会得できるでしょう。そのテーブルは、あなたに見せるべき何ものかを、美しく、澄んだ、無限の価値があり、幸福と希望に満ちたものをもっています。そのテーブルについてあなたが抱いているあらゆる考えの下に、そのテーブルの本当の目的、宇宙のあらゆるものと分かち合われている目的が隠されています。

（ワークブック28・5）

イエスが意味しているのは、ゆるしはあらゆる意味や解釈を完全に過去から引き離すことを伴うということです。そして、それらを神の言葉で上書きすることです。あるいは、ホーリースピリットの目的とエゴの目的を交換することです。それが目撃者です。その目撃者は、自分が夢見る者であることと、ほかの誰でもなく自分自身に対してそうしていることを示してくれます。

これが認識されたとき、あなたはこの世界をどれほど違ったやり方で知覚するようになることでしょう。自分の罪悪感について世界をゆるすとき、あなたは解放されます。この世界の罪のなさがあなたの罪悪感を要求するのではなく、あなたの罪のなさが世界の罪の上に成立するのでもありません。これは明瞭であり、あなただけに隠されている秘密です。あなたを世界から分離させ、兄弟をあなたから分離させてきたのはこれなのです。

（テキスト27・Ⅷ・13：1〜5）

デイヴィッド　主体と対象の分裂がありますね。

今あなたが学ばなければならないのは、あなた方は共に罪がないか、共に罪があるかのどちらかだということです。あなた方がお互いに相手と異なっていて、罪がないことと罪があることのどちらも真実だということだけはあり得ません。あなたがまだこれから学ぶ必要のある秘密は、これだけです。そうしてあなたが癒されているということが、秘密ではなくなるのです。

（テキスト27・Ⅷ・13：6〜9）

その意味では、なぜいかなる怒りが、たとえどんなに小さなものでも、神の救いの計画に対する攻撃になるのかは明らかです。なぜなら、怒りは、あるべき姿でない誰かや何かがまだそこにあって、それらは間違っているし、それらの罪はわたしから離れたところにある、という思いだからです。でも、この癒しのステートメントが、それは不可能だと言っています。

友人1　〝自分から離れているもの〟はありません。

デイヴィッド　その通りです。〝自分から離れているもの〟は存在していません。他人がいると信じている心は、人は有罪にも無罪にもなり得ると信じています。あなたに罪があって、わたしにはないとか、わたしが有罪で、あなたは無罪だ、というふうにとらえています。

どちらが有罪でも無罪でも構いませんが、学ぶべき秘密は、彼らは同じだということです。この冬、クラスを教えていたときに、病気について話してくださった方がいました。そのとき、わたしはこう言いました。「あなたはわたしから離れて病気でいることはできません。わたしたち両方が病気でいるか、両方が癒されているかのどちらかです」

友人1　救いの秘密に関する部分と、ほかの誰にでもなく自分自身に対してそうしているという部分ですが、それはまさに、わたしたちが以前子供の虐待問題について話していたことと同じです。でも、二歳の赤ん坊について話しているとき、心が自らに対して目撃者をもたらしたとどうして言えるでしょうか。

デイヴィッド　本当に虐待があったわけで、子供の意志とは完全に関係なく行なわれたからといって、罪を正当化してとらえるのは、例外を作ることです。心がどういうわけか身体と関連していると考えるのは、レベルの混乱です。

ウィリアム・セットフォードも同じようなことを経験しました。彼は、カンファレンスやリハビリの集まりで苦労していました。そこでは、至るところに、負傷した身体や、障害を持った人たちがたくさんいました。それは、身体での人生の弱さという信念を思い出させ、強めていきました。

友人1　だから彼はカンファレンスや集まりで苦労したのですか。

デイヴィッド　そうです。イエスは、わたしたちがいくつかのレベルで混乱していると言っています。レベルの混乱は例外を作ります。あなたは脳と心で混乱しています。心は、傷つくことはありません。「自分の思いによってのみ傷つく」というレベルでさえも、それは単に過った心を描写したものです。しかし、幸いにも、間違った心を選ぶ必要はありません。わたしは、間違った心ではないのです。わたしの心は、神と共に考えていることだけを保ちます。それが正しい心の説明です。それこそが、わたしたちが取り入れるものであり、それが訂正です。

友人1　わたしの愛の思いだけが真実です。

往古の憎しみの記憶があらわれるとき、その原因はもうなくなっているということを思い出してください。

（テキスト28・Ⅰ・7：3）

デイヴィッド　欺かれた心の知覚がとらえる記憶の長さの下には、現在の記憶、つまり神の記憶があります。現在は、過去と未来の間にあって、現在は、時間以前に存在しています。それは間違った心が見ることを超越しています。間違った心は現在を知覚できません。現在は、もっと以前にあり、時間を超えています。イエスは、往古の新しいアイディアと言うとき、心の本当の思いは攻撃の思いの下に埋もれているということを語っています。

多くの場合、誰かが「本当の思いの例を挙げてください」と言うとき、あなたが投げ返せる良い答えは「わたしは神が創造したままですから」です。そのアイディアには、知覚が一切ありません。心で埋もれている往古の新しい思いは、知覚的なものではないので、救いをもたらします。それだけでしょうか。いいえ。ワークブックを見ると、「わたしはスピリットです」というのがあります。「わたしの心は、神と共に考えることだけを保ちます」というのには、少しの知覚もありません。ほかの「わたしは見ることを決心しています」とか「わたしが見ているのは、報復が形になったものです」のようなステートメントもあります。それらは、現在に対する心の見方を明確に指摘しています。概念を一掃し、完全に抽象的な本当の思いに対して、準備をさせてくれます。

イエスはここで、小文字の「c」の原因（cause）から大文字の「C」（Cause）に切り替えています。

これが、あなたが忘れようとしたのに、ホーリースピリットがあなたのために覚えていてくれた原因です。

（テキスト28・I・8：1）

ホーリースピリットは、それを思い出せないものにはさせなかったので、それは過ぎ去ってはいません。それは一度も変わったことはありません。ホーリースピリットがあなたの心の中にそれを安全に保っていなかったときは一度もないからです。それがもたらすものが、新しいものに見えるのは、あなたがそうしたものの原因を覚えていないと思っていたからです。しかし子が父を思い出さないということは父の意志ではなかったので、それがあなたの心に不在であったことは一度もないのです。

（テキスト28・I・8：2〜5）

その原因とは、文字通り神の記憶です。イエスは、ここでエゴに対して語っていますが、たびたび混乱が起こるところです。「イエスがあなたは神の聖なる子だと言うとき、イエスは違うあなたに話しているみたいです。あなたが覚えていることは決してないと言うときのあなたにではなくて」と。

それはあなたが取り違えた原因のないところから生じたものです。原因を持たないので結果とはなり得ないものを、自分は結果と思い込んでいたということを学ぶとき、それは一笑に付されます。

（テキスト28・I・9：2〜3）

（笑）ほら、わたしたちには、その笑いというのがあります！

奇跡によって、あなたは、永遠に存在する原因を思い出します。時間や妨害によってまったく影響されず、また、本来の在り方から一度も変わったことのない原因です。そして、あなたはそれがもたらした結果であり、それ自体と同じように、不変にして完璧なのです。

（テキスト28・I・9：4〜6）

では、本当の原因、神だけが原因だというアイディアへ戻りましょう。イエスは「あなたが神の結果だ」という方へ移行しています。ここではもうエゴに向かって話してはいません。神は、神の子へ話しています。

神の子の記憶は過去の中になく、また、神の子は未来を待っていません。神の子の存在は奇跡の中には啓示としてあらわれません。奇跡はそれが消え去ってはいないことを、あなたに思い出させるだけです。あなたが自分の罪についての思いをゆるすとき、もはやそれが否定されることはなくなります。

（テキスト28・Ⅰ・9：7〜10）

「奇跡の中には啓示としてあらわれません」というのは、啓示と奇跡の違いのことを言っているのです。奇跡は、時間の崩壊であり、啓示のために心を準備させる手段です。しかし、奇跡は、それがまだ知覚的であるという意味において、物事を明らかにしませんし、啓示的なものでもありません。啓示は、知覚的な経験ではありません。啓示的な経験をするとき、心はまったく恐れの記憶を持ちません。

わたしたちの心が、わたしたちの意図とひとつになるとき、トレーニングを、欺かれた心が見る分裂した生活のすべてに当てはめられるようになります。たとえば、子宮頸がん検査や食べ物やセックスなどに至ります。実在では、これらのものの間にも区別はありません。なぜなら、それらのすべてをひとつにする金色のコードやネックレスがあるからです。しかし、それらが分裂した生活の断片だと信じる心にとっては、心には本当の経験があって、心はそれ自体で存在していることになります。だからこそ、過ちは過ちなのだということを思い出すために、心は奇跡を必要とするのです。

自分の創造主に裁きを下そうとしたあなたには、神の子に裁きを下したのは神ではないということが理解できません。あなたは神に対して神の結果を否定しようとしますが、彼らが否定されたことは一度もありません。神の意志に対抗していた原因なきものを理由に、神の子がとがめられたことは、一度もありません。

（テキスト28・I・10：1～3）

「どうしてわたしはこんなことができたのだろう」とか「なぜわたしはこれをやり続けているのだろう」のような質問を挙げる方々がいますが、それらはエゴのお喋りにすぎません。そのような質問を抱くのは、エゴです。エゴは苛立ち、自らを打ちのめします。そのようなステートメントのすべては、間違った心から発したものにほかなりません。

それらは欺かれた心のステートメントであり、キリストの事実をまだ否定しようとしています。その否定がどこへ向かっているかを追ってみると、この世界が幻覚であることに気づくでしょう。本当にそれを幻覚としてとらえるには、同時に自発的に、実在へ飛び込まなくてはなりません。世界を良い例えとして考えるのではなく、ただの幻覚としてとらえるには、見えるがままに世界をとらえて、自分で何かを試みることをきっぱりやめないといけません。なぜなら、自分でするなど不可能だからです。自分にはできない、そうすることは自分の役割ではない、とわからなければなりません。

あなたの記憶が証言しようとしているのは、神への恐れだけです。

（テキスト28・I・10：4）

イエスは、ここで欺かれた心に対してさらに語っています。

神は、あなたが恐れることをしていません。あなたも同様です。したがって、あなたの罪のなさは失われていません。あなたは癒されるために癒しを必要としているのではありません。

（テキスト28・I・10：5〜8）

それは、あなたの役割は癒し云々、というのに反しているようですが、これから核心に迫ります。

友人1　でも、癒しを求めるようなことは何も起きていなかった、というのが**コース**の本質ですよね。

デイヴィッド　そうです。それが形而上学の基本中の基本です。あなたがしたと思ったことは、起きていません。癒されるために、癒しは必要ではありません。

友人2　不可能なことは、決して起きませんでした。……あなたが話されているとき、別のあることを思い出しました。大学時代の記憶なのですが、あるドラッグをやって幻覚を見ました。それは本当に怖かったです。とても嫌でした。わたしはそれが恐れなのだと思いました。予想していたものとは違ったからです。壁が動いて壁と自分の間の距離が変わるのです。ある物はとても近くに見えるのに、それに向かって歩いて行くと、遠くにあるのです。自分の知っていた知覚、あるいは知っていると思っていた知覚は、すべて歪められてしまいました。

とても怖かったです。自分のコントロールが及ばないあの感覚を、今でも思い出すことができます。幻覚がなくなるまで、どこかへ行ってしまいたい、隠れていたい、と思いました。そのときの思いは、「わたしは誰とも一緒にいられないし、何もできない」というものでした。そのときの感覚が、たった今蘇ってきて、驚いています！　その幻覚の記憶の中に、まだその感覚があるのです。知覚が歪んで、すべてが外観とは異なり、あらゆるものがあるはずの状態でないとき、そのように感じるのは当然です。わたしは自分が誰かさえ知りませんし、そのような経験と自分がどう関連しているのかすらわかっていません。ただとてつもなく大きな恐れがそこにあります。

デイヴィッド　こうあるべきと思うままに物事が進まないときの小さな動揺を、極端にした例ですね。わたしたちが本当に見なくてはならないのは、そのようにして、世界は築かれているということです。

友人2　はい。わたしは「毎日恐れと共に生きている！」と思いました。けれども、わたしはただそれに慣れていただけです。本当はそのことにすら気づいていなかったのです。ただ脇に置いて、それがそこにあることを見なくて済むように、しっかりと蓋をしていたのです。

デイヴィッド　心は、本当に恐れているものに蓋をするために、世界という幻覚を選びます。そこへ踏み入れると、ある種の恐れがやって来ます。そして、その恐れを未来へ投影し始めて、ほかのことへ惹かれます。あるいは「わたしの人生はそんなに悪くない」と防御し、心は蓋を閉める作業に必死になります。

「わたしの人生は上手くいっているのだから、文句は禁物」、「人生のあれこれをつかんだまま、神の目的も達成できる。両方やれるはず」などと言いながら。

恐れが光へ向かうとき、あれこれにしがみついているか、あるいは、神の目的以外のすべてを手放すかのどちらかです。そこに本当の恐れがあります。幻覚に対する恐れは、愛に対する恐れという大きなものを隠しているにすぎません。

友人2　わたしたちがどのような類の恐れについて話しているのか、だいたいわかりました。本当に大きいですね。恐怖です。でも、それが本当に何であるのか想像したことも、感じたこともなかったです。こうして少し見てみると、驚きです……。

デイヴィッド　コントロールの喪失ですね。あなたも先ほど、コントロールが及ばなかったと言っていましたね。

友人2　はい。とても強くそう感じたのを覚えています。その感覚が嫌だったので、二度とドラッグはしたくないと思いました。幻覚を格好良いと考えている人がいるのは知っていましたが、わたしは違いました。わたしには向いていませんでした。

デイヴィッド　それは、その経験の側面のひとつですね。あなたの自己概念は、秩序をもたらすこととコントロールすることに焦点が向けられています。その反対側には、自分の人生も自分の支配下のもとにという思いがあります。コントロールを手放すワークのときにも話しましたね。

その場合の幻覚に対する解釈というのは、わたしは自分の抑制とコントロールを手放します、というものです。本当にふたつの防御の側面にすぎないのです。コントロールの問題は、権威の問題です。自分が、自分の思っている、この世界で存在している自分だ、と信じていることです。自分で世界と自己を築いていて、わたしが自分であるという信念です。わたしはユニークで、好き嫌いもあり、意見や結論を備えていま す、と言いたいのです。平和な自分、心穏やかな人でいたいし、同時に自分の一部も持ち続けていたいのです。

友人1　都合の良い平和ですね。

デイヴィッド　そうです。わたしの都合による平和です。そして、それは不可能です。これまで取り組んできて嬉しくなりました。コントロールの馬鹿馬鹿しさと不可能さが見え始めてきたからです。幻想に真実をもたらそうとしたり、スピリットと時間と空間と物事を混ぜようとしても、まるで水と油のようにどうしても混ざらず、調和できません。極端に聞こえますか？　そう思えたとしても、そのふたつを調和させようとするのは、すべて無駄な試みです。

静けさの中で、奇跡の中にひとつのレッスンを見てください。原因がそれ自体の結果をもたらすに任せ、**それを妨害するようなことは何もせずにいるというレッスンです。**

（テキスト28・Ⅰ・10：9）

これは、「わたしは何もする必要がありません」というアイディアを支える別のものです。次の文で正しく説明されています。

……その人は、自分が愛の結果であり、自らの本質ゆえにその人自身が原因であるはずだということを信じません。癒しの原因は、あらゆるものの唯一の原因でもあります。たったひとつの原因があるだけです。それが認識されるときには、原因のない場所には何の結果も与えられず、何の結果も見られなくなります。身体の中に存在する心や、分離した心を持ついくつもの身体からなる世界といったものは、あなたの〝創造物〟であり、そこでは、〝ほかの〟心となっているあなたが、自分とは異質の結果を生むような創造をしています。そうしたものの〝父〟として、あなたもそれらと同質のものにならざるを得ません。

（テキスト28・Ⅱ・3：2〜7）

原因と思われる、他人の心や身体に関する幻想のすべてと、原因と結果が逆転した全世界は、自分で自分自身を創造でき、自分は分離した心を持つ人だという信念から引き起こされています。わたしは神の子であること、父により創造されたことを何度も否定しています。「わたしは人間にすぎない」と言うのはその典型的な例です。それは落ち着かせてくれるようですが、その根本にある内容をよく見ると、それは攻撃の思いです。本当のあなたではないことが、あなたを落ち着かせてくれるはずがありません。

友人1　また、本当の自分でないことが、現実的であるはずもありません。

デイヴィッド　多くの場合、そうですね。現実的で、実践的にいきましょう。この場合、実践的になるということは、「わたしは真実を一瞬にして否定するのか、それとも真実を受け入れることを選ぶのか」というところへ戻ることです。そこで、エゴの企みが明らかになります。

あなたは自分自身を眠らせて、自分が自分自身に対して異邦人となり、誰か別な者の夢の一部にすぎないものになったという夢を見たのであり、それ以外にはまったく何も起こっていないのです。

（テキスト28・II・4：1）

もしわたしが**コース**をやれる範囲でやろうと思ったら、仕事や家族に学びを役立てる、いくつかの気づきを得る、という程度に限られるでしょう。その根底にあるのは、「わたしは夢を見ていて、夢の中のわたしは自分自身ではない、誰かほかの人の夢の一部だ」というものです。誰かが考えることも、基本的に、「わたしは、誰かほかの人の夢の一部です」というステートメントを再現しているだけ、と考えることが、皆好きなんです。

エゴは、わたしは「ただ目覚めることはできない。大勢の人たちとかかわっているんだから」と言います、誰かをがっかりさせることを恐れるのは、その恐れが「わたしは誰かほかの人の夢の一部」という信念と結びついているからです。自分が夢見る者であることが明白になれば、夢の中の形に絶えず歩み寄らなくて済みます。なぜなら、あなたは彼らの夢にはいないからです。「これはわたしの夢だ」ということを自分自身に言い聞かせてください。

奇跡はあなたを目覚めさせるのではなく、夢を見ている者とは誰なのかをあなたに教えるだけです。あなたがまだ眠っている間でも、何を目的として夢を見るかにより、夢を選択できるということを、奇跡は教えてくれます。癒しの夢か、死の夢か、あなたはどちらを望むだろうか。夢は、あなたが見せてもらいたいと思っているものを見せます。記憶と同じです。

（テキスト28・Ⅱ・4：2～5）

扉が開け放たれた空の倉庫が、あなたの記憶や夢の切れ端が収められている場所です。それでも、あなたが夢を見ている者であるなら、あなたは少なくとも次のことだけは知覚します。つまり、自分がその夢を引き起こしたのだから、自分は別な夢を受け入れることもできる、ということです。しかし夢の内容をこのように変えるためには、気に入らない夢を見ていたのはほかならぬ自分だということを理解しなければなりません。

（テキスト28・Ⅱ・5：1～3）

原因と結果をひっくり返すところへ戻ってきました。原因を心に戻します。ここでもまた時制が重要です。この引用の最後の文に示されている気づきは、確実にひとつの段階であって、それはまだ「わたしの心は神と共に思うことだけを保ちます」というレベルには到達していませんが、そのアイディアの前の段階であることは確かです。

わたしは気に入らない夢を見ていた自分の責任を受け入れなくてはなりませんが、過去の時制なので、そのために罪悪感を感じる必要はありません。そして、わたしがいるのは現在です。夢に与えられる、現在の原因があります。わたしたちが現在の原因を語るとき、夢を完全に一掃する大文字のCの原因(Cause)について話しているのではありません。しかし、ホーリースピリットの目的(cause)は、現在が反映されたものです。天国（抽象）には目的はありませんので、それは天国を構成するものではありません。まず最初の一歩に取り組みましょう。

それはあなたが引き起こした結果にすぎません。それでいてあなたはこの結果の原因にはなりたくないと思っています。殺害と攻撃の夢の中では、あなたは殺められて死にゆく身体の中にいる犠牲者です。しかしゆるしの夢の中では、誰も犠牲者や苦しむ身となることを求められません。この夢が、奇跡があなた自身の夢と交換してくれる幸せな夢なのです。奇跡はあなたに別な夢を作り出すよう求めることはありません。ただ、この幸せな夢に交換したいと思うような夢を作り出したのはあなた自身だということを、理解するよう求めるだけです。

（テキスト28・Ⅱ・5：4〜8）

「ゆるしの夢の中では、誰も犠牲者や苦しむ身となることを求められません」という文は、「自分自身を完全なものとみなす者は、要求することなどありません」（ワークブック37・2）の文を思い出させます。これは、驚くべきアイディアです。この世界では、心はそのアイディアがどういうものか想像することさえできません。あらゆる人間関係は、相互依存を伴うからです。要求しないでください。ホーリースピリットが思い出させてくれたとか、ホーリースピリットに提案されたなどと言うことはできますが、決して指示や要求をしないでください。

あなたは、手放すことがどんなに素晴らしいものか、そして、知っていると思っている世界のあらゆる概念を明け渡すことが、どれほど素晴らしいものかを理解するでしょう。仕事の人間関係など、あらかじめ定められた役割による関係のすべては、放棄しなければなりません。役割、職務、責任、義務などで、その関係を定めている限り、あなたはまだエゴの相互依存関係の中にいるからです。イエスは、そのための模範をわたしたちにお与えになりました。イエスの唯一の機能はゆるしであったため、イエスはユダヤの王になる主張もしませんでしたし、いかなる地上の地位も持ちませんでした。イエスは何も要求しませんでした。イエスは何かを勧めたり「わたしに着いて来なさい」ということは言いましたし、それらはかなり強い提案と言えますが、指示や要求の意味は込められていませんでした。

友人1　これをしなさいとか、あれをやりなさいというようなものではなかったのですね。

デイヴィッド　そうです。脅かすものではありませんでした。

友人2　その上、期待が暗示されていることもありませんでした。そのとき使われたかもしれない言葉について考えていましたが、たとえば、提案、招待、など。でも、期待を込めた途端、それは要求になります。わたしはあなたに何かを提案することはできますが、もしあなたがわたしの提案に従うという期待が入れば、そこには要求が存在しています。

デイヴィッド　心の中で期待していることをほのめかしているのなら、それはまだ要求しています。霊的な探求の道でも、教祖的存在という罠は誘惑になり得ます。もし、起こっていることに対して、ある種のコントロールを持つというエゴの誘惑がたとえわずかでもあるなら、エゴはまだ個人的なアイデンティティを持ちたがり、生徒に方向性を与えることで、自らを高めたい様子をあらわしています。それはとても些細な場合もありますが、やはり教祖的存在の罠も、エゴの邪魔の別の形にすぎません。それは心から離れて存在できません。ただ、誘惑がありますから、とても注意深い学びと、心の観察を必要としています。エゴはまだ、何らかのコントロールを維持したいのです。

この世界には原因はなく、誰の夢にも原因はありません。いかなる計画も不可能であり、見出され、理解され得る構想も存在しません。

（テキスト28・Ⅱ・6：1～2）

ふたつ目の文では、この世界で必要と見なされている、計画したり何かを追い求めることは、理にかなっていないと言っています。

原因のないものから、これ以外の何を期待できるでしょう。しかし、それに原因がないとすれば、それには目的もないことになります。あなたは夢を引き起こすことはあるかもしれませんが、決してその夢に実在性のある結果を与えることはありません。そうすることはその原因を変化させるということであり、それはあなたにできることではないからです。夢を見ている者は目を覚ましてはいませんが、自分が眠っていることも知りません。その人は自分が病気だったり健康だったり、落胆していたり幸福だったりする幻想を見ますが、それには結果が保証される安定した原因はありません。

（テキスト28・Ⅱ・6：3～8）

世界に原因はないので、あなたは結果に実在性を与えられません。あなたは幻想を作ることはできますが、実在の結果は作れません。あらゆる科学、世界を理解し、世界の機能を理解する試みは、すべて世界のある部分には実在するものがあり、そのそれぞれの間には、実在した相互作用と因果関係があることを仮定しています。そして、それらのすべては、今だけが存在している時間だという霊的な事実を否定します。そのとき、真の宗教的な経験が、支えてくれます。たとえば、内なる平和や超越した静けさを経験したり、あらゆる規律、理論、思想の教えを学ぶことが助けになります。

わたしは、何年も自分探しの旅をしていた頃、自分が何になるべきなのか問い続けていました。高校時代のときでさえ、専門職や天職といった世界にあるさまざまなメニューを見ては、そのことについて考えていました。

適性検査からキャリア計画に至るまで、たくさんの選択肢がそのメニューに載っています。上から下まで見て、そこにはわたしのための職業はないと思いました。わたしは浮いていました。気まずくて変な気分でした。ほかの皆はその紙から何かを得ているのに、わたしはそうではありませんでした。

わたしは、魅力的な仕事は何もないけれど、生きていくためには何かをしなくてはいけないと信じていました。エンジニアリングを学んでいた頃、わたしのハートはここにあらずの状態でした。

友人1　わたしもそのような感覚を覚えています。教師は、わたしの天職ではないと気づいて、社会福祉の仕事をしました。キャリア診断テストを受けたとき、たくさんの職業が書かれていて、その全部を見て「ゲー。多分、どれもできるだろうけど、どれもやりたくない」と思ったのを覚えています。

デイヴィッド　わたしもそうでした。印刷物に書かれていた職業のうち、何でもできたのでしょうが、ハートに響くものはひとつもなく、大学で十年過ごした後も同じでした。教育機関にどっぷり浸かっていました。その頃には、たくさんの規律や学派を調べて、実際それらを学んでみたり、いくつかを試したりしました。

しかし、内側で何かが自分を呼んでいて導かれている感覚がありました。それが何なのか、どこへ行くのかわかりませんでしたが、使命感のようなものがありました。わたしは自己実現に関するマズローのアイディアについて読んでいました。彼は、人々は、人生の使命、目的、意味に関する強い感覚を持っていると言っています。わたしはその考えに共感しましたが、自分の人生の使命、目的、意味についてはわかりませんでした。

友人2　では、どのようにそれに共感したのですか。

デイヴィッド　「この世界には原因はありません。この世界はそのままますべてが夢です。誰もが世界で夢を見ています。無計画でいることは可能で、発見して理解できる設計図というものは存在していません」という部分を読んだとき、わたしは**コース**に取り組むことが決して易しいものではないと理解し始めました。そして、何とか**コース**の教えをあてはめようとしました。アメリカの実業界に形而上学を持ち込んだり、**コース**の指針をビジネス用にアレンジしたりしました。人間性心理学会でも、同じようなことを何度も試みました。

多くのカンファレンスが、それらを目指していました。でも、わたしたちが**コース**の奥深いところへ踏み込んでようやくわかることは、スピリットと、今経験されているままの日常生活や概念、キャリア、規律、教育を含む、時間・空間・物事・連続したつながりは調和しないということです。それは日常生活や概念、仕事、規律、指示なども含みます。「無計画でいることは可能です。どこかに隠されている設計図など存在していないのです」

友人1　幻想に真実は持ち込めないですね。

パート4　間違った信念を手放す

デイヴィッド　この世界は幻覚です。この惑星で歩むことにじゅうぶんに順応して健康的に見える人たちがいると同時に、精神的な病を抱え、自らを閉じ込めている人たちもいます。分離の信念を心に抱えてこの世界を歩んでいる人は皆、文字通り、精神的な病に冒されています。心は、世界という夢や幻覚を見て、この世界に意味や人生を見出している点で、実在性と離脱してきました。この世界は命を否定するために作られました。唯一の命は、心の中の奥深くにある光です。レッスン132で、イエスは文字通り「世界はありません」と言っています。

自分が思っていたことのすべてからこの世界を解放します。

（ワークブック132）

これらのアイディアが、その経験を支えます。「世界に存在しているけれども、世界に属していない」という聖書のフレーズに質問が挙がりますが、「わたしたちは世界に存在している」というアイディアを見直さなくてはなりません。「そのアイディアに従っていたら、自分は世界で機能しなくなってしまう気がする」と言う人もいますが、確かに、これまで機能してきた方法では機能しなくなるでしょう。これは完全なる変容です。そこでは、世界で機能していると知覚される分離した存在はいません。完全に手放して、行動に対して一切の思いを抱かない感覚があるだけです。つまり、ホーリースピリットに心を合わせることから生じる平和の意志を抱くことを、外側に映し出します。その状態であるとき、目的、あるいは意図がすべてです。

エゴはすぐさま飛び込んできて、「それがどう見えると言うのか」と言います。それがどう見えるかなど、最終的には無関係です。心の外側に見える世界も人も、自分で作り上げたイメージにすぎず、実は存在していないので、その質問は消滅します。物質面に関して、イエスはこのような別の見方を述べています。「わたしは見る決心をしています。わたしは物事を異なって見る決心をしています。何よりも、物事を違う見方で見たいです」。イエスが言っている「見る」というのは、イエスがわたしたちの心を導いた先にあるヴィジョンのことであり、肉眼の「見る」という意味ではありません。原因と結果をひっくり返すというのは、逆さまになっている世界を正しい向きに変えることです。

奇跡は、あなたが夢見ているということ、そしてその内容は真実ではないということを確立します。これは、幻想に対処する際の決定的な第一歩です。自分で幻想を作り出したと知覚しているとき、誰もそれらを恐れません。恐れがしっかり保持されていたのは、自分が夢の作者であって夢の登場人物ではないということが、彼にはよくわからなかったからです。

（テキスト28・II・7：1～4）

それは、両方はあり得ないという核心をついています。あなたは夢の作り手にはなれないように、夢の中の登場人物にもなれません。あらゆる恐れは、夢の中の登場人物として自分をとらえ、そう信じることによって、生じています。それはこのように言うのと同じです。「わたしは内側にある恐れも、この夢全体の原因となっているものも見たくありません。夢には本当の原因があることも、自分が夢の中にいることも、もう受け入れているんです」。それでは、恐れが手放されることはありません。というのも、恐れは、心の中の思いや無意識の思いに蓋をして、それらを隠すために作られたからです。

その人は自分が兄弟に与えたと夢の中で思っている結果を、自分に与えています。そしてこれこそが、その人の願いが叶えられたということを示すために、その夢が寄せ集めてその人に差し出したものなのです。こうして、その人は自らの攻撃を恐れているのですが、それが他者の手によってなされるのを見ています。その人は犠牲者として、その原因ではなく、結果に苦しんでいます。その人は自分の攻撃の作者ではなかったので、自分が引き起こしたものに関して無罪潔白ということになります。奇跡は、その人が何もしなかったことをその人に示す以外には何もしません。

（テキスト28・II・7：5〜10）

これは、先日の性的虐待に関する話し合いのように、形而上学的なつながりを受け入れるかどうかという問題です。それが起きなかったとは言えないと言った女性がいらっしゃいましたが、その件を形而上学的にたどると、確かにそれは起きていなかったというところへ行き着きます。馬鹿馬鹿しいのは、それがあなたにとって実在になってしまうことです。過去はなくなり、それは決して起きていないのです。

その人が恐れているのは、結果のない原因ですが、結果をもたない原因はあり得ません。したがって、それは一度も存在したことのないものなのです。

（テキスト28・II・7：11〜12）

あらゆる原因には、結果が伴わなくてはなりません。すべての原因には、結果がなくてはなりません。世界の夢は、本当の原因ではないため、そこで起きることは本当の結果ではありません。欺かれた心の中では、原因や結果が実在するものとして信じられていて、それらが原因になると思い込まれています。していて、それらが本当に原因になり得ると信じられています。しかし、だからと言ってそれが真実にはなりません。まるで永遠の英知のように、原因や結果を意識から隠すことはできますが、それらの真の姿を隠すことはできません。

分離は、父が自身の結果を奪われ、創造主ではなくなったために、父は結果を保持する力をもたなくなったという夢から始まりました。この夢の中で、夢を見る者が自分自身を作り出しました。しかし夢見る者自身がしたのと同様に、その人が作り出したものはその人に反旗をひるがえし、自らの創造者の役割を果たすようになりました。そしてその人が、自分の創造主を憎んだのと同様に、夢の中の影法師たちはその人を憎みました。その人の身体はその人たちの奴隷であり、それをその人たちは虐待するのです。なぜなら、その人が身体に与えた動機を、彼らも自分自身のものとして採用したからなのです。

（テキスト28・II・8：1～5）

子供の虐待について話し合ったことにも、これはとてもよく当てはまります。これはまさに虐待です。

そして、その人の身体が彼らにもたらす報復ゆえに、彼らはその人の身体を憎みます。その身体に対して、彼らが与える報復が、夢見る者が夢の作り主ではあり得ないと証明するかに見えるのです。結果と原因がまず切り離され、次に逆転させられ、それで結果が原因となり、原因が結果となります。

（テキスト28・II・8：6～8）

これは、「夢見る者」のセクションの内容を別の言い方であらわしている箇所です。夢の主人公は、夢によって作られたそれらの場所を出たり入ったりしています。心は、そこで起こる出来事に対して何の力も持っていないかのようです。

これが分離の最後の段階です。ここから、その逆方向に進む救いが始まります。

（テキスト28・Ⅱ・9：1）

コースでは、時間は実際に先ではなく、後ろ向きに進むと述べています。たとえば、ビーチを歩いて、砂浜の足跡を見ているとします。時間というのは、ほうきを手にして、ビーチを後退しながら、足跡を履いていくようなものです。つまり、足跡もなければ、起こった出来事の形跡が何ひとつない場所、つまりビーチではないところへ戻るまでの段階を再びたどるのです。これが大切なのは、**コース**がそれを分離の最後の段階だと述べているからです。原因と結果を引き離して、それらをひっくり返します。そして、救いは別の方向へ進みます。

ですから、「今、動揺している」具体的な出来事から取り組み、その向きを変えます。たとえば「わたしはこの動揺を投影して、それを見ているので、今、心の中で、その原因と結果を逆転できます」と言います。それがたどり直すということです。この出来事に、外的な原因はなかったという気づきに至ります。それこそが、心の外には、何かを引き起こすものは何もないと、最終的に一般化する前に必要なステップです。

この最後の一歩は、それ以前の事柄の結果ですが、それが原因のように見えています。奇跡は、原因と結果の機能を、結果ではなく原因に返す、最初の一歩と言えます。

（テキスト28・Ⅱ・9：2～3）

別の言い方をすると、奇跡は、原因という役割を心に戻すための最初のステップです。、結果にではなく。

というのも、この混乱が夢を作り出したからであり、それが続く間は、目覚めが恐れられるからです。また、目を覚ますようにとの呼びかけも聞かれることはないでしょう。それが、恐れなさいという呼びかけのように思えるからです。

（テキスト28・Ⅱ・9：4～5）

心が、逆さまの考え方を信じたまま、それにしがみついている間は、ホーリースピリットは脅威となります。というのも、ホーリースピリットは世界を作っている自己概念を脅かすものになるからです。

ホーリースピリットがあなたに学ぶように勧めるレッスンがどれもそうであるように、奇跡も明確なものです。奇跡は、ホーリースピリットがあなたに学ばせようとしていることを実際に示し、その結果が、あなたが望んでいるものであると教えます。ホーリースピリットのゆるしの夢の中で、あなたの夢の結果は取り消され、憎んでいた敵が慈悲深い友と知覚されます。彼らの敵意は今や原因のないものとみなされます。彼らはそれを作り出さなかったからです。そして、あなたは彼らの憎しみの作り主という役割を受け入れることができます。それが何の結果も生んでいないことがわかるからです。今や、あなたはこの部分だけは夢から自由になっています。すなわち、この世界はニュートラルなものとなり、未だに個別のものとして行動するかに見えている身体は、恐れる必要のないものとなっています。したがって、身体は病気ではなくなっています。

（テキスト28・II・10）

夢に出てくるもの自体に意図や目的がないのなら、自分がそれらに見出して与えた意味のすべてである夢を、夢の作り手としてとらえることができます。それらは決して憎悪や悪意に満ちた意図ではありません。ただかつて投影されたものです。ですから、はりつけは教えの極端な道具と言えます。というのも、世界の目には、イエスが、裏切られ見捨てられ、引き裂かれ憎まれ、徐々に殺されたと映るからです。それでもイエスは、憎しみに満ちた意図を夢の形に投影しませんでした。はりつけの場面で、こう言うことができるでしょう。世界は中立であり、分離したものとして動き回る身体で成り立っているだけなので、恐れる必要はありません。

はりつけに関連した逆さまな考え方に、イエスは苦しんでいたというものがあります。**コース**で取り組んでいるのは、苦痛が伴うことはないということ、世界には分離したものを実在のものに変える力はないということです。なぜなら、イエス自身が、自らの夢の作り手であったことを目撃したからです。

友人1　それでは、投影はもう存在していないということでしょうか。

デイヴィッド　イエスが世界に原因はないととらえるなら、心にも罪悪感はなく、ゆえに罪を強化するものは画面上には存在していません。痛みや苦痛は、罪が実在しているという信念を確実に強めます。

奇跡は、恐れの原因を、恐れを作り出したあなたのもとに返します。しかし奇跡は、それは結果を生んでいないのだから原因ではないことも示します。原因となるものの機能とは、結果を生むことだからです。そして結果がなくなっているところに原因は存在しません。こうして身体は奇跡によって癒されます。それは、心が病気を作り出したこと、そして身体を、心自身が作り出したものによって被害を被るもの、すなわち結果とするように用いていたということを、奇跡が教えるからです。

（テキスト28・Ⅱ・11：1～4）

イエスは、「身体は奇跡によって癒される」という形而上学的レベルへ落とし込んでいます。わたしたちは、究極的には身体は病気にも健康にもなることはできないということを話してきました。奇跡を体験した心は、自分は身体ではないこと、ゆえに身体を結果として使うことはできないこと、犠牲者であるために身体を用いることはできないことを目撃します。身体は、原因にも本当の結果にもなり得ないものとしてとらえられます。

わたしたちは病気のケースについて触れてきましたが、欺かれた心は分離した自己であることについて何よりも正しくありたいと思っており、身体をその証明に使います。身体はまさに証人として呼ばれた目撃者です。奇跡の中では、今まで自分に関して考えていたことを、間違えだったととらえます。そして、自分が身体の中にいるとはとらえなくなり、身体を罪の印や分離の実在性の証拠として見なくなります。そのとき、病んでいた者は奇跡の中で立ち上がり「わたしにはこれが必要ではありません」と言うのです。なぜなら、決断とは心が決めることであり、心に戻ることだからです。身体はもはや犠牲者ではありません。

しかしレッスンの半分でその全体を教えることはできません。身体が癒され得るということだけを学ぶのであれば、奇跡は無益です。そのようなレッスンを教えるために奇跡が送り出されたのではないからです。

（テキスト28・Ⅱ・11：5〜6）

ワークショップをやると、このようにおっしゃる方がいます。「でも、わたしは病気なので罪悪感を感じます。それに関してどうすることもできません」。そのステートメントの根底にあるのは、病気とは何かを心は知っているという信念であり、身体は病気になり得るという思い込みです。

友人1　病気になれる、という信念ですね。

デイヴィッド　そうです。これは本当に、病気になり得ることを知っているし信じているというステートメントにすぎません。ここでもそのときのレッスンはこのようなものです。「本当に病んでいたのは、結果も何ももたらさない罪を投影することで身体が病気になり得ると思っていた心のほうでした」。これからは、「わたしはインフルエンザにかかりました。あるいは癌です」と言う代わりに「幻覚に戻ってしまった」と言いましょう。

これは何かと言うと、常にひとつのレッスンと共にとどまるということです。

「教師のマニュアル」で、イエスはレッスンがあらゆる状況で絶えず当てはめられるのは稀だと言っています。イエスはレッスンにとどまるためにどれほどの心がけが必要かを指摘しています。心が病気なのであって、身体が病気になることは不可能であることを一般化し、あらゆる状況や背景においてもその考えを転写します。症状について話すという誘惑があります。今まで話していたことを、症状のレベルで話すのは簡単です。今日のアイディアで大切なことは、症状のレベルに引っ張られないように、常に心がけていることです。

別の例では、温度があります。室内にいるとき、暖房の温度を上げる、下げる、といった話しがよく出ます。ワークショップにいる間、エゴのお喋りから心を退けて、エゴの言い分をただ見つめることができるでしょうか。常に心に注意しておいてください。とても近くで見張っていてください。今日、何かお話しされたい方いらっしゃいますか。

友人1　病気についてもう少し話しても良いでしょうか。きちんと理解したいです。たとえば、咳をしたとき、わたしはどこかで咳をしているべきではないと感じます。

デイヴィッド　それはまさに症状に焦点を当てていますね。不安や罪の意識を感じたりしますか。

友人1　咳をしたり鼻をかんでいるとき、心の中を明確にすることに失敗したと感じます。

デイヴィッド　わかりました。では、明確になりたいと今おっしゃっているわけですね。それが大切なことです。あなたが恐ろしい解釈をし続けて、理解していないと感じるなら、あなたの伝えるべきことを伝えていないわけで、恐れはまったく弱まりません。何も移行しません。

たとえば、感じ良く、「今日の調子はどう?」と聞いた人が、相手のためでなく自分のためだけの特別な食べ物を用意したがっているとします。これは今までわたしたちが話してきたことに反しています。分かち合えないことをしようとしているわけですから。二者択一であることをきちんと理解しなければなりません。リップサービスで話をしておきながら、突然背を向けてほかの何かをすれば、それは両方行なっていることにはなりません。

マジックのテーマに進みます。マジックと奇跡が入り混じることを信じているときというのは、心が奇跡を恐れるあまり、奇跡とマジックを組み合わせようとしているのです。たとえば、瞑想だったり、立ち上がってその場を去ることだったりします。外的なことなら何でも当てはまります。ある種の安心を内側にもたらすために、外側で何かをするのです。

友人2　わたしは時々その場から去ります。以前は症状が出ると、誰かに具合を聞かれそうな所へは行きませんでした。咳をしたり鼻をかんでいたら、調子がどうかなんて聞いて欲しくありません。そんなことは話したくありません。

デイヴィッド　わたしたちはいつも「話してください」と言っています。二人以上の人が集まれば、それは心が移行できる素晴らしいチャンスです。話をするためには、意図を思い出して、心の移行ができるように、まず信じていることを明確にします。その話をしないために、ほかの話題を話すのでなく、心が移行できるようにじゅうぶんにくつろいで話す意志を持てるなら、ぜひ話して、自らの信念を明らかにする機会にしてください。

罪悪感は、症状に対する解釈から生じます。わたしたちが心の中で到達しようとしているのは、身体は病気になれないということです。先日話したように、鉛筆も靴も病気になれません。間違った心だけが病気になれます。学びの道具が病気にはなれないことがわかってきます。病気は、学びの道具に対する過った解釈にすぎません。罪悪感は、画面上で起こっていることとは何の関係もありません。

友人2　**コース**は、犯された過ちを見過ごすように言っています。わたしは過ちを見逃したりせず、それらを自分に対して指摘するほうなので、このことは、本当に取り組まなければいけないことだと思っています。咳などのどんな症状も、ただの過ちだと言うのですね。また難易度の問題ですね。まるで咳と乳がんは違うものと言っているみたいですね。それもただの間違えだと言うのですね。

友人1　間違えは、咳を病気と関連付けていることです。

友人2　間違えは、身体が病気になれると思っていることです。

デイヴィッド　目的において、全人生よりも大きな範囲で話をすれば、大切なのは、身体をどうとらえて、どのように使うのかということです。身体を取るに足らない完全に自分から離れた学びの道具としてとらえるのか、それともまだ自分にとってとても大切なものとしてとらえるのか、ということです。だからこそ、わたしたちは深いところを見ていきます。

わたしたちは、病気についての話し合いという乗り物とも言えるこの場を使って、それについて明確になろうと、可能な限り深いところへ進んでいきます。椅子を椅子として見ていたら病んでいます。時計を時計として見るのも病んでいます。なぜなら、最終的に、何かをほかのあらゆるものから離れて存在しているかのように見るのは、病んでいるからです。それは病的な解釈です。すべてを分離した存在として見る見方が病んでいる、と言うのと、身体を病んでいるものとして見る、ということの違いがわかるでしょうか。

世界にとっては、椅子は椅子であり、時計は時計、病人は病人です。なぜなら、彼らには症状があって、それが病気なのか健康なのかを告げるからです。それでも、世界を小さな箱やカテゴリーに分けているのは心です。それが病気です。だからこそ、わたしたちは本当に見ていくしかないのです。そこに病気が存在しています。ある症状の意味を深読みしたり、ある身体は他者よりも病気だとか、癌はささくれより深刻だ、などと考えるのはやめましょう。さまざまな異なるカテゴリーがあるように見えます。それらを見ていくことは単なる咳のようなものよりもずっと深いです。

心は、それを罪悪感だと信じます。概念にしがみつくことを決めいています。病気は、身体が心に対してどう感じるべきかを伝える目撃者です。小ささと脆さが真実に違いないことを伝えるための目撃者です。

わたしたちが話しているのはすべて、思考の秩序と優先の傾向についてです。自らの思考に秩序をもたらせると信じている心は病んだ心ですが、その事実には目を向けず、間違っていることも見ようとしません。そのように作り上げることで、病気のようなものが、身体に対して、完全に心の意図なしに起こったかのように見せます。病気は脆さと罪の正当化を証明する目撃者です。

病が何の目的に役立つように思われているかを理解しないかぎり、誰も癒すことはできません。それがわかれば、その目的には意味がないこともわかります。原因はなく、いかなる類いの有意義な意図もないなら、病はどう見ても存在するはずがありません。これがわかったとき、癒しは自動的に起こります。

（ワークブック136・1）

すべては心に戻ってきます。病気の原因は何でしょうか。まず、間違った心の視点でそれを見てみましょう。間違った心とは、実在性に対する病的な解釈と言えます。それはまさに、神が創造した自分とは違うものでありたいという表明です。

コースが病気について「原因も意味ある意図もないのなら、病気にはなり得ない」と述べているのは、それは、病気が生じたところへ戻らなければならないということなのです。それは神から生じたのでしょうか、というのがいつでも最終質問です。それほどまでに単純です。

友人2　癒しが自動的に起きなかった時期がありました。「教師のマニュアル」では、こう述べています。「病気のほうが自分を選んでいるという考えの信憑性を疑うだけでも、その人たちは癒されるでしょう」（マニュアル5・Ⅲ・1）。わたしは確実に疑っていたと思います！　やっと何が起こっているのか手掛かりがつかめた感じがしています。わたしは自分をだましていたに違いないと思います。全然理解していなかったに違いありません。

デイヴィッド　わたしたちは、知っていると思っているすべてを手放して、その意志を保つために、心の訓練を続けなければなりません。それを**「神の救いの計画だけが上手くいきます」**（ワークブック71）というアイディアに当てはめるなら、神の救いの計画は、瞬時に、自らの心に関するあなたの心を変化させることです。それだけです。

エゴの計画というのは、誰かがいつもと違う振る舞いをしたら……、いつもと違う場所にいたら……、状況が違っていたら……云々と言うものです。わたしは自分が思う自分について正しくいるためには、画面上の物事は変化しなければなりません。エゴの計画で唯一変わる必要のないものは、自分の心に対する自分の気持ちです。それは、設定されています。

神の計画とエゴの計画について、イエスはこう述べています。「でも、エゴの計画がいったい本当はどんなものかを考えたあとは、それがどれほどばかげているように思えても、たぶん、あなたはエゴの計画を本当は信じていることに気づくでしょう。」（ワークブック71・1）。あなたは絶えず本末転倒なことをしようとしています。あなたは救いをもたらすために外的なことを変えようとしていて、それは決して上手くいきません。

友人1　外的なことを変えるというアイディアの最も役立つこととは何なのでしょう。わたしはそれについてよく知りたいです。特に、自分がそれを前面に振りかざしたり、言い訳や回避や判断としてそれを用いてしまっているときのために。

デイヴィッド　**「信頼を育てる」**の段階（マニュアル4・I・A・3）の内容に当てはまります。まず、身体であろうが、自分のしていることであろうが何であれ、ありとあらゆるものが役立つと感じる段階を通ります。そして、それはまだ明らかに幻想です。心が、最も役立つものや、何がその有用性を増すのかを知っていると思っているからです。それは本当にはじめの段階です。でも、次の段階では、過ちを手放して真実を受け入れたがっている神の教師が、何が過ちで何が真実なのか、全然わかっていなかったことに気づきます。

その心は、犠牲というアイディアや、形に関する信念にまだしっかりと結びついています。本当はそれらを知らないにもかかわらず。ですから、有効性を増すことのできる段階というのは、まだ初期の段階です。というのも、それは状況の変化を伴うからです。それは罪から隠れるための天国を作ったエゴの些細な過ちです。**コース**では、特別な愛の関係という言葉で語られていますが、たとえば、霊的な探索中の生徒が、最も簡単で役立つ道を見つけようとして、天国に滑り込んで言うこんな言い分も含まれます。「静かに座って、安心して話せるとき、わたしはずっとそこにいたいです。それが最も助けになるからです」

あなたのご質問にお答えしますと、心がけていることが本当に重要です。あなたは即座にどんな状況でも言い訳や回避、判断に使うことができます。画面上にある状況でさえもです。今あなたを傷つけている状況で、自分が解釈をしているのを見るために自分の反応を見つめて、そこからスタートできます。また、正しい心と間違った心へ戻ってきました。

ふたつの考え方があって、わたしは抑圧を感じたり、混乱したり、疑ったり、落ち着かないときはいつでも、こう自分に問いかけます。「キリストは落ち着くことができないのですか。キリストは、疑うことができますか」

不快感は、基盤となるアイデンティティの混乱があることを意味しています。ありのままのあり方よりも、自分で作った方法にしがみついていたいのです。

友人2　自分の役目を知って、それを満たすまでは落ち着きません。

デイヴィッド　はい。本当にそうです。リラックスして目的に沿っていれば、何の努力もなしに展開されます。大きな仕事にも感じませんし、仕事として思うことさえもありません。それは、あらゆることに対する異なった骨組みです。過去や未来について考えることは、多大な負担を引き起こします。

エゴは、間違った心と正しい心の両方でそれらを保ちたいからです。本当は、今という聖なる瞬間しかないのにです。身体という観点で病気について話しましたが、心理的に動揺している人に対しても、同じことが言えます。

病は偶然の出来事ではありません。すべての防御のように、自分を欺くための正気を逸した策略です。その他のすべてと同様に、その目的は、現実を隠したり、攻撃したり、変えたり、無能にしたり、歪め、ねじ曲げ、粉砕して、ばらばらの部品の小さな積み重ねに変えてしまうことです。すべての防御策のねらいとは、真実をひとつの完全なものから遠ざけておくことです。それぞれの部分がそれ自体完全であ

るかのようにみなされるのです。（ワークブック136・2）

全世界は、宇宙のレベルや微視的なレベルや個性のレベルでも、組み立て用の部品が山積みになっている状態にすぎません。部屋を見渡せば、コートやじゅうたんや椅子といった、組み立て用の部品があるわけです。何の話をしているのかは問題ではありません。ただ、それら自体が存在しているかのようです。電子レンジは、中に置かれたティーポットとの距離によって作用します。これは心の病がいかに深いかを示しています。なぜなら、毎日の現実とみなされているすべては、組み立て用の部品の山にすぎないからです。

友人2　では、心がけることなく世界や、毎日のあらゆる部分を見ることは、大混乱のさらなる証となるわけですね。

デイヴィッド　わたしたちは、病とは何かを再度定義しようとしています。たとえば、身体の症状と呼ばれるものや、家庭での機能を果たしていないコミュニケーションや、冬景色を眺めて、分離した木々や雪を見たり、といったことからです。

心がどこにでも分離を見て、雪や木々といったそれら自体の存在を信じているうちは、その知覚は病んでいます。欺かれた心は、病んだ知覚にしがみついていたいのです。ゆえに病気は目的を果たしているように見えます。「この病気は、完全にわたしの意図とは関係なくもたらされました」というふうに。ですから、心は、見えるままに、その問題には選択肢がないかのように振る舞います。

友人2　その例を用いれば、わたしが知覚を使ってするべきことは、自分が与えた目的についてだけですね。
デイヴィッド　はい。
友人2　エゴの知覚を使うと、組み立て用の部品だらけです。ホーリースピリットの目的を用いれば、それは何なのでしょう。
デイヴィッド　全場面が、知覚の中でファイルされていない状態になります。目の前に掲げられた輝いている目的のために、ほとんど重要ではない背景のようになります。それが幸せな夢です。
友人2　場面自体がメインではなく周辺的なものになるのですね。過去についてもそう述べていましたので、納得できます。
友人1　場面が周辺的なものだなんて、見たことないですよね。
デイヴィッド　知覚は選択的なものなので、気づかなかっただけです。目的にズームインしてフォーカスしているとき、背景は重要ではなく意味のないものになります。
友人2　先ほどの例で、病気の症状にフォーカスしているときというのは、ひとつのものを拾い上げて、分離したものとして手に掲げ、「これを見て」と言っているようなものだとおっしゃっていました。手に掲げたものが、全体にどうはまるのか見たくてそうしているのですよね。分離したものとして掲げているのなら、無理なはずですが。
デイヴィッド　病気があると認めるにはふたつの心が必要です。一方の心が、病気を見るという罠に絶対にはまらなければ、それが癒しです。いかに病気や分離が不可能なものか心に留めます。判断される価値を置かれるものは何であれ、思いに秩序をもたらそうとしています。前よりも良くなったヘアスタイルなどでさえもです。その判断が過ちを生んでいます。肯定的に、あるいは否定的に評価されるなら、無ではありません。ですから、根本的な形而上学では判断を信じたくないのです。それは過ちを生むだけだからです。考える者の心の中でそれは世界を作り出します。

そうである必要はありません。すべては真実の中でひとつだからです。

v 心の五つのレベル

イントロダクション

心の平和にどのように到達し、それを絶え間ない経験として保てるでしょうか。世界の状況を変えることでは、それを見つけることは決してできません。真実が存在している心の中を探索することでしか、心の平和を見つけることはできません。

実在するものが脅かされることはありません。
実在しないものは存在しません。
ここに、神の平和があります。

（テキスト・序・２：２～４）

平穏でないものは幻想だと言っているのです。ゆるしのプロセスは、幻想を非実在として認めることです。夢の例えは助けになります。夢の中では、目にするイメージが現実だと思っていますが、歩むうちにそれらが誤りだと気づきます。フロイトは「夢は願いを満たすものだ」と述べました。夢は本当にそうなのです。

この世界で作り上げた願いは、神から離れていたいという願いです。天国ではすべてが同じゆえに、学ぶ必要性もゆるす必要性もありません。しかし、この世界を訪れる人は皆、ゆるしを必要としています。ゆるすべきものは、イメージ、つまり世界に対する知覚です。

肉眼で見るものや耳で聞くものに、価値はありません。身体でさえも、知覚のために必要ではありません。心が知覚します。身体が見るものは、信じている信念だけです。自らを身体と認識するのなら、視力を失うことを恐れるかもしれません。しかし、身体は、しばらくの間、ホーリースピリットが使うコミュニケーションの道具にすぎません。ですから、脇に置いておけば良いのです。エゴは、心を眠らせて夢を見続けて、罪悪感を保つために、身体と宇宙を作り上げました。

イエスはこう述べています。「わたしの王国は、世界ではありません。わたしはあなたを世界から呼び出します。分離の夢から目覚めさせるために、あなたを呼びます」。この世界は中立ではありません。愛は中立です。自由は中立です。しかし、限界や恐れの感覚は、中立ではありません。

目覚めるための方法を、ゆるしと呼びます。でも、ゆるすのはこの世界ではありません。この世界では、誰かが害を及ぼす行ないをしたと思われたときに、ゆるしがあります。知覚の世界はエゴから生じています。それがトリックで、だましです。知覚の世界は本当に説得力があって、実在しているように見えます。六十億人もの人を説得するものは、実在しているに違いないではないかと思えます。この世界は、違いで成り立っていて、二人の人間が同じ世界を見ていることはありません。それぞれが、それぞれの視点を持っています。そこから抜け出すには、すべてを作ったのがエゴだということに気づくことです。

エゴを信じている限り、あなたは葛藤を経験することになります。

　幸せになるためには、この世界のすべてをゆるさなければなりません。「人(person)」という言葉は、ギリシャ語の「仮面(persona)」という言葉から生まれました。幸せな仮面になれるでしょうか。いいえ、あなたは幸せな仮面には決してなれません。真に幸せになるためには、思っていることや感じていることのすべてを隠さずに、仮面を外さなければなりません。ある話を用いて、このことを説明させてください。

　わたしはフロリダでワークショップを始めていました。ある女性が握りこぶしを上げて、こう言いました。「ああ、まただわ。あなたのような左脳の知識人のような男性たちは……」わたしはただ見ていました。わたしは、脳、知識、男性といった概念で認識することもありませんでしたし、そのような概念を信じてもいませんでした。わたしはただ安らいでいました。彼女が話をやめたとき、わたしはただ話を続けました。しかし、エゴは、日常生活で、人々が言うことを侮辱と受け取るかもしれません。エゴの心は、防御します。だからこそ、エゴを手放すことが重要です。仮面を外し、心の平和を経験できます。

　エゴには主に否定と抑圧というふたつの防御策があります。創造主から分離できると信じているのなら、罪悪感のような感情を信じることができます。わたしたちが話しているのは、神の心を去ることができるというアイディアから生じた存在論的な罪悪感のことです。罪悪感に対するエゴの反応は、罪を心の外に追いやって、なかった振りをすることです。それが、否定と抑圧です。眠った心が、罪がなかった振りをする仕組みです。

分離が起きたその瞬間、問題の答えとして、ホーリースピリットが与えられました。あらゆる問題は、すでに終わっています。というのも、すでに答えが与えられているからです。でも、否定と抑圧のせいで、眠った心は分離のアイディアとホーリースピリットを意識から追いやりました。そして、ホーリースピリットと神は、単なる概念になりました。

そのふじゅうぶんな意識が続いている理由は、投影のせいです。エゴは、投影を使って、好まないものをすべて追いやるよう眠った心に言います。投影とは、あなたが内側にまだ抱えているものを、自分の外側で見る方法です。あなたの心が分離を信じていることをあなたが目撃しないように隠しているのが世界です。

そのため、張り詰めた人間関係が生まれます。最初のデートで、あなたの最も暗い時期について話すものではありませんね。さもなければ、二度目のデートはないかもしれません。それぞれが仮面を見せています。仮面を外すのが怖いからです。人間関係が進むにつれ、仮面は徐々に小さくなります。その仮面とはエゴのことです。エゴは、仮面、つまりエゴ自身が取り除かれる恐怖に怯えています。エゴは、「心を開いて信じていたとき、それを利用されたのを忘れないで！」などと言っては、過去の記憶をあれこれ持ち出します。もしあなたが仮面を完全に外したら、愛だけを経験するようになることを、エゴはあなたに知ってもらいたくありません。ですから、人間関係では数々の否定と抑圧があります。あなたは暗い記憶を埋めてしまいます。そのようなことを内側で抱えておくのは難しいので、それらをパートナーへ投影します。パートナーに苛立つとき、それはあなたの中に、まだ癒しのために浮上していない何か

【図 1】願望が知覚に至るプロセス

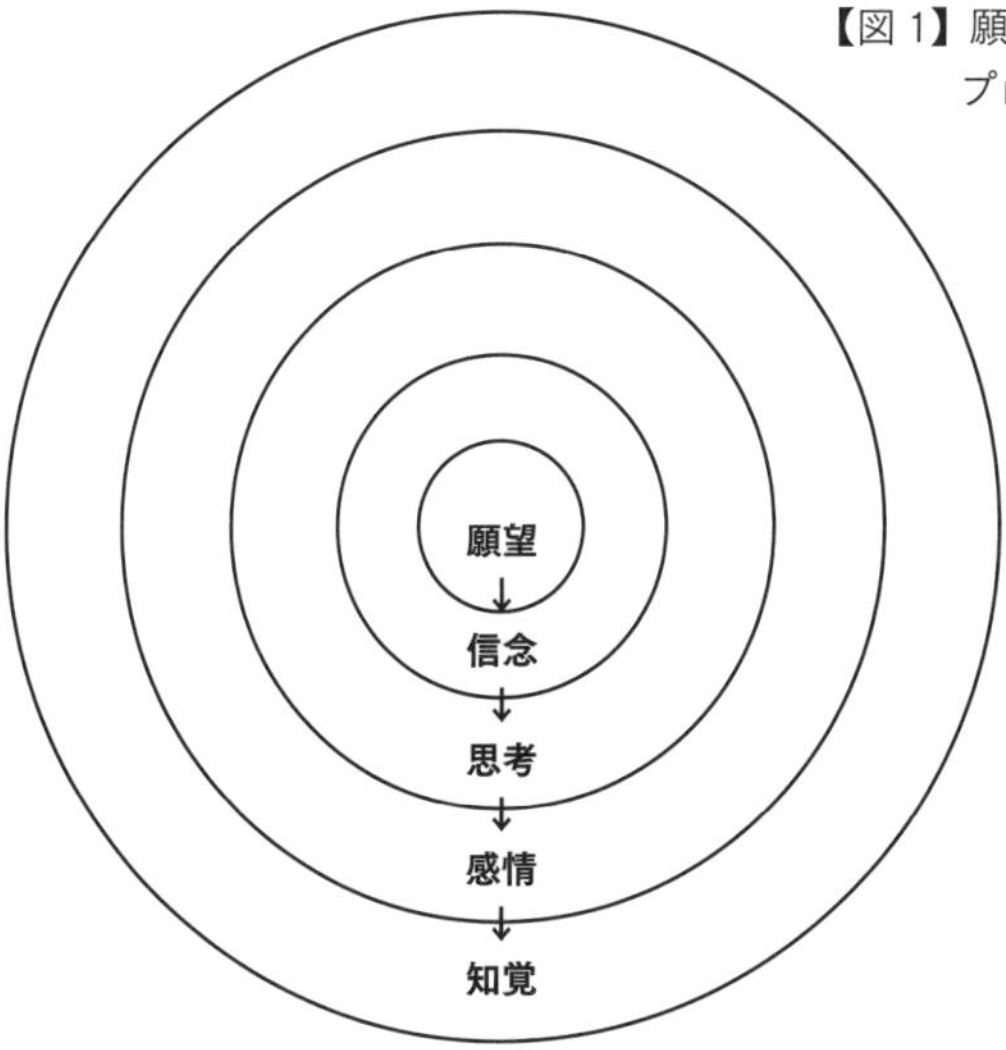

があるからです。

たとえば、あなたのパートナーがコントロールしていると思うのなら、それは、コントロールが可能だとあなたが無意識に心の中で信じているからです。それでもそれは、まるであなたのパートナーがあなたをコントロールしたがっているかのように投影されます。あなたが意識で認めていないのに、他人があなたに何かをするかのように見えるのが、世界のトリックです。癒しへの一番の近道は、あなたの人間関係をホーリースピリットに使ってもらうことです。それが、否定や抑圧を取り消します。

自分の心がどう機能しているかを理解し始めた途端、謎はなくなります。あなたは、エゴのトリックは自分で自分に対してしていたことだと気づき、それをやめることができます。イエスによってわたしに与えられたエゴの心のマップを、この集まりのために書いてみました。こちらは、あなたのための実用的なツールです。

前ページの【図1】は、願いに起因して、結果の知覚に至るまでの因果関係の連鎖をあらわしています。

これはエゴの心の層です。一番外側の層である知覚は、それ以外の層のすべてによって引き起こされています。世界は一見、あなたの五感を通して知覚されているようですが、実際は、あなたの意識を通して知覚されています。知覚は、あなたが見たり想像したりするあらゆるイメージを含み、それらは結局同じです。知覚の世界は、真実をあなたから隠すためにエゴによって作られました。

ホーリースピリットはあなたが忘れてしまったことを見せてくれます。忘れてしまったこととは、自分が眠っていて夢を見ているということです。ホーリースピリットがゆっくりと優しくあなたを目覚めさせてくれます。そして、あなたが怖がらないように、ホーリースピリットはあなたの心と意識に到達するために、知覚というシンボルを使います。

意識はエゴの領域にあって、それはイメージを信じています。意識の輪は、スピリットの広大な永遠性の経験の前では、小さな塵にすぎません。

心のレベルにおいて大切な点

心に到達するのは心です。……　心は外へ向かいません。
完全なる抽象が、心の自然な状態です。

（テキスト18・Ⅵ・8：5、7）

（ワークブック161・2）

エゴの心はすべてをひとつのものとして見ません。エゴの心は、全体性を、バラバラな断片としてしか見ません。

内側には神が宿っています。そして、あなたの完成は神の中にあります。いかなる偶像も神の代わりにはなりません。偶像を見ないでください。自分の外側で探さないでください。

（テキスト29・Ⅶ・6：3〜6）

〈願望〉

中心にあるのが願いです。それがあなたの祭壇であり、あなたのハートの祈りであり、それはいつも答えられます。世界は、愛以外のものを求めるあなたの願い、つまり、分離への欲求によって瞬時に作られます。

心全体で求めた瞬間、あなたは一切を思い出します。心全体で求めることが創造することなら、その瞬間、あなたは分離を消し去ることを意志したことになり、それがあなたの心を同時に自らの創造主と創造物たちの両方へ戻します。彼らを知るなら、あなたには眠りたいという願望はなくなり、ただ目覚めて喜びたいと願うでしょう。あなたは真実のみを望むようになるので、夢は不可能となり、ついに真実があなたの意志となり、そして真実があなたのものとなるのです。

（テキスト10・I・4）

あなたは神によって純粋で神聖な愛として創造されました。しかし、あなたには「すべてのもの以上のものがあり得るだろうか」という狂った考えがあります。すべてのもの以上のものが欲しいという願いは、左の【図2】の●点の部分です。祈りや願いが分裂すると、純粋さが失われます。分裂した時点で、残りの祈りはすべて散ってしまいます。信念がエゴとなり、思いは攻撃になり、感情は恐れになり、知覚は全宇宙になります。あらゆるものは、すべてのもの以上を求める願望から生まれます。

癒しのために内側へ向かうには、祈りが純粋であっても、知覚から取り組んで、心の中心の層へ戻って行かなくてはなりません。

それは、真実を発見するための意識へ向かう旅です。誰もが自分の内側にすべての答えを持っています。あなたを一歩ずつ内側へ連れて行くのが、ホーリースピリットの目的です。ホーリースピリットは、あなたを神へ導くための声です。

〈信念〉

分離というちっぽけな狂ったアイディアを最初に信じた瞬間がエゴであり、あなたは真の自分以外の何かになれると信じました。あなたが信じているあなたが、今、問われます。

【図2】心のレベルのモデル

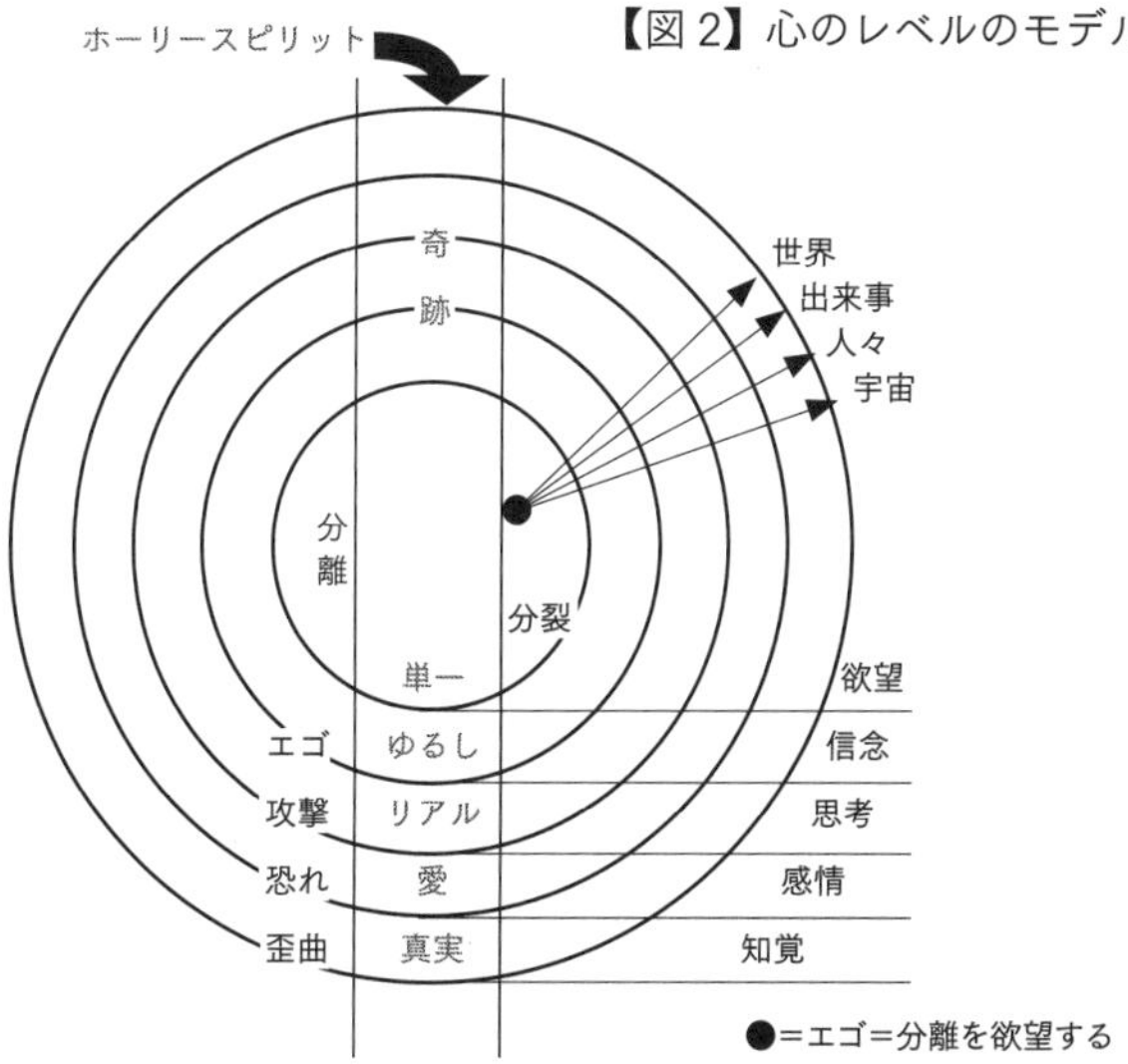

信念が、存在を受け取らせるのです。（テキスト1・Ⅵ・4：4）

あなたは自分が作り出すものを信じます。（テキスト1・Ⅶ・3：8）

信念とはエゴの機能であって、あなたの起源が信念に左右されるものである限り、あなたはそれをエゴの観点から眺めています。（テキスト4・Ⅱ・4：8）

〈思考〉

あなたの思いはエゴから生じています。思いはまた、自らの思いに対するあなたの信念から生まれています。思いはいつも部分的で、人間関係や批判やお金のことなどを心配しています。それらは、決してあなたを幸せにしません。あなたはいつでももっと欲しいと思うことになり、夢を追いかけることになります。

思いは、低次元すなわち身体レベルの経験を表現することもできるし、高次元すなわち霊的レベルの経験をあらわすこともできます。一方は物理的なものを作り出し、他方は霊的なものを創造します。

（テキスト1・I・12：2〜3）

自分の思いを自分で選ぶとおりに方向づけることができるというあなたの能力も、その力の一部です。

（テキスト7・VI・2：6）

〈感情〉

あなたの思いが、恐れや落ち込みや不安といった感情を生みます。あなたの見る世界は、単なるあなたの感情の反映にすぎません。

あなたには、ふたつの感情しかありません。一方はあなたが作り出したものであり、もう一方はあなたに与えられたものです。それぞれがものの見方であり、それぞれの異なった視覚から異なった世界が浮かび上がります。

（テキスト13・V・10：1〜2）

あなたが確かに自分のエゴの声に耳を傾けていることは、あなたの態度や気持ちや行動が実証しています。（テキスト4・Ⅳ・1：2）

〈知覚〉

知覚が見聞きすることとは、実在しているように感じられます。なぜなら、知覚というのは、知覚する者の願いに合うものだけを、意識に浮上させるからです。

あなたがこれをどのくらい上手く行なえたか、あなた自身の気持ちによって判断してください。これが、判断の唯一の正しい使い方です。（テキスト4・Ⅳ・8：6）

あなたは夢の中で眠っているとき、知覚している具体的なことを信じています。ですから、そこが回帰の旅が始まるところでなければなりません。あなたは自らが知覚しているものに触れた途端、感情に向き合う必要があります。たくさんの暗い感情が潜在意識の心の中で埋もれています。あなたは内側へ向かう際、それらを通過しなければなりません。

中心部分に力があります。原因は中心部分にあり、外側に結果があります。あなたが願うことは、あなたが信じることに影響し、あなたが信じることは、あなたの思いを支配します。同様に、思いは感情を左右し、感情は知覚を支配します。

エゴは、決してあなたに、このことを学んでもらいたくありません。エゴは、原因は知覚のレベルにあると、あなたに思っていて欲しいのです。エゴはあなたに、過去が未来を引き起こすと思わせます。あなたは、知覚のレベルの下には何があるのかを理解しなければなりません。心の中がどう機能しているのかを学ぶと、あなたはエゴを完全に取り消す道具を手にすることになります。

こちらの例を見てください。夫婦の一方が、浮気をしました。もう一方はそのことを知り怒っています。しかし、実はその人の怒りは、その浮気とは何も関係もありません。その人の怒りは、もっと深いところから発生しています。すべてのもの以上のものが欲しいという利己的な欲求や攻撃の思いから発しています。怒りは、恐れや罪悪感という感情の一部です。起きたことのすべては、心の底で起きていることの結果です。この宇宙は、意識で何が起こっているかが投影されたものにすぎません。

相手の浮気に怒っているこの人は、まず、自ら抱えている感情に気づかなければなりません。その人は、自分が考えているような理由で怒っているのではないのです。これが、平和に満ちた世界を知覚するために、心の内側へ向かい、**「わたしの思い以外にわたしを傷つけるものはありません」**（ワークブック281）。エゴを手放さなければならない理由です。わたしたちは、わたしたちの願いが分裂するのではなく、ひとつになるように、ホーリースピリットの助けを求めます。ホーリースピリットは、ゆるしという唯一役立つ信念について教えてくれます。イエスはゆるしを教えるために地上での人生を過ごされました。

ホーリースピリットは愛であり、それが本当のあなたです。ホーリースピリットは、あなたを心に戻すために、世界というシンボルを使います。**コース**はただ、あなたが内なる教師の声を聞く手助けをします。**コース**はもや は必要ではないのです。ホーリースピリットに従うことを学ぶために、自分の感情に注意を払ってください。動揺しているときは、新しい思考が必要なのがおわかりでしょう。**コース**があなたに実践のための新しい思考をもたらします。心を訓練して、異なった方法で考えて、感じ、知覚するためにです。それは簡単です。

はじめはいろいろなことについて考えなければならないかもしれませんが、より直観力を得ると、何も理解しようとする必要はなくなります。あなたの内なる声が、何が最も助けになるのか教えてくれるので、意見を聞く必要もありません。そして、あなたは「わたしは知りません」と言えるようになるために学びます。あなたが本当に焦点を当てるのは、幸せで平和であることだからです。あなたの直観は、言葉を知っていますが、言葉がないときもありますし、微笑だけのときもあります。あなたはよく笑うようになり、世界を深刻に受け止めずに、ただリラックスしてそこに存在していられるようになります。助けが必要に思うときは、誰かがあらわれて助けてくれます。

世界があなた自身の考えから生じているのがおわかりでしょう。もう欠如は信じません。あなたが幸せならば、それはあなたの思いと心の訓練のお陰です。それがゆるしの報酬です。ゆるしは、すべてのレベルを調整します。中心部分には、本当の自分を知りたいというあなたの願いがあります。あなたはゆるしを信じるようになったので、あなたが練習すれば、それは起こります。あなたは、この世界の唯一の目的が、ゆるしを実践することだと気づきます。**その他**のことは上手くいきません。心の中の神に属していないもののすべてを手放しください。そうすれば、あなたの思考は、幸せな思いになります。

そして、その幸せな思いを目撃する者があらわれ、敵はいなくなります。そのような思いから生じる感情が、愛です。判断だけがあなたのエネルギーを奪います。夢を判断しないとき、とても平穏でいられます。夢を修復しようとしたり、未来のゴールを獲得しようとしないでください。たった今、幸せの夢の中で、幸せでいてください。

【図2】は、あなたの行動があなたの思いと感覚から生じていることを見るためにも使えます。あなたは、ほかの誰にも責任を押し付けず、全責任を自ら負えるようになります。スピリットを信じるとき、内側から満たされます。この心の訓練をすることで、あなたはとても愛に満ちた関係を得られます。

〈ゆるし〉

【図2】の右上に、出来事というのがあります。誰かがあなたに何かを言い、あなたが怒っているところを想像してください。その出来事が、あなたの怒りという辛い感情の原因になっているように見えます。エゴは、人や状況を責めるというトリックにあなたを巻き込みます。つまり、原因と結果の逆転です。あなたの苦痛は、出来事のせいではありません。その出来事に対するあなたのエゴの解釈のせいです。たとえその出来事が攻撃的に見えていても、スピリットはその出来事に対して、完全に異なった解釈を持っています。

【図2】の中央の列を見てください。奇跡をあらわしているところです。イエスは十字架で流血しているとき、こう言いました。「彼らをゆるしなさい。彼らは何をやっているか知らないのです」。その言葉は、奇跡の中でしか理にかないません。というのも、イエスは攻撃されているとは知覚していなかったからです。イエスには、それがただの夢であること、自分が身体ではなくスピリットであることが見えていました。

ゆるしのプロセスを実践するなら、身体による認識は少なくなり、スピリットで認識することが多くなることをわたしが保証しましょう。ある出来事が起こったように見えるとき、エゴの心で人や状況を責めるより、心の中のホーリースピリットと一緒に進んでください。その状況が感情を引き起こすことは決してありません。心がその状況を引き起こしているのです。すべては願いである中央部分ではじまり、その結果を生むために外側へ動き出します。

自分自身にこう言い聞かせてください。**「わたしは見ているもののすべてに、わたしにとっての意味を与えています」**（ワークブック2）。あなたは知覚していることを知っています。でもあなたが動揺しているのは、あなたが見ている投影のせいです。動揺は、投影の下にある思いから生じています。その思いが投影や状況を作り出しています。映写機の例えを用いれば、映画で故障が起きたとき、修理をしようとして、画面へ行きスクリーンを叩いたりはしません。映写室へ戻るでしょう。毎日の生活でも同じことをしなければなりません。心へ戻るのです。それなのに、人の行動があなたを怒らせているかのようです。ですから、「あの人がわたしに言ったことのせいで、わたしは動揺しているのだと思う」と自分に言うわけです。でも、こう言ってみてください。**「わたしは、自分が考えているような理由で動揺しているのではありません」**（ワークブック5）あなたが抱えているかもしれない間違った思いや信念は何なのか、自分自身に尋ねてみてください。

あなたのエゴの思いの全部が、間違ったアイデンティティを形成しています。誰かに動揺させられていると思うときは、あなたがエゴのアイデンティティを保っているという意味です。エゴは、あなたに本当の原因を知って欲しくありません。エゴはあなたが人であり、誰かほかの人が間違ったことをしていると信じて欲しいのです。しかし、あなたは心に向かうにつれ、エゴの思いやアイデンティティを取り消し始めます。

そうするとき、あなたは真のアイデンティティを発見します。そのアイデンティティは純粋にひとつなので、攻撃されることはあり得ません。攻撃するには、攻撃する側とされる側のふたつの部分がなくてはなりません。あなたがゆるして内側へ向かうとき、あなたは心をひとつにまとめます。平和だけが欲しいなら、世界に平和だけを見なくてはなりません。すべては願いから始まるからです。【図2】の●点は、分裂した願望をあらわしています。それが世界をバラバラな断片にしているものです。あなたが奇跡にいるとき、すべてがひとつにまとまって見えます。そこには攻撃もありません。

ゆるしはたくさんの練習を必要としますが、そうする価値があります。世界のプロセスが逆転します。世界が安定して違ったものに見えます。騒音、公害、人々、出来事など、あなたの外側にあるものがあなたの気分を害することはありません。エゴの攻撃の思いを手放し、怒りの正当化をやめると、心の内側が明確になります。あなたは自分の内側にいるホーリースピリットの導きに従うことを学びます。世界に対する期待を解放します。脆くて間違ったアイデンティティを明け渡して、キリストのうちにある真のアイデンティティを見つけます。あなたは心から平和で幸せになります。

心の五つのレベルに関するコースからの引用

(1) 知覚

知覚が見聞きするものは、実在していることのように思えます。なぜならそれは、知覚する者の願いに合ったものだけを意識できるようにしているからです。それが、幻想の世界へと導きます。その世界では、それが実在していないがゆえ、まさに絶え間ない防御が必要です。わたしたちが目にする世界は、わたしたちの内側が指し示す考えを反映しているにすぎません。「投影が知覚を作ります」(テキスト21・序・1：1)。わたしたちはまず内側を見つめ、どのような世界を見たいのかを決めます。そして、その世界を外側へ投影します。わたしたちがそれを見るとき、その世界は真実になります。わたしたちは、その世界に対する自らの解釈によって、その世界を真実にします。わたしたちが、怒り、攻撃する衝動など、あらゆる形の愛の欠如という自らの過ちを正当化するために投影を用いるならば、わたしたちは、悪意、妨害、恨み、嫉妬、絶望の世界を見ます。わたしたちは、それらのすべてをゆるすことを学ばなくてはなりません。それは、わたしたちが善人であり寛容だからなのではなく、わたしたちが見ているものが真実ではないからです。わたしたちは、捻じ曲げた防御によって、世界を歪めました。ですから、見ているものはそこにはありません。わたしたちは、知覚的な過ちを認識することを学ぶとき、見ているものの向こう側にあるものを見つめ、目にしているもの自体をゆるすことを学びます。知覚は身体の役割なので、意識には限界があります。知覚は肉眼を通して見て、身体の耳を通して聞きます。それは、身体が作り出す制限つきの反応を引き起こします。

神は恐れだと信じているあなたは、ただひとつの代用を作り出しました。それはさまざまな形をとっています。それが真実を幻想に、ワンネスを断片に取って代わらせているからです。それは分裂し、細分化され、さらなる分割を絶え間なく繰り返してきたために、かつてひとつだったし今もひとつであると知覚することは、今やほとんど不可能となっています。真実を幻想へ、無限を時間へ、生命と死へと運んでしまったものが、あなたが犯した誤りのすべてでした。あなたの世界全体が、その上に成り立っています。あなたが見ているすべてがそれを反映しています。あなたがこれまでに作り出してきた特別な関係のどれもが、その一部です。

実在が、あなたの見ているものとはまったく違うものだと聞いたら、あなたは驚くでしょう。あなたは、あのたったひとつの過ちの大きさに気づいていないのです。それはあまりにも広範で信じがたいものだったので、そこからは、全面的に実在性のない世界が〝出現せざるを得ませんでした〟。それ以外の何がそこから生じることができたでしょう。その断片化された側面に目を向けただけで恐れが湧き上がるでしょう。しかしあなたがこれまで見たことのあるもので、その原初の過ちの大きさをあなたに少しでもわからせることができるものは何もありません。その過ちは、あなたを天国から追放し、英知を打ち砕き、つながりのない無意味な知覚の断片にし、あなたにさらなる代用を作り続けることを余儀なくさせたかに見えました。

（テキスト18・Ⅰ・4～5）

エゴとは、分離後の自己が疑問を抱く側面であり、創造ではなく、作り出されたものです。エゴには問いかける能力はありますが、意味のある答えを知覚する能力はありません。意味のある答えは英知にかかわるものであり、知覚し得ないものだからです。

（テキスト3・Ⅳ・3：1～2）

知覚は選択であって事実ではありません。しかし、あなたがこれまでに理解しているよりはるかに多くのことがこの選択に依存しています。あなたが聞くことを選ぶ声と、見ることを選択する光景に、あなた自身の本質についてのあなたの信念全体が完全に依存しているからです。知覚はこのことを証明するものにすぎず、決して実在の証明ではありません。

（テキスト21・Ⅴ・1：7～10）

（2）感情

恐れには、数多くの形があります。個人の幻想の内容が、大きく異なるからです。

しかし、それらは共通したひとつのものであり、すべてが狂気の幻想です。それは、見られていない視覚と、聞かれていない音で作られています。それが、分かち合うことのできない個人個人の世界を作り上げます。なぜなら、それはその幻想の作り手にしか意味がなく、その他の人にはまったく意味がないものだからです。この世界ではその作り手は独自に動きます。というのも、その作り手にしか、その世界を知覚できないからです。

これらの奇妙な影法師たちを通して、狂った考えを持つ者は自分の狂気の世界とかかわります。数々の形を見て自分を思い出し、彼らだけを自分のかかわる相手とするからです。そのようにして、その人はその場にいない影法師と言葉を交わし、彼らに反応しています。そして、彼らに呼びかけるその人以外には、彼らの答えを聞く者もなく、その人だけが、彼らが答えたと信じるのです。投影が知覚を作ります。あなたにはその向こう側が見えません。あなたは兄弟を攻撃してきましたが、その理由は、あなたが彼のなかに自分の私的な影法師を見たからです。ならば、あなたは必ず自分自身を最初に攻撃しているはずです。あなたが攻撃する対象は、他者のなかにはないからです。その唯一の実在性はあなたの心のなかにあるので、他者を攻撃することで、あなたは文字通りそこに存在しないものを攻撃しています。

（テキスト13・V・3）

あなたは何を見たいですか。その選択はあなたに委ねられています。この見ることの法則を学び、忘れないようにしなさい。あなたは、心の中で感じていることを見ることになります。憎しみがあなたの心のなかに居場所を見つけたら、あなたは、死の鋭く尖り骨張った指で無残につかまれている恐ろしい世界を知覚することになります。自分のなかに神の愛を感じるなら、慈悲深さと愛の世界を見渡すことになります。

（ワークブック189・5）

(3) 思考

あなたには自分の考えることに対して責任があります。その選択だけがこのレベルでできることだからです。あなたの行動は、あなたの考えから生じます。あなたは、行為に自治権を与えることで真実から自分自身を分離させることはできません。あなたが自分の思いをわたしの導きのもとに置いた途端、わたしが自動的にコントロールします。あなたが恐れるとき、それはいつでも、あなたが自らの心が過って創造するのをゆるして、わたしが導くことをゆるしていないという確かな印なのです。

過った思いから生まれた結果をコントロールすることで癒しが可能だという信念には意味がありません。恐れているとき、あなたはすでに過った選択をしているのです。だからこそ、自分にその責任があると感じているのです。あなたは、自分の行動ではなく心を変えなければなりません。そしてそれは、意欲の問題なのです。あなたは、心のレベル以外では導きを必要としていません。訂正は、変更が可能なレベルだけに属しています。変更は、症状のレベルでは意味をなしません。そこでは効力を持たないのです。

恐れの訂正こそ、まさにあなたの責任です。恐れからの解放を求めるとき、あなたは暗に、それが自分の責任ではないと言っているのです。その代わりに、その恐れをもたらした状況について助けを求めてください。それらの状況には、いつも、分離していたいという思いが伴われています。そのレベルでなら、あなたは確かに、それについてなんとかすることができるでしょう。あなたは、心が彷徨うことにあまりにも寛大でありすぎ、自らの心が過った創造をするのを、消極的に認めています。具体的な結果は重要ではありませんが、根源的な誤りは大事です。訂正は常に同じです。行動を選ぶより前に、あなたの選択が、わたしの選択と調和するかどうかをわたしに尋ねてください。調和しているという確信があれば、恐れは消えるでしょう。

（テキスト2・Ⅵ・2：5〜10、3、4）

嘘に基づく思考体系が弱いと信じるのは間違いです。

（テキスト3・Ⅶ・1：6）

〈思いの秩序〉

幻想の思考は、たとえあなたがそれを信じることができたとしても、実在の思いではありません。信じているあなたは間違っています。思いの機能は神から生じるもので、神のうちにあるのです。神の思いの一部であるあなたは、神から離れて思うことはできないのです。

理性ではない思いとは、すなわち秩序のない思いです。あなたの思いは神によって創造されたので、神自らがあなたの思いに秩序を与えています。罪悪感とは、常に、あなたがこのことを知らないという印です。罪悪感はまた、あなたが神から離れて考えることができると信じ、そうしたいと思っていることも示しています。無秩序な思いのそれぞれは、その発端から罪悪感に伴われ、罪悪感に支えられて続いています。自分で自分の思いに秩序を与えていると信じ、それらの思いが指示することに従わなければならないと信じている人たちは、罪悪感から免れることができません。そうしてその人たちは、自らの誤りに責任を感じるわけですが、その責任を受け入れることによって実は無責任に反応しているのだということはわかっていません。奇跡を行なう者の唯一の責任は、アトーンメントを受け入れることだけならば、そしてそれは確かですが、それなら、何が訂正されなければならないかということについての責任が、あなたにあるはずがありません。このジレンマは、取り消しという解決法を受け入れることによってしか消えることはありません。あなたの過った思いが取り消せないものとするなら、その思いのすべてから生まれた結果に、あなたは本当に責任を持たなければならなくなります。アトーンメントの目的は、浄められた形でのみ、過去を保存することです。無秩序な思いのための治療法をあなたが受け入れるならば、その症状が続くはずがないではありませんか。

分離したままでいようとする持続的な決意が、罪悪感が続いている唯一の理由です。このことはすでに述べていますが、この決意の破壊的な結果については強調してきませんでした。心の決意はすべて、行為と経験の両方に影響を与えます。あなたは自分がほしいものを期待します。それは幻想とは言えないでしょう。あなたの心があなたの未来を作り出すというのは確かにそうなのですから。そして心がまずアトーンメントを受け入れるなら、心はすぐにでも自らを完全な創造へ戻すことになります。心はまた、それを行なった瞬間に、全面的に創造の状態に戻るでしょう。無秩序な思いを手放したことで、思いの正しい秩序がきわめて明らかなものとなります。

（テキスト5・V・6：13〜16、7、8）

（4）信念

この世界の真の目的とは、あなたの不信を訂正するために使われることです。あなたは、自分では、恐れがもたらす結果をコントロールできません。恐れを作り出したのはあなたであり、あなたは自分の作ったものを信じるからです。つまり、内容においてではなく態度においては、あなたは創造主に似ているということになります。創造主は、創造物たちを自ら創造したからこそ、彼らにまったき信頼を置いています。信念が、存在を受け取らせるのです。だから、あなたはほかの誰も真実だとは思わないことを信じることができます。あなたによって作り出されたからこそ、あなたにとっては真実なのです。

（テキスト1・VI・4）

〈信念の役立つ使い方〉

コースに書かれていることは非常に明解です。あなたがそう思えないなら、その理由は、あなたがそのの内容に逆らって解釈していて、そのために、**コース**を信じていないからです。そして信念が知覚を決めるので、あなたは**コース**の意味するところを知覚せず、したがって、受け入れません。でも、異なった経験は異なった信念を呼び寄せ、それに伴い、異なった知覚に至ります。知覚は、信念と一緒に学ばれるものであり、経験は教えるものだからです。わたしはあなたをひとつの新しい種類の経験へ導いていています。あなたがそれを否定することを徐々に望まなくなっていくような経験です。キリストの学びに難しさはありません。キリストと共に知覚するには、何の苦労も伴わないからです。彼の知覚はあなたの生来の自覚です。あなたが自ら取り入れる歪曲だけが、あなたを疲れさせています。あなたの内なるキリストに、あなたのために解釈してもらってください。そして、神の子にふさわしくない狭く小さな信念で見るものを限定しようとしないでください。キリストが自らの自己に至るまでは、神の子は、自分を父のない孤児とみなすからです。

（テキスト11・VI・3）

〈具体的な信念の例〉

特に強さを経験することに集中しなさい。弱いという感覚はすべて、自分は身体だという信念と結びついていること、その信念は間違っているし信頼するに値しないことを忘れないように注意しなさい。ほんの少しの間でも、そんなものにおいていた信頼を取り除くよう試みなさい。レッスンが進んでいくにつれ、あなたは自分のうちにあるより価値のあるものを信頼し続けることに慣れるでしょう。

（ワークブック91・9）

(5) 願望

あなたの練習は、卑小さを全部手放そうとする意欲に基づくものでなければなりません。偉大さが、あなたに明らかになり始める瞬間がいつになるかは、あなたがどれだけそれを望むかによっています。あなたがそれを望まず、代わりに卑小さを大事にしている間は、その分、その瞬間はあなたから遠く離れたところにあります。それを強く望むほど、あなたはそれを自分に近づけます。救いをあなた自身のやり方で見つけ、自分のものにできると思わないようにしてください。あなたが自分の救いのために作った計画はどれも、神の計画と引き換えに手放してください。あなたは、神の計画に満足します。ほかのいかなる計画も、あなたに平和をもたらすことはできません。平和とは神からのものであり、神以外の誰からももたらされることはないからです。

（テキスト15・Ⅳ・2）

vi 最後にもう一度

神秘主義の生き方は、神への献身と敬意の念であるがゆえに、すべてのものへの献身と敬意の念となります。それは、神の声のみを聞いて従うための、心の訓練と規律です。ゴールは、永続した心の平和と、ユーモア、優しさ、幸せ、自由、そして喜びです。それらのものは、心の状態から流れ出るものです。

神秘主義の生き方は、自然発生的なもので、穏やかで安定していながらも、遊び心に満ちています。生きているその瞬間によって、活力が吹き込まれ動き出し、儀式や決まりごとや組織は、心から離れていきます。神秘主義は、愛と慈悲と優しさを通して修得するものです。毎日は、神の愛を放射する最大限のチャンスを描いていくようなものです。神秘主義は、結果に対する恐れによって支配されていません。

愛の法則は、神聖な心の中で、最高峰なものです。それ以外のものはありません。愛には反対のものがありません。この霊的事実についに迫り、例外を作ったり妥協することなく、それを受け入れます。目覚めの中で明確になり、疑うことはできなくなります。

神と同じように完璧に創造された神の子として、聖なる瞬間を経験するたびに自らを謙虚に受け入れる意志が、大きく育まれます。天の光が神秘主義者のハートを包むとき、偶像の世界は、かつて引き付けていたもののすべてを失います。そのような広大で偉大なものがあらわれるとき、それ以外のものは不要になります。

最初は、神聖な瞑想で練習していきます。最終的に永久に幸せに道を譲り、完全に不変な存在の状態になるまで続けます。それが、神の愛の状態です。そのような絶対的な存在の状態へ進むには、多様な世界に対する欲求はなくならなければなりません。

奇跡が導いてくれます。本当の神秘主義者の道は、回避や対立ではなく、引き付けるものを通して神へ近づくためのものだからです。過ちは過ちとしてとらえられ、本当の原因はないまま、その基礎となっているものは真実の光の中で消滅します。完璧な愛は、恐れを放棄します。今まで信じていたことを取り下げ、神の中の命という知識と取り替えたからです。戦うための争いはありません。今までもこれからも変わらない真実への優しい目覚めがあるだけです。

すべてがありのまま受け入れられます。永遠なものは不変で、変わることができません。たった今手の届く平和と幸せに到達するには、状況を調整したり、利益を得たり、個人的な改善をしたり、といったことが不要なことは明らかです。必要なのは、真実へ道を譲ること、幻想に対する信念を明け渡すこと、身を引いて、神に対して完全な信頼を持つことです。

犠牲はありません。すべてを思い出すために、諦めるものはありません。

喜びには代価はありません。愛には相反するものがないからです。神秘主義とは、最終的に、神と真の自己の中にある絶対的な幸せに道を譲ることです。「わたしと父はひとつである」と知っている心だけが、絶対的な幸せを知ります。

神様、わたしたちをあなたという生家へ導きくださり、ありがとうございます。あなたの道は確実です。

あなたの計画は失敗できないからです。永遠なる神というあなたの名は、神聖です。あなたの愛する子の名もまた、神聖です。

わたしのハートは、神の喜びの中で鼓動しています。わたしの心は、神の平和の中で休んでいます。わたしの魂は、神の強さの中で傷つくことはできません。わたしの目は、神の光の中でひとつです。

わたしたちはひとつです。神はひとつです。すべてはひとつです。

アーメン

参考◎平和へ到達するための手段「動揺を克服し、心を癒す」

平和な心は癒されています。平和な心は、心の底から平和を歓迎します。この世界では、平和の欠如がさまざまな形で見られます。永続的な癒しが起こるには、心の中にある平和の欠如のたったひとつの原因までたどらなければなりません。

そのとき、知っていると思っていることを意志を持って手放すには、この手段が助けになります。五四二ページ以降の〈注釈〉の指示を参考にして、次の①～⑫にA～Eを記入してください。世界が違って見え、平和と喜びにあふれた現在の状態を経験します。

A＝過去と未来の行動、状況、出来事
B＝動揺している感情
C＝人の名前、結果（未来に起こりうる結果）
D＝欠如に対する信念
E＝望んで期待している状況（行動、出来事）

---

① わたしはA＿＿＿＿について考えるときB＿＿＿＿のせいだし、わたしはC＿＿＿＿のように感じます。なぜなら、C＿＿＿＿が将来起こるのが怖いからです。

② AとBとCは、D＿＿＿＿についてわたしが正しいことを証明します。今感じていることが嫌です。今のわたしの見方では、何も真の姿を見ていないという可能性に向き合う準備が、わたしにはできています。癒しのプロセスの一部として、わたしはこの動揺という知覚（わたしが与えた意味）の向こう側にあるものと、心の内側にあるものの、両方を見る意志を持っています。

③ わたしは、A＿＿＿＿について考えたり、B＿＿＿＿を感じたり、C＿＿＿＿を責めたり、C＿＿＿＿を恐れたりしているときに、罪悪感を感じずに済む方法があることを学びたいです。

④ わたしは、A、B、C、Dに対する自分の知覚について正しくありたいという欲求を手放します。その

代わりに、わたしは幸せでありたいです。

エゴ（歪められた考えや視覚）を通して、わたしは自らの動揺の原因とその解決法を自分の心の外側に知覚しています。投影で見るものは、とても現実的に見えます。その目的は、自分の内側を見ることから、わたしの気をそらすためです。

⑤わたしの動揺の原因とその解決法がわたしの心の外側にあるのなら、わたしには本当にそれらを変える力はありません。

わたしが投影（内側で見たくないものを外側で見ること）を用いることが、自分には力がないように感じる理由であり、C＿＿＿が動揺の原因に見える理由です。

⑥A＿＿＿を考えて、B＿＿＿を感じて、C＿＿＿を責めて、C＿＿＿を恐れることは、D＿＿＿を信じたことの結果です。

⑦わたしが誰か、または何かに動揺するのは、わたしが意識から追いやった信念が映し出されるからです。

わたしが世界の何かを責めて恐れるときにしていることは、本当の動揺や解決法を見ることへの（心で決めた）回避です。そして、自分や他人や世界のイメージを好きなように保つのです。

このような心のトリックは、罪や恐れの位置を置き換えます。しかし、実際には、動揺をもたらします。自分や他人や世界のイメージを責めたり恐れることは、わたしは身体であり、身体で成り立っている世界にいる限界のある者だということを信じて、霊的な抽象である存在の否定が求められます。すべての動揺を手放す最初のステップは、わたしは、外側にあると思っていたものを心の内側で見たいと思うことです。

Aについて動揺するのは、わたしの罪悪感と恐れの原因と思われるC＿＿＿を引き起こそうとする別の試みにほかなりません。

⑧Aがわたしが望んでいることと矛盾するとき、動揺することには価値があって、その行為を正当化でき

ると感じます。わたしが経験したいのは、E＿＿＿＿です。わたしはまだD＿＿＿＿を信じているので、幸せになって、完了して、安らぐには、E＿＿＿＿が必要だと思います。

　これが欠如の信念であり、その結果生じた期待なのでしょうか。わたしにとって、これが心の平和よりも大事なのでしょうか。

⑨世界のすべては、良きことのために結集します。わたしが動揺の原因だと思っているものは、まったく原因ではありません。動揺するという選択が、原因を見ないことを選んでいます。つまり、分離や欠如の信念であり、心の中で今決めたことです。それは、過去や未来に原因を見出そうとすることであり、その結果として今があると思うことです。

⑩たった今この瞬間欲しいものは、これらではなく、平和です。D＿＿＿＿の信念を自分に問いかけます。わたしは、平和というひとつのゴールと再びつながるために、E＿＿＿＿を自ら進んで手放します。

⑪心の平和は、今行なう決断です。わたしは、たった今それを喜んで選びます！　罪悪感や、結果に対する恐れが可能に見えるのは、過去と未来に原因があると信じることに決めただけだからです。

　わたしは過去と未来に対して自ら与えた意味を手放し、現在に心を開きます。わたしは解放され、無実です。

⑫世界にあると思っていた自分の動揺の原因が、実は心の中で問われることのなかった信念と決断だったという気づきに感謝します。心の平和のために、新たに決断します。

〈注釈〉「平和の欠如は、心の中にあるたったひとつの原因へとたどらなければなりません」。たったひとつの原因とは、分離の瞬間に、あなたの心がエゴのために決めたことです。それは、さまざまな欠如の信念を生みます。しかし、先走りせず、ただそれらを書き出してみてください。一歩一歩たどっていきましょう。この手段を用いて、効果を出すために完全に自分自身に正直になってください。

①これに対するあなたのエゴの知覚は、どのようなものですか。A、B、Cに関して、最初に心に浮かぶことを書き出してください。

②「A、B、Cは、わたしがDについて正しいことを(自分自身に対して)証明します」。心の内側(わたしが信じていること)を見つめてください。

③進む途中で新しい考えを導入したり、改善させても結構です。

④書いたものを読んで、考えてください。

⑤もう一度、書いたものを読んで、考えてください。

⑥Dについて考えてください。A、B、Cの裏側にあるかもしれない欠如の信念の本質は何でしょうか。コントロールの欠如でしょうか。弱さでしょうか。あなたの中のある資質の欠如でしょうか。身体による認識でしょうか。直線状の時間でしょうか。

⑦この段階で、あなたの投影の本質が明らかになります。

⑧この段階では、Eについて現実的になる必要はありません。もしあなたが魔法の杖を持っていて、何でも変えられて理想を言えるとしたら、何を望んで、何を期待しますか。

⑨この段階では、この手段は、高次の心と「その結果としての現在(動揺、心の現在の状態)」に取り組みます。

⑩「わたしは、平和(心の平和、喜び)というわたしのただひとつのゴールと再びつながるために、E(人や世界を変えたいというあなたの望み)を、自ら進んで手放します」

⑪すべてのイメージは過りです。そのどれもが本当ではありません。過去の中で、実在している真実はひとつもありません。

⑫わたしは神の子です。自由で、全体で、幸せです!

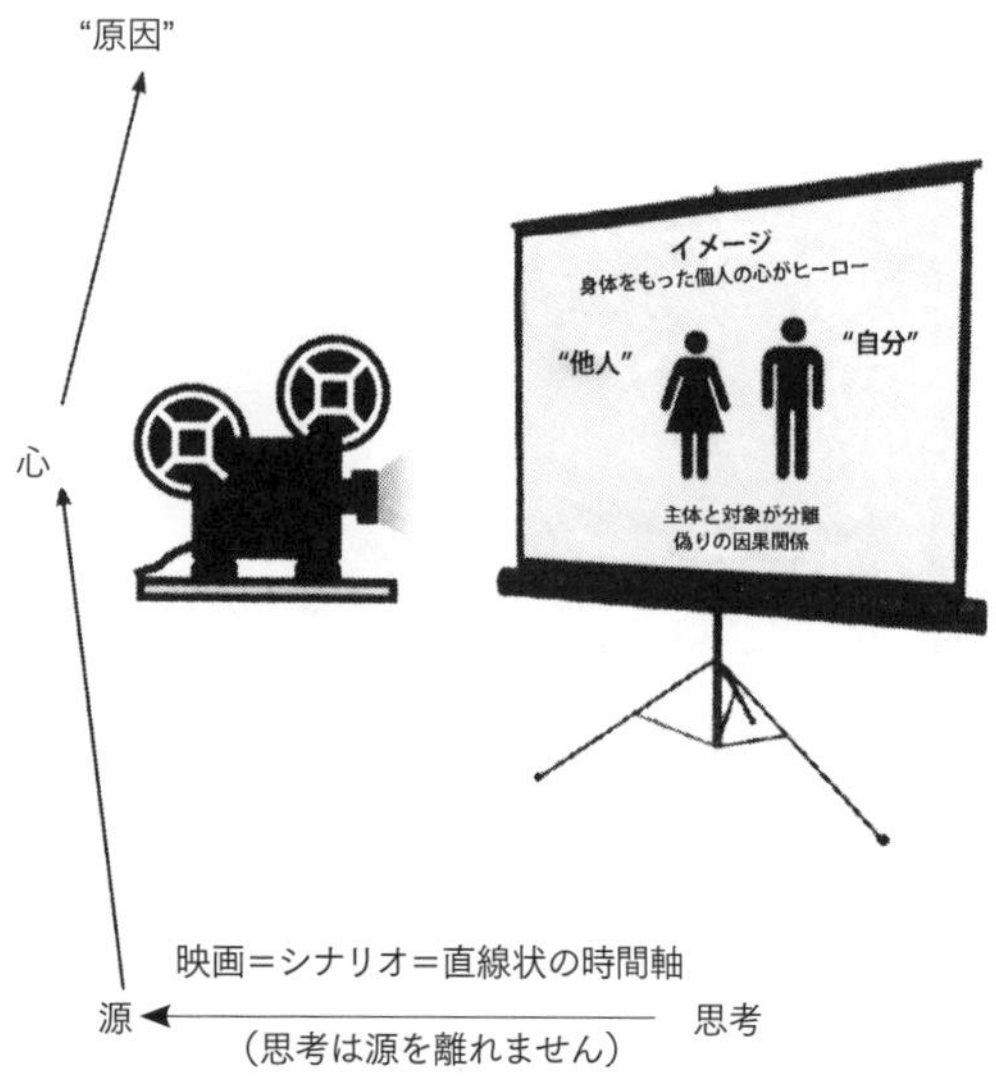

「わたしの動揺の原因は、心の中で問われることのなかった信念と決断にほかなりません」

（Dとは、あなたが反映しているかもしれませんし、さらにたどっていくことになるかもしれないものです。あなたは人ですか、それともスピリットですか？）

◆映写機で投影

心がすべての原因です。しかし、眠った心の中では、エゴの思考体系（映写機）だけが活動しています。ホーリースピリットは常に心の中にいますが、見過ごされ忘れられています。その様子が、**上図**でも、フィルムを通過させる前の光としてあらわされています。

エゴは、分離の代行者として自らをとらえることで、耐えられない恐れで満ちています。エゴは、コントロールしようとして、恐れに満ちた思いを世界という画面上のイメージとして投影します。エゴは、すべての注意を画面上のイメージに向けることで、原因(中身)と結果(形)について心を混乱させます。

エゴの思考は、被害や競争や身体に目を向け、自己概念を構成するすべてを実在のものとして見ることによって、分離の信念を支持します。あなたは、ドラマの主人公という身体で自己を認識し、自分(主体)が分離して個人の心を持っていると信じています。あなたは、他者(対象)もまた、それぞれの分離した心を持ち、彼らはあなたに対して物事を引き起こすことができると信じています。

原因は心の中にはないので、これは偽り(誤り)です。世界の画面上には原因となるものはありません。あなたが自分自身に対して行なっています。映画の脚本は瞬時に書かれましたが、映写機を通過すると、直線状の時間が展開する幻想となります。

眠った状態、あるいは思慮のない状態では、あなたの知覚は絶えず変わり、信頼できません。

警戒している状態、あるいは注意している状態では、エゴの思いから離脱していることに気づくことができ、すべてのものや人が異なって見えます。

あなたはホーリースピリットのレンズを通して見ます。その心の変化と共に、あなたの知覚も変化し、見える世界が以前とは変わります。画面上に見るものを、絶えずホーリースピリットが心に戻してくれるので、ありのままに見ることができます。そして、心の過った思いや信念を、外側に映し出していたのだととらえられます。ホーリースピリットは、全体性だけを見ます。そして、愛の思いか、愛を求める思いかという、ふたつの思いの秩序を見ます。

ホーリースピリットの思考体系が心の忠誠を保つとき、そこには安らぎがあります。心の平和が人生のゴールです。あなたは、すべてが良きことのために結集するのを目撃するでしょう。

監訳者あとがき

キリストは、「この世界から歩み出なさい」と、あなたに呼びかけています。この意味がわかった時、この世界の思いに参加しながら、同時に「汝自身を知れ」というのは文字通り無理だというのが明らかになるはずです。（本書一一六ページ）

「この世界から歩み出なさい」という言葉は、コースのテキストからの引用ですが、引用を、正確に引くと、次のようになります。

この世界を出て、別な世界を通り抜け、他の世界が保っている美しさと喜びに向かって、兄弟と共に歩きながら、私とともに天国に戻りましょう。（テキスト18・I・12：4）

この世界が与えることのできない光があります。それでも、その光はあなたに与えられたので、あなたはそれを与えることができます。そしてあなたがそれを与えるとき、それは輝き出て、この世界から抜け出し、その光についてくるようあなたに呼びかけます。（テキスト13・VI・11：1～3）

この箇所は、コースの真髄であり、覚醒の性質を端的に表す言葉ですが、本書をコースのサブテキストとしてよく学ぶと、このことが、ほんとうによくわかってきます。

わかってきます、というのは、「そうか、覚醒とはこういうものなのか」とイメージを固めることではなく、「こういう人が本物なのか」と自他の分離をさらに広げることでもなく、学ぶうちに、覚醒の心が、徐々に自分の心をひたし始め、学び終える頃には、覚醒して開かれた眼ですべてのものを見わたせるようになってきます、という意味です。

覚醒した状態が、本書から伝わり、心を満たすのです。

そうして、次に、二回目を読むと、すでに覚醒した心で、覚醒した人の声に耳を傾けるわけですから、そこに、一回目にはなかった、格別の喜びが生まれているのに気づくでしょう。

二回目のほうが、喜びが深いということではありません。覚醒する喜びも、覚醒した心が出会いひとつに溶け合う喜びも、どちらも無上のものです。

このような喜びとともに、本書の翻訳ができたことは、ほんとうに幸せでした。

「〝この人生〟は過ぎ去っている」という感覚は、わたしのなかに数年前から明らかなものとして現れはじめ、同時に、過去の遺物としてのこの世界のさまざまなものや出来事のそれぞれに、別のもの、決してまぶしくはないけれど、まったき光としか形容のしようがないものを見るようになりました。その光を知覚するのもまたプロセスであるとデイヴィッドは言っていて、そしてそのプロセスを、丁寧に共に辿ってくれるのが本書です。わたしが今、「形容のしようがない」と言ったものを、デイヴィッドは、わかりやすく、また忍耐強く説明してくれています。

神の計画を、自分が成し遂げたいたったひとつの機能として受け入れたなら、ホーリースピリットがすべてを手配するので、あなたの努力は不要となります。ホーリースピリットがあなたの前を進み、躓く石を、行く手を阻む障害を、ひとつ残らず取り除いて、あなたの道を整えるでしょう。

（テキスト20・Ⅳ・8：4〜5）

本書の冒頭「日本語版にあたって」のなかで、デイヴィッドは、住まいを持たず、財産を持たず、ただホーリースピリットの導きのまま世界を旅し、コースを通して覚醒した心を分かち合っていると書きました。それは、全面的に、ホーリースピリットの声のみを生き、それのみを声として受け取り、それ以外のいかなる〝保険〟も〝貯え〟も〝備え〟も何一つもっていないということを示しています。本書に記されているように、聖なる瞬間、覚醒を求めるなら、それを未来に押しやってはならないのです。目的を今にたぐり寄せることができるとき、経験がやってくるのです。そうして、今この瞬間の聖なる経験は永遠に続くもので、どこかで何かのきっかけで途切れるなどということはあり得ないのです。〝備え〟と安全は似ていないどころか、まったく逆のことなのです。

ただし、デイヴィッドが、確かに覚醒した人であるということを、そのライフスタイルが証明しているわけではないと、はっきりさせておくのは大事だと思います。

たとえば本書を読んで、覚醒が自分に伝わるなら、デイヴィッドの声は、確かに覚醒した世界からの声であり、だから自分もまたその心を持てるのだ、心とはほんとうにひとつなのだとわかるのです。

世界中に大勢のコースの教師であり生徒、覚醒を経験している教師であり生徒がいて、さまざまなライフスタイルを持っています。「特別な関係を持たない証として」完全な〝オープンリレーションシップ〟を実践している人もいれば、家庭生活を大事にしている人もいて、実にさまざまです。共通しているのは、そのようなライフスタイルの形にまったく影響されることなく、お互いの〝光〟を見合っているということです。そして、そのうちのひとりはあなたであるはずです。

どうぞ、本書を通して、〝本物の覚醒者〟を見つけてください。その人は、自分の心の外には存在していません。自分の心に、その存在を見つけるとき、その発見を手伝ってくれた、目の前の人（書物の著者／絵画の作者／演奏者、その他いろいろ）が、覚醒そのもの、救い主そのものだということに気づきます。

デイヴィッドとの出会いを、どうぞ、ご自身の真の自己の出会いとしてください。そしてそれをぞんぶんに抱きしめてくださいますよう。

最後に、生身のデイヴィッドについて、ひとことだけご紹介しておきます。彼は、他の大勢のコースの教師たちと同様、またはそれ以上に、音楽が好きです。彼の集まりにはいつも音楽があり、誰かがギターを弾き、誰かが曲を作り、みんなで歌ったり、誰かの演奏に耳を澄ませたりしています。

そっと目をつむり、やわらかく微笑み、唇に歌をのせて、音楽を分かち合う彼は、恵みの内に兄弟姉妹を招いて憩わせる、面倒見のよいお兄さんのようです。

「妹よ、弟よ、ホーリースピリットの声は、こんなふうに聞こえてくるんだよ、ほら」と、見せてくれているようなのです。

監訳者　香咲弥須子

二〇一五年二月

◆著　者……………………………………………………………………

デイヴィッド・ホフマイスター　David Hoffmeister

大学に10年留まり、哲学、心理学、都市計画学等の学問に打ち込みつつ、人生の目的を模索中、『奇跡のコース』に出会い、覚醒する。住まいを持たず、お金を持たず、いっさいの計画を持たず、ホーリースピリットの声にのみ従う日々を世界各国で伝え分かち合う日々を送っている。1996年、米国オハイオ州にACIM分かち合いコミュニティ「ピースハウス」を設立。ネット上の分かち合いFoundation for the Awakening Mindの創始者でもある。著書多数。

ホームページ　http://awakening-mind.org

◆訳　者……………………………………………………………………

監訳：香咲 弥須子　Yasuko Kasaki

1993年『奇跡のコース』に出会い、1997年よりコースに基づいたヒーリング・ワークを教え始める。2004年、ACIMラーニング・センター＆アートセンターCRS (Center for Remembering and Sharing) をニューヨーク・マンハッタンに設立。著書に「『奇跡のコース』のワークを学ぶガイドブック」シリーズ、「『奇跡のコース』を生きる実践書」「愛とは、夢から目覚める力です」、訳書に「『奇跡のコース』を生きる」（ジョン・マンディ著)、「スピリット・ジャンキー」（ガブリエル・バーンスティン著。共訳）ほか、著作物多数。インターネット上で「ACIM テキスト精読・解説podcast」「ワークブックを終えた方のためのワークブック・レッスン解説」「ガイド瞑想」を配信中。米国ではACIMカンファレンス及びリトリートで講師をつとめ、日本でも各地でACIMの分かち合いを行なっている。

CRSホームページ　http://www.crsny.org

CRS ACIM クラスルーム　http://www.acimclassroom.org

香咲弥須子ホームページ　http://www.yasukokasaki.com

訳：ティケリー 裕子　Yuko Tekelly

1999年より在米。ペンシルバニア州ドレクセル大学ビジネス学部卒業。翻訳家。CRSスタッフ。訳書に、ガブリエル・バーンスティン著『スピリット・ジャンキー―ミラクルワーカーとして生きる―』(共訳)。「奇跡のコース 目覚めシリーズ DVD『真のゆるし』を受け入れる」の字幕翻訳を担当。

覚醒へのレッスン

『奇跡のコース』を通して目覚める

●

2015年3月7日　初版発行
2022年5月21日　第2刷発行

著者／デイヴィッド・ホフマイスター
監訳者／香咲弥須子
訳者／ティケリー裕子

装幀／斉藤よしのぶ
編集・DTP／来馬里美

発行者／今井博揮
発行所／株式会社 ナチュラルスピリット
〒101-0051 東京都千代田区神田神保町3-2 高橋ビル2階
TEL 03-6450-5938　FAX 03-6450-5978
info@naturalspirit.co.jp
https://www.naturalspirit.co.jp/

印刷所／中央精版印刷株式会社

ISBN978-4-86451-156-8 C0011